Minerva KEYWORDS 3

ハンドブック戦後日本外交史

対日講和から密約問題まで

宮下明聡 著

ミネルヴァ書房

まえがき

本書は、戦後日本外交における主要な事件や出来事を時系列に沿って整理し、それらの起承転結や意義を概説したものである。取り上げた事件・出来事は、一九五一年の「対日講和条約」から二〇一〇年の「密約問題」まで、全部で八二項目に上っている。また、この期間を四つの年代に区切り（①一九五〇年代〜六〇年代、②一九七〇年代、③一九八〇年代、④一九九〇年代以降）、各々の冒頭部分において、当時の時代背景や国際環境を俯瞰した「解説」を加えた。そうすることで、各項目を「点」としてのみでなく「線」として理解することが容易になると思われるからである。さらに、全体的な流れを一瞥できるよう、巻末には年表を付した。

戦後日本外交の主要な事件や出来事は、通史や専門書でも扱われている。本書が目指したのは、一方において通史で扱われている以上にそうした個別の事件や出来事を深く掘り下げて記述することであり、他方で一冊の専門書が通常扱う以上の多様な事象を取り上げることである。言い換えれば、本書は戦後日本外交の「事例集」なのである。そうした「事例集」は、とりわけ日本外交の諸事象について仮説を構築したり検証したりする際の参照資料として有益だと思われる。「理論化」と言うと仰々しく聞こえるかもしれないが、われわれ専門家はしばしば、意識的であれ無意識のうちにであれ、日本の対外行動（内政と外交の相互作用を含めて）におけるある種のパターンを見出し、それらを国際比較しようと模索する。そのためには、やはり一つでも多くの事例を知ることが不可欠なのである。

項目を選ぶにあたり、日本外交の通史のテキストを複数参考にした。また、できる限り幅広い地域を含めるよう心掛けた。しかし、結果として米国に直接関するものが三〇項目程度、間接的に関係するものも含めるとその数は四五項目程度（全体の五五％）を占めるに至った。しばしば指摘されることであるが、改めて日本外交における米国の重要性が浮き彫りになった形である。

第二次世界大戦後、米国による日本占領を経て戦後日米関係の基盤が構築された。米ソ対立の進展に伴いその関係は深化し、冷戦終結後、それは弱まるどころか逆に強化され今日に至っている。講和・独立に際して当時の吉田茂政権が米軍の日本駐留を前提とした日米同盟を選択した時、吉田は「非武装中立」論の左派からも「憲法改正・再軍備」を主張する右派からも、日本を米国の「属国」に貶めたとして批判された。その後日本は高度経済成長を経て社会が安定し、日米安保条約は憲法第九条とともに日本国民の大多数に受け入れられるものとなった。

だが、「対米従属」からいかに脱却し、日米関係をより「対等」なものにするかという吉田の残した「宿題」は、以後日本外交における中心課題の一つとなった。一九六〇年の安保改定や一九七二年の沖縄返還は、まさにそうした動機に突き動かされたものであった。近年では、二〇〇九年に民主党の鳩山由紀夫首相がＡＰＥＣ首脳会議で発表した「東アジア共同体」構想や、二〇一五年に自民党の安倍晋三政権下で成立したいわゆる「平和安保法制」なども、根本の部分では同様の問題意識に基づいていると言ってよい。もっとも、「米国との距離をどうとるか」という問題は、イギリスやカナダ、韓国など米国の同盟国すべてに共通する課題と言えるかもしれない。

ところで、本書で取り上げた事例の中には、すでに多くの学術論文や研究書が蓄積されているものもあれば、学術的な研究がほぼ皆無のものもある。その違いは、事例そのものの重要性というよりも、一次資料の有無がより大きく関係している。外務省が直接関わった事例については、原則として三〇年後に公開される外交記録があり、また関与した外交官らの回顧録やオーラル・ヒストリーが一定数存在する。それに比べて、公安や諜報に関する事例（一九七〇年のよど号ハイジャック事件、一九七三年の金大中氏拉致事件、一九八七年の東芝機械ココム違反事件など）については、公文書の記録がほとんど公開されておらず、事件に関与した一部の当事者の回顧録やジャーナリストによるルポルタージュが散発的に存在するだけである。

こうしたルポの類に依拠することに対しては、異論の声が上がるかもしれない。たしかに、学術書に比べて記述の信憑性が劣ることは否定し得ない。だが、一次資料やそれに基づいた研究書がないからといってこうした事例を排除するのは、それらの重要性から見て決して妥当な判断とは言えない。本書は歴史の決定版を書くことを意図していない。執筆時点で入手可能な資料や研究書に基づいて歴史を再構築しているに過ぎない。新しい資料がもたらす新事実によって、記述は修正を迫られるかもしれない。ただそれは本書の公安や諜報以外の事例においても同様であり、また他のいかなる歴史書についても例外ではない。

本書が、一人でも多くの読者、とりわけ戦後日本外交をより深く知ろうとする若い読者の目に触れることを心から願っている。

ハンドブック戦後日本外交史——対日講和から密約問題まで　目次

第Ⅱ部　経済大国への始動――一九七〇年代　95

第Ⅳ部 冷戦の終結と一国平和主義の終焉――一九九〇年代以降

第Ⅰ部　戦後処理と国際社会への復帰——一九五〇年代〜六〇年代

マッカーサー（左）と昭和天皇

米国大使館にダグラス・マッカーサー連合国軍最高司令官を訪問した昭和天皇（1945年９月27日）（時事）

解　説

対日講和の特徴

第二次世界大戦に敗北し、米国を中心とする連合国の占領を受け入れた日本にとって、戦後最大の外交課題は講和条約を締結し、主権国家として国際社会へ復帰することであった。占領から六年が経過した一九五一年九月、サンフランシスコで対日講和条約が調印されたが、この講和条約にはいくつかの特徴があった。

第一は、この条約が日本の再軍備や工業生産力に制限を課さない一方、多数の締約国が賠償請求権を放棄するなど敗戦国日本にとっておおむね有利な内容だったことである。「復讐の産物」と言われた懲罰的なヴェルサイユ講和条約（第一次世界大戦で敗北したドイツと連合国の間の講和条約）に比べると、対日講和は確かに「寛大な講和」であった。この背景には、冷戦という米ソ超大国間の対立とそれに伴う（米国にとっての）日本の戦略的価値の向上があったことは言うまでもない。また、米国務省顧問として対日講和条約を取りまとめたJ・F・ダレス交渉特使が、「峻厳な講和」に強く反対したことも影響した。米国代表団の法律顧問としてヴェルサイユ講和会議に参加した経験のあるダレスは、過酷な賠償や屈辱的な軍備制限がドイツのナショナリズムを喚起し、やがて第二次世界大戦に道を開いたことを熟知していたのである。

第二の特徴は、冷戦の影響で世界が米国を中心とする自由主義（西側）陣営とソ連を中心とする共産主義（東側）陣営に分断されつつある中で、日本は前者とのみ講和条約を締結したことである。ソ連、チェコスロバキア、ポーランドの共産主義三カ国は講和会議に出席したが、中華人民共和国の不参加を理由に条約の署名を拒否した。中国については、中華民国（国民党政府）を承認する米国と中華人民共和国（共産党政府）を承認する英国の間で意見が一致せず、どちらも会議に招待されていなかった。結果として、日本は非共産圏の連合国四八カ国との間で講和条約を結んだ。対日講和が「全面講和」ではなく「単独講和」ないし「部分（片面）講和」と言われる所以である。

対日講和の第三の特徴は、講和条約締結と同時に日本と米国の間で安全保障条約が結ばれ、米軍の日本駐留が継続されたことである。これにより日本は、米国極東戦略の重要な拠点としての役割を担うこととなった。当時の吉田茂首相は、国連による集団安全保障体制が冷戦の影響で機能不全に陥っていることや、経済復興のため日本は再軍備を極力回避すべきといった理由から、日本の安全保障を米国に委ねることが国益にかなうと主張した。だが米軍の日本駐留は、社会党を中心とする左派勢力からも改憲や再軍備を主張する伝統的国家主義者たちからも、「占領状態の継続」「対米従属の象徴」などと痛烈に批判された。日米安保条約は、この他にも米国の日本防衛義務が明記されていなかったり、駐留米軍の使用目的が日本の平和と安全のみでなく「極東」のそれにまで拡大されていたり（「極東条項」）、駐留米軍は日本で起こる内乱を鎮圧するために使用できる（「内乱条項」）とされていることなど、独立国家としての日本にとって不平等な内容を含んでいた。

こうした問題があったにもかかわらず、対日講和条約および日米安全保障条約は衆参両院で賛成多数により承認され、一九五二年四月二八日の発効とともに、日本は独立を回復することとなった。

だが、確かに日本は悲願であった独立を達成したものの、その主権の回復や国際社会への復帰はなお「不完全」なものであった。すでに見たように、対日講和にはソ連や中華人民共和国などの共産主義諸国が署名していなかった。また、戦争中日本に占領されたアジア諸国のいくつかは、賠償問題の未解決を理由に対日講和条約の批准を留保した。そして何よりも、同盟国米国との関係を明記した日米安保条約は、およそ独立国家同士の間で結ばれたものとは思われないような内容を含んでいた。したがって、講和・独立後の日本が次に取り組んだ外交課題は、対日講和条約や日米安保条約で積み残された諸問題を解決することであった。それらは具体的には次の三つであった――(1)賠償問題、(2)共産圏諸国との講和、(3)日米安保条約の改定。

賠償問題

まず、日本が講和・独立後に取り組むべき外交課題の一つは賠償問題であった。対日講和条約の作成を主導した米国は、交渉の過程で日本の経済復興を優先する観点から対日賠償を課さない方針を示した。だが、それに対してアジアの戦争被害国の一部が猛烈に反対した。その結果、役務に限り賠償請求が認められることとなり、希望する国は個別に日本と交渉することが可能となった。

これを受けて、実際に日本との賠償交渉に臨んだのはビルマ（現・ミャンマー）、フィリピン、インドネシア、ベトナムの四カ国であった。これらの中には、対日講和条約における賠償の取り扱いに納得せず講和会議への参加を拒否した国（ビルマ）や、対日講和条約に署名したものの賠償協定成立までその批准を延期した国（フィリピン、インドネシア）などがあった。したがって、こうした国々と講和条約を結ぶためにも、賠償問題の解決は日本にとって重要な外交課題となったのである。

各国政府との交渉に臨むにあたり、日本は役務の他、生産物（資本財）による賠償も行うこととした。また、被害の大きさに応じてフィリピン、インドネシア、ビルマの賠償額の割合をそれぞれおおむね「四：二：一」とする方針を固めた。だが、実際の交渉では、日本の提示額と請求国の希望額が大きくかけ離れ、協議は難航した。たとえばインドネシアとの交渉では、当初日本政府が一億二五〇〇万ドルを提示したのに対し、インドネシア政府は一七二億ドルを要求した。

しかし、こうしたギャップはやがて埋められることになる。請求国の多くは新興独立国であり、経済運営のために日本からの支援を必要としていた。そのため、各国にはより現実的な金額で妥協を図るインセンティブが存在した。他方、日本政府も正式な賠償の他に政府や民間の借款を追加することで、総額が大きくなるよう努めた。さらに、それでも決着しない場合、最後は時の首相の政治判断で金額の上乗せを行った。その結果、一九五〇年代末までに、賠償問題はほぼ解決されることとなった。また、上記四カ国以外の東南アジアの戦争被害国で賠償請求を放棄した国に対し、日本は賠償に準ずる「準賠償」の供与を行った。こうした国には、ラオス、カンボジア、マレーシア、シンガポールなどが含まれた。

賠償問題の解決は、「戦後処理」という観点にとどまらず、日本の輸出市場の開拓・原材料の輸入先の確保という面からも大きな意義をもつこととなった。役務や生産物による賠償は日本の人材・技術・プラントなどの提供により実施された。さらに賠償に加えて日本が供与した政府借款などの援助も、日本企業からの受注を前提としたいわゆる「ひも付き」援助だった。こうした援助はおもに、発電所、道路、橋、港湾、上下水道などの建設といった経済インフラストラクチャーの整備に費やされた。日本の戦後賠償は、官民一体の「経済協力」を基礎としており、八〇年代から日本外交の重要な手段と位置づけられるようになるＯＤＡ（政府開発援助）の原型となった。

共産諸国との講和

講和・独立後の日本に課せられた二つ目の課題は、共産圏に属する東側諸国との講和をいつ、どのように締結するかという問題だった。日本は西側自由主義陣営の一員として国際社会に復帰したが、共産圏の国々とは依然として国際法上戦争状態が続いており、国交も断絶したままだった。とりわけ重要だったのが、ソ連および中華人民共和国との講和だった。

前者については、日本の国連加盟、シベリアに抑留された日本人捕虜の帰国、北方サケ・マス操業などの諸問題を解決するために国交を回復して交渉を開始する必要があった。後者については、日本軍国主義の最大の被害国の一つである中国との間に一日も早く講和条約を締結すべきであるという道義論の他に、日本の経済復興のために戦前の日本の最大の貿易相手国である中国との関係を修復すべきとの議論もあった。

日ソ平和条約の交渉は、吉田茂の後任の鳩山一郎内閣の下で一九五五年に開始された。だが、歯舞、色丹、択捉、国後の四島の帰属をめぐる領土問題で合意に至らず、翌一九五六年に日ソ共同宣言により国交は回復されたものの、平和条約の調印には至らなかった。交渉では当初、二島（歯舞・色丹）返還での妥結が模索されたが、米国の介入などもあり結局は実現されなかった。以来、領土問題は今日に至っても解決を見ておらず、その結果、両国間には平和条約が未だ結ばれていない。

一方、中国との和平に関しては、一九五二年に日本政府は米国の承認する中華民国（台湾）政府との間に日華平和条約を締結した。この決断は、前年調印された対日講和条約の米国議会での批准を確実にするために、吉田首相が不本意ながら下したものだった。この結果、日本は大陸中国を支配する中華人民共和国と国交を結ぶ道が閉ざされることとなった。日本が中華人民共和国と国交を回復するのは一九七二年の日中共同声明でのことだが、これはニクソン政権の下、米国が米中国交正常化に向けてそれまでの政策を大きく転換したことにより可能となった。ソ連の場合と同様、ここでも米国の行動が日本政府の意思決定に一定の影響を与えることとなった。

日米安保条約の改定

講和・独立後の日本の三つ目の主要外交課題は、安保条約の改定を通じて日米関係をより「対等」なものにすることだった。安保改定を手掛けた岸信介《きしのぶすけ》首相は、日米安保条約の意義を認めつつも、その不平等性を是正することが必要であると強く認識していた。そのためには、憲法第九条を改正して集団的自衛権の行使を可能とすることが不可欠だった。なぜなら、日本が集団的自衛権を行使できない以上（すなわち、米国が攻撃を受けた時に自衛隊を出動できない以上）、日米安保の片務性（安保条約が日本に基地提供の義務を負わせる一方で米国に日本防衛の義務を課さないこと）を是正することはできないというのが米国の立場だったからである。

だが、憲法改正のハードルは高かった。自民党は改憲に必要な衆参両院における三分の二議席を獲得できず、また九条改正への国民の支持も得られなかったからである。ところが、こうした状況にもかかわらず、米国は安保改定に応じる決断を下した。その理由として米政府は、当時本土や沖縄で盛り上がりを見せていた反基地ナショナリズムを緩和する必要に迫られていたことや、反共親米派であり国内政治基盤の強固な岸を信頼していたことなどがあった。既存の権利にしがみつくあまり日本が中立化し基地そのものを失うことを恐れた米政府は、集団的自衛権の問題を事実上不問に付し、基地の提供や在日米軍への攻撃に対する自衛隊の出動をもって相互性が担保されたとみなしたのである。

こうして日米安保条約は、米国による日本防衛の明確化や内乱条項の削除、有効期限や改廃手続きの明記、事前協議制の導入など日本政府の要望にほぼ沿う形で、一九六〇年に全面的に改定された。ただし、核を搭載した米艦船の日本への寄港および朝鮮半島有事の際の在日米軍の出動に関しては事前協議の対象外とする暗黙の、ないし明示的な「密約」が日米間に存在した。また、安保改定を通じて日米関係はより対等なものになった一方で、米国は兵力を提供し日本は基地を提供する「ヒトとモノ」の交換に基づく非対称的な関係は基本的に維持されることとなった。

賠償問題、共産圏諸国との講和、日米安保条約の改定は講和独立後の日本外交の主要課題であったが、それ以外にも重要な「戦後処理」問題が存在した。「国際社会への復帰」という面では、日韓基本条約の締結や国連・ＩＭＦなどの国際機関への加盟がそれに該当した。また、「主権回復」という観点からは、小笠原返還や沖縄返還などがあった。しかし、こうした戦後処理問題も、六〇年代末までにはおおむね解決を見ることとなった。

吉田路線の形成

ところで、日本が独立を回復し国際社会に復帰する上で、中心的な役割を果たしたのが首相の吉田茂だった。すでに見たように、吉田は戦後日本が取り組むべき喫緊の課題が経済復興であるとし、そのために再軍備を極力抑えようと試みた。そして日本の安全保障については、おもに日米安保条約を通じて米国に依存するという選択をした。こうした吉田の政策――(1)経済復興優先、(2)軽武装、(3)日米安保条約を通じた安全の確保――は、のちに広く吉田路線、ないし吉田ドクトリンと呼ばれ、戦後日本外交の基軸をなすものとして一定の評価を得ることとなる。

だが、講和・独立当時、吉田の政策は「非武装・中立」を掲げる最大野党の社会党からも、また再軍備や憲法改正を通じて対等な日米関係の構築を目指す保守派からも厳しく批判された。左派と右派は再軍備や憲法第九条改正などで鋭く対立していたが、吉田が日本を米国の「属国的地位」に貶めたと見る点では一致していた。

しかし吉田からすれば、左派の主張も右派の主張も共に現実離れしたものだった。米ソ冷戦により世界が自由主義陣営と共産主義陣営に分極化する中で、また現に朝鮮半島で戦争が勃発したことに鑑みて、社会党の「非武装・中立」路線は現実味に乏しい政策だった。一方、敗戦を経て「非軍事化」された日本が、米国に頼らず自力で国家の安全を保持することにはおのずと限界があった。米国は戦略上重要な在日米軍基地を維持するため日本の防衛にコミットせざるを得ない。であるならば、日本は再軍備よりも経済復興に国家のリソースを集中すべきである――これが吉田の考えだった。

こうした吉田の考えは、実は日本国民一般の安全保障観に一致するものであった。大方の世論調査の結果によれば、大多数の日本国民は戦後一貫して憲法第九条改正や再軍備に反対する一方、日米安保条約を日本の安全に必要なものとして肯定的に受け止めてきた。つまり、日本国民は日米安保条約の破棄を求める社会党の主張にも、憲法第九条を改正して再軍備を推進する右派の見解にも与してこなかったのである。一九五五年の保守合同以降、日本は自由民主党が三八年にわたり政権を維持してきたが、この間、経済優先、軽武装、日米安保という吉田路線は大筋において歴代の自民党内閣で受け継がれてきた。一九五〇年代および六〇年代は、その吉田路線が誕生し、紆余曲折を経ながらも定着していく過程だったと言えるだろう。

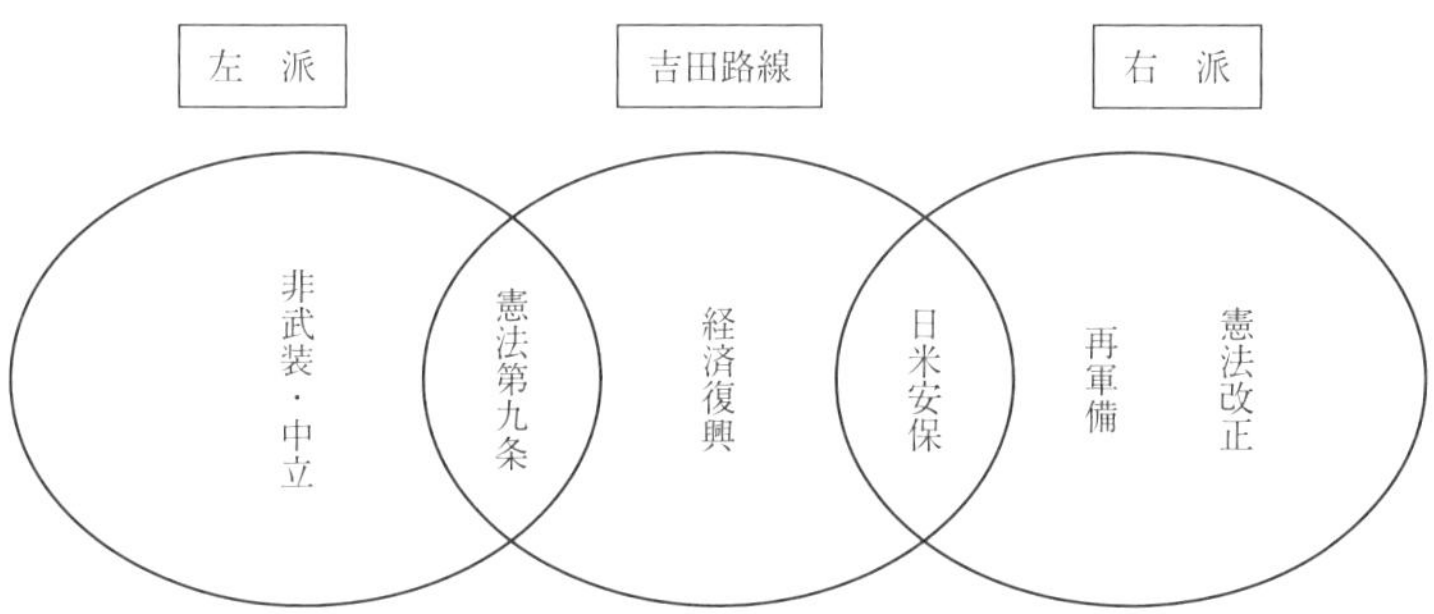

戦後日本の政治外交3路線

1　対日講和条約（一九五一年）──「寛大な講和」とその代償

1　背　景

一九五一年九月、敗戦国・日本は戦勝国を含む四八カ国と講和条約を結び、翌年四月、条約発効とともに国際社会に復帰した。講和会議が開かれた場所にちなんで、この条約はサンフランシスコ講和条約とも呼ばれる。

日本がポツダム宣言を受諾して占領軍を受け入れてから主権を回復して独立するまで、約七年もの年月が費やされた。この背景には、第二次世界大戦後に米ソ冷戦が顕在化し、その結果米国にとっての日本の意味づけが大きく変わったことがあった。日本は第二次世界大戦の旧敵国から戦後米国の極東戦略の拠点として生まれ変わったのである。実際、この七年の間に米国の対日占領政策の力点は「懲罰」・「改革」から「復興」・「安定」へと転換し、「事実上の講和」が進んだ。もっとも、米政府内ではこうした対日政策の転換について常に合意があったわけではない。対日占領の指揮をとったダグラス・マッカーサー連合国軍最高司令官と米本国政府の間で、占領軍総司令部の中の情報部（G2）と民生局（GS）の間で、また米政府内の国務省と国防総省の間などで、占領政策や対日講和をめぐって意見が鋭く対立した。こうした対立は、省庁間の縄張り争いや個人の政治的野心などとも複雑に絡み合いながら、ときに被占領国である日本が米国の政策形成に一定の影響力を行使しうる余地を与えたのである。

2　展　開

挫折した早期講和

対日講和への最初の動きは一九四七年に訪れた。この年の三月、連合国軍最高司令官マッカーサーが記者会見で、対日占領は日本の非軍事化と民主化をほぼ成し遂げているとし、講和条約の早期締結を訴えた。また同年八月には、国務省極東局のヒュー・ボートン北東アジア部長を中心とするグループが講和条約の草案を完成させた。ボートン草案は戦勝国間の国際協調を前提とし、日本の非武装化と連合国による長期監視を含んだ懲罰的色彩の濃いものであった。

だが、早期講和は実現しなかった。その理由の一つは、連合国間の不協和音が顕在化したことである。米政府は一九四七年七月、極東委員会のメンバー一一カ国に対して対日講和予備会議の開催を呼びかけたが、議決方式をめぐり、多数決を主張する米国と米英ソ中四大国への拒否権付与を主張するソ連が対立し、会議は中止を余儀なくされた。もう一つは、米国政府内で早期講和に対する意見が分かれ、コンセンサスが得られなかったことである。一九四七年から四八年にかけては、ジョージ・ケナンを中心とする国務省政策企画室が、一九四九年以降は国防総省がそれぞれ早期講和に反対した（「2 日米安全保障条約」の項参照）。

吉田首相の決断

他方、日本においても終戦直後、外務省内に「平和条約問題研究幹事会」が設置され、講和準備が進められた。当時の日本政府の懸案事項のうち、天皇制の問題や経済回復等は、講和を待たずに米国の占領政策の中で事実上解決されていった。そして残された課題のうち最大のものは、非武装化された日本の安全保障であった。外務省の作業グループは初期の研究において、「自己防衛のための最小限の軍備」保有から（日本の永世中立化を前提とした上での）極東委員会メンバーによる「地域的集団安全保障」機構の設置、国連による保障まで様々な提案を行っていたが、一九四七年半ば以降は、国連による保障案が有力となった。この背景には、国連による日本の安全保障を示唆し対日早期講和を提唱した一九四七年三月のマッカーサー声明のほか、講和後の国家独立の観点から特定の国による保障（具体的には米軍の駐留継続）を極力避けたいとの思惑もあった。

だが、国連案には二つの問題があった。一つは外務省自身が認めていたように、国連の集団安全保障体制は米ソ冷戦の影響で実際には機能していなかったことである。そしてもう一つは、講和後の米軍駐留を回避し「独立国としての体面」の維持にこだわり続ける限り、早期講和は望めないということであった。

結局、米軍駐留受け入れの最終的決断は、吉田茂首相によりもたらされた（吉田以前にも米軍駐留が片山哲内閣の芦田均外相により示唆されたが、日米両政府間で正式な議題にはならなかった）。当時の国際情勢から、吉田は日本が米軍駐留を受け入れざるを得ないこと、またそれは日本の国益の観点からも望ましいものであると考えていた。むしろ吉田は、日本から米軍駐留を提案することで早期講和をめぐる米政府内部の対立を解消し、日米交渉を有利に進めようとした。また吉田は、国内左派が主張する全面講和（および永世中立）を「空論」として斥け、西側諸国およびその友好国との「多数講和」を推し進めた。

ダレスの登場

一九五〇年五月、ジョン・フォスター・ダレス国務省顧問がトルーマン大統領により対日講和問題担当に任命されると、講和のプロセスが再び動き始めた。過酷なヴェルサイユ講和条約が第二次世界大戦をもたらしたとの教訓から、ダレスは対日講和が懲罰的なものであってはならないと考えていた。同年六月に勃発した朝鮮戦争は、極東における日本の戦略的価値を高めた。ダレスは、日本を西側陣営に引き止めるためにも占領の終結が必要だとして、早期講和に反対する米軍部を説得して対日交渉に臨んだ。一九五一年一月下旬以降、数次にわたる日米交渉の末、同年九月、対日講和条約が締結された。

「寛大な講和」　同条約の内容は、日米交渉で吉田を補佐した外務省条約局長の西村熊雄が「その寛大さに感銘し勇気づけられた」と述べたように、日本にとって非懲罰的なものであった。対日講和条約の履行監視に関する条項はなく、賠償については、希望する国が個別に賠償交渉を行うことを妨げないとされたが、その場合も、日本には十分な弁済能力がないとの理由で役務賠償のみとすることが明記された。講和条約締結後、日本はビルマ（一九五五年）、フィリピン（一九五六年）、インドネシア（一九五八年）、ベトナム（一九六〇年）との間に賠償協定を結んだが、英米を含む多数の連合国が賠償請求権を放棄した。なお、カンボジア、タイ、シンガポール、マレーシア、ラオスの各国は賠償請求権を放棄した上で日本との間に無償の経済協力協定を締結した。

安全保障については、ポツダム宣言で謳われた日本の非武装化は明記されず、その一方で、日本が国連憲章第五一条に基づき個別的または集団的自衛権を有すること、また日本が「集団的安全保障取り決めを自発的に締結することができる」ことが明記された。これは、対日講和条約と同時に日米間で締結された安全保障条約の法的根拠となった。

領土に関しては、朝鮮の独立が承認され、沖縄諸島・小笠原諸島は米国を唯一の施政権者とする国連信託統治下に置かれることが決められた。また、日本の台湾、千島列島、南樺太等への権利および請求権が放棄される一方で、これらの領域がどこの国に帰属するかについては明記されなかった。後述するように、このことが後に発生する領土問題の一因となった。また、日本が極東軍事裁判（いわゆる東京裁判）の判決を受け入れることも明記された。

講和条約は、一九五一年一〇月二六日、衆議院において賛成三〇七票対反対四七票（安保条約は賛成二八九票対反対七一票）で可決され、一一月一八日には参議院で賛成一七四票対反対四五票（安保条約は賛成一四七票対反対七六票）で可決され、批准された。

3　意　義

対日講和条約は日本にとっておおむね寛大なものであった。しかし、それは決して代償なきものではなかった。たとえば、沖縄は米国極東軍事戦略の重要な拠点として、講和後も引き続き米国の統治・占領下に置かれた。

また、日本が米国を中心とする西側陣営の一員として国際社会に復帰することを選択した結果、共産圏との講和が先送りとなった。ソ連は講和会議には参加したものの、米国主導の講和条約に反対して署名を拒否した。チェコスロバキアとポーランドもソ連に追従した。とりわけ日本にとって痛手だったのは、大陸中国との講和が米国により事実上拒否されたことである。吉田内閣は、戦後の経済復興にとって大陸中国との貿易が必要不可欠であること、また中国とソ連は決して一枚岩ではないという認識をもっていた。だが、中国については北京の中華人民共和国政府を承認する英国と台湾の国民党政府を支持する米国の間で意見が対立し、講和会議への招待そのものが見送られた。米英両国は、どちらの中国政府と講和条約が結ばれるべきかは主権を回復した後の日本の選択に委ねることで了解した。だが、結局米国の圧力の下、日本は国民党政府との間に講和条約を結んだのである（「4　吉田書簡と日華平和条約」の項参照）。

吉田内閣が主導した多数講和論に対しては、日本国内の革新派から鋭い批判が寄せられた。たとえば、安倍能成、清水幾太郎、丸山眞男などの当時の進歩的知識人らによる平和問題談話会は、一九五〇年一月、講和問題についての声明を発表し、多数講和は日本を東西陣営の一方に加担させ、かえって戦争の危険性を高めるとして全面講和論を展開した。社会党も一九五一年一月、⑴全面講和、⑵中立堅持、⑶軍事基地反対、⑷再軍備反対の平和四原則を掲げて吉田政府と対峙した。もっとも、社会党はその後、吉田内閣が締結した講和・安保条約の批准に際し、両条約に反対する左派（委員長・鈴《すず》木《き》茂《も》三《さぶ》郎《ろう》）と安保条約のみ反対の右派（書記長・浅《あさ》沼《ぬま》稲《いね》次《じ》郎《ろう》）とが激しく対立し、内部分裂した。

講和および安保条約をめぐるこうした国内のイデオロギー対立は、〝国際冷戦〟と連動した〝国内冷戦〟として論じられることもある。いずれにせよ、講和条約をめぐって先鋭化した日米安保容認論と非武装中立論の相克はその後、長期にわたって日本における保守と革新を二分し続ける主要な争点となった。

対日講和条約はまた、日本と周辺諸国との間に領土問題をめぐる火種を残す結果となった。たとえば千島列島に関しては、初期の米国の対日講和条約草案ではソ連への帰属が謳われたが、最終草案では日本による放棄のみが記され、その帰属先は明記されなかった。竹島（韓国名＝独島）についても、初期の米国草案は朝鮮領と規定していたが、一九四九年になると帰属先が日本に変更され、一九五〇年には竹島の記述そのものが草案から消えている（なお、尖閣列島は沖縄の一部として米国に統治されるが、沖縄返還時ニクソン政権は中国に対する配慮等からその帰属について中立の立場をとった）。米国のこうした政策変更には、冷戦の影が色濃く反映していることは否定し得ない。対日講和条約が曖昧にした領土の問題は、冷戦終結後二〇年以上経た今日においても未解決のまま残されているのである。

参考文献

五百旗頭真『米国の日本占領政策――戦後日本の設計図』上・下、中央公論社、一九八五年。

五十嵐武士『対日講和と冷戦――戦後日米関係の形成』東京大学出版会、一九八六年。

坂本義和「日本における国際冷戦と国内冷戦」岩波講座『現代6 冷戦――政治的考察』岩波書店、一九六三年。

マイケル・シャラー（五味俊樹監訳）『アジアにおける冷戦の起源――アメリカの対日占領』木鐸社、一九九六年。

ハワード・B・ショーンバーガー（宮崎章訳）『占領一九四五―一九五二――戦後日本をつくりあげた八人のアメリカ人』時事通信社、一九九四年。

ジョン・ダワー（大窪愿二訳）『吉田茂とその時代』上・下、TBSブリタニカ、一九八一年。

西村熊雄『サンフランシスコ平和条約』鹿島研究所出版会、一九七一年。

原貴美恵『サンフランシスコ平和条約の盲点――アジア太平洋地域の冷戦と「戦後未解決の諸問題」』溪水社、二〇〇五年。

リチャード・B・フィン（内田健三監訳）『マッカーサーと吉田茂』上・下、同文書院インターナショナル、一九九三年。

平和問題談話会「講和問題についての平和問題談話会声明」『世界』第五一号（一九五〇年三月）。

平和問題談話会「三たび平和について――平和問題談話会研究報告」『世界』第六〇号（一九五〇年一二月）。

細谷千博『サンフランシスコ講和への道』中央公論社、一九八四年。

三浦陽一『吉田茂とサンフランシスコ講和』上・下、大月書店、一九九六年。

渡辺昭夫・宮里政玄編『サンフランシスコ講和』東京大学出版会、一九八六年。

講和問題についての平和問題談話会声明　1950年1月15日（結語部分）

一．講和問題について，われわれ日本人が希望を述べるとすれば，全面講和以外にない。
二．日本の経済的自立は単独講和によって達成されない。
三．講和後の保障については，中立不可侵を希い，併せて国際連合への加入を欲する。
四．理由の如何によらず，如何なる国に対しても軍事基地を与えることには，絶対に反対する。

出典：平和問題談話会「講和問題についての平和問題談話会声明」『世界』第51号（1950年3月）。

三たび平和について——平和問題談話会研究報告　1950年9月（抜粋）

……敢て逆説的な言い方をするならば，戦争を最大の悪とし，平和を最大の価値とする理想主義的立場は，戦争が原子力戦争の段階に到達したことによって，同時に高度の現実主義的な意味を帯びるに至ったといえよう。

……憲法の建前からいって，日本の再武装は不可であり，また望ましくない。それでは武装なき日本の安全は，どのようにして保障されるか，それは，国連による安全保障の外にはないと思われる。

……われわれは国連が警察力をもつことによってはじめて国際秩序の維持が可能であることを考え，とくにそれができるだけ加盟国各自の軍隊から独立し，またそれらの侵略的行動があらかじめ阻止されることによって，世界平和が促進されることを思い，第一に，加盟諸国の軍備の漸次的撤廃（とくに原子力の国際管理）を希望し，第二に，日本が固有の軍隊をもつことには反対する。日本国が自国主体的な軍隊の組織をもつことは，明らかに憲法の永久平和主義に抵触するだろう。

……飽くまでも平和を尊びそれに徹しようとするわれわれの決意がそれ自身かかる侵略に抗する一つの大きな力であるという確信をもちつづけたいと思う。倫理的な要請は，われわれがその実現性を信じて飽くまでもこれをわれわれの行動の規範とするときには，それは単なる要請，単なる理想に留まらないで，現実を動かすところの一つの客観的な力に転化しうるものであることを信ずるからである。

出典：平和問題談話会「三たび平和について——平和問題談話会研究報告」『世界』第60号（1950年12月）。

2　日米安全保障条約（一九五一年）――戦後日本外交の基点

1　背　景

第二次世界大戦における敗戦後、日本はポツダム宣言に基づいて武装解除され、新憲法の下で非軍事化を進めていた。ところが、冷戦の激化に伴い、日本の安全をどう確立・維持するかという問題が日米双方で重要な政治課題となった。

米国側では一九四七年から四八年にかけて、国務省政策企画室長のジョージ・ケナンがそれまでの懲罰的な対日占領政策の転換を提唱するとともに、冷戦の進展によっては講和条約を延期し米軍の日本駐留を継続するか、あるいは日本の再軍備を促進すべきであると主張した（PPS28）。日本に対する最大の脅威を外国からの侵略よりも国内の情勢不安とみていたケナンは、当面の課題として経済的自立や治安維持のための警察力の強化を訴えた。講和後の日本の安全保障については、その時の国際・国内情勢に基づいて決定されるべきとして結論を先送りしたが、沖縄についてはその戦略的重要性に鑑み、米国が恒久的支配を続けることを提案した。

日本側では、一九四五年一一月に外務省に設置された研究グループ（平和条約問題研究幹事会）が、来るべき対日講和条約の内容と並行して日本の安全保障のあり方について討議を重ねていた。この外務省による初期の研究では、永世中立や国際連合による保障といった理想主義的な案が提示され、米軍の日本本土駐留に対しては消極的な見方が強かった。ところが、一九四七年九月、芦田均外相がアイケルバーガー第八軍司令官に対して書簡を送り、米ソ関係が好転しない場合、平和条約履行の名目で米軍の駐留を継続するか、または有事の際に米国が日本国内に駐留し日本を防衛できるように二国間で協定を結ぶことを提案した。

また、これとは別に昭和天皇も日本の安全保障について独自の「外交」を展開していた。芦田書簡が手交された一九四七年九月、天皇は側近の寺崎英成を通じてGHQ外交部長ウィリアム・シーボルトに対し、日本に主権を残存した形で米国が沖縄を長期的に軍事占領することが望ましいこと、さらにこうした沖縄統治は米国の利益となり、また日本を守ることにもなると伝えた（天皇メッセージ）。また、これに先立つ四カ月前、天皇はマッカーサーとの会見（第四回会見）において、日本の安全が米国により保障されることを希望する旨を述べたと伝えられている。

2 展開

朝鮮戦争とNSC60/1

ケナンの勧告により対日講和締結は一時延期されたが、占領が長期化するにつれ、米政府内では占領の継続による日本国内の反米感情の高まりを懸念する国務省と、基地の継続使用を求める国防総省との間で意見が対立した。前者は早期講和を主張し、後者はこれに異を唱えた。国務省は、早期講和を実現することで日本国内の政治的・経済的安定が達成され、その結果、西側志向が強化されることを期待したが、米軍部は占領の終了により、基地の自由使用が困難になることを恐れた。両者の対立を察知した日本の吉田茂首相はその溝を埋め、一日も早い講和を実現するために極秘のメッセージをワシントンへ送った。一九五〇年四月下旬から五月上旬にかけて、吉田は腹心の池田勇人《はやと》蔵相を米国へ派遣し、日本およびアジアの安全のために講和独立後も米軍の日本駐留が必要なこと、そしてそうした要望を米側から出しにくいならば日本側からそれを提起する方策を考える準備がある旨を伝えたのである。

その後、間もなくして朝鮮戦争が勃発した。この戦争は極東における日本の戦略的価値を高めるとともに、日本再軍備への道を開いた。それはまた、国務省と国防総省との間の溝を埋める一つの重要な契機となった。朝鮮戦争開始後加速された、ジョン・フォスター・ダレス国務省顧問（対日講和担当）を中心とする米政府内での調整の結果、国防総省は日本を西側陣営に取り込むため、早期講和実現を主張する国務省の考えを受け入れ、他方、国務省は講和後も「必要と考える量の軍隊を、どこにでも必要な期間維持する権利」を求める国防総省の立場に同意したのである。その際、米軍駐留の具体的条件については日本と二国間協定を結び、その中で決定することとされた（NSC60/1）。こうして、日米交渉開始までに、講和後も米軍が日本に駐留することについて両国政府の考えはほぼ一致していたのである。

外務省における対米交渉準備作業

一九五〇年九月、トルーマン大統領は対日講和条約に向けて非公式討議を開始すると発表した。これを受け、吉田首相は外務省に対し、来るべき日米交渉に向けての準備を開始させた。翌一〇月四日、外務省は講和と安全保障に関する基本構想を提出した（A作業）。ここでは講和後も米軍が日本に駐留することが明記されたが、そうした駐兵には国連の事前、あるいは事後の承認が不可欠であるとされた。外務省によれば、米軍駐兵と国連の結び付きを「密接且つ具体的に」することにより米軍の日本駐留に法的根拠が与えられると同時に、朝鮮戦争の場合と同様、国連による安全保障の実態が米軍に他ならないとしても、日本国民はこれを受け入れる筈であった。

しかし、吉田はこれを「野党の口吻の如し」「無用の議論一顧の値無し……」と一蹴し、外務省に再検討を命じた。これと並行して、吉田は有識者と軍事専門家の二つのグループによる討議を通じて、それぞれ外務省に講和後も米軍が日本に駐留する場合の日米協定案（B作業）、および日本の非武装化案（C作業）を作成させた。B作業は「安全保障に関する日米条約案」と題される全一二条からなる条約案で、米軍の駐留を国連憲章第五一条の集団的自衛権の枠組みで正当化した。C作業の日本非武装化案は吉田の意向に基づき、米国の再軍備圧力をかわすためのバーゲニング・チップとして準備された。

一九五一年一月、朝鮮での戦況が悪化する中、ダレスは講和条約をめぐる日米交渉のため来日した。ダレスの訪日に合わせて、日本側は先のA作業を大幅に改定した対処方針（D作業）をまとめた。D作業は日本を民主主義陣営の一員として明確に位置づけた上で、国際情勢によっては米国との単独講和も辞さないこと、また共産勢力に対する防衛については、日本も可能な限り責任を果たす用意があると述べている。しかし、日本の再軍備についてはその可能性を否定した。経済復興を重視し再軍備に否定的だった吉田は、米軍への基地提供に加えて、日本が経済的に自立し十分な工業力をつけることが民主主義陣営への最大の貢献になると考えていた。

放棄された「日本非武装化構想」

ところで、日本側の交渉準備過程で特筆すべき出来事が起こった。米国の再軍備要求をかわすために用意した日本非武装化案（C作業）を、吉田は交渉前に自ら放棄してしまったのである。外務省が準備したD作業の原案には日本非武装化構想が明記されていたが、吉田はその削除を命じ、「改訂版」では同構想が姿を消した。

この理由について、いまだ明確な答えはない。もしかすると、吉田はこの時点でバーゲニング・チップとしての日本非武装化構想の有用性に疑問を抱いていたのかもしれない。たしかに同構想は、日本を西側の一員として明確に位置づけたD作業のトーンや内容と矛盾するし、その実現性については有識者の間でも疑問の声が上がっていた。あるいは「軍事基地提供」のカードを切ることで、吉田は再軍備要求をかわしうると考えたのかもしれない。いずれにせよ、吉田が非武装化構想をこの時点で放棄した事実は、今日、研究者の間で一つの興味深い謎となっている。

再軍備と米軍駐留

日米交渉では、再軍備と米軍駐留の根拠が中心的な争点となった。再軍備については、経済的理由や軍国主義復活の危険性を挙げながら吉田は必死の抵抗を試みたが、ダレスは引き下がらなかった。結局、交渉の決裂を恐れた吉田は五万人からなる保安隊を創設することを約束し、再軍備問題は一応の決着を見た。しかし、日米安保条約の前文には「アメリカ合衆国は、日本国が……直接及び間接の侵略に対する自国の防衛のために漸増的に自ら責任を負うことを期待する」という一文が挿入され、日本のさらなる努力が求められた。

　一方、米軍の日本駐留については日本の希望通り、平和条約には明記せず別個の条約で定めることが合意された。しかし米側は、米軍の日本駐留の根拠を集団的自衛権を謳った国連憲章第五一条に置くとする日本側の提案を拒否した。日本側、とりわけ外務省は講和独立後に外国の軍隊を駐留させるには何らかの法的根拠が必要であり、そのために憲章第五一条の集団的自衛権を適用することが不可欠と考えた。しかし米側は、「継続的で効果的な自助および相互援助」の可能な国とのみ米国は相互防衛条約を結ぶことができるとしたバンデンバーグ上院決議を持ち出し、自衛の手段をもたない日本はその条件を満たしていないとした。米軍の日本駐留はあくまでみずからを守ることのできない日本側の希望であり、米国はそうした日本の希望を叶える用意がある、というのが米側の論理だった。

　結局、日本側はこの論理を覆すことができなかった。安保条約の前文では、日本は「国内及びその附近にアメリカ合衆国がその軍隊を維持することを希望」し、米国は「自国軍隊を日本国内及びその附近に維持する意思がある」と謳われた。

　この後、何度かの交渉を経て条文は最終的に合意され、一九五一年九月、サンフランシスコにおいて対日講和条約締結と同時に日米の間で日米安全保障条約が調印された（一九五二年四月発効）。この条約の最大の特徴は、日本が米国に対し国内の基地使用を認めたことである。これにより占領後も米軍の日本駐留が継続されるとともに、日本は極東における米国の対ソ戦略上の拠点として重要な役割を担うこととなった。

3　意義

　日米安保条約には、日本側から見ていくつかの問題点があった。第一は、日本による基地提供が明示されているのに対し、米国による日本防衛義務が必ずしも明文化されていない点である。第一条は、日本に軍隊を配備する権利を日本は米国に「許与し、アメリカ合衆国は、これを受諾する」と規定する一方、米国は駐留軍を「日本国の安全に寄与するために使用することができる」（傍点付加）と記されるにとどまっている。交渉過程で日本政府は米軍による日本防衛義務の一層の明確化を求めたが、米側は前述したバンデンバーグ決議を理由に日本政府の要求を拒否した。憲法の制約上軍備をもてない日本に対して、米国がＮＡＴＯ加盟国に与えている保障以上のものを日本に付与することはできないというのが米側の立場であった。この結果、安保条約は国連憲章第五一条に示された集団的自衛の協力関係とはならず、たんなる「駐軍協定」の性格の強いものとなった。のちにダレスは米外交誌『フォーリン・アフェアーズ』に寄稿した論文の中で、米国は「日本の独立と安全を保障する、いかなる条約上の義務も負っていない」と述べている。

安保条約の第二の問題点は、駐留米軍の使用目的が日本の防衛のみでなく「極東における国際の平和と安全の維持に寄与し……」とされたことである。このいわゆる「極東条項」は、朝鮮戦争のような日本周辺で起きた紛争への在日米軍の派兵を可能にするために、米側が日米交渉の最終段階で挿入を希望したものである。しかし、「極東」がどの範囲を指すのか明確にはされなかった。さらにこの条項は、在日米軍の行動範囲を極東に制限したものではなく、極東の平和と安全のためと米国が判断すれば極東以外の地域への派兵も可能にするものだった。いずれにせよ、日本は米国の極東戦略、あるいは世界戦略の前線基地としての役目を負わされることになったのである。外務省条約局長としてこの交渉に臨んだ西村熊雄は、後日、「充分考慮を払わないで『同意あって然るべし』との結論を総理に上申したことは、今日に至ってなお事務当局として汗顔の至りである」（西村 一七四頁）と述懐している。

第三の問題点は、いわゆる「内乱条項」と呼ばれるものである。条約第一条は、外部からの武力攻撃に加えて「日本国における大規模の内乱及び騒じようを鎮圧するため」に在日米軍を使用することができると謳っていた。この条項は米国による内政干渉を招く恐れがあり、日本の主権に抵触する可能性があった。同様に、米国の事前の同意なくして日本は第三国に駐兵を許してはならないとする条項（第二条）も独立国としての日本の体裁を傷つける恐れがあった。

日米安保条約の成立を導いた日本側の責任者である吉田首相は、冷戦が激化し国連の集団安全保障体制が機能しない状況の中で、米国と与し自国の安全を委ねるのが日本の取りうる唯一の現実的な選択肢であると確信していた。しかし、吉田の選択は日本国内における左派、および右派の双方から厳しい批判の対象となった。非武装中立を標榜する社会党や進歩的知識人らの多くは、基地を提供することによって日本が極東における米国の前線基地となり、その結果、戦争に巻き込まれる危険性が高まったと訴えた。彼らによれば、日米安保条約は日本の安全を守るものではなく、むしろ脅かすものであった。

一方、吉田の政敵を中心とする保守政党内の右派は、米軍の駐留継続を許すことで日本は米国に対して従属的地位を強いられているとし、真の独立のためにも自主防衛の道を進むべきと主張した。しかし、左右いずれの立場も日本国民の大多数の支持を得ることはなかった。日米安保と軽武装を中心とする吉田の路線は戦後、とりわけ一九六〇年代以降、日本国内において着実に定着していったのである。

吉田が安保条約成立に果たした役割の大きさについては否定し得ないが、その功績については近年研究者の間で意見が分かれている。たとえば、ダレスとの交渉で吉田は、再軍備反対の立場を貫いたとするのが長い間の通説であったが、既述の通り、米側の再三の要求に直面して吉田が五万人の保安隊創設を約束したことが今日では広く知られている。五万人という数字が多いか少ないかは別として、もはや吉田を一概に「再軍備反対論者」として捉えるのは単純に過ぎるだろう。

また、吉田はダレスとの交渉に際して「基地カード」を早く切り過ぎたとする批判もある。すなわち、米国が最も重視した基地使用の権利を吉田は交渉の早い段階で認めてしまったが、米側の譲歩（たとえば日本防衛義務の明確化）を引き出す材料としてこれをもっと効果的に使うべきであったとする見方である。たしかに前述した通り、吉田は再軍備圧力をかわすためのバーゲニング・チップとして準備した日本非武装化案（C作業）をダレスとの交渉において提示しなかった。

こうした吉田の交渉姿勢については、日米の力関係や当時の国際情勢から考えてバーゲニングは不可能だったとする意見や、交渉者としての吉田の稚拙さを強調する見方、また共産主義の浸透を阻止するため米軍の日本駐留を強く望んだ天皇の介入の可能性等を指摘する見解などいくつかの説があり、未だ定説は存在しない。ただ、日米安保条約の最大の問題点であった双務性の欠如（日本は基地を提供するが、米国は日本の防衛義務を負わない）は、後に吉田の政敵である岸信介首相によってその是正が試みられることとなった。

参考文献

楠綾子『吉田茂と安全保障政策の形成——日米の構想とその相互作用、一九四三〜一九五二年』ミネルヴァ書房、二〇〇九年。

坂元一哉『日米同盟の絆——安保条約と相互性の模索』有斐閣、二〇〇〇年。

豊下楢彦『安保条約の成立——吉田外交と天皇外交』岩波新書、一九九六年。

西村熊雄『日本外交史27　サンフランシスコ平和条約』鹿島研究所出版会、一九七一年。

原彬久『戦後日本と国際政治——安保改定の政治力学』中央公論社、一九八八年。

三浦陽一『吉田茂とサンフランシスコ講和』上・下、大月書店、一九九六年。

3　日米行政協定（一九五二年）——日米安保条約の運用に関する取り決め

1　背景

安保条約締結により、講和後の米軍の日本駐留継続が確定した。だが、駐留条件の細目については条約に明記せず、議会の承認を必要としない政府間の協定において定めることが日米間で合意された。これは、米軍駐留を国民に受け入れやすい合理的なものにしようとする日本政府と、占領時の特権（米軍の治外法権的な裁判権など）をできる限り維持しようとする米側の妥協の産物であった。この結果、安保条約自体は簡潔なものとなったが、駐留軍の特権や地位などを定めた行政協定は複雑なものとなり、またその交渉は難航した。

2　展開

行政協定の本格的な交渉は、一九五二年一月より開始された。主な争点は、⑴日本が提供する施設および区域、⑵刑事裁判管轄権、⑶共同防衛措置の三つであった。⑴については、講和後も占領が継続しているという印象を国民に与えないために、日本側は米軍が使用していた基地を一度返還させ、新たに必要な基地を日本が提供するという形式を求めた。だが基地の継続使用を望む米側は難色を示し、結局日米の合同委員会において返還する施設を協議することになったものの、協定発効後九〇日以内に合意が得られない場合は暫定使用を米側に認めることとなった（ラスク・岡崎交換公文）。

⑵については、米軍事裁判所が専属的裁判権を有するとされた。当初米軍部は広範な排他的裁判管轄権を求めていたが、トルーマン大統領とアチソン国務長官の介入により、NATO軍地位協定が米国で批准され次第、同協定の刑事裁判権を日米行政協定にも適用することとなった。

⑶は、有事に日本の警察予備隊を米司令官の指揮下に置く措置であるが、国内の批判を恐れた日本政府が難色を示したため、協定では両国政府がただちに協議を行うことを謳うにとどまった。その一方で、統一司令部の設置に関しては、一九五二年七月、吉田茂首相からマーフィー駐日大使およびクラーク極東軍司令官に対して秘密口頭了解が与えられた。

このほか、日本側は駐留経費として基地や施設の提供の他に毎年一億五五〇〇万ドル相当の防衛分担金を拠出することや行政協定の実施・運用の細目を検討する合同委員会の設置などが決まった。こうして、一九五二年二月二八日、日米行政協定が締結され、その直後、日本国内において行政協定を実施するための一七の国内法が制定された。

3　意　義

行政協定の特徴の一つは、基地の範囲を特定せずに日本全土を米軍事作戦の潜在的な基地に設定したことである。それ以前に米国が他の国と締結した基地協定（一九四〇年の英国との基地貸与協定や一九四七年のフィリピンとの基地協定など）は、米軍が使用する基地の範囲を限定しているが、日米行政協定に限っては日本国内の「全土基地方式」をとっている。この背景には、米ソ冷戦の下、「日本の必要と思われる場所に、必要と思われる期間、必要と思われる規模の軍隊を保有する権利」（NSC 60/1）を追求した米国政府の思惑があった。とりわけ日本を「征服された東洋の国」と見ていた米軍部は、占領中に得た既得権益の放棄・縮小に強く抵抗した。

第二の特徴は、占領の継続を思わせるような取り決めは協定に明記せず、交換公文や秘密口頭了解で処理されたことである。前述の通り、日本に返還される基地について講和後九〇日以内に日米間で合意に達しない場合は米軍が継続使用できるとした取り決めはラスク・岡崎交換公文で、また、有事の際の統一司令部の設置は吉田首相、マーフィー駐日大使、クラーク極東軍司令官の間の秘密口頭了解でそれぞれ確定された。これは、そうした取り決めが国内政治の争点になることを恐れた吉田が、協定に明記するのを拒んだためである。

行政協定はその後、一九六〇年の新安保条約締結に伴い「日米地位協定」として改正・条約化された。日本側の強い要望により、在日米軍の諸権利はNATO並みに変更され、また防衛分担金も廃止された。だが、地位協定に対する反発や批判はその後もくすぶり続けた。一九九五年九月に沖縄で起きた米兵による女子小学生暴行事件を契機に、地位協定の見直し（とりわけ起訴前の容疑者引渡し）を求める声が再び高まった。しかし、他国との間に締結された地位協定への波及を恐れる米国は改正を拒み、最終的に凶悪犯罪については起訴前の引渡しの要請に米側は弾力的に応じることで決着した。

参考文献

明田川融『日米行政協定の政治史——日米地位協定研究序説』法政大学出版局、一九九九年。

我部政明「地位協定と沖縄」『国際政治』第一一五号（一九九七年五月）。

本間浩他『各国地位協定の適用に関する比較論考察』内外出版、二〇〇三年。

宮里政玄「行政協定の作成過程——米国公文書を中心に」『国際政治』第八五号（一九八七年五月）。

4　吉田書簡と日華平和条約（一九五二年）――「二つの中国」政策の模索

1　背　景

中国では一九四九年一〇月、蔣介石率いる国民党を台湾へ追いやった毛沢東らの主導する共産党が中華人民共和国を樹立した。香港を植民地支配していた英国は共産党政権を承認したが、「共産主義封じ込め」政策をとる米国は同政権を承認せず、国民党政権（中華民国）を中国の正統な政府と認定した。このため、一九五一年の対日講和会議ではどちらの「中国」も招待されず、日本は最大の戦争被害国であり、また戦前の主要な貿易相手国の一つである中国と講和を結ぶことができなかった。その後、日本は米国の圧力の下、対日講和条約締結の翌年に中華民国と講和条約を結ぶこととなった。

2　展　開

中国の代表権問題で対立していた米英両国は、一九五一年六月、(1)講和会議にはいずれの中国も招待しない、(2)どちらの中国と講和を結ぶかは日本が主権回復したのち独立国として自由に選択しうる、という二点で合意した（ダレス・モリソン合意）。しかし、米国上院の親国民党議員らはトルーマン大統領に書簡を送り、日本が共産党の中国を承認し、同政権と講和条約交渉を行うことは日米両国民の利益に反すると訴えた。当時の米国内ではマッカーシズムが台頭し、「中国の喪失」に対するトルーマン政権への批判が高まっていた。超党派外交を推し進めるため、トルーマン大統領から対日講和条約担当を任命された共和党員のダレスは、ヴェルサイユ講和条約の批准に失敗したウィルソン大統領と同じ過ちを犯すことを避けるため、米上院との友好関係構築を推進せざるを得なかった。

一九五一年一二月、ダレスは蔣介石政権の熱心な支持者であるアレックス・スミス上院議員らとともに来日し、吉田首相と会談した。ダレスは、国民党支持者の多い米上院において対日講和条約を批准に導くために、日本政府は国民党政府を承認する意図を明確に示す必要があると述べた。日本と中国大陸との貿易を長期的観点から重要視していた吉田は、中ソは一枚岩ではなく貿易を通じて両者の離反を促すことができると論じたが、対日講和条約の批准を遅らせることはできなかった。結局、吉田はダレスの求めに応じて一通の書簡をダレス宛に送付した。これがいわゆる「吉田書簡」と呼ばれるものである。この書簡において吉田は、日本が国連に議席をもち大部分の国連加盟国と外交関係を維持している国民党政府を承認し、同政府との間に講和条約を締結する用意があるとし、共産党政権とは講和条約を締結しないと実質的に明言した。吉田書簡は、事前にダレスより手渡されたメモに日本側が若干の修正を施して完成されたものであった。この書簡は、米上院議院外交委員会公聴会開催五日前の一九五二年一月一六日に公表された。結局、上院本会議は賛成六六票、反対一〇票という圧倒的多数で同年三月、対日講和条約を批准した。

同年四月、日本は吉田書簡に基づき、中国国民党政府との間に日華平和条約を締結した。交渉では条約の適用範囲と賠償が主な争点となったが、前者については「中華民国政府の支配下に現にあり、または今後入るすべての領域」とし、後者については放棄されることで決着した。以後、一九七二年の日中国交正常化までの二〇年間、日本は国民党政府を中国の合法政府として承認したが、「政経分離」政策の下、中華人民共和国との間に民間経済外交を推し進めた。

3　意　義

吉田書簡の背景には、強力な米国の圧力があった。これは否定し得ない事実である。だが近年の研究は、それ以外の様々な要因についても分析を加えている。たとえば袁克勤は、(1)国民党政府と講和を結ぶことは「吉田書簡」執筆以前から吉田（および日本政府）の既定方針であったこと、(2)吉田が「書簡」の中に、一九五〇年の中ソ友好同盟相互援助条約は日本を標的としており、また中国の共産党政権は非合法的に日本政府転覆を企てる日本共産党に支援を与えている可能性があるという文言を付け加えたこと等を挙げ、吉田書簡は英国や日本国内の反対勢力からの批判をかわすために（すなわち責任逃れの口実として）吉田に利用された側面を強調している。また、陳肇斌は、吉田書簡成立をめぐる日米間のやり取りを詳細に跡付けながら、吉田にとっての争点は国民党政府との講和締結ではなく、中国の代表政府としての国民政府との講和締結であったとしている。他方、ロジャー・ディングマンは米国国内政治と英米の対立に焦点をあてながら、ダレスが「吉田書簡」を要求した究極の狙いは、国民党政府との講和を日本に確約させることにより「英国を米国の東アジア政策に同調させる」ことであり、またそうすることで米国国内の党派的対立を防ぐことであったと論じている。こうした研究の多くは「吉田書簡」を米ソ冷戦の文脈だけでなく、東アジアの国際政治や内政と外交のリンケージといった観点から多角的に捉えている。

参考文献

石井明「台湾か北京か——選択に苦慮する日本」渡辺昭夫編『戦後日本の対外政策』有斐閣、一九八五年。

殷燕軍『日中講和の研究――戦後日中関係の原点』柏書房、二〇〇七年。

袁克勤『アメリカと日華講和――米・日・台関係の構図』柏書房、二〇〇一年。

添谷芳秀『日本外交と中国　一九四五―一九七二』慶應義塾大学出版会、一九九五年。

陳肇斌『戦後日本の中国政策――一九五〇年代東アジア国際政治の文脈』東京大学出版会、二〇〇〇年。

ロジャー・ディングマン（天川晃訳）「『吉田書簡』（一九五一年）の起源――日本をめぐる英米の抗争」『国際政治』第五三号（一九七五年一〇月）。

細谷千博『サンフランシスコ講和への道』中央公論社、一九八四年。

日華平和条約の調印

台北賓館で日華平和条約に署名する河田烈日本特命全権大使（右）と葉公超中華民国外交部長（1952年４月28日）（朝日新聞社／時事通信フォト）

吉田書簡（全文）

拝啓

過般の国会衆，参両院における日本国との平和条約及び日米安全保障条約の審議に際し，日本の将来の対中国政策に関して多くの質問がなされ言明が行われました。その言明のあるものが前後の関係や背景から切り離されて引用され誤解を生じましたので，これを解きたいと思います。

日本政府は，究極において，日本の隣邦である中国との間に全面的な政治的平和及び通商関係を樹立することを希望するものであります。

国際連合において中国の議席，発言権及び投票権をもち，若干の領域に対して現実に施政の権能を行使し，及び国際連合加盟国の大部分と外交関係を維持している中華民国国民政府とこの種の関係を発展させて行くことが現在可能であると考えます。この目的のためわが政府は，千九百五十一年十一月十七日，中国国民政府の同意をえて日本政府在外事務所を台湾に設置しました。これは，かの多数国間平和条約が効力を生ずるまでの間，現在日本に許されている外国との関係の最高の形態であります。在台湾日本政府在外事務所に重要な人員を置いているのも，わが政府が中華民国国民政府との関係を重視していることを示すものであります。わが政府は，法律的に可能となり次第，中国国民政府が希望するならば，これとの間に，かの多数国間平和条約に示された諸原則に従つて両政府の間に正常な関係を再開する条約を締結する用意があります。この二国間条約の条項は，中華民国に関しては，中華民国国民政府の支配下に現にあり又は今後入るべきすべての領域に適用があるものであります。われわれは，中国国民政府とこの問題をすみやかに探究する所存であります。

中国の共産政権に関しては，この政権は，国際連合により侵略者なりとして現に非難されており，その結果，国際連合は，この政権に対するある種の措置を勧告しました。日本は，現在これに同調しつつあり，また，多数国間平和条約の効力発生後も，その第五条(a)(iii)の規定に従つてこれを継続するつもりであります。この規定により，日本は，「国際連合が憲章に従つてとるいかなる行動についても国際連合にあらゆる援助を与え，且つ，国際連合が防止行動又は強制行動をとるいかなる国に対しても援助の供与を慎むこと」を約している次第であります。なお，千九百五十年モスコーにおいて締結された中ソ友好同盟及び相互援助条約は，実際上日本に向けられた軍事同盟であります。事実，中国の共産政権は日本の憲法制度及び現在の政府を，強力をもつて顚覆せんとの日本共産党の企図を支援しつつあると信ずべき理由が多分にあります。これらの考慮から，わたくしは，日本政府が中国の共産政権と二国間条約を締結する意図を有しないことを確信することができます。

敬具

千九百五十一年十二月二十四日

吉田茂

在ワシントン国務省

ジョン・フォスター・ダレス大使殿

出典：外務省ホームページ。
http://www.mofa.go.jp/mofaj/gaiko/treaty/pdfs/A-S38(3)-242.pdf，2016年4月30日アクセス。

5　池田・ロバートソン会談（一九五三年）――ＭＳＡ協定締結に向けたせめぎ合い

1　背　景

一九五三年五月、米国アイゼンハワー政権の国務長官ダレスは、日本に対して相互安全保障法（Mutual Security Act＝MSA）に基づく援助を行う意志のあることを表明した。同法はトルーマン政権時の一九五一年一〇月に制定された法律で、既存の経済・技術・軍事援助を一本化し、安全保障とリンクさせることで予算を握る議会の支持を得る狙いがあった。ダレスは、ＭＳＡ援助を梃子に日本の再軍備を本格化させようとしたのである。

日本政府もＭＳＡ援助の受け入れに前向きな姿勢を示した。朝鮮特需後の景気後退で、日本経済は深刻な不況に陥りつつあった。財界からは、ＭＳＡ援助の受け入れに対する強い要望が政府に上がっていた。しかし、ＭＳＡは供与の条件として受け入れ国に「自国の防衛能力を発展させるために必要なすべての妥当な措置をとること」を求めており、援助と引き換えに日本に対して一層の防衛努力が要求されることが予想された。これは、軽武装・経済重視を掲げる吉田内閣の方針と相容れない可能性があった。

また、大幅な再軍備は国民に支持されないことも明らかであった。一九五三年四月の衆議院選挙では、再軍備反対を掲げる左右社会党が躍進した。一方で、再軍備を主張する鳩山自由党と重光改進党は議席を減らし、吉田自由党は過半数を割って少数与党にとどまった。非武装中立論者は、日本の再軍備を助長するとしてＭＳＡ援助受け入れに強く反対した。こうした状況から、吉田はＭＳＡ援助を受けるにしてもその「牙」を抜き、日本側の「防衛努力」を最小限に抑えようとした。こうして吉田の腹心である池田勇人自由党政務調査会長がワシントンに派遣され、ＭＳＡ問題処理のためにロバートソン国務次官補との会談が行われることになったのである。

2　展　開

池田訪米直前の一九五三年九月末、吉田と改進党党首の重光との会談が行われた。少数与党の吉田自由党にとって、政策面で近い改進党と政策協調を図ることは国会を運営する上で必要不可欠であった。同時に、来るべき対米交渉で足をすくわれないためにも、自由党と改進党の保守党間で防衛問題について共通認識を形成することは吉田政権にとって重要であった。この会談で両者は、自衛力を増強すること、保安隊を直接侵略にも対処できる自衛隊に改組すること、国力に応じた長期防衛計画を立案すること等で合意した。池田はこの合意を受けて米側との会談に臨んだ。

池田・ロバートソン会談は一カ月近くに及んだ。米側は、ソ連による日本侵略の脅威が差し迫ったものであることを強調し、憲法改正を視野に入れた日本の大幅な防衛力増強を求めた。一方日本側は、憲法改正は近い将来望めないこと、志願兵制度の下では急激な防衛力の増強は見込めないこと、日本にとっては再軍備よりも経済成長と社会保障が必要であることなどを述べ、経済支援を要請した。具体的には、朝鮮戦争後の韓国復興への日本の参画、日中貿易の制限緩和、東南アジアへの賠償金に対する援助などであった。

具体的な日本の防衛計画が議題に上ったのは、一〇月一二日の第三回目の会談からであった。この日、米側は⑴陸上兵力＝一〇個師団、三二万五〇〇〇人、⑵海上兵力＝フリゲート艦、掃海艇など全部で一〇八隻、一万三〇〇〇人、⑶航空兵力＝迎撃機、戦闘爆撃機など全部で八〇〇機、三万人の日本再軍備計画案を提出した。翌日、日本側は大蔵省原案に基づいて作成された次の池田私案（防衛五カ年計画）を示した。⑴陸上兵力＝一〇個師団一八万人、⑵海上兵力＝二一〇隻、一五万六五五〇トン、三万一三〇〇人、⑶航空兵力＝五一八機、七六〇〇人。また、これらに要する費用＝九〇〇〇億円のうち、日本側負担を六二〇〇億円、米側負担を二八〇〇億円（約八億ドル）程度とする見積もりを提出した。

争点の中心は、陸上兵力の数であった。日本側は一個師団の総兵員数をＮＡＴＯ並みに減らすことで、一八万人まで削減可能と主張した。しかし、米側は納得せず、具体的な防衛計画については継続審議されることとなった。

結局、池田・ロバートソン会談では、⑴日本は憲法上・経済上の制約を考慮しつつ防衛力増強の努力を継続すること、⑵軍事援助に関する問題については東京において両国がさらに協議すること、⑶ＭＳＡ法第五五〇条に基づく余剰農産物供与の額は五〇〇〇万ドルを目標とし、この売上代金（円貨）は日本の防衛生産および工業力増強に使用されることなどが合意された。

持ち越された日本の防衛計画に関する討議は、一九五三年末から翌年にかけて東京で行われた。だが、この頃までに米側は「陸上兵力三二万五〇〇〇人」（のちに三五万人）という数字を長期目標として掲げたものの、ＭＳＡ援助受け入れの条件とはみなさなくなった。この背景には、日本政府にとって実現可能な防衛力増強を求めるべきであるというアリソン駐日大使の助言や、米国の援助予算の執行上、早期の合意が必要とされたことなどがあった。一九五四年一月末、日本側は同年度予算で当初の計画を六〇〇〇人上回る三万人の陸上部隊増員を含む再軍備計画を米側に示し、了承された。また五月には、一〇個師団総員一八万人の陸上部隊創設を含む再軍備五カ年計画が日米間で合意された。

　こうした流れの中で、一九五四年三月、日米相互防衛援助協定が結ばれ、同時に農産物購入、経済措置、投資保証に関する日米協定も公布された。これらはまとめて一般にＭＳＡ四協定と呼ばれる。相互防衛協定では米国による日本の防衛力増強の装備面での支援が、農産物購入協定では日本による米国の余剰農産物五〇〇〇万ドル分の購入が、経済措置協定では米国がその五〇〇〇万ドルのうち四〇〇〇万ドルを日本での物資調達に使用し、残りの一〇〇〇万ドルを軍需産業育成のため日本に贈与することが、また投資保証協定では米国民間資本による対日投資促進がそれぞれ明記された。ＭＳＡ援助に関する日米間の非公式な交渉は、事務レベルにおいてすでに前年初頭から開始されていたが、当面の日本の再軍備計画についての合意を受けて正式に協定が締結された。

3 意　義

　帰国後、池田は「米国の再軍備要求を拒否し、対日経済援助の端緒を作った」とその成果を強調した。同様に、池田の随員兼通訳を務めた宮澤喜一も、当時を振り返って「このときを最後に、米国が膨大な数字を口にして日本に保安隊の増強を要求してくることはなくなった」と証言している。

　しかし、最近の研究はこうした評価に様々な疑問を投げかけている。たとえば安原は、日本政府の期待とは裏腹に、ＭＳＡ交渉で米国から引き出すことのできた経済援助はほとんどなかったと論じている。植村は、池田・ロバートソン会談では日本の防衛問題について何らの「決着」が図られたわけではない（また当初からそのように期待されてもいなかった）ことを論証した上で、国内政治基盤が弱体化し、外交で得点を上げることに腐心した吉田政権にとっては会談の「成功」という「神話」を作り上げることが必要だったとしている。さらに吉次は、ＭＳＡ交渉で日本側は再軍備のスピード、在日米陸軍撤退、防衛支出金削減といった問題でことごとく譲歩を迫られたとし、その理由を「ＭＳＡ援助が日本の要請により行われる」という米国の論理に日本が乗ってしまった結果であると論じている。

　さらに柴山は、陸上兵力三〇万人規模の再軍備要求を日本が拒否しえたのは会談における日本の抵抗が奏功したのではなく、すでに米政府内でこの三〇万人構想が予算と装備の両面で非現実的と認識されていたためとしている。池田・ロバートソン会談が成功だったか否かは「成功」をどう定義するかによるが、新たに公開された日米の記録に基づくこうした諸研究は、この会談が少なくとも日本の当事者たちが語ったほど画期的なものではなかったことを示している。

参考文献

石井晋「MSA協定と日本——戦後型経済システムの形成(1)(2)」『経済論集』（学習院大学）第四〇巻第三号（二〇〇三年一〇月）、第四〇巻第四号（二〇〇四年一月）。

植村秀樹『再軍備と五五年体制』木鐸社、一九九五年。

坂元一哉「『池田＝ロバートソン会談』再考」『三重大学法経論叢』第九巻第一号（一九九一年一二月）。

柴山太『日本再軍備への道——一九四五〜一九五四年』ミネルヴァ書房、二〇一〇年。

安原洋子「経済援助をめぐるMSA交渉——その虚構と実像」『アメリカ研究』（アメリカ学会）第二二号（一九八八年三月）。

吉次公介「池田・ロバートソン会談と独立後の吉田外交——保安隊創設過程より岡崎・アリソン協定、NSC5516/1に至る文脈から」『年報・日本現代史』第四号（一九九八年）。

吉次公介「MSA交渉と再軍備問題」豊下楢彦編『安保条約の論理——その生成と展開』柏書房、一九九九年。

コラム１　米国の圧力に終止符？

池田ミッションに随行した宮澤喜一参院議員（当時）は後年，毎日新聞社のインタビューに答えて会談の意義を次のように述べている。

「……米国は三十二万五千人の軍備を要求する一方，約三億ドルの軍事援助を言ってきた。我々は憲法改正をしてまで再軍備するのは反対だが，防衛力漸増は否定しない。軍事色の強い援助はいやだが，復興に役立つドルはほしい，という立場だった……ロバートソンと激しい憲法論議をやった。憲法改正はできないという日本の現実が，いやいやでも分かったということでしょう。もう占領時代ではなかった。我々も腹を決めてやったから，説得が成功した，と思っている……米国が占領中から戦後にかけて，毎年再軍備をしろといってきたことに終止符を打ちたい，というのが私にとっての池田・ロバートソン会談だった。翌年の吉田・アイゼンハワー会談で米側が防衛問題を言わなかったことで，勝負はすんだ，と思った」（『毎日新聞』1991年10月25日）。

6　奄美諸島復帰（一九五三年）――沖縄、北方領土とのリンケージ

1　背景

一九五一年に調印された対日講和条約第三条により、奄美諸島は沖縄諸島・小笠原諸島などとともに日本本土から切り離され、米軍の統治下に置かれた。これら三諸島では講和条約調印直前から本土復帰運動が盛んになったが、奄美諸島においてはとりわけ運動が激化した。本土と切り離されたことにより経済が停滞し、なおかつ米軍の援助は沖縄に集中していたため、住民の生活は困窮した。ハンガーストライキが多発し、小中学生が血判状を提出する事態も発生した。

2　展開

盛り上がりを見せる復帰運動に押されるかたちで、米国政府は奄美諸島返還の検討を開始した。国務省は、奄美諸島の住民がみずからを明確に日本人とみなしていること、返還に応じることで米国の誠意が伝わると同時に日本人の不満が歯舞諸島および色丹島を保有しているソ連へ向けられること、逆に米国の奄美諸島返還に先駆けてソ連が歯舞・色丹両島を返還した場合、それはプロパガンダ戦争における米国の決定的な敗北を意味すること、奄美諸島は沖縄や小笠原にくらべて戦略的価値が低いことなどを挙げて、早期返還を主張した。

一方、国防省は早期返還に消極的だった。米軍部は、奄美諸島のレーダー網や補給基地としての役割、日本が中立化し沖縄が返還された際の代替基地としての有効性などを強調した。さらに軍部は、奄美諸島を返還することで沖縄の本土復帰運動が勢いを増すことを恐れていた。

米政府が「奄美返還」で意思統一を果たしたのは、一九五三年六月に開かれた国家安全保障会議においてであった。この会議で国務長官のダレスは、軍事目的上必要な諸権利について日本政府と合意したのち奄美諸島を日本へ返還することを主張した。これに対して、国防長官のチャールズ・ウィルソンは、米国に対する日本の忠誠が長期にわたり担保されるのならば返還に反対しないとの立場をとった。同様に、アイゼンハワー大統領は外国の領土を占領することで反米感情が沸き上がる危険性に注意を喚起しながら、レーダー設備を確保するためだけに日米間の信頼関係に大きな傷を残すことは馬鹿げているとして返還を支持した。大統領が返還を強く推したことで、現状維持を望んだ軍部も返還を受け入れた。

こうして、六月二九日付の「日本に関する合衆国の目的および行動方針」（NSC125/6）は奄美諸島の返還を確認した。だが、同時に同文書は「極東において現在の国際的緊張が続く間は……他のすべての諸島に対しては……現在行使している管理と権限の程度を維持すべきである」として、沖縄や小笠原諸島の継続占領を明記したのである。

一九五三年一二月二四日、奄美諸島の返還を明記した協定が日米間で調印され、翌二五日には同協定が発効した。この日がクリスマスだったことから、奄美諸島返還は米国による「クリスマス・プレゼント」と皮肉られた。

3　意　義

すでに見たように、奄美諸島の返還にはいくつかの要因が重なった。沖縄や小笠原にくらべて戦略的価値が低かったこと、北方領土とのリンクが意識されたこと、アイゼンハワー大統領の強い意向があったことなどである。ただ、奄美諸島返還をめぐっては、日米の思惑の違いも明らかになった。米国政府は奄美諸島返還を実現することで日本政府による沖縄返還要求の緩和を期待したのに対して、日本政府は奄美返還を機に沖縄や小笠原の返還への期待を高めた。国務長官のダレスは、奄美返還決定後の一九五三年八月、奄美の「次」を期待する新木栄吉駐米大使に対して沖縄と小笠原の返還を早急に求めないよう釘を刺し、両諸島の返還には日本のさらなる防衛努力が不可欠であると論じた。

実際、ダレスは奄美諸島の返還と引き換えに日本の防衛予算増額を迫ろうと企図したが、アリソン駐日大使らの反対でこれを見送っている。アリソンは、奄美諸島返還に条件をつけることは米国の誠意に疑念をもたらすことになるとし、ソ連が歯舞・色丹の返還を含む平和攻勢を日本に仕掛けようとする兆候がある以上、米国政府は一刻も早く奄美諸島を返還すべきであると主張した。こうして、日本への防衛力増強の圧力は奄美諸島返還においては回避されたものの、日米間の「戦後処理」問題と日本再軍備のリンケージは、日本の経済力の回復に伴い、以後ますます明確化されてゆくのである。

参考文献

ロバート・D・エルドリッヂ『奄美返還と日米関係——戦後アメリカの奄美・沖縄占領とアジア戦略』南方新社、二〇〇三年。

梶浦篤「奄美諸島の返還をめぐる米国の対日・対ソ戦略」『国際政治』第一〇五号（一九九四年一月）。

河野康子『沖縄返還をめぐる政治と外交——日米関係史の文脈』東京大学出版会、一九九四年。

宮里政玄『日米関係と沖縄　一九四五—一九七二』岩波書店、二〇〇〇年。

7　第五福竜丸事件（一九五四年）――「死の灰」と反核運動

1　背景

一九五四年三月、太平洋マーシャル諸島ビキニ環礁において米海軍が水爆実験を行った。近海で操業していた日本の遠洋マグロ漁船第五福竜丸が実験に遭遇し、船員二三名が放射線下降物（いわゆる「死の灰」）に被曝した。事故当時、第五福竜丸は米軍の設定した危険水域の外にいたが、同様に危険水域外で操業していて被曝した漁船は数百隻、被曝者は二万人を超えると言われている。四月以降、日本各地に降った雨や雪から多量の放射能が検出され、日本国民を震撼させた。第五福竜丸事件は、当時広島・長崎の記憶がまだ新しかった日本において反核・平和運動を隆起させると同時に、米国の対日政策転換の契機の一つとなった。

2　展開

事故の処理をめぐり、軍事機密保持を優先しようとする米政府と、高まる日本国民の反米感情を背景に交渉に臨んだ日本政府との間に溝が生まれた。日本側では、事故に対する米国政府の謝罪が遅れたことや、第五福竜丸が危険区域内で操業していたとする米原子力委員会のストラウス委員長の発言、また同船がスパイ行為を行っていた可能性を示唆したコール米上下両院合同原子力委員会委員長の発言により、米国に対する不信感が高まった。他方米側は、日本政府が事件発覚後数日間、第五福竜丸を放置したため記者や科学者が自由に船内に立ち入って写真撮影をしたり灰のサンプルを持ち帰ったりしたことや、米国の医療チームによる患者の診療が拒否されたことなどを取り上げて、日本政府の対応を批判した。

こうした背景の下、補償をめぐる交渉は難航した。米側はこの問題を国際法上の不法行為による損害賠償としてではなく、日米行政協定における補償と同様の「慰謝料」として処理しようとし、五月下旬、日本政府に対して一五万ドル（五四〇〇万円）の補償金を非公式に提示した。だが、この額には魚価の下落に伴う水産業界の損失等の間接損害が含まれておらず、日本側が提示した最低七〇〇万ドル（二五億円）とは大きな開きがあった。協議は直接損害の見積もりおよび間接損害を認めるか否かで対立が続いたが、早期の政治決着を模索して双方が歩み寄り、最終的に二〇〇万ドル（七億二〇〇〇万円）で合意に達した。一九五五年一月、鳩山内閣の重光外相とアリソン駐日米大使との間で署名された交換公文では「法律上の責任の問題と関係なく、慰謝料として」二〇〇万ドルを一括して日本政府に支払うことが明記された。

3 意義

第五福竜丸事件は、日本国内に強い反核運動をもたらした。事件後まもなく、原爆使用禁止決議を採択する地方自治体が現れ、その動きは次第に全国に広まっていった。一九五四年四月には、衆参両議院で「原子力の国際管理と原子兵器の禁止のための決議」が全会一致で採決された。八月には「原水爆禁止署名運動全国協議会」（世話人＝湯川秀樹京都大学教授、片山哲元首相）が結成され、同年末までに署名は二〇〇〇万人を超えた。翌五五年八月には、広島市で第一回原水爆禁止世界大会が開催され、海外の代表三五名を含む約二〇〇〇人が参加した。

米国政府は、第五福竜丸事件を契機として日本に広まった反核運動が反米ナショナリズムに転化することを恐れた。事件後数カ月を過ぎた頃、アリソン駐日大使はワシントンの本省に宛てた「Fukuryumaru」と題する長文電報の中で、この事件が日本人の核兵器に対する心理的な弱さを露呈させたとともに、共産主義者や中立主義者の立場を強化し、日本人の間に核時代における軍備増強の妥当性への疑問を強めたと述べている。こうした認識は、短期的には補償問題に対する政治的妥協を促し、長期的には米国の対日政策を、再軍備重視から国内政治の安定と経済復興に力点を置いたNSC5516/1（一九九五年四月）の採択へと向かわせる要因となったのである。

参考文献

植村秀樹「第五福竜丸事件の衝撃と日米関係への波紋」『青山国際政経大学院紀要』第四号（一九九三年三月）。

坂元一哉「核兵器と日米関係——ビキニ事件の外交処理」近代日本研究会編『年報・近代日本研究16　戦後外交の形成』山川出版社、一九九四年。

広田重道『第五福竜丸——その真相と現在』白石書店、一九八九年。

Roger Dingman, "Alliance in Crisis: The Lucky Dragon Incident and Japanese-American Relations," in Warren I. Cohen and Akira Iriye, eds. *The Great Powers in East Asia, 1953-1960*, New York: Columbia University Press, 1990.

John Swenson-Wright, "The Lucky Dragon Incident of 1954: A Failure of Crisis Management?" in Makoto Iokibe, Caroline Rose, Junko Tomaru, and John Weste, eds., *Japanese Diplomacy in the 1950s: From Isolation to Integration*, New York: Routledge, 2008.

8　自衛隊発足（一九五四年）——憲法第九条下の再軍備

1　背　景

終戦後、日本は占領軍により非武装化され、戦争の放棄と戦力の不保持を明記した新憲法を採用した。だが、朝鮮戦争勃発後の一九五〇年七月八日、マッカーサー連合国最高司令官は吉田首相に対し、七万五〇〇〇人からなる警察予備隊の創設および海上保安庁の八〇〇〇人の定員増加を指示した。当時、日本に駐留していた米陸軍四個師団の大半が朝鮮に派兵されたため、日本国内には力の真空が生じていたのである。警察予備隊の創設を契機に日本は漸増的な再軍備を開始し、一九五四年には自衛隊が発足した。

2　展　開

朝鮮戦争の勃発は、それまで日本の再軍備に否定的だったマッカーサーの態度を一変させた。ただしマッカーサーは、再軍備に対する日本国内の反発を恐れて、立法措置を伴わない「ポツダム政令」で警察予備隊の設置を指示し、その目的を表向きには治安維持の任にあたるためとした。吉田首相も国会答弁で「その性格は軍隊ではない」ことを強調した。

だが実際には、米側は警察予備隊を将来の日本における軍隊（陸軍）の基礎として組織・育成した。隊の編成は警察ではなく軍隊のそれであり、隊員にはカービン銃が支給された。また、将来戦車や大砲を所持することが予定されていた。ただし、吉田首相の強い意向などにより、戦前の軍部との断絶を図るため幹部の採用に際して帝国陸軍出身者を極力排除したのである。

他方、海上自衛隊の創設には早い段階から帝国海軍関係者が関与しており、そこには戦前からの継続性が見られる。敗戦後の武装解除が進む中、旧海軍の掃海隊は大戦中日本の沿岸に設置された機雷の除去作業を行うために維持された。一九四八年、沿岸警備のため運輸省の外局として海上保安庁が設立された際も、GHQは人員確保のため一万人の旧海軍軍人の採用を許可した。旧海軍の掃海隊は海上保安庁内に組込まれ、掃海艇の一部は一九五〇年の朝鮮戦争に派遣された。さらに一九五一年、米海軍から貸与が決まった艦船の受け入れ先を検討するため、旧海軍出身者を中心とする「Y委員会」が設置され、この結果、海上保安庁内に海上警備隊が創設されることとなった。

航空兵力の創設については、一九五〇年以降、旧陸海軍関係者により個別に研究が進められていたが、一九五二年後半にソ連軍機による日本の領空侵犯が頻発すると、日米政府レベルでも本格的な議論が開始された。ソ連の領空侵犯は五二年末までに五〇回に上り、米軍機が撃墜される事件も起こった。これを受け、米極東軍司令部は日本における航空部隊創設を早期に行うことを主張し、一九五二年に発足した保安庁の下で独立した航空部隊の設置の検討が開始された。

一九五二年、海上保安庁から独立した海上警備隊は警察予備隊とともに、新設された保安庁に統括されることになり、それぞれ警備隊、保安隊に改称された。一九五四年、防衛庁設置法制定に基づき、警備隊は海上自衛隊に、保安隊は陸上自衛隊に改編され、さらに航空自衛隊が新設され、これら三つの自衛隊を統括する防衛庁が設置された。

3　意　義

自衛隊（およびその前身の警察予備隊や保安隊）が戦力不保持を謳う憲法に抵触するか否かは、国内において大きな論争を巻き起こした。左右両派ともその違憲性を指摘した。もっとも、前者が自衛隊の廃止を訴えたのに対し、後者は憲法の改正を主張した。吉田政府は、⑴憲法第九条は自衛権を否定していない、⑵自衛隊の装備編成は近代戦遂行に役立つレベルにはないので、憲法上の「戦力」にあたらない、という解釈を提示し、自衛隊の合憲性を訴えた。自衛のためでも軍備を持つことはできないとした新憲法制定当時の吉田の解釈と比べると、大きな変化が見られる。結局、自衛隊廃止論を訴える左派の勢力も憲法改正論を主張する右派の勢力も、大多数の国民に支持されるところまでは至らなかった。こうしてこれ以降、憲法第九条は改正されないまま、その解釈の変更によって「なし崩し的」に再軍備が行われていった。

参考文献

ジェームズ・E・アワー（妹尾作太男訳）『よみがえる日本海軍——海上自衛隊の創設・現状・問題点』時事通信社、一九七二年。

植村秀樹『再軍備と五五年体制』木鐸社、一九九五年。

大嶽秀夫『再軍備とナショナリズム——保守、リベラル、社会民主主義者の防衛観』中公新書、一九八八年。

佐道明広『戦後政治と自衛隊』吉川弘文館、二〇〇六年。

中島信吾『戦後日本の防衛政策——「吉田路線」をめぐる政治・外交・軍事』慶應義塾大学出版会、二〇〇六年。

増田弘『自衛隊の誕生——日本の再軍備とアメリカ』中公新書、二〇〇四年。

9　日本・ビルマ平和条約および賠償協定（一九五四年）——経済協力の第一歩

1　背景

対日講和条約は賠償について日本の支払い義務を認めたが、その内容は日本の経済復興に配慮して大幅に緩和され、形態も技術・労務を提供する役務賠償のみとなった。また、英国、米国、オーストラリア、オランダ、インド、中華民国、ラオス、カンボジアなどの国々は賠償請求権を放棄、あるいはその行使を見送った（ただし、ラオスとカンボジアに対して日本は賠償に代わる経済協力、つまり準賠償を行った）。講和会議後、二国間協定で日本と賠償協定を結んだのはインドネシア、ビルマ、フィリピン、ベトナムの四カ国であったが、この中で最も早く締結されたのが日本とビルマの賠償協定だった。

2　展開

ビルマ政府は対日講和会議に招請されたが、外国軍隊の日本残留や賠償問題等への不満から会議に参加せず、講和条約に調印しなかった。一九五三年一〇月、岡崎勝男外相が東南アジアを歴訪する直前に日本政府は、⑴賠償は役務を超えて生産物（資本財）も提供する、⑵賠償額の内訳はおおむねフィリピン二億五〇〇〇万ドル、インドネシア一億二五〇〇万ドル、ビルマ六〇〇〇万ドル、インドシナ三国三〇〇〇万ドルとすることなどを非公式に決定した。岡崎外相はビルマで平和条約案を示すが、具体的な賠償金額の交渉までには至らず、話し合いはまとまらなかった。

しかし、翌五四年八月、賠償交渉および農工業視察のためウ・チョウ・ニエン工業相兼外相代理が来日すると、賠償交渉は一気に加速した。同年四月、日本とフィリピンの間で「二〇年間に四億ドル相当の役務および生産物を提供」という合意が達成されたこともあり（「大野・ガルシア協定」、しかしフィリピン上院が批准せず協定は不成立）、ビルマ側は同様の「四億ドル二〇年払い」を要求してきた。これに対し、日本は最初一億ドル程度を提示した。戦争被害では、ビルマよりフィリピンの方がはるかに大きかった。したがって日本からすると、ビルマとフィリピンの賠償額が同額となることはあり得なかった。

話し合いは難航した。だが、その後日本は「二億ドル一〇年払い」を提示し、さらに五〇〇〇万ドルの経済協力を追加した。「二億ドル一〇年払い」は、一年あたりの総額にするとフィリピンと同額の二〇〇〇万ドルとなった。他の求償国より極端に少ない賠償額で合意することを恐れたビルマ側は、年額にしてフィリピンと同額となったこと、また国内の「福祉国家計画」を進める上で資金調達が急務であったことなどから、日本の提示額を受け入れた。両国はさらに、交渉中のフィリピンやインドネシアの賠償額が予想以上に大きくなった場合には賠償額を改めて検討するという「再検討条項」の挿入に合意した。こうして、五四年九月、東京の外務省で賠償および経済協力協定が仮調印された。

この賠償協定仮調印を受けて、平和条約交渉が行われた。内容はおおむねサンフランシスコ講和に沿うものであったが、ビルマが最恵国待遇条項の削除を要求したため、その条項は平和条約に明記されず、別に通商航海条約を締結し、その中で規定することになった。平和条約と賠償協定は両国で批准され、一九五五年四月に発効した。賠償自体は一九六五年に終了したが、その後も経済・技術協力などのいわゆる「準賠償」が継続された。

3　意　義

冷戦の影響で中国大陸との貿易が制限された日本にとって、東南アジアとの経済関係構築は重要な政策課題であった。よって、賠償問題の解決はそうした観点から進められた。岡崎外相は、東南アジア諸国の購買力の増大や資源開発のために日本は積極的に賠償の支払いに応じるべきであると主張した。日本が役務賠償を超えて資本財を中心とする生産物賠償を認めたのも、また賠償協定締結に先駆けて日本貿易会会長の稲垣平太郎（元通産相）を団長とする調査団をビルマに派遣したのも、民間を含めた幅広い経済協力を通じて戦後日本の輸出市場を開拓する狙いがあった。賠償はのちに無償援助や円借款に引き継がれ、今日における日本の政府開発援助（ODA）の原型となった。

参考文献

大蔵省財政史室編『昭和財政史——終戦から講和まで　第一巻（総説・賠償・終戦処理）』東洋経済新報社、一九八四年。

岡野鑑記『日本賠償論』東洋経済新報社、一九五八年。

北岡伸一「賠償問題の政治力学　一九四五—五九年」北岡伸一・御厨貴編『戦争・復興・発展——昭和政治史における権力と構想』東京大学出版会、二〇〇〇年。

高塚年明「国会から見た経済協力・ODA(1)——賠償協定を中心に」『立法と調査』二五六号（二〇〇六年六月）。

村田克巳「ビルマ賠償」永野慎一郎・近藤正臣編『日本の戦後賠償——アジア経済協力の出発』勁草書房、一九九九年。

10　バンドン会議（一九五五年）――「アジア復帰」を目指して

1　背景

一九五五年四月、インドネシアのバンドンでアジア・アフリカ会議（通称バンドン会議）が開かれた。この会議は、インドのネルー首相、中華人民共和国の周恩来首相、インドネシアのスカルノ大統領などによって主導され、アジア・アフリカの新興独立諸国間の相互理解と共通問題の討議を目的とした国際会議であった。会議では「反植民地主義」や「民族自決」の精神が確認され、「世界平和と協力の推進に関する宣言」（いわゆる「平和十原則」）が採択された。日本にも招請状が送られ、鳩山政権は参加を決定する。日本のバンドン会議出席は、戦後のアジア復帰を象徴する出来事であると同時に、対米協調の枠内で独自のアジア外交を追求する難しさを浮き彫りにさせた事例でもあった。

2　展開

当初日本の参加は、戦前・戦中の植民地主義の歴史や未解決の戦後賠償問題を抱えていた国も一部あったことから、実現が危ぶまれた。だが、会議におけるインドのリーダーシップを牽制し、中国など共産主義諸国の影響力を弱めようと試みたパキスタンが強く後押ししたことにより、日本の招請が決定した。首席代表には財界出身で鳩山の信頼の厚かった親中国派の高碕達之助《たかさきたつのすけ》経済審議庁長官に白羽の矢が立った。

一方、米国はこのバンドン会議にアジアの友好国が参加することに懸念を抱いていた。とくに国務省は、一九五四年四月のジュネーブ会議で外交手腕を発揮した周恩来がバンドン会議においても平和攻勢を仕掛け、会議を共産主義イデオロギーの宣伝の場に利用することを憂慮した。だが、最終的に米国は自国に友好的なアジア諸国（パキスタン、フィリピン、日本など）の参加を認めた。同時に、こうした国々が会議において米国の立場を明確に支持するよう要請し、会議開催に先駆けてこれらの政府と頻繁に「情報交換」を行った。

会議に臨むにあたり、日本政府は経済協力や文化交流の分野において積極的にイニシアチブをとる一方、政治問題については深入りしない方針を決定した。政治問題で積極的なリーダーシップを発揮しようとすれば、戦前のアジア支配の記憶を会議参加国に呼び覚ましかねない恐れがあった。会議中、日本はこの方針を貫き、経済・文化両委員会でそれぞれ積極的な提案を行い、日本のそうした提案は他の参加国から大きく支持された。一方、台湾海峡危機や国連における中国の代表権問題、ネルーの主唱する「平和五原則」の採択などきわめて政治的な問題については、中国が妥協的態度を示したため、幸運にも日本がこうした問題に対して自国の立場を明確に表明することを迫られる事態には至らなかった。

バンドン会議開催期間中、高碕は周恩来と個別に会談した。この会談で、高碕は個人の資格と断りながらも、戦争中の中国に対する日本の行為について謝罪した。また、米国の反対で戦後日中関係の正常化が困難となっているが、貿易の促進や戦犯引揚げ問題の解決などを通して両国関係を改善したい旨を告げた。周は日本の立場に理解を示し、そうした問題を協議するための「半政府機関」の交換を提案した。

3　意　義

日本は、バンドン会議への参加を通じて戦後アジアへの復帰を果たそうとした。その際、政治と経済を切り離し、前者では低姿勢を保ちながら後者の分野における交流を拡大することで、「欧米か、アジアか」というジレンマを回避し、対米協調の中で独自のアジア外交を追求しようとした。とりわけ個別会談で培われた高碕と周恩来や廖承志《りょうしょうし》との関係は、一九六〇年代の日中LT貿易へと繋がる大きな布石となった。

米国は、中国が譲歩をしたことでバンドン会議の結果を好意的に評価したが、中国の譲歩をもたらしたのは親米アジア諸国の結束と圧力のためであるとした。後日、国務長官のダレスは、トルコ、フィリピン、パキスタン、セイロンなどバンドン会議で貢献した親米アジア諸国の駐米大使を招いて謝辞を述べたが、その中に日本の井口貞夫大使は含まれていなかった。明らかに米国政府は、バンドン会議における日本の貢献に不満を抱いていたのである。

参考文献

佐野方郁「バンドン会議とアメリカ――戦後アジア国際関係の新展開という文脈の下で」『史林』（京都大学文学部史学研究会）第八二巻第一号（一九九九年一月）。

波多野澄雄・佐藤晋『現代日本の東南アジア政策　一九五〇―二〇〇五』早稲田大学出版部、二〇〇七年。

宮城大蔵『バンドン会議と日本のアジア復帰――アメリカとアジアの狭間で』草思社、二〇〇一年。

Kweku Ampiah, "Japan at the Bandung Conference: An Attempt to Assert an Independent Foreign Policy," in Makoto Iokibe, Caroline Rose, Junko Tomaru, and John Weste, eds., *Japanese Diplomacy in the 1950s: From Isolation to Integration*, New York: Routledge, 2008.

11　砂川事件（一九五五年）——反基地闘争と「統治行為論」

1　背景

講和条約発効後、在日米軍基地をめぐる反対運動が日本各地に広がった。一九五二年には米軍砲弾試射場をめぐる内灘闘争（石川県）が、五三年には浅間山演習地化反対闘争（長野県）が、また五五年には妙義山接収計画反対闘争（群馬県）が起こった。砂川闘争は、そうした一連の基地反対運動の中で代表的なものである。また、事件をめぐる裁判では在日米軍の違憲性が争われた。

2　展開

一九五四年、米軍の要請により鳩山内閣は、東京都北多摩郡砂川町（現・立川市内）にある米軍立川基地の滑走路拡張を了承した。これに対して地元砂川町議会は反対決議を行い、住民や労働組合、全学連の学生らが反対運動を展開した。翌年九月、日本政府が強制測量を開始したのをきっかけに、測量反対闘争が開始された。一九五六年一〇月、反対派と警官隊が激しく衝突し、一〇〇〇名を超す負傷者が出た。この乱闘流血の惨事を受けて測量は一時中断されたが、翌五七年七月に再開されると、反対派のデモ隊が基地内に不法侵入して座り込みを行った。その結果、日米安保条約（旧安保条約）第三条に基づく刑事特別法違反として二三名が検挙され、七名が起訴された。

裁判では、在日米軍や日米安保条約の違憲性などが争われた。弁護側は、安保条約の極東条項は日本をみずから望まない戦争に巻き込む恐れがあり、また在日米軍基地は憲法第九条第二項で禁じられた「戦力」に該当するので違憲であると主張した。

これに対し検察側は、国連加盟国である米国の軍隊によって日本が戦争に巻き込まれることはないとし、また憲法で禁じられている「戦力」とは日本が指揮監督権を有する軍隊のみに適用されると反論した。一九五九年三月、一審の東京地方裁判所（伊達秋雄裁判長）は弁護側の主張を認めて在日米軍を違憲とし、全員無罪の判決を下した。

検察側はこの問題を最高裁判所に跳躍上告した。上告審で最高裁判所は、(1)憲法第九条は自衛権を否定していない、(2)第九条が禁止する「戦力」とは日本が指揮・管理できる戦力のことであり、外国軍隊はこれにあたらない、よって米軍駐留は憲法第九条および前文の趣旨に反しない、(3)しかし、他方で日米安全保障条約のように高度な政治性をもつ条約については、一見してきわめて明白に違憲無効と認められない限り、その内容について違憲かどうかの法的判断を下すことはできない、として一審判決を破棄差戻しとした。後日、東京地裁において被告人全員の有罪（罰金二〇〇〇円）が確定した。

しかし、その後米軍は基地拡張を断念し、代替案として多摩飛行場（現・横田飛行場）の拡張を計画、実施した。こうして立川基地は、一九七七年に日本に返還された。跡地には陸上自衛隊立川駐屯地や東京消防庁航空隊、昭和記念公園などが建設され、今日に至っている。

3　意　義

この事件では、最高裁が日米安保条約の違憲判断をめぐり、国家統治の基本に関する高度な政治性を有する国家行為については司法審査の対象範囲外であるとする「統治行為論」を採用したことが注目された。なお、この統治行為論は日本の自衛隊の違憲性が争われた長沼・ナイキ事件控訴審判決（札幌高裁一九七六年）および百里基地訴訟第一審判決（水戸地裁一九七七年）でも採用された。前者は、北海道長沼町における航空自衛隊のミサイル基地建設をめぐる地元住民と国の争いで、一審の札幌地裁は自衛隊が憲法の規定する「戦力」にあたるとして違憲判決を下したが、二審の札幌高裁は統治行為論を根拠に自衛隊の違憲判断を回避し、最高裁は憲法議論には踏み込まずに訴えの利益の観点から原告敗訴とした。

後者は、茨城県小川町（現・小美玉市）の航空自衛隊百里基地建設における土地所有をめぐる反対農民と国の争いで、一審の水戸地裁は統治行為論により自衛隊の違憲判断を回避、二審の東京高裁は憲法判断を不必要として反対派住民敗訴の判決を下し、最高裁も二審の判決を支持した。

また、近年機密解除された資料により、「米軍駐留は憲法違反」とする砂川裁判一審判決が日米関係に悪影響を及ぼしかねないことを憂慮したダグラス・マッカーサー二世駐日米大使は、判決を破棄させるための跳躍上告をするよう岸政権の藤山外相に働きかけたり、最高裁裁判長の田中耕太郎長官と密談していたことが明らかになった。

参考文献

明田川融『日米行政協定の政治史——日米地位協定研究序説』法政大学出版局、一九九九年。
伊達秋雄「砂川闘争と米軍駐留違憲判決」『法学志林』（法政大学第九三巻第一号（一九九五年一一月）。
宮岡政雄『砂川闘争の記録』御茶の水書房、二〇〇五年。

12　GATT加盟（一九五五年）——自由貿易体制への参入

1　背景

一九五五年九月、日本はGATT（General Agreement on Tariffs and Trade）に正式加入した。戦後自由主義経済体制を関税・貿易の側面から支えるGATTへの加入は、通商上平等な扱いを保障する最恵国待遇の獲得へ繫がることから、輸出を増進し戦後の経済復興を達成しようとする日本にとって重要な政策課題であった。すでに日本は対日講和発効後の一九五二年八月、IMF（国際通貨基金）のメンバーとなり、同時にIBRD（国際復興開発銀行、通称「世銀」）にも加盟していた。だが、GATT加入への道程は険しいものであった。米国の強い支持にもかかわらず、日本の加入交渉は英国等一部の国のたび重なる反対で難航し、申請より正式加盟まで三年以上を費やした。その上、加入自体も厳しい条件付きの変則的なものとなった。

2　展開

一九五二年七月、日本はGATT加盟を申請した。だが、一九三〇年代に日本の繊維産業の輸出攻勢に悩まされた英国は、戦前の日本の不公正な貿易慣習（商標や意匠の盗用、低賃金労働の搾取など）を挙げながら強硬に反対した。

一方、日本のGATT加盟を支持したのは米国であった。米国には、日本が大陸中国へ経済的に依存することを阻止するという戦略上の必要性のほか、日本が輸出を通じて経済的に自立しない限り、米国の対日援助が果てしなく続くという財政上の理由があった。だが、GATT加入に際しては加盟国との間で関税引き下げのため交渉を行う必要があった。そしてこの時期、米国は大統領選挙（一九五二年）や互恵通商協定法の延長（一九五三年）により新規の関税交渉を行うことができなかったのである。

この結果、日本は五三年八月、事前の関税交渉を必要としない仮加入を申請した。仮加入国は議決権を有しないが、総会等への参加・発言権が認められ、また希望する国と個別にGATT関係を結ぶことができた。表決では、英国、オーストラリア、ニュージーランド、フランス等が棄権したが、それまで日本のGATT加入に否定的だった旧英国植民地のカナダが賛成に回った結果、日本は締約国の三分の二以上（賛成二七、棄権六）の賛成を得て仮加入を果たした。カナダの動向が日本の仮加入の成否に少なからぬ影響を与えると認識した日本政府は、日加通商条約交渉という二国間交渉の場で譲歩を重ね、最終的にカナダの支持を獲得することに成功したのである。

一九五四年七月、米議会で通商協定延長法が成立した。これを受けて日本は米国とただちに関税交渉を行った。また、カナダ、イタリア、デンマーク、スウェーデン、フィンランド、ノルウェーとは米国を媒介とする「三角交渉方式」により同様の交渉を行った。日本は計一七カ国との関税交渉を終了した。こうして一九五五年九月、全会一致で日本の正式加盟が決定した。

だが、英国、オーストラリア、フランスなどは、日本の加入自体を支持したものの、ＧＡＴＴ三五条を適用して日本とＧＡＴＴ関係を結ぶことを拒否し、対日差別待遇を維持した。ＧＡＴＴ三五条は、特定の締約国との間におけるＧＡＴＴ協定遵守義務（最恵国待遇の供与等）を一定の条件の下で免除することを許すものであった。この規定を日本に適用した国は全部で一四カ国あり、これらは日本の輸出の約四割を占めた。こうした対日差別は一九六〇年代まで続いたが、日本はＧＡＴＴで禁じられている輸出自主規制や特定商品買付けなどの措置を講じた通商協定をこうした国々と個別に結ぶことにより、三五条適用を撤回させることに成功した。

3　意　義

ＧＡＴＴは一九三〇年代の保護主義台頭の再来を防ぐために、「自由」・「無差別」・「多角」という三原則の下、自由貿易の拡大を目指した。だが、日本の加入交渉ではそうした原則が無視されたり、歪められたりした。とりわけ戦前、日本との熾烈な貿易紛争に悩まされた英国は、日本の加入を頑なに拒んだ。そもそも英国は米国の主張する無差別主義や貿易障壁削減主義に懐疑的で、「雇用の維持・貿易の安定」の立場から英連邦内における特恵制度を守ろうとした。だが、英国の国力低下は英連邦内の結束を弱め、日本との貿易促進に利益を見出すカナダやオーストラリアに独自路線追求を許すことになった。

参考文献

赤根谷達雄『日本のガット加入問題——《レジーム理論》の分析視角による事例研究』東京大学出版会、一九九二年。

柴田茂紀「日本のＧＡＴＴ仮加入とカナダ」『国際政治』第一三六号（二〇〇四年三月）。

田所昌幸「戦後日本の国際経済秩序への復帰——日本のＧＡＴＴ加盟問題」『国際法外交雑誌』第九二巻第一号（一九九三年四月）。

渡邊頼純『ＧＡＴＴ・ＷＴＯ体制と日本——国際貿易の政治的構造』北樹出版、二〇〇七年。

13　対フィリピン賠償協定（一九五六年）——難航した交渉と鳩山首相の決断

1　背景

連合国の中で、対日賠償請求に最もこだわったのはフィリピンであった。フィリピンは、日本に対して賠償を課さないとする米国の無賠償方針に真っ向から反対した。その結果、講和条約は日本の賠償責任を認め、また希望する国は役務のみではあるが賠償を受けるために日本と個別に交渉することが可能となった。フィリピンは一九五一年九月の対日講和条約に調印したものの、講和会議の演説でロムロ外相は「日本をまるハダカにせよ」と叫んだ。また「賠償なくして講和なし」の立場を貫き、賠償協定成立まで講和条約の批准を拒否した。したがって、日本政府にとってフィリピンとの賠償交渉はかなり厳しいものとなることが予想された。

2　展開

日比間で最初の交渉が行われたのは一九五二年一月のことであった。だが、フィリピン政府が八〇億ドルという巨額の賠償を要求したため、日本はその受け入れを拒否して合意には至らなかった。大戦中の日本の侵略・占領で多大な犠牲者を出したフィリピンでは、対日感情がまだ相当悪かった。その上、上院選挙で野党が勝利したため、これより少額で日本と妥協することはキリノ政権にとって政治的に困難であった。同年秋、アリソン米国務次官補は日比両国を訪問して賠償問題での早期和解を促すとともに、フィリピン政府に対して過大な請求をしないよう釘を刺した。

一九五三年一一月に行われた大統領選の結果、保守派のマグサイサイが政権を握ると、フィリピンの日本に対する賠償政策に軟化の傾向が見られるようになった。翌五四年一月に始まった大野勝巳駐フィリピン公使とガルシア副大統領兼外務大臣との間の協議で双方は妥協を重ね、同年四月、「一〇億ドルの価値を生み出すべき四億ドル（二〇年払い）」で合意に達した（大野・ガルシア協定）。だが、この合意はフィリピン国内で野党から猛反対され、上院で批准されなかったために結局廃案となった。

賠償問題が再び動き出すのは、日本民主党の鳩山一郎政権誕生後の一九五五年になってからである。同年三月、マグサイサイ大統領が鳩山首相に親書を送り、賠償問題の早期解決を訴えた。これを受けて両国は、賠償品目を個別に検討する専門家会議を立ち上げ、討議を続けた。同年五月、フェリノ・ネリ大使がフィリピン側の賠償交渉の全権として来日し、八億ドル（純賠償＝五・五億ドル、民間ベースの経済借款＝二・五億ドル）で日本政府と合意に達した。政府内では当初、大蔵省が金額の大きさに難色を示したが、鳩山内閣が強引に妥結に持ち込んだ。

ところが、この合意内容が明らかになると、今度は日本国内で反発の声が上がった。金額が「大野・ガルシア協定」で合意されていた四億ドルの二倍になったことに加え、五・五億ドルの純賠償の中に現金賠償が含まれていたからである。野党・自由党の外交調査会は、この合意に反対の意を表明した。だが、同年一一月、保守合同によって自由民主党が誕生すると、その対立も収束に向かった。

一九五六年五月、高碕達之助経済企画庁長官が日本政府全権としてマニラを訪問し、賠償協定、経済借款に関する交換公文、役務に関する交換公文、貿易拡大に関する共同声明などに署名した。これを受けてフィリピン議会は対日講和条約を承認し、同条約および賠償協定は同年七月に発効した。

3　意　義

吉田内閣からフィリピン賠償問題を引き継いだ鳩山首相は、アジア諸国との関係強化の観点から賠償問題に積極的に取り組む姿勢を見せた。とりわけ、未だ反日感情が強かったフィリピンとの賠償交渉の早期妥結に向けて指導力を発揮した。吉田内閣が対米協調の枠組みから賠償交渉を進めたのに対し、同じ対米協調の枠組みを維持しながらもより自主的な路線を模索しようとする鳩山内閣の賠償交渉は、アジア重視・アジア志向がより鮮明に表れていた。八億ドルという賠償額は、のちの日本の経済成長によってその負担が軽減したことを差引いても、こうしたアジア重視を掲げる鳩山内閣の政治的決断によりもたらされたという側面は否定できないであろう。

参考文献

北岡伸一「賠償問題の政治力学　一九四五—五九年」北岡伸一・御厨貴編『戦争・復興・発展——昭和政治史における権力と構想』東京大学出版会、二〇〇〇年。

高塚年明「国会から見た経済協力・ODA(2)——フィリピン賠償協定を中心に」『立法と調査』第二六一号（二〇〇六年一〇月）。

津田守・横山正樹編『開発援助の実像——フィリピンから見た賠償とODA』亜紀書房、一九九九年。

林理介「フィリピン賠償」永野慎一郎・近藤正臣編『日本の戦後賠償——アジア経済協力の出発』勁草書房、一九九九年。

吉川洋子『日比賠償外交交渉の研究　一九四九—一九五六』勁草書房、一九九一年。

14　日ソ共同宣言（一九五六年）――先送りされた領土問題

1　背　景

ソ連は一九五一年九月のサンフランシスコ講和会議に出席したものの、中国の不参加等を理由に署名を拒否した。その結果、日ソ間には国交がなく国際法上は戦争状態が続いていた。だが、その後の国際環境および日ソ両国の内政変化により、平和条約締結の機運が次第に高まっていった。

ソ連側では一九五三年三月のスターリンの死後、フルシチョフ新政権により西側との「平和共存」の道が模索された。実際に、朝鮮戦争の休戦協定成立（一九五三年七月）、第一次インドシナ戦争終結（一九五四年七月）、オーストリア独立（一九五五年五月）など、西側との「雪解け」が進み、一九五五年九月には西ドイツとの間に国交が樹立された。日ソ国交回復の試みも、こうした流れの中に位置づけられよう。ただし、ソ連の「平和共存」外交の裏には緊張緩和を通じて西側諸国に対する政治的影響力拡大を図る狙いがあり、日本との国交回復の裏側にもそうした意図があったことは否定できない。

他方、日本側でも国連加盟や、戦後シベリアへ強制連行された抑留者の帰還、北方サケ・マス操業などの諸問題を解決するためには、ソ連との国交回復が不可欠と考えられた。さらに、吉田茂の後を継いで首相となった鳩山一郎は、「米国一辺倒の追従外交からの脱却」を目指し、「自主外交」の旗印として日ソ共同回復に取り組む姿勢を示した。自由党内では、公職追放が解けて政界に復帰した党人派の鳩山と、長期政権のほころびが見え始めた元外務官僚の吉田首相の間で熾烈な権力争いが繰り広げられていた。反共保守派の鳩山が日ソ国交回復を追求した一因には、こうした自由党内における吉田との確執もあったと言われている。

2　展　開

二島返還から四島返還へ　国交回復に向けての日ソ間の話し合いは、一九五五年六月、ロンドンにおいて日本側松本俊一全権大使とソ連側ヤコブ・マリク駐英ソ連大使との間で開始された（第一次ロンドン交渉）。交渉に臨むにあたり、日本政府は北方四島すべてではなく、歯舞・色丹二島の返還を国交回復の最低条件とする方針を松本に訓示した（訓令一六号）。

だが、同年八月にソ連側が歯舞・色丹両島の返還を示唆すると、日本政府はそれまでの方針を変更して四島すべての返還を要求した。この方針転換の真相は必ずしも明らかになってはいないが、鳩山内閣が保守合同（一九五五年一一月）を控えて吉田派など対ソ強硬派へ配慮せざるを得なかったことや、訪米を前にした外務大臣の重光葵が早期の対ソ譲歩は対米関係上望ましくないとしてこれに反対した可能性などが論じられている。最近の研究には、二島返還論者の重光がソ連の譲歩を当初米国政府に伝えなかった事実を指摘しながら、二島返還を最終的に米国に認めさせるための戦術として（すなわち、二島返還をソ連から「与えられたもの」ではなく日本が「勝ち取ったもの」という印象を米国に与えるために）四島返還という高いハードルを日本があえてソ連に提示したとの推論を行っているものもある。

いずれにせよ、日本が提示した四島返還に対してソ連は態度を硬化させ、第一次ロンドン会議は九月半ば休会する。翌一九五六年一月に再開された第二次ロンドン交渉も領土問題で決裂し、二カ月あまりで休会に追い込まれる。

一九五六年七月、第三回目の日ソ交渉がモスクワで重光外相とドミトリー・シェピーロフ外相との間で行われた（第一次モスクワ交渉）。重光は、日ソ国交の早期回復という点では鳩山と軌を一にしていたが、その方法論においては領土問題や抑留者返還問題などの解決を平和条約締結の前提条件とすることを主張しており、領土問題を先送りしてまず国交を回復する、いわゆるアデナウアー方式をとる鳩山とは異なる立場にあった。

「ダレスの恫喝」

だが、この交渉でも領土問題で日ソ間の溝は埋まらず、話し合いは平行線を辿った。千島は戦利品であり日本への引渡しは絶対不可能、というのがソ連の基本的な立場だった。そこで、重光は打開策として二島返還論（歯舞・色丹両島を日本へ返還することと引き換えに、国後・択捉を含む千島列島と南樺太のソ連の主権を日本が承認する）での交渉取りまとめを日本政府に打電する。しかし、政府は閣議で重光の提案を拒否する決定を下した。また、重光の交渉姿勢に不満をもったダレス米国務長官は、八月一九日、ロンドンで重光と会談した際に「日本が千島列島および南樺太に対するソ連の主権を認めるならば、米国はサンフランシスコ平和条約第二六条により沖縄などへの主権を主張せざるを得ない」と述べ、安易な妥協をしないよう釘を刺した。この発言はメディアにもリークされ、日本側では「ダレスの恫喝」とも評された。

日ソ交渉開始にあたり、米国政府は基本的に非介入の方針をとる。だが、同政府は日本が同じ共産圏でも中華人民共和国との国交樹立を模索することには強く反対した。当時米国は、中華人民共和国を承認していなかった。また、領土問題については、日本の歯舞、色丹への主権要求を支持する一方、日本がサンフランシスコ講和条約で放棄した千島列島（米国は国後と択捉を千島列島に属するものと解釈した）と南樺太の主権をソ連に認めないよう釘を刺した。のちに見るように、交渉の行方が自国の利益を損ねる展開になると、米国政府はこの問題に対して積極的な介入を行うことになる。

先送りされた領土問題

いずれにせよ、重光が主導した第一次モスクワ交渉が失敗に終わると、首相の鳩山はみずから交渉の表舞台に立つことを決意する。鳩山は、領土問題を「継続審議」とし、大使館の相互設置や抑留者の返還、日本の国連加盟、漁業条約の発効などでソ連の合意を求めた。ソ連政府が大筋でこれらに合意したため、鳩山率いる全権団が一九五六年一〇月にモスクワを訪問し（第二次モスクワ交渉）、日ソ共同宣言が調印された。この共同宣言では、日ソ両国は引き続き平和条約締結交渉を行い、条約締結後にソ連が日本へ歯舞群島と色丹島を引き渡すことが明記された。また、残りの国後・択捉については共同宣言とは別に交わされた「松本・グロムイコ書簡」において、将来協議を継続することが合意された。

自民党内の吉田派など反主流派は、鳩山の領土問題先送り案を事実上北方領土を半永久的にソ連に与えるものであるとして反対の意を表明した。また、ダレス米国務長官は日本が二島返還で妥協することを防ぐため、「エイド・メモワール」（覚え書き）を日本政府に手交し、その中で国後・択捉の日本返還を米国は支持する反面、日本がサンフランシスコ講和条約で千島列島と南樺太の主権を放棄した以上、日本が当該領土の主権をソ連に認めることはできないと釘を刺した。鳩山は、米政府の「エイド・メモワール」が日本政府の立場と矛盾しないと主張したが、勢いを増していた党内反対派の突き上げに抗うことはできず、みずからの退陣と引き換えに反対派の支持を取り付けることになる。こうして一九五六年一二月一二日、日ソ共同宣言が国会で承認され、同月一八日に日本は国連加盟を果たした。その数日後、国会承認前の約束通りに鳩山内閣は総辞職し、代わって石橋湛山《いしばしたんざん》内閣が誕生した。

3　意　義

こうして鳩山内閣は、みずから懸案の外交課題として取り組んだ日ソ国交回復を成し遂げた。しかし、平和条約の締結は見送られ、領土問題の解決も先送りされた。一九六〇年、岸内閣の下で行われた日米安全保障条約改定に反発したソ連は、歯舞・色丹の返還を撤回し、両国の関係は再び悪化した。

日ソ間の国交回復交渉については、「今後の交渉に支障を来たすおそれがある」として、日本外務省の情報公開は現在もあまり進んでいない。だが、主に欧米の外交文書を利用した実証研究が蓄積されており、それらの中には日本政府の対応についても示唆に富む分析が数多く存在している。

たとえば、先に述べたように、日本政府（外務省）は当初二島返還論に立っており、それが四島返還論に変わったのはソ連による歯舞・色丹返還の申し出（一九五五年八月）後であったこと、そして外務省がそうしたソ連側の申し出を日本の四島返還主張後になされたように情報操作しようとしたことなどが明らかにされている。また、米国政府はこの時点で歯舞・色丹の日本への帰属は明確に支持するが、国後と択捉の日本返還を積極的に支持してはいなかった。にもかかわらず、日本政府の立場が四島返還論に変わった背景には、保守合同後に結成された自由民主党がそれを党の方針として採用したことがあった。つまり、鳩山政権の対ソ交渉は、党内政治によって大きく制約されていたのである。

いわゆる「ダレスの恫喝」の背景についても、米国政府が恐れていたのは領土問題で日本が妥協する（千島と南樺太のソ連による領有権を認める）ことだけでなく、日ソ間の領土問題が先に解決されることによって、日本のナショナリズムが沖縄を領有する米国へ向けられることへの懸念や、日ソ国交回復が日中接近に繋がりうることへの不安などいくつかの要因が複雑に絡み合っていた。さらに、重光は領土問題のみではなく、海峡通行権問題（ソ連は米軍の日本海通行禁止を実質的に求めた）という日米安保条約の根幹に触れる問題においてもソ連に譲歩するよう日本政府に提言していたことから、ダレスはこうした日本（重光）の「米国離れ」の動きにも神経を尖らさざるを得なかったと言えよう。こうして「米国の介入」は自民党の党内政治同様、日ソ間の交渉を左右する大きな要因の一つとなった。

参考文献

泉川泰博「日ソ国交回復交渉をめぐる日本の自主外交模索とアメリカの対日戦略」『国際政治』第一四四号（二〇〇六年二月）。

坂元一哉「日ソ国交回復交渉とアメリカ——ダレスはなぜ介入したか」『国際政治』第一〇五号（一九九四年一月）。

田中孝彦『日ソ国交回復の史的研究——戦後日ソ関係の起点　一九四五～一九五六』有斐閣、一九九三年。

長谷川毅『北方領土問題と日露関係』筑摩書房、二〇〇〇年。

松本俊一『モスクワにかける虹——日ソ国交回復秘録』朝日新聞社、一九六六年。

溝口修平「日ソ国交正常化交渉に対する米国の政策の変化と連続性」『国際政治』第一七六号（二〇一四年三月）。

和田春樹『北方領土問題を考える』岩波書店、一九九〇年。

Kimie Hara, *Japanese-Soviet/Russian Relations since 1945: A Difficult Peace*, London and New York: Routledge, 1998.

15　国連加盟（一九五六年）――冷戦に翻弄された「国際社会への復帰」

1　背景

国連加盟は、戦後日本外交の悲願の一つであった。対日講和条約は、その前文で日本が「国際連合への加盟を申請」し、第五条では日本が「主権国として国際連合憲章第五十一条に掲げる個別的又は集団的自衛の固有の権利を有」し、「集団的安全保障取極を自発的に締結することができる」と明記していた。講和前後の日本政府の基本的な認識は、国連を通じて国際社会へ復帰し、非武装化された日本の安全保障を国連の枠内で結ばれる特定国（米国）との個別協定に委ねることであった。だが、国連加盟の道程は容易なものではなかった。

2　展開

国連加盟に際しては、安全保障理事会の勧告と総会での三分の二の賛成が必要であった。日本は講和条約発効後の一九五二年六月に加盟申請を行い、同年九月の安保理事会はそれに関して協議を行うが、ソ連の拒否権行使により否決された。当時、米ソ冷戦のあおりで安保理における拒否権乱用が頻発し、一九五〇年のインドネシアの加盟以降、日本を含む二一カ国の新規加盟問題は進展しなかった。

状況の打開を目指してカナダ政府が提案したのが、日本など西側諸国とウクライナなど東側諸国を含む一八カ国の「一括加盟」方式であった。この方式にはソ連も賛意を表明したため、日本政府には加盟実現の期待が高まった。だが、カナダ案の一八カ国には外モンゴル（モンゴル人民共和国）が含まれていたため、当時中国の代表であった台湾の国民党政府が猛烈に反対した。中国大陸および外モンゴルをみずからの主権の範囲とみなしていた国民党政府にとって、外モンゴルの国連加盟は「民族の名誉」からも受け入れ難いものであった。結局、日本や米国による再三の説得にもかかわらず、一九五五年一二月一三日の安保理事会で国民党政府は外モンゴルの加盟に拒否権を行使し、それに反発したソ連がカナダ案自体に拒否権を行使したため、一八カ国の加盟はなくなった。さらにその直後、ソ連が日本と外モンゴルを除外した一六カ国一括加盟方式を提案し、それが安保理および総会で採択されたため、両国だけが取り残された形になった。

結局、日本の国連加盟は日ソ間の外交関係樹立を待たなければならなかった。一九五五年六月、日ソ国交回復をめぐる交渉が鳩山政権とソ連政府の間で開始されたが、翌年一〇月に日ソ共同宣言が調印され（「14 日ソ共同宣言」の項参照）、その第四項で「ソ連は国連加入に関する日本の申請を支持する」ことが確認された。一二月に批准書が交換されるとソ連は安保理で日本の国連加盟への賛意を表明し、同月の総会も全会一致で日本の加盟を支持した。五二年の加盟申請から四年の歳月を経て、ようやくここに日本は国連加盟を果たしたのである。

3 意義

外相の重光葵は、国連加盟受諾演説で日本が「東西の架け橋」になることを宣言した。また、翌年刊行された『外交青書』第一号は、日本外交の三原則として「国際連合中心」「自由主義諸国との協調」「アジアの一員としての立場の堅持」を挙げ、国連重視の立場を強調した。だが、国連加盟のプロセスで、日本外交は冷戦の現実に翻弄され続けた。とりわけ、米国が一八カ国一括加盟案に反対する中国国民政府の説得に失敗したことや、その後ソ連が提案した一六カ国一括加盟案に対し米国も賛成に回ったことで、日米間にはしこりが残った。実際、カナダ案が否決され、直後にソ連の日本を除外した一六カ国一括加盟案が採択されると、国連大使の加瀬俊一は「米国が日本だけを取り残すことは絶対にしないと云いながら逆に最悪の事態を許し」（加瀬大使から重光外相宛、五二〇号、昭和三〇年一二月二〇日着、外務省記録マイクロフィルム、B〇〇四〇）たとして強く米国を非難している。また、国会ではこうした外務省の対米認識の甘さから重光外相に対して不信任案が提出された。ソ連による拒否権行使はある程度予想されたものの、米国のこうした態度は日本政府の一部に対米不信感を抱かせることとなった。

参考文献

池田直隆「国連第一〇総会における日本加盟問題」『国学院大学大学院紀要 文学研究科』第三二号（二〇〇〇年三月）。

池田直隆「国際連合『準加盟』問題と外務省」『国史学』第一七〇号（二〇〇〇年一月）。

井上寿一「国連と戦後日本外交——国連加盟への道 一九四五～五六年」近代日本研究会編『年報・近代日本研究16 戦後外交の形成』山川出版社、一九九四年。

加瀬俊一『加瀬俊一回想録』上・下、山手書房、一九八六年。

田中孝彦『日ソ国交回復の史的研究——戦後日ソ関係の起点 一九四五～一九五六』有斐閣、一九九三年。

Kaoru Kurusu, "Japan's Struggle for UN Membership in 1955," Makoto Iokibe, Caroline Rose, Junko Tomaru, and John Weste, eds., *Japanese Diplomacy in the 1950s: From Isolation to Integration*, New York: Routledge, 2008.

16　ジラード事件（一九五七年）——反米ナショナリズムと米国の譲歩

1　背景

一九五七年一月、群馬県群馬郡相馬村（現・榛東村）の米軍相馬ヶ原演習場で、空薬莢《やっきょう》を拾っていた地元の主婦がウィリアム・S・ジラード三等特技兵に射殺された。演習地は立ち入り禁止となっていたが、近隣住民は現金収入を目当てにしばしば無断で侵入し、真鍮製の薬莢や鉄、鉛の弾頭などの金属類を収拾していた。ジラードは空薬莢を投げて主婦を誘い、近寄ってきたところを突然発砲、その一発が主婦の逃げる背中に命中した。当初米軍は事故死と断定したが、その後目撃者の証言や遺体解剖の結果から意図的な犯行であることが明らかになると、日本国内の世論が反発し、岸信介外務大臣（当時）も衆院内閣委員会で「民族として耐え忍ぶことの出来ない事件である」と断じた。

2　展開

この事件では裁判管轄権をめぐり日米が対立した。日米行政協定では、公務執行中の行為については米側に、それ以外の場合については日本側に裁判権が認められていた。米側が演習という公務中の行為を主張する一方、日本側は演習中の行為がすべて公務とは言えず、公務中だからといって必ずしも公務を執行しているわけではないと訴えた。結局、反米感情の高揚を恐れた米政府は、裁判権を行使しないことを決定し、ジラードの身柄を日本に引き渡した。その際、日米政府間に、殺人罪より軽い傷害致死罪で起訴すること、また、裁判では可能な限り刑を軽減するよう働きかけるという密約が交わされたことが、米公文書により明らかにされている。

こうして、五七年五月、検察庁はジラードを傷害致死罪で起訴した。だが、米国ではジラードの親族や在郷軍人会を中心に「ジラードを日本側に引き渡すな」という声が上がり、メディアでも大きく報じられた。たとえば『ニューヨーク・タイムズ』（一九五七年五月一九日付）は、裁判権を日本に与えたことは米政府の失策であると断じ、「日本人は（中略）彼ら自身を守るために駐留している友好的な部隊に向かってこぶしを振り回してはならない」と論じた。また米下院でも、ジラードの行為を正当化する議論や日本の裁判権を疑問視する声が上がった。

こうした中、日本における公判が前橋地方裁判所で始まった。ジラード側は、不法侵入者に対して米財産を守るため頭上に向けて威嚇射撃した正当行為であり、また事故は公務中の行為により引き起こされたものであるため、日本には裁判権がないと主張した。一方、検察側は犯行を「公務外で犯意十分」としたが、殺人罪ではなく傷害致死罪で五年の懲役を求刑した。前橋地裁は懲役三年・執行猶予四年の有罪判決を言い渡した。この軽い判決に対し、検察側もジラード側も控訴しなかったため罪が確定した。米軍からは遺族に対する補償金はなく、見舞金として六二万円が支払われた。

3　意　義

当時、米軍によるこうした事件・事故は日本国内で跡を絶たなかった。在日米軍を対象とした被害届出件数は、一九五八年の時点で九九九八件に及んだ。事件の多発とそれが日米関係に与える影響を恐れた米政府は、日本本土の基地（一九五七年時点で四五七箇所、一〇〇平方キロ、七万七〇〇〇人の部隊）の整理・縮小を加速させた。

アイゼンハワー政権は、ジラード事件が日本の「米国離れ」を助長しないよう細心の注意を払った。裁判権を日本側に与えた決断の裏には、明らかに政治的な配慮があった。この事件が五七年六月に予定されていた岸首相の訪米に黄信号を点したときも、アイゼンハワー大統領は、これまで築き上げてきた両国の信頼関係を損なうことはできないとして予定通り首脳会談を実施した。また、議会がジラードの身柄を日本から引き取るよう圧力をかけてきた際には「米国の福利より地元の感情に対して強い関心を払う」議員たちに怒りを露わにし、「たった一〇か一五ヤードのようなところから女を――しかも背中から――撃った男を国民的英雄に祭り上げようとしている」と非難した。だが、米政府の努力にもかかわらず、ジラード事件やその他一連の基地問題の勃発は、日本国民の反米感情を高めることとなり、後に米政府が岸首相の求めに応じて安保改定に同意する契機の一つになった。

参考文献

明田川融『日米行政協定の政治史――日米地位協定研究序説』法政大学出版局、一九九九年。

池田直隆「ジラード事件の再検討――台湾における事例との比較を中心として」『軍事史学』第四六巻第二号（二〇一〇年九月）。

倉林直子「駐留米軍をめぐる政府と議会の関係――ジラード事件への対応を中心に」『麗澤大学紀要』第九三巻（二〇一一年一二月）。

山本英政『米兵犯罪と日米密約――「ジラード事件」の隠された真実』明石書店、二〇一五年。

17　東南アジア開発基金構想（一九五七年）——自主外交の挫折

1　背景

冷戦の影響により、戦前期日本の最大の貿易相手国であった中国との関係修復が困難な中で、日本政府は東南アジア諸国との間に地域主義的な経済協力関係の構築を模索した。たとえば一九五四年、吉田茂首相は外遊先のワシントンで、のちにアジア版マーシャルプランと呼ばれる東南アジア開発援助への大まかなアイデアを提唱する。鳩山政権では、より具体的なプランとして「東南アジア経済開発基金」（一九五五年三月）、「アジア金融公社」（同年一〇月）、「アジア開発基金」（一九五六年三月）などが提案された。こうした提案の背景には、日本の経済発展とアジアの復興が結び付いているといった認識や、日本がアジアと西側諸国（具体的には米国）の「橋渡し」役を務めることで「アジアによるアジア開発」を進めたいとの思惑などがあった。

だが、これらの構想が実現することはなかった。なぜなら、東南アジア諸国の多くは多国間よりも二国間の援助を望んでおり、地域的経済協力に意義を見出していなかったからである。また米国政府も、援助は小規模かつ二国間ベースでという方針を示しており、新たな地域枠組み創設には否定的な立場をとっていた。

2　展開

ところが、このアジア地域構想は、一九五七年二月に病気で退陣した石橋湛山のあとを受けて首相に就任した岸信介により、再度提起される。それは「東南アジア開発基金」と名づけられ、(1)アジア開発基金（公共事業などへの長期低利融資、初年度の基金五億ドル程度、コロンボ・プラン一八カ国を主な構成国とする）、(2)手形再割引機構（焦げ付き債権を再割引させる手段、資本金一億ドル）、(3)アジア貿易基金（外貨不足を解消し一次産品価格の安定化を図るための短期融資、資本金一億ドル）の三つを含んでいた。だが、日本ではドル不足が深刻化し賠償の支払い義務もあった。したがって、この構想は援助資金の大半を米国に依存し、日本は主に技術を提供するという内容であった。

岸政権がこの時期「東南アジア開発基金」構想を立ち上げたのには、いくつかの理由があった。一つは、ベトナムのディエンビエンフー陥落や第三世界におけるソ連の「経済攻勢」を受けて、アイゼンハワー政権が経済援助を以前より重視する姿勢を示し始めたことである。もう一つは、欧州共同市場の設立に脅威を感じた日本国内の産業界や通産省による後押しである。さらに、政治的動機も考えられよう。岸は一九五七年六月の訪米を前にして、その約一カ月前に東南アジアを中心とするアジア諸国（ビルマ、インド、パキスタン、セイロン、タイ、台湾）を歴訪し、同構想への支持を訴えた。岸は日本がアジアにおける指導的地位を築き上げることによって、アイゼンハワー米大統領と会見した際に日米関係の対等化を訴えるみずからの立場を強化しようと試みた。

しかし、訪問先の反応は概して否定的なものであった。その理由は、多国間より二国間援助の方が望ましい（パキスタン、タイ）、日本や米国など特定の国による基金支配への懸念（インド、ビルマ）、共産圏との経済関係断絶への懸念（ビルマ）などであった。その中で、台湾とセイロンのみ好意的な反応を示したが、前者は政治的な理由からの賛意表明であり、後者は後日外交ルートを通じて実質上不支持の意を伝えてきた。

米国政府の反応も同様に否定的であった。その後六月に訪米した岸は「東南アジア開発基金」構想をアイゼンハワーやダレスに打診するが、米政府は検討を約束するものの明確な言質を与えなかった。岸訪米後、米国政府内では、国務省、財務省、商務省、農務省、国際協力局のメンバー一〇名から成る「アジア地域経済開発と協力に関する委員会」（通称「ヤング委員会」、委員長＝ケネス・ヤング前国務省東南アジア局長）が岸の「東南アジア開発基金」構想を検討する。だが一九五七年九月、同委員会は将来の経済統合の可能性に含みをもたせつつも、現時点ではアジア諸国における反日感情などに照らして多国間機関は創設されるべきではないとする報告書を提出した。結局この報告書の結論が米政府の公式な立場となった。同年九月下旬に訪米した藤山愛一郎外相に対して、ダレスは新たな地域経済機構創設は現実的ではないしその必要性もないと語り、「開発基金」構想を退けた。

岸は、同年一一月の第二次東南アジア歴訪（訪問国＝南ベトナム、カンボジア、ラオス、マレーシア、インドネシア、フィリピン、オーストラリア、ニュージーランド）を通じてアジア諸国の同意を取り付けた上で、再度米国政府を説得しようと試みた。だが、明確な支持を表明した国はラオスただ一国だけだった。こうして日本政府は「開発基金」構想からの撤退を余儀なくされるのである。

3　意　義

「東南アジア開発基金」設立を通じてアジアの盟主としての日本の地位を確立し、それによって日米の立場を対等なものにしたかったという岸自身の述懐から、同構想を日本の「対米自主」外交のケースと捉える見方が長らく通説となってきた。だが、近年の研究の中には同構想が米国の対東南アジア援助政策の見直しを受けて生まれたものであり、日本から東南アジア諸国に提案される前にすでに米国政府にその内容が伝わっていたことなどから、「自主外交」神話説を唱えるものもある。たしかに「アジアによるアジアのための開発」を謳いながらアジア諸国の意向を無視し、肝心の資金を米国に依存した「東南アジア開発基金」構想は、吉田政権以降の様々なアジア地域構想と底流で通じるものがあり、結果としてどれも日本以外の関係国からほとんど共感を得られずに潰え去ったことは当然と言えるかもしれない。いずれにせよ、米国とアジアの架け橋という日本外交の課題は、その方法論において再検討を迫られるのである。

参考文献

権容奭『岸政権期の「アジア外交」――「対米自主」と「アジア主義」の逆説』国際書院、二〇〇八年。

佐藤晋「戦後日本の東南アジア政策（一九五五～一九五八年）」中村隆英・宮崎正康編『岸信介政権と高度成長』東洋経済新報社、二〇〇三年。

鄭敬娥「岸内閣の『東南アジア開発基金』構想とアジア諸国の反応」『大分大学教育福祉科学部研究紀要』第二七巻第一号（二〇〇五年四月）。

波多野澄雄・佐藤晋『現代日本の東南アジア政策　一九五〇―二〇〇五』早稲田大学出版部、二〇〇七年。

樋渡由美「岸外交における東南アジアとアメリカ」近代日本研究会編『年報　近代日本研究11　協調政策の限界』山川出版社、一九八九年。

保城広至『アジア地域主義外交の行方　一九五二―一九九六』木鐸社、二〇〇八年。

吉田内閣から佐藤内閣期における主要な日本の東南アジア地域開発構想

年	構想名	内閣
1954	アジア・マーシャルプラン	吉田　茂
1955	アジア金融公社	鳩山一郎
1955	東南アジア経済開発基金	鳩山一郎
1956	アジア開発基金	鳩山一郎
1957	東南アジア開発基金	岸　信介
1963	西太平洋五カ国主脳会談	池田勇人
1965	東南アジア開発閣僚会議	佐藤栄作

参考：保城広至『アジア地域主義外交の行方　1952-1966』木鐸社，2008年；波多野澄雄・佐藤晋『現代日本の東南アジア政策 1950-2005』早稲田大学出版部，2007年。

18　対インドネシア賠償協定（一九五八年）――スカルノ政治体制と日本の経済協力

1　背景

インドネシア政府は、一九五一年九月、サンフランシスコ講和条約に調印すると、一二月にはジュアンダ運輸相を訪日させ、他国にさきがけて日本との賠償交渉を開始した。だが、ジュアンダは一七二億ドルという巨額の賠償額を要求し、交渉はまとまらなかった。この結果、同国は対日講和条約を承認せず、批准は将来の賠償協定締結後に持ち越されることとなった。一方、インドネシアでは一九四五年八月のスカルノによる独立宣言後、これを阻止しようとする旧宗主国・オランダとの間に独立戦争が勃発し、一九四九年一二月に主権を勝ち取ったあとも、内紛が後を絶えず政治的に不安定な時期が続いた。こうした事情から、日本との賠償協定の締結も大幅に遅れた。

2　展開

一九五三年、岡崎勝男外相はインドネシアを訪問した際、一億二五〇〇万ドルの賠償額を提示した。しかし、インドネシア側は再び一七二億ドルを要求し、話し合いはまとまらなかった。翌年一月、倭島英二《わじまえいじ》駐インドネシア公使は、総額が決まるまでの間、岡崎案の一億二五〇〇万ドルの枠内で中間賠償を実施することを提案するが、総額の決定を優先するインドネシア政府はこれを拒否した。

このインドネシア政府の態度に変化が見られるようになるのは、同時進行していた日本とフィリピンの賠償協議が進展し始めてからであった。五五年五月、日比両政府が総額八億ドル（純賠償＝五・五億ドル、借款＝二・五億ドル）で合意に達すると、インドネシア政府も同じように八億ドル案を検討し始めた。これより数カ月前、インドネシアはオランダとの経済関係を断絶しており、国家経済運営のためにも日本との賠償交渉を積極的に進める必要があった。フィリピンとの賠償協定成立を待って、日本政府は五六年九月、倭島公使を通じてインドネシア側に二億五〇〇〇万ドル案を提示した。純賠償額で見ると、フィリピンへ約束した賠償金の約半額であった。この時までに日本政府は、戦争被害の実態から見てインドネシアへの賠償額をフィリピンの半額と算出していた。だが、インドネシアはあくまでフィリピンと同額の賠償を要求し、両者の話し合いは平行線を辿った。

これ以降も交渉は断続的に続いたが、インドネシアでの内乱や政権交代などにより協議は前進しなかった。アリから政権を引き継いだジュアンダは五七年七月、岸首相に親書を送り、賠償四億ドル＋経済協力四億ドルの計八億ドル案を打診した。四億ドルの経済協力には、支払いが滞っていた日本からの輸入代金一億七〇〇〇万ドルの棒引きも含まれていた。これに対して岸は、フィリピンの半額という「暗黙の前提」を覆す政治的決断を下し、ジュアンダの八億ドル案を基本的に受け入れたのである。さらに岸は、同年一一月インドネシアでスカルノと会談した際、対日貿易債務を借款に組み入れて返済させる方法を放棄し、全額無償で棒引きすることに合意した。

こうして一九五八年一月、ジャカルタで平和条約と賠償協定が調印された。同年四月、東京で批准書が交換され、平和条約と賠償協定は発効した。賠償協定では二億二三〇八億ドルを一二年かけて支払うことが明記され、対日貿易債務一億七六九一万ドルの放棄および経済協力四億ドルについては、それぞれ付属の議定書および交換公文で規定された。

3　意　義

賠償交渉を成功裏に進めることは、当時の日本およびインドネシア双方にとって国益の観点から大きな意味があった。日本にとってインドネシアは、天然ガスや石油などの天然資源の供給先として、また日本の高度経済成長に不可欠な潜在的輸出市場の一つとして、さらに海上輸送路の要地としてきわめて重要な国であった。他方、インドネシアにとって日本は、独立後の国家経済再建に必要な資金（外貨）の提供元として無視できない存在であった。とりわけオランダ人の追放と資産接収という強硬政策により破綻しかけたインドネシア海運業を救ったのが、賠償による日本からの船舶の取得であった。日本からの賠償がスカルノの政治体制を経済的に支えたことは否定できない。

米国は当初、インドネシアのオランダからの独立を支持していたが、スカルノが進めた中立主義路線や中・ソ両共産国への接近に危機感を募らせ、ＣＩＡ主導の下、スマトラ島を中心とする反政府勢力に肩入れし始めた。これに対し、岸政権はインドネシアの内紛を「ナショナリズム」や「国家統一」の問題として捉え、積極的な支援を通じてインドネシア政府の弱体化・共産化を防ぐことを主張した。結局、ＣＩＡの政府転覆活動は失敗に喫し、その後米国はインドネシアの経済的空白を埋めるための日本の経済進出を容認するようになるのである。

参考文献

北岡伸一「賠償問題の政治力学　一九四五―五九年」北岡伸一・御厨貴編『戦争・復興・発展――昭和政治史における権力と構

想』東京大学出版会、二〇〇〇年。

倉沢愛子「インドネシアの国家建設と日本の賠償」『年報・日本現代史』第五号（一九九九年）。

佐藤晋「戦後日本の東南アジア政策（一九五五～一九五八年）」中村隆英・宮崎正康編『岸信介政権と高度成長』東洋経済新報社、二〇〇三年。

高塚年明「国会から見た経済協力・ＯＤＡ(3)――インドネシア賠償協定を中心に」『立法と調査』第二六九号（二〇〇七年六月）。

林理介「インドネシア賠償」永野慎一郎・近藤正臣編『日本の戦後賠償――アジア経済協力の出発』勁草書房、一九九九年。

宮城大蔵『戦後アジア秩序の模索と日本――「海のアジア」の戦後史　一九五七～一九六六』創文社、二〇〇四年。

日本の戦後賠償――対象国と内訳

対象国	金額（円）	比率	賠償協定調印日
ビルマ連邦	720億	19.8%	1955年11月5日
フィリピン共和国	1980億	54.3%	1956年5月9日
インドネシア共和国	803.9億	22.0%	1958年1月20日
ベトナム共和国（南ベトナム）	140.4億	3.9%	1959年5月13日

参考：外務省ホームページ。
http://www.mofa.go.jp/mofaj/gaiko/oda/shiryo/hakusyo/04_hakusho/ODA2004/html/zuhyo/zu010091.htm，2016年4月30日アクセス。

岸―スカルノ会談

来日したインドネシアのスカルノ大統領（右）と会談する
岸信介首相（1958年１月30日）（時事通信フォト）

19　長崎国旗事件（一九五八年）――日中関係の「断絶」

1　背景

一九五八年五月二日、長崎市内のデパートで開かれていた「中国切手・切り紙展覧会」（日中友好協会長崎支部主催）に右翼団体所属の日本人が乱入し、会場に掲げられていた中国国旗（五星紅旗）を引きずりおろし、毀損させた。当時の日本は中華民国（台湾）政府を承認していたため、五星紅旗は保護の対象とはならず、刑法規定の外国国章損壊罪は適用されなかった。結局、犯人は軽犯罪法の器物損壊による罰金五〇〇円を課されたのみで、即日釈放された。

2　展開

中華人民共和国政府は、この日本政府の態度に強く反発し、五月九日、陳毅副総理兼外交部長が対日貿易を中止する旨の声明を発表した。これを受けて、商談中の鉄鋼取引や日本商品展覧会における展示品四億円の買い上げなどが中止され、さらに漁業協定や文化交流も停止された。

それまで、日中間の貿易は「政経分離」原則の下、民間ベースですすめられ、米政府もこれを一定程度容認する姿勢を見せていた。この背景には、日中の経済交流を強く望む関西方面の経済界や通産省の動き、さらには日本の資源と市場の確保の必要性から日中貿易再開に理解を示したアイゼンハワー大統領の意向があった。日中間の貿易は、一九五三年の第二次日中民間貿易協定締結後拡大した。日中の貿易総額は、朝鮮戦争休戦前の一九五二年の一五五〇万ドルから五七年には一億四〇〇〇万ドルへと拡大した。長崎国旗事件は、こうした両国の経済交流拡大の動きに水を差した出来事であった。

もっとも、日中関係悪化の遠因には、一九五七年に誕生した岸信介内閣の強い親米反共路線があったことも否定できない。岸は、首相就任後に訪問した東南アジア諸国で反共姿勢を明確に打ち出し、帰路に立ち寄った台湾では蔣介石の「大陸反攻」政策に支持を表明した。また、一九五七年九月に日中の経済界で合意された第四次日中民間貿易協定が外交特権をもつ通商代表部の相互設置と国旗掲揚の条項を含んでいること問題視し、その受け入れを拒否した。同協定が一九五八年三月、政府・自民党の同意なしに調印されると、岸は国会で「国旗条項がそのままなら、調印されても政府としては承認することはできない」と述べた。結局、日本政府の承認を得るため協定案から通商代表部の設置や国旗条項が削除されたが、これに反発した中国側はこの案の受け取りを拒否したのである。陳毅副総理も先の声明の中で「岸首相は米国および蔣介石グループにおもねるため公然と日中貿易協定を破壊し、中国に対し悪意ある侮辱的な攻撃を行っている」と述べて、岸政府の対中政策そのものを厳しく批判した。

他方、日中関係悪化の背景には中国側にも原因の一端があった。一九五八年以来、中国国内では、指導者の毛沢東が独自路線を目指して大躍進政策を展開し、外交政策も急進化しつつあった。平和共存路線を模索する周恩来の影響力が低下し、五八年八月には中国人民解放軍が金門島攻撃を再開し、台湾海峡に緊張が走った。また、中国政府は同年一一月、進行中の日米安保改定交渉を「岸内閣が米国と結託し、中国人民を敵視している陰謀」と断じて非難した。こうしてこの時期、中国政府は毛沢東の強いリーダーシップの下、国の内外の政策を過激化させていったのである。

3　意　義

中国政府は長崎国旗事件に対する日本政府の対応を厳しく批判したが、日中関係の全面的な断絶を望んではいなかった。むしろ、経済関係や文化交流を一時的に中止することで日本政府に圧力をかけ、岸首相の親米反共路線に対する国内の批判を惹起しようと試みた。だが、日本の主要メディアの論調は国旗事件に対する岸政権の対応をおおむね評価した。さらに、事件の二〇日後に行われた総選挙で与党・自民党は三議席を減らしたものの二八七議席を獲得し（社会党は一六六議席）、安定多数を維持した。

冷却した日中関係はこの後、一九五九年の石橋湛山の中国訪問、一九六〇年六月の岸の退陣および日中貿易重視の池田勇人内閣の誕生などを経て、徐々に改善の道へ向かった。六〇年には個別民間契約取引が開始され、六二年一一月には日中長期総合貿易覚書および貿易見本市開催に関する日中貿易議定書が調印された。こうして一九五八年に途絶えた日中貿易は、六〇年代前半に再開されるのである。

参考文献

祁建民「長崎国旗事件の真相とその意味」『東アジア評論』（長崎県立大学東アジア研究所）第六号（二〇一四年三月）。
杉浦康之「中国の『日本中立化』政策と対日情勢認識——第四次日中民間貿易協定交渉過程と長崎国旗事件を中心に」『アジア研究』第五四巻第四号（二〇〇八年一〇月）。
陳肇斌『戦後日本の中国政策——一九五〇年代東アジア国際政治の文脈』東京大学出版会、二〇〇〇年。

20　浅沼稲次郎社会党書記長訪中（一九五九年）――「日中共同の敵」演説の波紋

1　背　景

一九五七年二月の岸信介内閣誕生後、日中関係は悪化の一途を辿っていた。蔣介石の「大陸反攻」政策を岸が支持したことや長崎国旗事件の処理などに対して、中国政府は岸内閣に対する非難談話を発表した。また、日米安保条約の改定交渉が開始されると、中国政府は同条約を「米帝国主義が日本民族を支配する一方的な不平等な条約」と呼び、岸政権を「甘んじて米国によりかかり、日本を米国の戦争の車にさらに固く縛りつけることによって引続き中国を敵視し、東南アジアに対して拡張を行う政策を実現しようとしている」と断じた。こうした中、一九五九年三月、訪問先の中国で浅沼稲次郎日本社会党書記長が「アメリカ帝国主義は日中共同の敵」と発言し、国内外に波紋を広げた。

2　展　開

浅沼は、中国人民外交学会会長の張奚若《ちょうけいじゃく》との会談で、米国が中国の一部である台湾および日本の一部である沖縄をともに支配している現状を指摘しながら「米国は日中共同の敵」であると述べ、これが『毎日新聞』（三月一〇日付）で報道された。その記事を読んだマッカーサー駐日アメリカ大使からの苦情などもあり、自民党幹事長の福田赳夫《ふくだたけお》は抗議の電報を北京の浅沼に送った。この抗議の打電の方が国内で大々的に報じられ、結果的に浅沼の発言を争点化することとなった。三月一二日、政治協商会議講堂で浅沼は再び「アメリカ帝国主義についておたがいは共同の敵とみなしてたたかわなければならない」と演説し、帰国の際は人民帽をかぶって羽田空港に降り立った。浅沼のこうした言動は、社会党が既存の「非武装中立主義」を破棄し、中国寄りに路線を変更したものと広くみなされ、また右翼による強い反発を引き起こした。

もっとも、浅沼発言は社会党内のコンセンサスを得ていたわけではなかった。浅沼に同行しながら演説の内容について知らされていなかった社会党右派の曾禰益《そねえき》は、演説終了後浅沼に詰め寄り「今日の団長の演説には反対だ」と強く抗議している。「日中共同の敵」というきわめて挑発的な表現が用いられた理由については、同じく浅沼に同行した社会党左派の田中稔男《としお》らの強い説得があったとされるが、その真相は必ずしも明らかではない。

一説によれば、浅沼は戦時中みずからが軍部の戦争遂行を熱烈に支持したこともあり、中国人に多大な苦しみを与えたということへの自責の念があったと言われる。また、社会党内の派閥・権力争いもこれと無関係ではないと思われる。同党はこの頃「安保改定阻止」の運動方針をめぐり、また「国民政党」か「階級政党」かといった党の性格論争をめぐり左右両派が対立し、その中で多数派の左派が主導権を握った（右派は同党を離脱し一九六〇年一月に「民主社会党」を結党）。このプロセスで、そもそも右派系だった浅沼が党内での影響力を保持するために左派寄りの言動をしたのかもしれない。実際、最近の研究には、この発言を境に浅沼が左傾化していった点を指摘するものもある。

さらに、社会党が「安保改定阻止」運動を進める中で、中国の支持を勝ち取ろうとしたことも十分考えられる。自民党が米国と強く結び付き、共産党がソ連や中国と通じる中で、当時の社会党は国際的に孤立していた。「日中共同の敵」発言は、中国と社会党との距離を一挙に縮めさせ、みずからの政策に国際的な後ろ盾を得るための方策だったのかもしれない。いずれにせよ、浅沼発言を一つの契機として社会党の反安保闘争は急進化していくのである。

3　意　義

浅沼の「日中の共同の敵」発言は、社会党内の政治力学に一定の影響を与えた。それは、左派勢力を勢いづかせ、岸内閣の「安保改定」に対する同党の立場を明確化させることに貢献した。他方、この発言以降、社会党は中国やソ連の「傀儡」との批判の矢面に立たされることとなる。一九六〇年一〇月、浅沼は立会演説会中に一七歳の右翼青年・山口二矢《おとや》に刺殺されるが、山口の内ポケットには「浅沼稲次郎は日本赤化をはかっている（中略）社会党の指導的立場にいる者としての責任と、訪中に際しての暴言と、国会乱入の直接の扇動者としての責任からして、汝を許しておくことはできない」と記されたメモが入っていたと言われている。

参考文献

「浅沼稲次郎社会党訪中使節団長の『米帝国主義は日中共同の敵』演説」（一九五九年三月一二日）データベース『世界と日本』東京大学東洋文化研究所、田中明彦研究室（http://www.ioc.u-tokyo.ac.jp/~worldjpn/documents/texts/JPCH/19590312.S1J.html）、二〇一六年四月一〇日アクセス。
沢木耕太郎『テロルの決算』文藝春秋、一九七八年。
原彬久『戦後史のなかの日本社会党――その理想主義とは何であったのか』中公新書、二〇〇〇年。

21　対南ベトナム賠償協定（一九五九年）——官民一体の経済協力

1　背　景

第二次世界大戦終結に伴う日本軍の撤退後、ベトナムは力の真空状態に置かれていた。一九四五年九月、ベトナム独立同盟会（ベトミン）の指導者ホー・チ・ミンはベトナム民主共和国の樹立を宣言した。これに対して、戦後インドシナに復帰したフランスは、一九四九年三月、戦時中の日本の傀儡政権の指導者バオ・ダイ皇帝を復位させベトナム国を建国し、これを承認した。ベトナムは、一九五一年のサンフランシスコ講和条約に調印し、その翌年には同条約を批准したが、このとき日本と外交関係を樹立したのは、フランスや米国に支持されたバオ・ダイ政権であった。その後ベトナムは南北に分断され、一九五九年、日本は南ベトナム政府を承認して賠償協定を結んだ。

2　展　開

ベトナムのトラン・ヴァン・フー首相は、サンフランシスコ講和会議からの帰国直前、日本に対し二〇億ドルの賠償額を要求した。その後日本政府は賠償のための使節団をベトナムに派遣するが、具体的な金額の交渉には至らなかった。当時のベトナムではフランスの支持するバオ・ダイ政府軍とホー・チ・ミン率いるベトミン軍との内戦が激化しており、政局は極度に不安定だった。

一九五四年、ベトナム北西部のディエンビエンフーの戦闘でフランス軍が敗北したことに伴い、ジュネーブでインドシナ戦争の停戦協定が結ばれた。この停戦協定により、ベトナムは北緯一七度線を暫定的な軍事境界線として南北に分断され、二年後に国家統一の選挙を行うことが決められた。だが、実際には統一選挙は行われず、そのまま南北の分断が固定化された。ジュネーブ協定の締結を受けて、五四年一〇月、日本は米国が支援する南ベトナムのゴ・ディン・ジエム政権を承認し、ようやく賠償交渉が再開されることとなる。

一九五五年四月、来日中のニエン・ヴァン・トァイ計画相兼建設相が、日本政府に対して賠償交渉開始の申し入れを行った。これを受けて、同年一二月、日本政府は四〇〇〇万ドルの賠償額を提示する。だが、南ベトナム政府は二億五〇〇〇万ドルを求め、交渉は合意に至らなかった。翌五六年八月、小長谷《こながや》綽《ゆたか》駐ベトナム大使が、総額二五〇〇万ドルの譲歩案を提示するが、ジエム政権は戦争損害額を二〇億ドルと算定し、再び二億五〇〇〇万ドルを要求した。

その後、一九五七年一一月の岸首相の南ベトナム訪問やそれと前後して行われた経団連副会長・植村甲午郎賠償特使の南ベトナム派遣などを経て、総計五五六〇万ドルで妥協が成立した。内訳は純賠償三九〇〇万ドル、政府借款七五〇万ドル、民間ベースの経済開発借款九一〇万ドルであった。一九五九年五月、日本は南ベトナム政府との間で賠償協定、政府借款協定、経済開発借款に関する交換公文の三つの文書に署名した。

ベトナムを訪問した際、岸首相は、不足している消費物資をベトナム政府の希望に応じて逐次送付するやり方は好ましくないと述べた。これを受け、賠償交渉においては、まず具体的な開発プロジェクトを決定しそれに対する資金を提供するという手法がとられた。純賠償のうち三七〇〇万ドルはダニム水力発電所工事費に、二〇〇万ドルは工業センター建設費に、また政府借款の七五〇万ドルはダニム水力発電所現地通貨分として、そして経済開発借款の九一〇万ドルは尿素工場建設費に、それぞれ充てられることが決まった。

こうしたプロジェクトの選定には、日本の商社やコンサルタント会社が大きく関与した。たとえば、ダニム水力発電所建設工事は、日本のコンサルタント会社である日本工営とフランスの会社が落札を競っていたが、日本政府は工事費を賠償で賄うことをベトナム側に約束し、日本工営の落札が決まったのである。

なお、一九五六年八月に北ベトナム政府は日本の衆参両院議長宛に書簡を送り、「北ベトナムにも日本から賠償を受ける権利がある」と主張した。だが、日本政府は同国を認めておらず、その賠償要求には応じなかった。政府のこうした方針に対しては、日本による戦争被害が北ベトナムに集中していたこともあり、社会党などが「アメリカの軍事援助を間接的に支援せんとするもの」と批判した。

3　意　義

他の東南アジア諸国との賠償交渉と同様、日本の南ベトナム賠償交渉においても民間人が大きな役割を果たした。ダニム水力発電所工事を落札した日本工営の社長・久保田豊は戦前・戦中を通して軍部の後押しの下、朝鮮や満州で大規模なダムの建設に携わっていた。その久保田をベトナムのゴ・ディン・ジエム首相に紹介したのは戦中ベトナムに渡り、現地商社「大南公司」を築いた松下光廣であり、またダニム水力発電所の建設を賠償工事とすることで日本工営の落札を助けたのが、賠償特使としてベトナム政府と交渉にあたった経団連副会長・植村甲午郎であった。

さらにこうした日本の民間と政府の連携に対して、ベトナム政府も一定の影響力を行使していた。近年公開された日本の外交文書に基づく研究によると、ベトナム政府はダニム水力発電所工事落札に関心を示すフランス電力公社と日本工営を競わせることで、日本政府からより有利な賠償条件を引き出そうと試みており、それがある程度成功したことが明らかになっている。

なお、旧フランス領インドシナのうちラオスとカンボジアは賠償請求権を放棄したが、日本は一九五八年ラオスとの間に一〇億円の、一九五九年カンボジアとの間に一五億円の経済協力協定を結んだ。

参考文献

北岡伸一「賠償問題の政治力学　一九四五—五九年」北岡伸一・御厨貴編『戦争・復興・発展——昭和政治史における権力と構想』東京大学出版会、二〇〇〇年。

篠永宣孝「ベトナム賠償」永野慎一郎・近藤正臣編『日本の戦後賠償——アジア経済協力の出発』勁草書房、一九九九年。

高塚年明「国会から見た経済協力・ODA(4)～(6)——ベトナム賠償協定を中心に（その1～その3）」『立法と調査』第二七二号（二〇〇七年九月）、第二七四号（二〇〇七年一〇月）、第二七六号（二〇〇八年一月）。

田中健郎「南ベトナム戦後賠償交渉再考——『ベトナム賠償および借款協定関係』外交文書を紐解く」阿曽村邦昭編著『ベトナム——国家と民族』上、古今書院、二〇一三年。

日本の戦争準賠償——対象国と内訳

対象国	金額	比率（%）	協定調印日
ラオス	10億	1.7	1958年10月15日
カンボジア	15億	2.6	1959年３月２日
ビルマ連邦	473.4億	82.3	1963年３月29日
シンガポール	29.4億	5.1	1967年９月21日
マレーシア	29.4億	5.1	1967年９月21日
ミクロネシア	18億	3.1	1969年４月18日

参考：外務省ホームページ。
http://www.mofa.go.jp/mofaj/gaiko/oda/shiryo/hakusyo/04_hakusho/ODA2004/html/zuhyo/zu010091.htm，2016年４月30日アクセス。

ダニム水力発電ダム

（日本公営株式会社提供）

22　安保改定（一九六〇年）――「対等」な日米関係の模索

1　背景

一九五一年、サンフランシスコ講和条約と同時に締結された日米安全保障条約（旧安保条約）は、日本側から見ていくつかの問題点を抱えていた。それは第一に、日本には米国に対して基地提供の義務があったが、米国には日本への防衛義務が課せられていなかった（「片務性」の問題）。第二に、米国は基地の使用や軍隊の配備に関して自由に決定できることになっていたため、米国によって核兵器が日本に持ち込まれたり、日本が望まない戦争に巻き込まれたりする危険性があった。第三に、在日米軍は日本国内で生じた内乱を鎮圧するために出動することができた（内乱条項）。この他にも、日本は米国の同意なしに第三国へ基地を提供できないという規定や、条約の有効期限や改廃手続きが明記されていないことなど、独立国同士の条約としてふさわしくない内容がいくつかあった。

こうした問題のいくつかは、すでに旧安保条約の締結交渉時に外務省内でも指摘されていたが、米国による対日占領早期終結を最優先に掲げていた当時の吉田茂首相は、それらを棚上げして講和・安保条約の締結を急いだ。そもそも吉田は、日米安保の「不平等性」をそれほど問題と感じてはいなかった。条約に明記されているいないにかかわらず、米国は日本を必要とすれば日本を守るし、必要でなければ守らないというのが吉田の基本的な考え方であった。

しかし、旧安保条約は社会党や共産党など左派からの攻撃を受けただけでなく、保守派内からも厳しい批判を受けていた。とりわけ、鳩山一郎や重光葵など反吉田派の政治家たちは、吉田によって達成された日本の独立が決して完全なものではなく、日米両国は対等な関係にないと考えていた。こうした背景の下、一九五七年二月に誕生した岸内閣は、最大の外交課題として日米安保条約の改定に取り組んだのである。

2　展開

重光・ダレス会談

もっとも、最初に安保改定を日米間の議題に挙げようとしたのは、鳩山内閣の重光外相であった。一九五五年八月、ワシントンにおけるダレス国務長官との会談で重光は、現行の不平等な安保条約は国内の共産主義者により反米感情を煽る手段に使われているとして改定を求めた。だが、ダレスの答えは否定的だった。ダレスは、日本の防衛力不足や憲法第九条の制約などを挙げながら、双務的安全保障条約の締結は時期尚早であるとした。これに対して、重光は現行憲法下でも海外派兵は可能であるとして食い下がったが、ダレスは聞き入れなかった。

この会談の一カ月前、重光は駐日米大使館を通じて安保改定の「私案」をワシントンに伝えていた。だが、その内容は一二年以内に米軍を日本から全面撤退させることや在日米軍の目的を（極東の安全保障ではなく）相互防衛のみに限定することなどが含まれており、到底米側の受け入れられるものではなかった。さらに、保守合同前の鳩山民主党政権の政治的基盤が脆弱だったことや、重光が鳩山から十分信用されていなかったことなどを米国政府は認識していた。こうした理由から、米国政府はいずれ安保改定を行う必要があることを認識しつつも、重光との間で交渉することを拒んだのである。

米政府の岸評価

日本政府が鳩山政権から短命の石橋政権（病気のため二カ月で退陣）を経て岸政権に変わると、米国政府は安保改定にそれまでと違って積極的な姿勢を示すようになった。その理由の一つに、米国側の政治家・岸に対する信頼度の高さが挙げられる。左派勢力が勢いを増す政治状況の中で保守合同を成功裡に導いた政治手腕、ならびに同じナショナリストでも共産圏への接近を図った鳩山とは異なり反共親米を鮮明にした岸の政治姿勢を米政府は高く評価していた。米国務長官のダレスは、岸が戦後日本における最強の政治リーダーであり、安保改定の交渉は岸政権との間で行うようアイゼンハワー大統領に進言している。

さらに、一九五七年一〇月のソ連による世界初の人工衛星スプートニクの打ち上げ成功や、同年一月の群馬県内米軍演習場における米兵士による日本人主婦射殺事件（「16　ジラード事件」の項参照）など、日本の内外を取り巻く状況も安保改定を促す要因として作用した。とりわけ、一九五八年一月、沖縄那覇市の市長選挙で反米的な候補者が当選したことは米政府に衝撃を与えた。日本と沖縄における米国の地位の将来を憂慮したダレスは、もし米国が条約で保証された権利の上にあぐらをかき続けるならば、いずれそうした権利は中立志向の日本政府によって煽られた大衆の反対運動により葬り去られてしまうと警鐘を鳴らした。こうして米政府は、対日政策の見直しに着手するのである。

マッカーサー草案

米国は当初、沖縄の部分返還を検討した。具体的には、沖縄の米軍基地を数箇所の飛び地に集結し、そうした軍事的飛び地においては米国が排他的管轄権を保持した上で残りの土地を日本に返還するというものであった。だが、この案は結局現実的ではないという理由で破棄され、代わって安保改定案が浮上した。安保改定を米国のイニシアチブにより積極的に推し進めるよう進言したのは、駐日米国大使のダグラス・マッカーサー二世

（連合国最高司令官ダグラス・マッカーサー元帥の甥）であった。一九五八年二月、ダレス宛に送った書簡の中でマッカーサーは、日本人の間に増大しつつある日米安保条約に対する不平等感を取り除いて日米関係を安定化させるためには、現行安保条約の見直しが不可欠であるとした。その上で、条約の見直しにおいては部分的な修正ではなく全面的な改正が必要であると訴え、みずから作成した「相互安全保障条約草案」を書簡に添付した。

この草案は、一九五五年七月に重光が駐日米大使館を通じて米国政府に提示した「相互防衛条約案」を参考にして作成されたものであり、後に安保改定の日米交渉において米側が提示する新条約案の下敷きとなるものであった。このマッカーサー草案で最も注目すべき点は、相互的な安全保障条約を締結する上で障害とされてきた憲法上の問題（日本の海外派兵）を不問に付し、日本は米国領土の防衛ではなく「基地の提供」で相互性の基準を満たしうるとしたことであった。マッカーサーは、日本が早期に憲法第九条を改正できるとは考えていなかった。彼の試算では、将来日本に小選挙区制が導入され、自民党が憲法改正に必要な三分の二議席を獲得することになったとしても、それが実現されるのはどんなに早くとも一九六二年以降だった。マッカーサーは「相互性」の問題で米国が譲歩することにより、米国にとって核心的利益である「基地の使用」そのものが困難となる事態を防ごうとしたのである。マッカーサーの提案は、「相互性」に関する既存の米国の見解に大きな修正を迫るものであったが、ダレスやアイゼンハワーも最終的にこれを受け入れ、米国政府の正式な立場となった。

部分改定から新条約へ

米国のこうした政策転換は、日本政府を驚かせた。一九五五年の重光・ダレス会談の際、日本民主党幹事長として重光に同行し会談の様子を目の当りにしていた岸は、憲法が改正され日本の海外派兵が可能となるまで日本が米国との間で相互的防衛条約を締結できるとは考えていなかった。首相就任後の一九五七年六月、ワシントンでアイゼンハワーと会談した際も、岸が提案した改正点は米軍の使用・配備をめぐる事前協議の導入、条約の期限設定、国連憲章との関係の明確化など、現行の安保条約を維持した上での細部の見直しについてであった。「安保改定は米国のイニシアチブで動き出した」としばしば言われるが、それはまさにこうした理由からであった。一九五八年七月、岸はマッカーサー大使に対して新条約締結の方向で話し合いを進めたい意向を明らかにし、いよいよ交渉が開始された。

日米交渉は一九五八年一〇月より行われ、途中警職法改正をめぐる国会の混乱などで中断されるが、一九六〇年一月には終了する。結果は、おおむね日本の希望が取り入れられたものとなった。新条約は、国連との関わりが明確化され、内乱条項が削除され、条約期限（＝一〇年、その後は一年前に予告することで破棄可能）が設定された。また、米国の日本防衛義務については、「各締約国は、日本国の施政の下にある領域における、いずれか一方に対する武力攻撃が、自国の平和及び安全を危うくするものであることを認め、自国の憲法上の規定及び手続に従つて共通の危険に対処するように行動することを宣言する」（第五条）という形で明記された。また、日本に核が持ち込まれたり、望まない戦争に日本が巻き込まれたりするのを避けるための方策として日本政府が強く望んでいた事前協議の導入は、条約とは別の交換公文で規定された。さらに、当初は協議の対象に含まれていなかった行政協定についても、日本側の強い要望により西ドイツに駐留する米軍の地位を定めたボン協定を参考にして日米地位協定として改められた。

事前協議と密約

だが、新条約には事前協議に関して二つの「密約」があった。一つは、核兵器を搭載した米艦船の日本への寄港は事前協議の対象外とすること、もう一つは、朝鮮半島有事に際して米軍が国連軍として日本の基地から直接軍事攻撃を行う場合は事前協議を必要としない、ということである。これら二つの密約のうち、朝鮮半島有事の米軍の出動については、当時の藤山愛一郎外相とマッカーサー駐日大使の間で、事実上事前協議の対象外とする合意がなされたことを示す文書（非公開の朝鮮有事に関する議事録）が発見された。

核持ち込みについては、明確な合意文書はないが、ジーン・ラロック退役海軍少将の米議会での証言（一九七四年九月）や、エドウィン・ライシャワー元駐日大使の記者会見発言（一九八一年五月）などから、核兵器搭載の艦船が日本に持ち込まれていることが知られていた。実際、米側は安保改定以後、米軍艦船の日本領海通過や寄港は核の「持ち込み」に含まれないと解釈し、日本政府もそれを知りながらあえて異を唱えず、国内的には「事前協議の申し込みがない以上核兵器の日本への持ち込みはない」との説明を繰り返した。二〇一〇年三月に公表された外務省有識者委員会の報告書は、核兵器持ち込みについては「広義」の密約、朝鮮半島有事の事前協議については「狭義」の密約があったと断定した（「82 密約問題」の項参照）。

安保闘争と岸の退陣

いずれにせよ、こうして一九六〇年一月一九日、新安保条約（「日本国とアメリカ合衆国との間の相互協力及び安全保障条約」）、日米地位協定、その他交換公文など七つの文書がワシントンにおいて岸首相とクリスチャン・ハーター国務長官の間で調印された。また、同年六月一九日にアイゼンハワー大統領が来日することも公表された。だが、新条約調印に前後して、国内では反安保運動が次第に盛り上がりを見せ始めていた。一九五九年三月には「安保改定阻止国民会議」が結成され、反対運動は全国規模へ拡がっていった。とりわけ、岸政権が一九六〇年五月一九日深夜、膠着状態にあった国会での批准審議を切り抜けるため自民党の単独強行採決に踏み切ると、「反安保」運動は「反岸」運動の様相を帯びながら激化の一途を辿った。デモ隊が連日国会議事堂周辺を取り囲み、東京は戦後最大の騒乱状態に陥った。

こうした中、アイゼンハワー訪日の日程調整のため六月一〇日に来日したジェームズ・ハガチー大統領報道秘書官が羽田空港でデモ隊に取り囲まれ、米海兵隊のヘリコプターでかろうじて脱出するという事件が起きた。その五日後には、国会構内に乱入した四〇〇〇人前後の急進派学生と警官隊が衝突し、東京大学学生の樺美智子が圧死する事件が発生した。もはや警察の力だけでは拡大する騒乱を抑えられないことは明らかだった。それでも強硬姿勢を続ける岸は、二度にわたり陸上自衛隊の治安出動を要請するが、防衛庁長官の赤城宗徳は、国民の信頼を得るために重ねてきた長年の努力が水泡に帰すとしてこの要請を拒否した。米政府からは、アイゼンハワーの訪日延期を日本側から要請するようにとの圧力が強まっていた。閣議では、デモ隊が勢いを増す中でアイゼンハワーの来日を強行すれば、国賓として大統領を迎える天皇にも影響が及びかねないとする意見も出た。結局、追い詰められた岸は大統領の訪日延期を決定する。そして、新安保条約批准から約一カ月後の七月一五日、政治混乱の責任を取るかたちで岸内閣は総辞職するのである。

3　意　義

岸内閣が退陣すると、国内の騒乱は次第に鎮まっていった。東條内閣で商工大臣を務め戦後A級戦犯として巣鴨プリズンに収容された経歴や、首相として警職法改正や憲法改正に精力を注いだことを考えると、大多数の日本国民の目には、岸が戦前の価値観を日本に呼び戻そうとする復古・反動主義者と映ったとしても不思議ではなかった。その意味で、当時の日本人が最も恐れたのは、日米安保条約そのものというよりも、戦後の民主主義を否定しようとした（ように映った）岸自身だったのかもしれない。いずれにせよ、これ以降日米安保条約が日本政治における大きな争点となることはなかった。この背景には、岸以後の自民党政権が憲法改正などの軍事安全保障の問題を極力避けて経済成長のためにより多くのエネルギーを注いだことや、日米安保は戦争ではなく平和と繁栄を日本にもたらしているという認識が国民の間に広まってきたことが考えられよう。

新安保条約は旧安保条約に比べて、日本と米国がより「平等」であり、日本にとってはるかに受け入れやすいものとなったことは否定できない。だがその一方で、新安保条約はその本質において「ヒト」と「モノ」の交換、すなわち米国は兵力を提供し日本は基地を提供するという旧安保条約時の非対称的な関係を基本的に維持していることも事実である。もっとも、日米安保条約はそもそも「非対称的な相互性」を基礎として構築されており、「対称的な相互性」を求めて日本の米国防衛を義務づけたり米国が日本に基地を提供したりすることにどれだけ実質的な意味があるかは別の問題である。ただ一つ言えることは、日本に集団的自衛権の行使を求めない形で「相互的」な安全保障条約が締結されたことで、安保条約と現行憲法の両立が容易となり、その結果憲法改正の必要が遠のいたことであろう。安保改定の意義の一つは、まさにここにあると言ってよい。

参考文献

北岡伸一「岸信介――野心と挫折」渡辺昭夫編『戦後日本の宰相たち』中央公論社、一九九五年。

坂元一哉『日米同盟の絆――安保条約と相互性の模索』有斐閣、二〇〇〇年。

外岡秀俊・本田優・三浦俊章『日米同盟半世紀――安保と密約』朝日新聞社、二〇〇一年。

田中明彦『安全保障――戦後五〇年の模索』読売新聞社、一九九七年。

東郷文彦『日米外交三十年――安保・沖縄とその後』世界の動き社、一九八二年。

原彬久『戦後日本と国際政治――安保改定の政治力学』中央公論社、一九八八年。

60年安保闘争

衆議院で新安保条約強行可決前日に，総評，社会党，全学連は国会周辺でデモをかけた（1960年５月19日）（毎日新聞社／時事通信フォト）

23　日中総合貿易に関する覚書調印（一九六二年）——民間貿易の拡大

1　背景

一九五八年の長崎国旗事件以降、日中関係は冷却化していたが（「19　長崎国旗事件」の項参照）、一九六〇年頃より関係修復の動きが活発化した。その背景として、中国では毛沢東の推進した大躍進政策の失敗により国内経済が破綻し、多数の餓死者が出ていた。その上、折からの中ソ対立の顕在化でソ連からの経済援助が停止されていたため、日本を含む西側諸国との貿易関係の促進が不可欠となっていた。また、日本側においても一九六〇年七月に誕生した池田勇人内閣は、岸政権において断絶した日中貿易の再開に積極的に取り組む姿勢を打ち出していた。

2　展開

池田内閣発足後、中国側は大型訪日団を順次派遣して日本の政財界有力者との接触を図った。この動きを通して、中国政府の日中貿易再開の希望が日本政府にも伝えられた。池田内閣は、こうした中国側のメッセージや日本の産業界からの強い要望を受けて、関係改善のために自民党顧問で親中派の松村謙三の中国訪問を決定する。松村はすでに一九五九年一〇月、周恩来首相の招きで訪中しており、周との間で両国の関係改善に向けて互いに努力することを約束していた。

池田首相は就任後の記者会見で、日本は中国政策に関して米国と同一の態度を取る必要はないと述べたり、財界人へのスピーチで、日本の対中貿易政策は、米国の意向にかかわらず日本自身がその信じるところに従って押し進められるべきと主張するなど、独自の中国政策を推し進める立場を明らかにした。池田のこうした言動は、日中貿易再開に対する米政府の警戒を強めることとなった。

池田内閣のお膳立てにより、松村の訪中は一九六二年九月に実現する。周恩来以下中国政府はこの訪問を大きく歓迎した。両者の話し合いは友好的に進み、貿易再開の基本合意が達成された。この合意を受けて、翌一〇月末、実務協定を結ぶため元通産大臣・高碕達之助率いる訪問団（関連企業二二社のトップを含む総計四二名）が北京入りした。高碕は戦中から中国との縁が深く、一九五五年のバンドン会議（「10　バンドン会議」の項参照）では日本代表として参加して周恩来と会談し、一九六〇年一〇月にも訪中していた。一九六二年一一月九日、高碕と中国側代表の廖《りょう》承《しょう》志《し》との間で「日中総合貿易に関する覚書」が調印された。覚書には、有効期限を六三年から六七年までの五年間（双方の同意により延長可）とすること、年平均の貿易額を三六〇〇万ポンドとすること、主要輸出品は日本側が鋼材・化学肥料・プラント・その他、中国側が石炭・鉄鉱石・豆類・その他とすることなどが明記された。これにより開始された覚書貿易は、署名者である廖（Liào）と高碕（Takasaki）の頭文字をとって、「ＬＴ貿易」と呼ばれた。

3　意義

ＬＴ貿易は、一九五〇年代に行われた民間協定による貿易とは異なり、政府に近い立場の人間が協定に署名したことや、相互に連絡事務所を設置したこと、また一九六四年この協定の枠組みで両国の記者交換が実現したことなどから、しばしば「半官半民の協定」あるいは「準政府間協定」と形容される。こうして、日中関係は経済面において交流が加速されたが、政治面については日米関係が大きな制約を課した。たとえば、ＬＴ貿易覚書により設置された連絡事務所には、外交権も国旗掲揚権も与えられなかった。また、米国や台湾の反発により、政府資金（輸銀融資）による日本から中国へのプラント輸出は、第一号の倉敷レーヨンのビニロン・プラント輸出を除いて停止を余儀なくされた。さらに、日本は中国の国連代表権問題で、北京政府の国連加盟を阻止するために米国が提出した議決案（中国の代表権決議は総会の過半数ではなく三分の二の多数を必要とする）の共同提案国となるよう要請され、これに同意した。以上のことから、池田政権の中国政策は対米協調と政経分離のバランスの上に成り立っており、対米自主のレトリックがこの均衡を覆すことはなかったと言えよう。

参考文献

東英記『日中提携の歴史的系譜――マクロ的分析』文芸社、二〇〇二年。

池田直隆『日米関係と「二つの中国」――池田・佐藤・田中内閣期』木鐸社、二〇〇四年。

井上正也『日中国交正常化の政治史』名古屋大学出版会、二〇一〇年。

王雪萍編『戦後日中関係と廖承志――中国の知日派と対日政策』慶應義塾大学出版会、二〇一三年。

添谷芳秀「日中ＬＴ貿易の成立過程――高碕達之助、村松謙三、岡崎嘉平太の果たした役割」『外交時報』第一二六三号（一九八九年一一・一二月合併号）。

24　ＯＥＣＤ加盟（一九六四年）――西側先進国への仲間入り

1　背景

ＯＥＣＤ（経済協力開発機構）は、第二次世界大戦後の欧州復興計画（マーシャル・プラン）の受け入れ機関として一九四八年に設立されたＯＥＥＣ（欧州経済協力機構）を引き継ぎ、新たに米国とカナダを加えて、一九六一年九月に発足した。創設の目的は対途上国援助政策の調整、加盟国の経済成長推進、世界貿易の拡大といった経済的なものであったが、その裏には冷戦下における自由主義陣営の経済的結束の強化というきわめて政治的な動機が存在した。岸内閣のあとを受けて首相に就任した元大蔵官僚の池田勇人は、所得倍増や通商拡大など政策の焦点を経済に移行させた。池田内閣にとってＯＥＣＤ加盟は、ヨーロッパ市場へ接近するためにも、また「先進国のサロン」に仲間入りして欧米と対等の地位を獲得するためにも、きわめて重要な政策課題だったのである。

2　展開

米国は、日本のＯＥＣＤ加盟要請を原則として支持した。日本と西欧の経済的繋がりの深化は、自由主義陣営の結束という点から望ましいことであった。また、日本の輸出攻勢に悩まされていた米国にとって、日本の製品が少しでも欧州市場に向かうことは国内的にも好都合だった。一九六一年六月、訪米中の池田に対しケネディ大統領は日本のＯＥＣＤ加盟支持を表明した。だが、同時にケネディは、ヨーロッパ諸国の強い反対を考慮して、拙速な日本の加盟には異を唱えた。

ヨーロッパが日本の加盟に反対した理由はいくつかある。一つは、ヨーロッパ諸国がＯＥＣＤを「大西洋のクラブ」と捉えており、西ヨーロッパおよび北米地域以外の国の参加を望んでいなかったことである。第二は、日本との貿易拡大を許すことで、欧州市場へ日本製品が氾濫する危険性があった。ヨーロッパでは、戦前日本の繊維輸出攻勢の経験から、戦後も「日本脅威論」が根強く浸透しており、英国やフランスなどは一九五五年の日本のＧＡＴＴ加盟後も同協定第三五条を日本に適用して日本商品への差別的輸入制限を続けていた。

転機は、一九六二年一一月の池田訪欧時に訪れた。このとき日本政府は、日本のＯＥＣＤ加盟が自由主義陣営の団結のために必要であること、また、日本がＯＥＣＤの下部組織であるＤＡＣ（開発援助委員会）のみに加盟を許され資金を拠出する一方でOECD本体に加盟できないのは不合理であることを訴えた。日本政府の説得工作に加え、経済環境の変化も日本側に有利に展開した。池田は訪問した英国において日英通商航海条約に調印し、英国によるGATT三五条の日本への適用が撤回された。英国が三五条を撤回した背景には、英国の産業・貿易構造が繊維製品から重化学工業製品へと変化したこと、および輸出市場としての日本の地位が向上したことなどがあった。

翌年には、フランスおよびベネルクス三国も日本と通商協定を結びGATT三五条を撤回した。池田訪欧直後に開かれたOECD第二回閣僚理事会において、英国は米国とともに日本のOECD完全参加を支持する旨を表明し、OECD議長のD・フレミングは、加盟問題を次回の首席代表者会議で検討することを日本に約束した。

日本の加盟問題は、一九六三年三月のOECD首席代表者会議における加盟手続き開始の決定を受けて協議が開始され、同年七月、OECDは正式に日本を招請する。この後、国会でのOECD条約批准を経て、一九六四年四月、日本は正式にOECDへ加盟することになった。

3 意義

経済力を高めつつあった日本にとって、OECDへの加盟は「先進国」としての地位を確立する重要な出来事であった。同時期に達成された日本のIMF八条国移行や欧州諸国によるGATT三五条の日本への適用撤廃も、世界が日本を主要な経済アクターとして認知したことを示すものであった。だが一方で、先進国への仲間入りは「資本と市場の自由化」という日本にとって決して小さくないコストを伴った。IMF八条国移行は、国際収支上の理由で為替制限を行うことを不可能とし、OECD加盟は貿易外経常取引および国際的資本移動の自由化を日本に迫ることになった。市場開放政策の一部は国内で大きな抵抗に遭い、そのペースは国際社会の望むものとは大きくかけ離れたものとなった。その結果、日本経済の自由化はやがて日本と大きな貿易アンバランスを抱える米国との間で、大きな政治問題へと発展していくのである。

参考文献

赤根谷達雄「最恵国待遇を求めて——戦後国際経済秩序への復帰の努力」渡辺昭夫編『戦後日本の対外政策——国際関係の変容と日本の役割』有斐閣、一九八五年。

鈴木宏尚『池田政権と高度成長期の日本外交』慶應義塾大学出版会、二〇一三年。

高瀬弘文『戦後日本の経済外交——「日本イメージ」の再定義と「信用回復」の努力』信山社、二〇〇八年。

山本満『日本の経済外交——その軌跡と転回点』日経新書、一九七三年。

25　日韓基本条約（一九六五年）――植民地支配の「清算」

1　背景

一九四五年八月、日本の敗戦とともに三五年にわたる日本の朝鮮植民地支配が終わった。だが、米ソ冷戦の下、朝鮮半島はまもなく南北に分断され、それぞれ米国とソ連の支援を受けた大韓民国（韓国）および朝鮮民主主義人民共和国（北朝鮮）政府が誕生した。韓国政府は戦勝国の一員として一九五一年の対日講和会議への参加を望んだが、韓国と戦争状態にはなかったとする日本や英国、米国の反対で招待は見送られた。一九五二年二月、米国政府の働きかけにより日本は韓国との間で国交正常化交渉（予備交渉は一九五一年一〇月から）を開始する。だが、協議は進展を見ないまま決裂と再開を繰り返した。一四年にわたる交渉を経て、一九六五年六月ようやく両国の間で日韓基本条約（および諸協定）が締結された。

2　展開

交渉が難航した最も大きな理由は、「植民地支配の清算」をめぐる認識の相違と、そこから生まれた相互不信であった。韓国では、強い反日政策を推し進める李承晩《イスンマン》政権が、第一次会談開始一カ月前の一九五二年一月、朝鮮半島周辺の公海上に一方的に自国の主権を設定（いわゆる「李承晩ライン」）し、その線を越えた日本漁船の拿捕および乗組員の抑留を行い、日本側の反発を招いた。他方、日本政府は法律的解決を重視するあまり、日本の植民地支配に対する謝罪や反省を欠いた態度で交渉に臨み、韓国側の怒りを買った。

会談では、在日朝鮮人の法的地位問題や漁業問題などの他に、請求権問題をめぐって両国の意見が鋭く対立した。韓国政府は、三五年に及ぶ日本の植民地支配を不当なものとし、それに対する請求権を主張した。他方、日本政府は一九一〇年の韓国併合を国際法上合法的なものとした上で、在韓日本人財産に対する請求権を主張したのである。一九五三年一〇月、請求権をめぐる協議の席上、日本側首席代表の久保田貫一郎外務省参与が日本の朝鮮統治には良い側面もあった旨を発言し、この久保田発言をめぐって会談は決裂した。

一九五八年、日本側の久保田発言取り消しと請求権の撤回により日韓会談が再開されるが、交渉が進展を見せるのは、韓国で軍事クーデターにより朴正熙《パクチョンヒ》政権が誕生した一九六一年五月以後のことであった。朴政権は、経済発展のため日本との関係を正常化し日本からの資本導入を含めた経済交流を積極的に推進しようとした。この背景には、一九六〇年以降の米国からの対韓援助削減があった。またこの時期、日本の財界でも韓国との経済交流強化を望む声が高まっていた。こうして一九六二年一一月、日本の大平正芳外相と韓国の金《キム》鍾泌《ジョンピル》中央情報部長との間で、五億ドル（無償＝三億ドル、円借款＝二億ドル）を日本政府が支払うとする妥協が成立した。

この後、漁業問題や管轄権問題などの協議が継続されたが、一九六五年二月、椎名悦三郎外相が訪韓し、日韓基本条約に仮調印した。その際、椎名は降り立った金浦空港において「両国間の長い歴史の中に、不幸な期間があったことは、まことに遺憾な次第でありまして、深く反省するものであります」という声明を出し、韓国政府から高く評価された。

一九六五年六月、両国は日韓基本条約および請求権・経済協力協定、漁業協定、在日韓国人法的地位・待遇協定などの一連の付属協定に調印し、国交正常化交渉が終結した。請求権については、国家および国民の補償は「完全かつ最終的に解決された」ことが謳われ、漁業問題については、「李承晩ライン」が撤廃されて共同資源調査水域が設定された。

ただし、いくつかの争点については、双方の国内で受け入れられるようにするため、条約や協定の文言に解釈の余地を残した。たとえば資金供与の名目については、韓国政府は「請求権」と解釈したのに対し、日本政府は（補償の意味を含まない）「経済協力」と説明した。韓国政府の管轄権については、韓国政府は朝鮮半島全体としたのに対し、日本政府は休戦ライン以南と限定して将来の北朝鮮との国交正常化に含みを残した。また一九一〇年の日韓併合条約などの旧条約の効力については、その不当性・非合法性を訴える韓国政府が締結当初から無効であったとしたのに対し、旧条約の合法性を主張する日本政府は一九四八年の韓国独立により無効となったと解釈した。

3　意　義

日韓国交正常化交渉の過程では、米国政府が直接的・間接的に関与したことが指摘されている。実際、予備交渉開催の呼びかけから久保田発言をめぐる交渉決裂後の関係修復、「請求権」ではなく「経済協力」の名目で交渉を妥結すること、「無償三億ドル」での決着、椎名外相の「反省」コメントなどに関して、米国は一定の役割を果たした。もっとも、近年の研究は、米国の影響力を認めつつも、日韓両政府はそれぞれの国益を守るために米国の圧力に抵抗したりそれを利用したりした事実を明らかにしている。

日韓基本条約交渉については、日朝交渉との関係から文書公開に消極的な日本政府の要請により、長い間日韓両国の政府文書公開は見送られてきた。ところが、戦後補償を求める韓国市民団体の情報公開請求により、二〇〇五年韓国政府が文書公開に踏み切り、日本政府も二〇〇六年から二〇〇八年にかけて一部不開示はあるものの文書公開を行った。その結果、当時の朴政権が日本からの五億円の資金供与のうち個人に支払われるべき補償額を低く抑えてその分を国家経済の振興に振り分けた事実が判明し、個人賠償や日本の謝罪を義務づけるよう条約の再交渉を求める声が韓国内の一部から上がった。日本政府は請求権問題は解決済みとの立場だが、韓国政府は慰安婦や在韓被爆者などの問題は請求権協定では解決していないと主張し、両者の間には隔たりが残っている。

なお、二〇一五年一二月、日本の安倍晋三政権と韓国の朴《パク》槿恵《クネ》政権の間で、従軍慰安婦問題について、「最終かつ不可逆的に解決」することが合意された。これに関連し、韓国政府が元慰安婦を支援する財団を設立し、日本政府はその財団に一〇億円を拠出することが約束された。

参考文献

太田修『日韓交渉——請求権問題の研究』クレイン、二〇〇三年。

金斗昇『池田勇人政権の対外政策と日韓交渉——内政外交における「政治経済一体路線」』明石書店、二〇〇八年。

高崎宗司『検証　日韓会談』岩波新書、一九九六年。

吉澤文寿『戦後日韓関係——国交正常化交渉をめぐって』クレイン、二〇〇五年。

李元徳「日本の戦後処理外交の一研究——日韓国交正常化交渉（一九五一—六五）を中心に」（東京大学大学院総合文化研究科国際関係論専攻博士学位請求論文、一九九四年八月）。

李鍾元『東アジア冷戦と韓米日関係』東京大学出版会、一九九六年。

李鍾元「日韓の新公開外交文書に見る日韓会談とアメリカ——朴正煕軍事政権の成立から『大平・金メモ』まで(1)〜(3)」『立教法学』第七六号（二〇〇九年三月）、七七号（二〇〇九年一一月）、七八号（二〇一〇年三月）。

李庭植（小此木政夫・古田博司訳）『戦後日韓関係史』中央公論社、一九八九年。

コラム 2　個人請求権で対立する日韓両政府

日韓基本条約の付随協約の一つとして結ばれた「日韓請求権ならびに経済協力協定」において，財産および請求権に関する問題は「完全かつ最終的に解決された」ことが明記された。しかし，韓国ではその後も慰安婦や日本企業の徴用者などの個人請求が日本政府や企業に対してなされており，両国の間で大きな争点となっている。2012年５月，韓国の最高裁判所にあたる韓国大法院が元徴用工の賠償請求を退けた地裁の原審を破棄し，事案を高裁に差し戻した。その理由として，

1）1965年の日韓請求権協定は日本の植民地支配の賠償を求める交渉ではなく，個人の賠償請求権は依然として有効，
2）時効が過ぎたので賠償責任はないという主張は信義誠実の原則に反していて認められない，
3）日本の裁判所の判決は植民地支配の合法性を前提としたもので，強制動員を不法とみなす大韓民国憲法の価値と相容れず，その効力を承認できない，

などを掲げた。一方，日本政府は日韓請求権協定により「完全かつ最終的な解決」をみたという姿勢を貫いている。さらに，現在係争中の徴用工の問題で日本企業が最終的に敗訴した場合，国際司法裁判所に提訴することも辞さない構えを見せている。こうしたなか，2015年12月，日韓両政府は慰安婦問題を「最終かつ不可逆的に」解決することに合意した。その際，元慰安婦を支援するために韓国政府が設立する財団に日本政府が10億円を拠出することとなったが，韓国側がそれを「賠償金」と捉えているのに対し，日本政府はあくまで「賠償ではない」との立場を維持している。

26　東南アジア開発閣僚会議（一九六六年）——日本のイニシアチブとその限界

1　背景

一九六六年四月、東京で東南アジア開発閣僚会議が開催された。その目的は、東南アジアの経済開発を促進し域内諸国間の友好的な協力関係を維持することであった。出席したのは日本の他、シンガポール、タイ、南ベトナム、フィリピン、マレーシア、ラオスの七カ国で、インドネシアとカンボジアがオブザーバーとして参加した。これは戦後日本が主導して開いた初めての国際会議であり、吉田茂内閣以降、日本の歴代内閣が提起してきた様々なアジア地域構想の最初の実現例であった。だが、日本政府の意気込みとは裏腹に、東南アジア開発閣僚会議は実質的な成果を上げることなく一九七四年のマニラ会議（第九回会議）を最後に消滅した。

2　展開

東南アジア開発閣僚会議開催のきっかけは、その一年前の一九六五年四月、メリーランド州ボルチモアにあるジョンズ・ホプキンス大学で行われたリンドン・ジョンソン米大統領のスピーチだった。この演説でジョンソンは、ベトナム戦争終結に向けた無条件交渉に応ずる意向を明らかにするとともに、東南アジア地域の開発のために一〇億ドルを拠出する用意があることを表明した。ベトナムにおける戦闘拡大を懸念していた日本の佐藤栄作首相は、このジョンソン構想が発表されるといち早く支持を表明し、外務省に対して日本政府の協力案作成を指示した。「援助の押し付け」という印象を避けるため、ジョンソン構想は開発の具体的計画についてアジア諸国のイニシアチブを期待していたのである。

二週間後、外務省経済協力局が中心となって「アジア平和計画」が作成された。同計画は、平和を支えるためには経済的安定を図ることが不可欠とし、向こう一〇年間アジアの低開発地域に長期低利融資や技術支援を行うことを提言していた。

だが、佐藤首相はこの「アジア平和計画」案を受け入れなかった。佐藤が反対した理由は、同計画に含まれた五億ドルという日本の拠出額であった。日本政府はすでにこの年、台湾に対して五四〇億円（一億五〇〇〇万ドル）の円借款に合意し、日韓基本条約を結んだ韓国（二月仮調印、六月本調印）に対しても、有償・無償合わせて五億ドルの経済協力を約束していた。また、翌年一一月発足することになるアジア開発銀行本体への出資に二億ドルを約束し、加えて米政府からアジア開銀特別基金へ一億ドルの出資を要請されていた。したがって、日本政府にはさらに大規模な経済援助を約束する余裕がなかったのである。そのため、資金は米国の一〇億ドルを活用し、日本は技術援助を中心に行うというのが佐藤の考えであった。

一九六五年六月下旬、外務省は新たに「東南アジア開発大臣会議」を提案する。「アジア平和計画」とは異なり、日本の拠出金を示さず、会議の結果適当な案件には米国拠出の一〇億ドルの優先的な使用を認めることのみが明記された。ところが「東南アジア開発大臣会議」案は、他省庁の支持を得ることができなかった。とりわけ、アジア開発銀行本体へ二億ドルの出資を決めていた大蔵省は、会議を開けば日本に対してさらなる拠出を求められるとして同案に異議を唱え、ジョンソン構想の一〇億ドルをアジア開発銀行の中に信託基金を設置して運用するよう提言した。通産省も同会議がジョンソン構想と連動している点を問題視し、日本が米国のベトナム政策を支持する印象を与えるような国際会議の開催に対して懸念を表明した。

こうした反対にもかかわらず、外務省は「大臣会議」構想を東南アジア諸国に打診する。あるいは、国内の反対派を説得するために、より多くの参加国を集めようとの意図が外務省にはあったのかもしれない。だが、当初参加を表明したのはタイ、フィリピン、マレーシア、南ベトナムの親米四国とラオスの計五カ国にとどまった。中立志向のインドネシア、カンボジア、シンガポール、ビルマは、おもに同会議が米国のベトナム政策の手段となることを恐れて参加には慎重な姿勢を示した。だが、会議開催が近づくにつれて、シンガポールが正式参加を表明し、続いてインドネシアとカンボジアもオブザーバー参加を決定した。

一九六五年九月、佐藤内閣は「金のかからないものにする」という条件つきで、外務省の「東南アジア開発大臣会議」構想を了承した。その際、正式名称が「東南アジア開発閣僚会議」へと変更された。こうして一九六六年四月、「東南アジア開発閣僚会議」は開催された。しかし、会議の結果に対して東南アジア諸国は不満を抱いた。これらの国々は、開催国日本に対して何らかの具体的な援助計画を期待していた。だが、日本政府は開発援助の予算を早急にＧＮＰの一％にまで引き上げてそれを重点的に東南アジアへ配分すると約束するのみで、資金的裏づけを伴う具体的なプロジェクトを何も準備していなかった。その上、日本があてにしていたジョンソン構想の一〇億ドルもその後米議会で不承認となり、「東南アジア開発閣僚会議」は財政的基盤を欠くことになった。こうして同会議は具体的成果をほとんど生み出せず、「討論のための会議」に終始するにつれ、参加国の熱意も徐々に冷めていった。結局、日本に対する不満が高まる中、一九七四年、同会議はマニラでの開催をもって終焉するのである。

3　意　義

「東南アジア開発閣僚会議」を主導する上で、日本は二つの矛盾する問題に直面した。それは、一方で援助資金を米国に依存しながら、他方で東南アジア諸国の幅広い参加を促すため米国の影響を極力排除する必要に迫られていたのである。その上、あてにしていたジョンソン構想の一〇億ドルも流れてしまった。会議の命運はこの時点で決定づけられていたと言ってもよい。

ところで、この会議は日本の東南アジア政策の一つの転換点となった。それまで日本にとって「東南アジア」とはインド、パキスタンを含む広義の東南アジアを意味していたが、この会議以降ビルマ以東の狭義の東南アジアを意味するようになった。日本政府は、インドの再三にわたる会議参加希望を拒否し、第三回会議でオブザーバー参加を許可したものの、会議における発言を認めず、分科会への参加も拒んだ。

日本のこうした態度の背景には、ジョンソン構想がそもそも印・パ両国を除外していたことや、両国が加わることで資金が分散されることへの懸念、東南アジアにおけるインドの影響力拡大を防ごうとする思惑などが考えられる。東南アジア諸国も、世界銀行などの国際機関による援助がこれら南アジアの国々に偏重していることなどを理由に日本の態度に同調した。もっとも、その後東南アジア諸国は財政的裏づけの伴わない援助計画の提起を繰り返す日本とも距離をとり始め、ＡＳＥＡＮのような域内諸国のみを対象とした地域協力機構の創設に向かうこととなるのである。

参考文献

菅英輝「ベトナム戦争と日米安保体制」『国際政治』第一一五号（一九九七年五月）。

河野康子「日本外交と地域主義――アジア太平洋地域概念の形成」日本政治学会編『年報・政治学――危機の日本外交　七〇年代』岩波書店、一九九七年。

曺良鉉『アジア地域主義とアメリカ――ベトナム戦争期のアジア太平洋国際関係』東京大学出版会、二〇〇九年。

鄭敬娥「六〇年代における日本の東南アジア開発――『東南アジア開発閣僚会議』と『アジア太平洋圏』構想を中心に」『国際政治』第一二六号（二〇〇一年二月）。

高橋和宏「『東南アジア経済開発』とヴェトナム戦争をめぐる日米関係(1)(2)」『筑波法政』第三六号（二〇〇四年三月）、第三七号（二〇〇四年九月）。

玉木一徳「日本主導の東南アジア開発閣僚会議――経済外交の挫折」『国士舘大学教養論集』第五二号（二〇〇二年三月）。

野添文彬「東南アジア開発閣僚会議開催の政治経済過程――佐藤政権期における日本の東南アジア外交に関する一考察」『一橋法

学』第八巻第一号（二〇〇九年三月）。
保城広至『アジア地域主義外交の行方　一九五二―一九九六』木鐸社、二〇〇八年。

東南アジア開発閣僚会議のメンバーと主な成果

メンバー	インドネシア，日本，カンボジア，ラオス，マレーシア，フィリピン，シンガポール，タイ，ベトナム，ビルマ，豪州，ニュージーランド（計12カ国）
主な成果	•東南アジア農業開発センター（1966年12月）＝農業技術の向上，基盤整備，関連企業の育成など •運輸通信地域協力プロジェクト（1967年９月）＝運輸通信部門拡充のための地域協力の推進など •東南アジア漁業開発センター（1967年12月設立）＝域内の漁業資源の調査や養殖に関する研究など •東南アジア貿易投資観光促進センター（1972年１月設立）＝東南アジアから日本への輸出，ならびに日本から同地域への投資・観光の促進など

出典：外務省ホームページ。
http://www.mofa.go.jp/mofaj/gaiko/bluebook/1974_1/s49-2-5-1-1.htm
http://www.mofa.go.jp/mofaj/gaiko/bluebook/1975_1/s50-2-1-1.htm，2016年４月30日アクセス。

27　非核三原則（一九六七年）――核政策の「本音」と「建前」

1　背景

日本人の間にある根強い核アレルギーを背景に、一九六七年一二月、佐藤栄作首相は衆議院予算委員会において核兵器を「持たない」「作らない」「持ち込まない」とする非核三原則を表明した。この「非核三原則」は、唯一の被爆国である日本の心情と一致するものとされ、歴代内閣の基本方針として受け継がれる一方で、米国の核の傘に依存する日本の安全保障の現実との矛盾がしばしば指摘されてきた。一九七一年一一月、非核三原則は衆議院で採択され国会決議となるが、その背景には沖縄返還をめぐる与野党の激しいせめぎ合いがあった。

2　展開

非核三原則の原型は、五〇年代に遡ることができる。「作らない」については、五五年一二月、原子力基本法の制定をめぐる参議院商工委員会での質疑において、法案発議者の一人である中曽根《なかそね》康弘《やすひろ》議員が、原子燃料の使用は平和目的に限定され兵器製造には転用されない旨の発言を行っており、この時点で与野党の合意が形成されたと見ることができる。

「持ち込まない」に関しては、一九五七年二月、岸信介首相が衆議院予算委員会において、日本国民の反核感情や既存の防衛態勢に鑑みて核兵器の持ち込みは「適当ではない」と発言している。保有についても、同じ委員会で岸はその可能性を完全に否定した。

さらに岸は、一九六〇年四月の日米安保新条約批准の国会審議の際に、日本が核兵器の持ち込みや製造を行わないということは、国会を通じて日本政府が国の内外に明示してきたことと述べて、日本政府の非核の立場を強調した。岸は防衛のための核兵器保有を憲法は禁止していないという立場をとったが、現実問題として日本の核保有には否定的で、「政策としていかなる核兵器も持たない」ことを明言したのである。

日本政府の非核方針は、野党の質問・追及に応えるかたちで形成されていったが、一九六〇年代後半以降、政府はその立場を一層明確化させていった。その背景には、泥沼化するベトナム戦争や米原子力空母エンタープライズの佐世保寄港、沖縄返還問題などを通じて高まった、反核を訴える世論の影響があった。一九六七年一一月、日米両政府は米国施政下の小笠原諸島の一年以内の返還および沖縄についても三年以内に返還時期を確定することで合意する。翌一二月の衆議院予算委員会で、返還後の小笠原への核持ち込みの可能性を指摘する社会党の成田知巳《なりたともみ》議員の質問に答えて、佐藤首相は、日本政府としては核を作らず、持たず、持ち込ませずの三原則を明言していると述べた。ここに非核三原則の呼称が定着したと言われる。

だが、一カ月後の一九六八年一月、衆議院本会議において佐藤は非核三原則に加え、核軍縮の推進、日米安保条約に基づく米国の核抑止への依存、核エネルギーの平和利用促進からなる「核四政策」を表明する。これは、非核三原則の国会決議化を求める野党の要求をかわすための戦術として出てきたものだが、その核心は米国による核抑止への依存を謳うことで非核三原則を相対化し、来る沖縄返還交渉を円滑に行うための方策でもあった。佐藤内閣は、米国が核の貯蔵を含めた沖縄基地の自由使用を望んでいることを熟知しており、核を「持ち込ませず」とする日本政府の方針が沖縄返還交渉の妨げになる可能性を危惧したのである。

ところが、一九七一年六月に調印された沖縄返還協定をめぐる衆議院批准審議において、一一月に自民党が抜き打ち強行採決を敢行したことから社会、公明、民社の野党各党が反発し、衆参両院での審議を拒否する事態に発展した。結局、保利茂《ほりしげる》自民党幹事長の斡旋により、非核三原則の遵守と返還後の沖縄の非核化、ならびに沖縄基地の整理・縮小の促進を柱とする国会決議（「非核兵器ならびに沖縄米軍基地縮小に関する決議」）を衆議院で採択することを条件に、一九七一年一二月に沖縄返還協定は批准された。

3 意義

非核三原則の国会決議化は、佐藤内閣により沖縄返還協定をめぐる国内混乱を打開するための取引材料として使われた側面が強い。ただ、一九六九年一一月に佐藤とニクソンの間で次のような密約が交わされたことを佐藤の密使としてキッシンジャー大統領補佐官と交渉した若泉敬《わかいずみけい》・京都産業大学教授が回想しており、近年発見された米側外交文書もこの密約の存在を裏づけている。その密約とはすなわち、緊急事態が発生した場合、米国政府は日本政府と事前協議を行い核兵器を沖縄に再び持ち込むことを要請すること、またそうした要請に対し日本政府は速やかに了承することである。したがって、核の「持ち込み」問題はすでに日米間で解決済みだったのであり、佐藤政権が非核三原則の国会決議に反対する理由はこのときまでになくなっていたのである。

いずれにせよ、日米間の「密約」という現実に支えられた非核三原則の理念は、一政権の政策を超えて、国会による承認を経た「国是」として以後日本政府の基本方針となるのである。

佐藤は首相退任後の一九七四年、アイルランドの元外交官ショーン・マクブライトとノーベル平和賞を同時受賞した。非核三原則の制定や核拡散防止条約の調印など、首相在任中の「平和への貢献」が佐藤のおもな受賞理由だった。佐藤はブレーンの高坂正堯《こうさかまさたか》京大教授や京極純一東大教授などの助言の下、授賞式のスピーチで世界各国に対し、日本に倣って非核三原則を導入するよう提案することを企図した。だが、来日したキッシンジャー米国長官にそれを打診したところ、「アメリカの核を制限することは日本に重大な危機をもたらす」として難色を示された。このキッシンジャーの反対により、非核三原則導入の提案は最終原稿から削除されることとなったと言われている。

参考文献

「NHKスペシャル」取材班編『〝核〟を求めた日本——被爆国の知られざる真実』光文社、二〇一二年。

櫻川明巧「日本の軍縮外交——非核三原則と核抑止力依存とのはざま」『国際政治』第八〇号（一九八五年一〇月）。

波多野澄雄編著『池田・佐藤政権期の日本外交』ミネルヴァ書房、二〇〇四年。

李雄「佐藤政権期における『非核三原則』の実相」『筑波法政』（筑波大学社会科学系）第四二号（二〇〇七年三月）。

ノーベル平和賞授賞式

受賞した佐藤栄作元首相（左）とショーン・マクブライト国連ナミビア担当コミッショナー（1974年12月10日，ノルウェー）（時事通信フォト）

コラム3　核を模索した日本？

佐藤内閣が非核三原則を国会答弁などで明言していた頃，外務省では一部の官僚が日本の核保有の可能性を模索していた。日米核密約の存在を自身の回顧録で認め一躍有名となった元外務事務次官の村田良平氏が，生前 NHK とのインタビューで日本の核保有の可能性について語っている（「NHK スペシャル」取材班編『“核”を求めた日本——被爆国の知られざる真実』光文社，2012年）。村田氏の発言の抜粋は以下の通り（引用はすべて『“核”を求めた日本』より）。

「日本は自らが被曝国という特殊な状況にあります。広島や長崎の方たちのお気持ちはわからないでもない。しかし，正直に言えば，日本は非常にセンセーショナル（感情的）になりやすい。世間というか国際政治というものは冷酷無残なものですから，広島，長崎の方たちがどう思っているかなんてことは誰も考えていない。40年前につくられた NPT は，核保有の権利をアメリカ，ソビエト（当時），イギリス，フランス，中国の５大国でつくりあげ，その他の全世界をカバーする形で日本とドイツの手を縛れというもので，日本はとても『NO』とは言い出しにくかった」（24頁）

「それはやはり NPT という条約の当時の一番重要な狙いが，日本と西ドイツの両国に核武装されないということにあったからですよ」（43頁）

「あれは日本とドイツの両外務省の政策担当者同士の協議でした。あのとき，私たち（日本側）は NPT に参加するべきかどうか考えていました……牛場（信彦）さんが事務次官の頃です。牛場さんも協議のことを了承していました。私の上司や課長たちが参加し，箱根の旅館で協議しました」（27頁）

「何とか核兵器を持てるきっかけをつくるよう努力すべきだと思いました。さりとて具体的に NPT の会議でそんなもの提案できませんからね。全部裏取引ですから。意見交換をずっとやって，それで何とか NPT を覆す方法がないだろうかという話をしたのが，バール（西独代表）が日本に来たときの協議です」（43-44頁）

28　武器輸出三原則（一九六七年）——「平和国家」の規範の盛衰

1　背景

戦後日本の武器輸出は、一九四九年に制定された外国為替及び外国貿易管理法と輸出貿易管理令に基づき、通商産業大臣の承認の下、一九五三年のタイへの三七ミリ榴弾および徹甲弾輸出を皮切りに開始された。一九六四年までに、ピストル、砲弾、銃弾、魚雷、ヘリコプターなど総額約三五億円分が、タイ、ビルマ、台湾、インドネシア、南ベトナム、インド、米国などに輸出された。その際、通産省の方針により輸出許可が下りるのは共産圏、国連決議による武器禁輸対象国、および紛争当事国以外の国に限定された。

だが、こうした武器輸出については、国内のメディアや野党などから強い反発が寄せられていた。たとえば、一九五六年に三菱商事がシリア向けの弾薬輸出を計画した際、社会党は中東での紛争を激化させ日本がそれに巻き込まれると反対した。また、一部のメディアも、日本製武器の輸出は他の日本製品の海外市場開拓にとってマイナスであると痛烈に批判した。結局、三菱商事は輸出計画を中止したが、産業界の一部からは朝鮮特需終了後の需要低下に対応するため、兵器輸出振興を要望する声が高まった。とりわけ、装備の適切な国産化を掲げた第三次防衛整備計画（一九六七～七一年度）が策定されると、生産コストを下げる方策として武器輸出を求める圧力が高まった。

2　展開

こうした中、武器輸出をめぐる問題が国会でもしばしば議論されるようになった。一九六七年四月、衆議院決算委員会で社会党の華山親義《はなやまちかよし》議員が、東京大学の開発したペンシル・ロケット（超小型の火薬式ロケット）がインドネシアとユーゴスラビアに輸出されていた事実を取り上げ、平和憲法の精神にのっとり日本からの武器輸出を自粛するよう求めた。これに対し、佐藤栄作首相は、防衛的兵器の輸出を容認しつつも、輸出貿易管理令により、(1)共産圏、(2)国連決議で武器輸出が禁止されている国、(3)国際紛争の当事国やその恐れのある国については輸出を禁止していることを確認し、ここに武器輸出三原則が政府の公約となった。

だが、武器輸出三原則には三原則対象地域以外の国の扱いや三原則内での「武器」の定義に曖昧さが残されていた。そのため、歴代内閣や閣僚の間で武器輸出三原則に対する解釈の不一致が生じた。他方、ベトナム反戦運動の高まりを受けて、野党はさらに強い武器輸出規制を政府に要求した。その結果、一九七六年二月、三木武夫《みきたけお》内閣は「武器輸出について」と題する新たな政府統一見解を発表した。その内容は、(1)三原則対象地域には「武器」輸出を認めない、(2)それ以外の地域については、憲法や外国為替及び外国貿易管理法の精神にのっとり「武器」の輸出を慎む、(3)武器製造関連設備の輸出は、「武器」に準じて取り扱うというものであった。

武器輸出に対するこうした厳しい自主規制の背景には、世論の強い逆風があったことは間違いない。武器輸出に反対する理由として社会党やマスコミが唱えた「戦争巻き込まれ」論や「軍国主義復活」論は、平和主義を志向する戦後日本の世論に一定の支持を得た。また、政府内においても消極論が大勢を占めた。防衛庁の一部を中心として兵器や装備の自主開発・国産化を推進する動きはあっても、海外輸出を求める声はそれほど強くなかった。むしろ通産省を中心として、対米貿易黒字を減らす方策として米国からの武器輸入継続を支持する立場の方が強かった。

ところが、一九八〇年代になって日本の武器輸出三原則は、日本へ軍事技術の供与や武器の共同開発を求める米国の圧力の下、次第に変更を余儀なくされることとなった。一九八一年六月、訪米した大村襄治防衛庁長官に対してワインバーガー米国防長官やデラワー国防次官（技術開発担当）が軍事技術協力の要請を行った。米政府は、日米間には一九五四年に発効した相互防衛援助協定（MDA協定）が存在するが、現実は日本による米国武器のライセンス生産など技術情報の交流が一方的であり、今後はより相互的なものにすべきであると主張した。こうした要求の背景には、増大する対日貿易赤字や米国ハイテク産業の国際競争力低下に対する懸念があった。

結局、日本政府は対米協調を重視する中曽根政権の下、一九八三年一月、米国との軍事技術交流については武器輸出三原則を適用しないことを決定し、米国が紛争当事国となった場合でも技術供与を行うことなどを確認した。同年一一月には両国間に対米武器技術供与交換公文（議会の承認を必要としない行政協定）が結ばれ、技術供与とともに共同開発についても合意がなされた。

3　意　義

その後も武器輸出三原則は、米国との弾道ミサイル防衛システムの共同開発や部品の対米輸出、インドネシアへの巡視艇供与などにおいて例外措置が取られてきた。国内では、例外措置で対応することへの限界論や、防衛産業の育成や開発コストを抑えるための国際共同開発への参加を求める議論が活発化した。二〇一一年一二月、民主党の野田佳彦政権は高まる三原則見直しの議論を受けて、国際共同開発および共同生産への参加および地雷除去などの人道目的での装備品供与を可能とする方針を発表した。さらに二〇一四年三月には、第二次安倍晋三内閣の下、武器輸出三原則が撤廃され、新たに「防衛装備移転三原則」が制定された。新三原則では武器の輸出を原則容認した上で、日本からの武器の移転が(1)日本が締結した条約や他の国際約束に基づく義務に違反する場合、(2)国連安保理の決議に基づく義務に違反する場合、(3)紛争当事国（国連安保理が国際の平和や安定のためにとっている措置の対象国）に対してなされる場合に禁止されることとなった。

参考文献

相原三起子「武器輸出三原則」『外交時報』第一三四〇号（一九九七年八月）。

青井未帆「武器輸出三原則を考える」『信州大学法学論集』（信州大学経済学部）第五号（二〇〇五年三月）。

沓脱和人「『武器輸出三原則等』の見直しと新たな『防衛装備移転三原則』」『立法と調査』三六一号（二〇一五年二月）。

櫻川明巧「武器輸出三原則等の見直しと科学技術の利用目的」金沢工業大学国際学研究所編『科学技術と国際関係』内外出版、二〇一三年。

櫻川明巧「日本の武器禁輸政策――武器輸出三原則の国会論議をめぐって」『国際政治』第一〇八号（一九九五年三月）。

新治毅「防衛産業の歴史と武器輸出三原則」『防衛大学校紀要 社会科学分冊』第七七号（一九九八年九月）。

畠山京子「国内規範と合理的選択の相克――武器輸出三原則を事例として」『国際政治』第一八一号（二〇一五年九月）。

森本敏編著『武器輸出三原則はどうして見直されたのか』海竜社、二〇一四年。

森本正宗『武器輸出三原則』信山社、二〇一一年。

第Ⅱ部　経済大国への始動——一九七〇年代

自動車工場の組立ライン（1970年，トヨタ自動車堤工場）
（トヨタ自動車提供）

解説

賠償協定の締結や共産圏諸国との国交回復、日米安保条約の改定といったいわゆる「戦後処理」問題の大半は、一九六〇年代末までには解決された。未解決の課題のうち、沖縄返還と日中国交正常化についても一九七二年には決着が図られることとなった（前者についてはすでに六九年の日米首脳会談で返還が合意されていた）。七〇年代に入ると、日本外交は二つの大きな環境の変化に対応を迫られることとなった。一つは同盟国である米国の国力の相対的低下であり、もう一つは日本自身の経済大国としての台頭である。

米国の国力の衰退

第二次世界大戦後、米国はその圧倒的な経済力と軍事力で戦後国際秩序の形成に主要な役割を果たした。とりわけ経済の分野において、ＩＭＦや世界銀行、ＧＡＴＴといった為替相場の安定および自由貿易促進のための組織や制度作りを主導し、西側諸国の経済復興や発展に大きく寄与した。

だが、一九六〇年代後半以降、米国経済に陰りが見え始める。第二次世界大戦後の米国の経済力が戦争で疲弊した西欧や日本に比べて突出していたことを考えると、経済成長の鈍化はある意味で自然な結果と言えるかもしれない。だが、対外援助などの資本輸出に加えて、軍備増強やベトナム戦争への膨大な出費などにより、米国は巨額の財政赤字を抱えることとなった。国際収支の悪化に伴いドルの信用が低下し、一九七一年八月に米政府は金とドルの兌換停止を余儀なくされた。この結果、ドルを基軸通貨とするブレトンウッズ体制は崩壊する。

さらに、ベトナム戦争の泥沼化は、米国のアジア政策に大きな修正をもたらした。一つは一九六九年のグアム・ドクトリンで明らかにされた米軍の海外コミットメントの縮小である。米国は同盟国に対し、侵略の脅威に対処するためのさらなる自助努力を求めた。もう一つは、対中接近である。ベトナム戦争を早期に終結するため、米国はソ連との対立を深めていた中国との関係改善を模索したのである。

こうした国際環境の変容は、日本の対外政策にも影響を与えた。安全保障において、日本は本土防衛における対米依存を減らし通常防衛力を強化することがより一層期待されるようになった。これらは七〇年代後半にかけて、「防衛計画の大綱」（一九七六年）や「日米防衛協力のための指針」（一九七八年）などに結実されていった。外交においては、それまで閉ざされていた中国およびベトナムとの国交正常化に道が開かれた。ニクソン訪中から七カ月後の一九七二年九月、日本も長年の中国政策を転換して北京の中華人民共和国政府と国交を樹立した。さらにその翌年には、ハノイの北ベトナム政府を承認して国交を結んだのである。

経済大国としての台頭

七〇年代の日本外交を取り巻く環境でもう一つ重要な要因は、日本自身の国際的地位の向上であった。戦後日本経済はめざましい成長を遂げ、一九五五年から第一次石油危機の七三年にかけて年平均一〇％前後の高い経済成長率を記録した。この成長は主に海外輸出によって支えられたことから、戦後日本の経済成長は輸出主導型の成長と呼ばれた。一九六八年には国民総生産（GNP）が西ドイツを抜き、日本は自由主義陣営内で米国に次ぐ第二位の経済大国にのし上がった。

経済的地位の向上に伴い、日本はその経済力を外交の手段として積極的に活用するようになった。もちろん、自国の経済力を政治的目的のために使うという発想は、一九五〇年代以降、とりわけ東南アジア政策をめぐり歴代の内閣で共有されてきた考えであった。吉田内閣の「東南アジア・マーシャルプラン構想」には、経済協力を緊密化することで東南アジア諸国の経済成長を促し、同地域が共産主義の温床となることを防ぐ狙いがあった。同様の意図は、岸内閣の「東南アジア開発基金構想」にも、池田内閣の「西太平洋五カ国首脳会談構想」にも、また、佐藤内閣の「インドネシア債権国会議」にも存在した。だが、当時はまだ日本に対する不信感や猜疑心が根強かった上、日本経済もこれらの構想や政策の多くを単独で実現できるほど大きなものではなかった。

日本の経済大国化は、日本が国際社会でより大きな役割を果たすことを促した。日本の憲法や世論が国際問題に対する日本の積極的な軍事関与を否定していたことから、日本の貢献はおもに経済力を中心として行われることとなった。とりわけ、経済援助を通じてアジア途上国の政治的安定と西側志向の政権を維持することが、日本外交の主要な柱の一つとなった。日本はこの時期米国がまだ国交を結んでいなかった北ベトナムおよび中国との国交正常化を果たした。国交正常化に際し、北ベトナムへは一三五億円の無償援助（南ベトナムへの賠償一四〇億円と合わせて二七五億円）を供与した。また、賠償を放棄した中国に対しては、一九七八年の日中平和友好条約締結の翌年、五〇〇億円の円借款供与を約束したのである。

さらに日本は、東南アジア安定のために、共産化したインドシナ諸国と反共産のASEAN諸国との橋渡し役を演じようと試みた。一九七七年、福田首相はフィリピンのマニラで日本の東南アジア外交三原則を表明するが（福田ドクトリン）、その一つはASEANとインドシナの関係強化を日本が積極的に支援することであった。この仲介外交の成果は別として、こうした政治的役割の模索はそれまでの日本外交のスタンスとは明らかに異なるものであった。

日本の経済大国化は、国際政治への関与を促す一方で日本と一部の東南アジア諸国との間に摩擦を引き起こした。賠償から始まった日本の経済協力は日本企業のアジア進出を促したが、日本の経済的プレゼンスが増大するにつれ、現地の人々の間で日系企業による国内経済支配への不安や反発が高まっていった。一九七四年の田中首相の東南アジア歴訪時には、タイとインドネシアで大規模な反日暴動が勃発し、日本製品ボイコット運動や日本企業に対する破壊活動が行われた。

日本製品の輸出は、同盟国である米国との間にも大きな摩擦をもたらすことになった。米国は戦後の自由貿易体制を維持するために、また日本経済が共産主義国、とりわけ中国に過度に依存することを防ぐ観点から、進んで自国市場を日本の輸出に開放した。だが、国際競争力を高めた日本製品は徐々に米国市場を席巻し、被害を受けた米国内の生産者は政治家に救済を求めた。その結果、経済摩擦はにわかに政治問題化し始める。一九六〇年代末に政治問題化したのは日本の繊維製品の輸出だった。繊維摩擦は沖縄返還問題とリンクされ、最後は米国による一方的輸入制限の脅しを受けて日本側が輸出自主規制を受け入れる形で一九七二年に決着した（日米繊維協定）。これ以降、貿易摩擦は鉄鋼、カラーテレビ、自動車、農産物へと拡大していった。

吉田路線の定着

一九六〇年代後半から七〇年代は、「軽武装」・「経済成長重視」・「日米安保条約を通じた安全の確保」という三つの柱からなる吉田路線が定着した時期と言える。吉田退陣後、保守政権内では鳩山一郎や岸信介といった右派のリーダーらが吉田路線の変更を試みた。具体的には、米国への過度の依存を是正し日米対等の関係構築を求めて積極的再軍備や憲法改正を模索した。だが、そうした試みは彼らの首相在任中に達成されることはなかった。

実際、右派の主張は一九五九〜六〇年の安保闘争を境に勢いを失っていった。岸首相が取り組んだ日米安保改定は、連日反対派のデモ隊が国会議事堂を取り囲むなど、日本政治史上空前の反政府・反米運動をもたらした。騒動の責任を取って辞任した岸の後を受けて政権の座についた池田勇人は、再軍備や憲法改正など国論を二分するような議題を封印し、国民のコンセンサスを得やすい経済政策を政治の中心テーマに据えたのである。

その後、池田の後継者たちも基本的にそうしたスタンスを引き継いだ。さらに、経済大国化した日本が軍事路線を歩むのではないかという内外の懸念を払拭するために、日本政府は自国の安全保障政策にいくつかの「自主規制」を課した。それらには、非核三原則（一九六七年）、武器輸出三原則（同年）、防衛費の対GNP一％枠（一九七六年）などが含まれる。また、福田ドクトリンで示された日本の東南アジア外交三原則の第一番目は、「日本は軍事大国とならない」というものだった。

　またこの時期、日米間の安全保障協力が進んだ。すでに一九六〇年には日米安保条約に基づく協議や両国の安保協力を話し合う機関として、日本の外相と防衛相、米国の駐日大使と太平洋軍司令官の四名からなる「日米安全保障協議委員会（ＳＣＣ）」が設置されたが、その後事務レベルでも一九六七年に「日米安全保障高級事務レベル協議（ＳＳＣ）」が、七三年には「日米安保運用協議会（ＳＣＧ）」が設置された。そして七八年には統合作戦の枠組み整備を謳った「日米防衛協力のための指針（ガイドライン）」が策定された。また、装備の共通化の一環として、米国製Ｆ-15戦闘機やＰ-３Ｃ対潜哨戒機の日本国内におけるライセンス生産が認められた。ＮＡＴＯのような統合指揮系統の確立までには至らなかったものの、この時期の日米防衛協力の深化は、まさに「日米同盟の制度化」と呼ぶにふさわしいものであった。

　こうして、日米安保条約を基軸とし、軍事大国の道を選ばず経済を中心とした国家運営を行うという姿勢は、基本的に吉田茂の外交路線を継承したものであり、七〇年代末頃までには日本外交の基本路線として定着するのである。

日米同盟の制度化（1960～70年代）

1960	新条約締結，日米安全保障協議委員会（SCC）設置	1971	駆逐艦母港化の決定
1963	日米防衛問題検討会（DSG）設置（～1964年）	1972	戦略問題定期協議，空母母港化の決定
1964	日米政策企画協議	1973	日米安保運用協議会（SCG）設置
1967	日米安全保障高級事務レベル協議（SSC）設置	1976	日米防衛協力小委員会(SDC)設置
1968	幕僚研究会同（～1977年）	1977	思いやり予算導入，SDC 作業部会
1970	在日米軍基地共同使用の合意	1978	ガイドライン策定など

参考：吉田真吾『日米同盟の制度化――発展と深化の歴史過程』名古屋大学出版会，2012年。

29　よど号ハイジャック事件（一九七〇年）——赤軍派の犯行と犯人たちのその後

1　背景

一九六〇年代後半、ベトナム戦争の影響などにより日本の左翼・学生運動は六〇年安保以来の盛り上がりを見せていた。だが、機動隊導入による大学紛争の沈静化の結果、学生運動は勢いを失っていった。運動を支えた共産主義者同盟は分裂するが、一部のセクトは急速に武装化し、その行動を過激化させていった。そうしたセクトの一つが赤軍派であった。赤軍派は、武装蜂起による政権掌握を目指しており、「国際根拠地論」を基に軍事訓練を積ませるためメンバーを海外に送り込む計画を立てていた。その赤軍派により、一九七〇年三月三一日、日本初のハイジャック事件が引き起こされた。田宮高麿をリーダーとする赤軍派メンバー九人が、羽田発板付空港（現・福岡空港）行きの日本航空機三五一便（通称よど号、乗員・乗客＝計一二九名）を乗っ取り、北朝鮮のピョンヤン行きを要求したのである。

2　展開

ハイジャックされたよど号は、「ピョンヤンに行くには燃料が足りない」とする機長に犯行グループが説得され、給油のため当初の予定通り板付空港に立ち寄ることになる。板付空港は厳戒態勢が敷かれ、福岡県警本部長の下に組織された対策本部が現場の指揮にあたった。対策本部には佐藤栄作首相から「人命の尊重」と「福岡での犯人逮捕」の指示が出された。だが、有効な策が講じられないまま、よど号は婦女子や病人など二三名を降ろしただけで、ピョンヤンへ向けて離陸した。

板付空港を出発してから二時間過ぎ、よど号は「ピョンヤンの進入管制」と名乗る管制官の声を無線でキャッチし、その誘導に従ってピョンヤン空港に到着した。しかし、その時実際に着陸したのは韓国・ソウル郊外の金浦空港だったのである。最近になって「ピョンヤンの管制官」と名乗った人物は韓国空軍の管制官であり、ＫＣＩＡ（韓国中央情報部）の指示でよど号を金浦空港に着陸させたことが、関係者の証言で明らかになった。

金浦空港に到着したことが判明すると、犯行グループは態度を硬化させ即座のピョンヤン行きを要求した。その際、日韓政府の間ではハイジャック犯への対応をめぐり見解の相違が浮き彫りになった。人命尊重を最優先する日本政府は、よど号のピョンヤン行きに柔軟な姿勢を示した。他方、前年一二月、北朝鮮工作員に大韓航空機を乗っ取られ、機体とともに乗員・乗客の一部がまだ返されてないという状況にあった韓国政府は、乗客がすべて解放されない限りよど号のピョンヤン行きを認めないとし、場合によっては機内への強行突入をも辞さないとの立場を示した。

当時、米国政府は事件を冷静に見守っていた。ウィリアム・ポーター駐韓米国大使は本国に対し、米国は事件に介入すべきではないこと、事件は韓国政府が取り仕切っていること、韓国政府は前年一二月に乗っ取られ北朝鮮に拉致された大韓航空機の被害者一一名の引渡しを条件によど号乗っ取りグループのピョンヤン行きを許可する可能性があることなどを打電した。米国務省はこのポーター大使の報告に基づき、日韓両国政府がよど号のピョンヤン行きを許可した場合、米国はそれを受け入れる方針を決定した。

妥協の糸口が見出されないまま、金浦空港において膠着状態が三日間続いた。日本では、よど号の離陸を認めない韓国政府に対する世論の反発が次第に強まった。他方、韓国政府やマスコミは、ピョンヤンに行けば問題が解決するわけではないとし、日本の認識の甘さを批判した。こうした中、山村新治郎運輸政務次官が人質の身代わりになることで乗客と客室乗務員を解放するという妥協が犯行グループとの間で成立し、山村を乗せたよど号は北朝鮮に出発した。

四月三日午後七時過ぎ、よど号はピョンヤン郊外の美林飛行場に到着した。北朝鮮政府の対応が注目されたが、結局、簡単な尋問を行った後、山村政務次官と運行乗務員を同機で帰還させ、犯行グループについては要求通り亡命を認めた。北朝鮮政府がこうした柔軟な姿勢を示した理由は明らかではないが、よど号が北朝鮮を発った四月五日は中国の周恩来首相が国賓としてピョンヤン入りしており、混乱を恐れた当局が事件の穏便な処理を図ろうとしたのかもしれない。いずれにせよ、山村政務次官と乗務員の帰国により事件は一応の収束を見た。

3　意　義

北朝鮮に亡命した犯行グループは、現在も朝鮮労働党から特別待遇を受けて暮らしているが、すでにリーダーの田宮を含む数名が死亡している。また、亡命後日本人女性と結婚し子供も生まれていること、そうした「日本人妻」の一部が北朝鮮による日本人拉致に深く関与していた疑いなども明らかになった。よど号メンバーの柴田泰弘の元妻の八尾恵は、田宮の命令で一九八三年ロンドン留学中の有本恵子氏（当時二三歳）を騙して北朝鮮に連れ出したと証言した。また、拉致被害者の石岡亨氏（当時二二歳）が失踪前にスペイン・バルセロナの動物園で「日本人妻」である森順子（田宮高麿の妻）

と若林佐喜子（若林盛亮の妻）とともに写した写真が公開されている。日本政府は拉致に関与した容疑で北朝鮮に生存中の安部（現姓・魚本）公博を国際指名手配している。

参考文献・資料

ＮＨＫ　ＢＳドキュメンタリー「証言でつづる現代史　〝ピョンヤン〟を名乗れ――よど号事件・交信記録の全ぼう」二〇〇六年一〇月二八日放送。

ＮＨＫ報道局「よど号と拉致」取材班編『よど号と拉致』日本放送出版協会、二〇〇四年。

久能靖『「よど号」事件――一二二時間の真実』河出書房新社、二〇〇二年。

島田滋敏『「よど号」事件三十年目の真実――対策本部事務局長の回想』思想社、二〇〇二年。

高沢皓司『宿命――「よど号」亡命者たちの秘密工作』新潮社、一九九八年。

よど号ハイジャック事件

解放されて日航機よど号から降りる乗客（1970年３月31日，福岡空港）（時事）

日本赤軍が引き起こした主要テロ事件

件　名	発生日	概　要
テルアビブ空港乱射事件	1972年５月30日	奥平剛士，安田安之，岡本公三らがテルアビブの国際空港ターミナルで自動小銃などを乱射。死者24名，負傷者は70名以上に上った。
ドバイ日航機ハイジャック事件	1973年７月20日	丸岡修とパレスチナ解放人民戦線のメンバー４人がパリ発アムステルダム経由東京行の日航機をハイジャック。ハイジャック直後手榴弾が爆発し犯行グループ１人が死亡，客室乗務員１名が軽傷。
シンガポール事件	1974年１月31日	和田晴生，山田義昭とパレスチナ解放人民戦線のメンバー２人がシンガポールの石油精製施設を襲撃。５人の人質をとり，国外逃亡を要求。膠着状態の後，犯行グループは用意された日航特別機でクウェートを経由し南イエメンへ逃亡。
在クウェート大使館占拠事件	1974年２月６日	日本赤軍とパレスチナ解放人民戦線のメンバー５人がクウェートの日本大使館を占拠。大使以下12名を人質にとり，シンガポール事件の犯行グループの国外逃亡を要求。日本政府とシンガポール政府はこれを受け入れ，用意した日航特別機で犯行グループをシンガポールから国外へ輸送。特別機は途中クウェートで日本大使館占拠の犯行グループを乗せて南イエメンへ逃亡。
ハーグ事件	1974年９月13日	奥平純三，和光晴生，西川純が拘束中のメンバーの釈放を求めてオランダ・ハーグのフランス大使館を占拠。仏政府は超法規的措置として拘束中のメンバーを釈放。
クアラルンプール事件	1975年８月４日	日本赤軍のメンバーが拘束中の仲間などの釈放を求めて，マレーシアのクアラルンプールにあるアメリカ，スウェーデン両大使館を占拠しアメリカ公使などを人質にとる。三木政権は超法規的措置として５名を釈放。

参考：公安調査庁ホームページ。
http://www.moj.go.jp/psia/ITH/organizations/ES_E-asia_oce/nihon-seki-gun.html，2016年４月30日アクセス。

30　ニクソン・ショックⅠ（一九七一年）――頭越しの米中接近

1　背景

一九六九年一月、米国ではジョンソンの後を受けて共和党のニクソンが大統領に就任した。ニクソン政権最大の課題は、泥沼化したベトナム戦争を早期に終結させ、弱体化しつつある米国経済を再建させることであった。ベトナム戦争は米国国内においてインフレと反戦運動をもたらし、その結果、ジョンソンは北爆の部分的中止と大統領選への出馬辞退を余儀なくされたのであった。

就任直後より、ニクソンは中華人民共和国との関係修復を極秘のうちに模索した。北ベトナムの共産主義政権はおもに中国から軍事・経済援助を受けており、ベトナム戦争終結にあたっては中国の協力が不可欠であった。また、一九六九年七月、ニクソンはグアムにおける非公式の記者会見で、米国は条約上のコミットメントを守るとしながらも、国家の防衛は当事国がその主な責任を負うべきであると述べ、アジアからの米軍兵力削減を示唆した（「グアム・ドクトリン」）。米国のこうした政策転換は、ベトナム戦争の泥沼化や米ソ核戦力の均衡、米国経済の衰退など当時の国際政治構造の変化に対応するためのもので、その政策立案には安全保障問題担当補佐官のキッシンジャーが中心的役割を果たした。

一方、中国側にも米国との関係修復を模索する理由があった。中ソ対立の激化である。一九五〇年代以降、中ソ間には政策上・イデオロギー上の相違が顕在化したが、一九六〇年代後半に入ると国境線をめぐる武力紛争が発生した。六九年三月の珍宝島（ダマンスキー島）の領有権をめぐる軍事衝突では、核戦争を含む全面戦争にエスカレートしかねない重大な危機がもたらされたのである。

2　展開

こうした中、ニクソンは既存の対中国政策路線を大きく転換する声明を突如発表し、世界を驚かせた。一九七一年七月一五日、テレビ放送を通じて米中国交正常化に向けてキッシンジャー大統領補佐官をすでに北京に派遣しており、みずからも翌年五月までに訪中する意向であると表明したのである。

このニクソン声明は、中国政策に関してそれまで米国に追従してきた日本の立場を複雑なものにした。日本政府は表向き歓迎の意を表明するが、同声明について佐藤首相が米国から事前報告を受けたのは、発表のわずか数分前であったと言われている。しかも、前年訪米した際、佐藤はニクソンとの間で中国問題については「緊密な協議を継続する」ことを約束したばかりであった。このことについて、ある外務省幹部は「全く米国は冷酷無残なことをやる。義理も人情もない」（『朝日新聞』一九七一年七月一八日付朝刊）と憤慨した。一九五〇年代後半に駐米大使を務めた朝海浩一郎《あさかいこういちろう》は「目を覚ますと中国と米国の間に橋がかかっていた」ということになる事態を以前から憂慮していたが、ニクソン声明によって朝海の「悪夢」はまさに現実のものとなったのである。

この後、中国の国連加盟をめぐって日本外交はさらに失策を重ねることになる。それまで中国の国連加盟は、米国や日本などが共同提案した「重要事項指定決議」（総会の三分の二以上の賛成が必要）により阻止されてきた。だが、ニクソン声明発表後の米国は中国の国連加盟および安保理常任理事国の地位を認める一方、台湾の国連からの追放を阻止するため、「逆重要事項指定決議案」（台湾を追放するためには国連総会の三分の二以上の賛成が必要）を提案した。佐藤政権は自民党内の親台湾派への配慮や、米上院における沖縄返還協定の批准を確実にするという目的のために、その米国案に同調した。だが、実際には一九七一年一〇月の国連総会で「逆重要事項指定決議案」は否決され、逆に中国の国連加盟と台湾追放を謳ったアルバニア案が可決されたのである。

こうした動きを受けて、佐藤は日中関係の修復を目指し北京にいくつかのアプローチを試みた。たとえば同年一一月、訪中する美濃部亮吉東京都知事に周恩来宛ての保利茂自民党幹事長の親書を託した。だが、周恩来は佐藤政権を「信用できない」と切り捨て、保利書簡の受け取りを拒否した。そもそも中国政府は、沖縄返還が合意された一九六九年一一月の佐藤・ニクソン会談後の共同声明で日本が韓国および台湾の安全と日本の安全を不可分と表現して以来（いわゆる「韓国・台湾条項」）、佐藤政権に対する批判を繰り返してきたが、米中和解が進むにつれて佐藤政権とはより一層の距離を置くようになったのである。

こうして一九七二年七月、佐藤内閣は対中関係を改善できずに総辞職した。

3　意　義

一九七一年七月一五日のニクソン声明で明らかにされた米国の対中政策変更は、のちに日本のマスコミなどで「ニクソン・ショック」と呼ばれるようになる。もっとも、実際には米中和解の兆候に日本政府が気づいていなかったわけではなかった。ワルシャワにおける米中大使級会談の再開、米国政府による対中国禁輸措置や旅行制限の緩和、中国政府による米国卓球チームの中国への招待（いわゆるピンポン外交）など、前年より顕著となった関係改善の流れを受けて、外務省では米中和解の可能性が議論されていた。

むしろ佐藤政権にとって「ショック」だったのは、米国の政策変更それ自体というよりも、その変更が日本に何の相談もなく行われたことであった。佐藤は野党から攻撃されただけでなく、与党である自民党の一部からも「頭越しの外交」を許したとして批判された。このことによって、マスコミは佐藤政権の終焉が早まることを予測し、中国政府も佐藤政権との間で国交回復交渉を進める意図のない姿勢を明確に示した。こうしてニクソン声明は、日本国内の政局に大きな影響を与え、佐藤政権の求心力を著しく弱める結果となったのである。

参考文献

殷燕軍『日中講和の研究――戦後日中関係の原点』柏書房、二〇〇七年。

草野厚「二つのニクソンショックと対米外交――危機の中の日米関係」近代日本研究会編『年報・近代日本研究7　日本外交の危機認識』山川出版社、一九八五年。

草野厚「二つのニクソンショックと佐藤内閣――公開された米外交文書から七一、七二年の首脳会談を読み解く」『論座』第一〇五号（二〇〇四年二月）。

マイケル・シャラー（市川洋一訳）『「日米関係」とは何だったのか――占領期から冷戦終結後まで』草思社、二〇〇四年。

U・アレクシス・ジョンソン（増田弘訳）『ジョンソン米大使の日本回想――二・二六事件から沖縄返還・ニクソンショックまで』草思社、一九八九年。

田中明彦『日中関係　一九四五―一九九〇』東京大学出版会、一九九一年。

増田弘編『ニクソン訪中と冷戦構造の変容――米中接近の衝撃と周辺諸国』慶應義塾大学出版会、二〇〇六年。

毛沢東主席とニクソン大統領

米中会談での毛沢東中国主席（左）とニクソン米大統領（1972年 2月21日，中国）（AFP＝時事）

31　ニクソン・ショックⅡ（一九七一年）——ドル切り下げとブレトンウッズ体制の終焉

1　背　景

戦後の国際通貨秩序は、金とドルの交換を保証し（金一オンス＝三五ドル）、基軸通貨のドルに対して各国通貨の交換比率を定めた固定相場制を軸とするブレトンウッズ体制により支えられてきた。しかし、米国は一九六〇年代に入るとそれまでの資本輸出に加えてベトナム戦争への巨額の出費などにより国際収支が悪化した。これによって米国国内の金保有は減少し、米政府は自国の金準備量をはるかに上回るドル紙幣の発行を余儀なくされることとなった。基軸通貨としてのドルの信用は大きく揺らぎ、国際通貨システムは危機的状況に陥った。この国際収支問題に対してニクソン政権が講じた策は、国内コストを伴う財政抑圧や金融引き締めではなく、海外、とりわけ西ヨーロッパと日本という米国の同盟国にコストを転嫁するドルの切り下げを中心とするものであった。

2　展　開

一九七一年八月一五日、ニクソンはテレビ・ラジオ放送を通じて、⑴金・ドル交換の一時的停止、⑵米国への関税対象輸入品への一〇％の輸入課徴金の賦課、⑶賃金・物価の九〇日間の凍結、などを柱とする新経済政策を発表した。ちょうど一カ月前には、突然の中国訪問予定の声明が出されたばかりだったことから、八月一五日の新経済政策の発表は第二のニクソン・ショック（あるいはドル・ショック）と呼ばれた。

声明の直前、ウィリアム・ロジャーズ国務長官は日本の佐藤首相に電話で通告を行った。だが、ロジャーズの通告は、これからニクソンが経済政策に関する重大な発表をするので米国政府の短波ラジオ放送「ボイス・オブ・アメリカ」を聞くようにとのことだけであった。のちにニクソン声明の内容を知った佐藤の驚愕の度合いは、前月の「第一のニクソン・ショック」以上だったと言われる。

もっとも、日本に対する円切り上げの圧力は、ニクソン声明以前からすでに高まりつつあった。一九七一年五月にはマルクが投機を受け、ドイツ中央銀行のブンデスバンクは為替市場を一時閉鎖したのち変動相場制を採用し、事実上のマルクの切り上げを受け入れた。同月末に開かれた十カ国蔵相会議（G10）では、国際通貨体制の不安定化を招いているとして、巨額の貿易黒字を抱える日本への批判が相次いだ。翌月米議会のロイス小委員会では、多国間協議により為替レートを再調整し、それが失敗した場合は米国が一方的に金・ドル交換を停止しドルをフロートさせることが提案された。

こうした円切り上げの圧力に対して、日本政府は貿易の自由化を進めることで対処しようとした。同年六月、輸入制限の撤廃や関税引き下げ、直接投資規制の緩和などを骨子とする「円対策八項目」と題する貿易不均衡是正策を発表した。しかし、米政府内ではすでに極秘にドル切り下げの準備が進められており、それを有効に実施するために金・ドル交換停止が決定されたのである。

だが、日本政府はこうした米国の意図を読み誤った。大蔵省は金・ドル交換停止がフランスなど金保有を積極的に進めている一部の国に対する対抗措置であり、金問題が収束すれば交換停止は解除されると認識した。また、投機的なドル売りに対しては為替の規制強化により締め付けが可能と確信していた。その結果、ニクソン声明発表後ヨーロッパ諸国が外国為替市場を閉鎖したのに対し、日本は市場を閉鎖せず一ドル＝三六〇円のレートを死守するためドルを買い支えたのである。一週間後、ヨーロッパ諸国は変動相場制に移行した上で市場を再開し、結局日本もこれに追従して変動相場制に踏み切った。この間、日銀が買い支えた外貨は四二億八〇〇〇万ドルに上った。

ニクソン声明により生じた国際通貨システム混乱の収拾に向けて、一九七一年一二月、主要各国の通貨担当者による国際会議がワシントンのスミソニアン博物館で行われた。このときの各国の認識は、フロート制移行は一時的なものであり、危機が収まれば固定相場制へ回帰するというものであった。会議での主な争点は、ドルに対する各国通貨の切り上げ幅をどの程度に設定するかということであった。円はフロート移行後、一二月までに一ドル三二〇円台まで上昇していた。日本政府は円の切り上げ幅を極力抑えようとしたが、スミソニアン会議での孤立を恐れて譲歩し、一六・八八％（一ドル＝三〇八円）の切り上げで合意した。その他の主要通貨では、マルクが一三・五％、フランが八・五％の切り上げを行うことなどで合意が達成された。この結果、米国政府は輸入課徴金を廃止した。

だが、このスミソニアン合意によっても通貨システムは安定せず、ポンドやリラ、マルクが投機の対象となった。その結果、固定相場制回帰への信頼は完全に揺らぎ、一九七三年までには主要各国は相次いで変動相場制へと移行したのである。

3　意　義

ニクソン・ショックは、国際収支の悪化に直面していた米国が、対外支出の削減や金融引き締めではなくドルの切り下げによって問題を解決しようとするものであった。それは同時に戦後国際通貨システムを支えたブレトンウッズ体制の崩壊をもたらした。だが、その後もドルは市場の信頼を受け、基軸通貨として機能し続ける。輸出依存型の日本経済にとって、円の切り上げは死活問題と認識されたが、スミソニアン合意やその後のさらなる円高によっても日本の輸出は拡大を続けた。日本経済の対米貿易依存が続く中で、日本産業の国際競争力は日本政府や産業界の予想をはるかに上回っていたのである。

参考文献

ロバート・C・エンゼル（安藤博・江良真理子訳）『円の抗争――「ガイアツ」依存国家の陥穽』時事通信社、一九九三年。

柏木雄介『激動期の通貨外交』金融財政事情研究会、一九七二年。

草野厚「二つのニクソンショックと対米外交――危機の中の日米関係」近代日本研究会編『年報・近代日本研究７　日本外交の危機認識』山川出版社、一九八五年。

櫻田大造「対応の政治――ニクソンショックに対する日加政策の比較」『国際政治』第一〇七号（一九九四年九月）。

塩田潮『霞ヶ関が震えた日――通貨戦争の一二日間』サイマル出版会、一九八三年。

マイケル・シャラー（市川洋一訳）『「日米関係」とは何だったのか――占領期から冷戦終結後まで』草思社、二〇〇四年。

田所昌幸「ドル体制の再編成と日本――レジーム変動期の通貨外交」日本政治学会編『年報政治学　危機の日本外交　七〇年代』岩波書店、一九九七年。

ポール・ボルカー、行天豊雄（江沢雄一監訳）『富の興亡――円とドルの歴史』東洋経済新報社、一九九二年。

牧野裕『日米通貨外交の比較分析――ニクソン・ショックからスミソニアン合意まで』お茶の水書房、一九九九年。

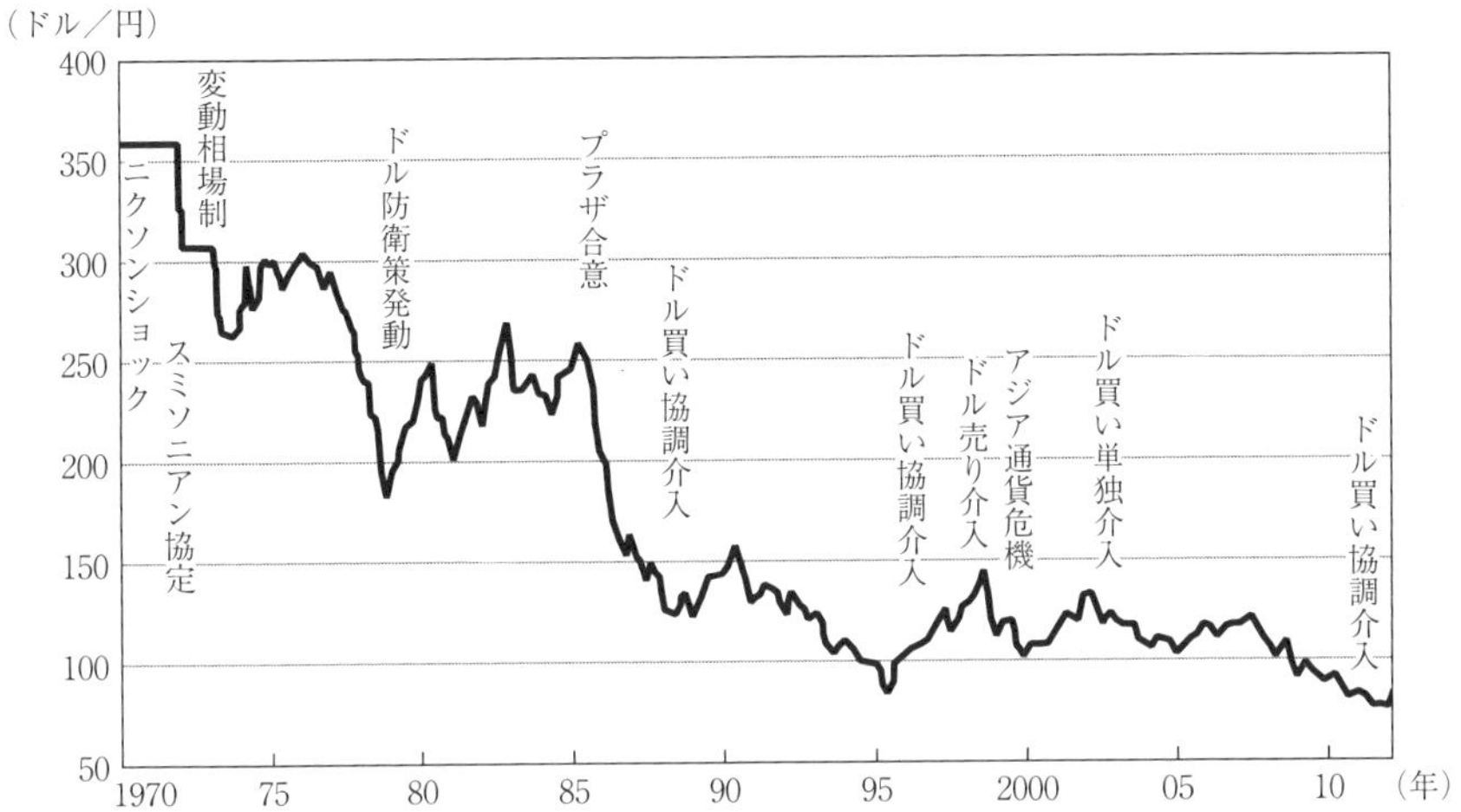

円ドル為替レート

出典：Capital Tribune Japan ホームページ。
http://www.capital-tribune.com/archives/146，2016年４月30日アクセス。

32　日米繊維協定（一九七二年）——貿易摩擦の幕開け

1　背景

第二次世界大戦で壊滅的状態に陥った日本の繊維産業は、戦後の米国の援助や朝鮮戦争特需などにより急速に復興し、一九五〇年代前半には主要輸出産業の一つとなった。とりわけ一ドル・ブラウスに代表される安価な日本製綿製品は米国市場を席巻し、米国繊維産業に大きな被害を与えた。繊維業界からの突き上げを受け、アイゼンハワー政権は一九五六年、日本との間に日本側が対米輸出自主規制を実施する取り決めを交わした。ただ、この時期の米国は日本の経済復興や安定的な日米関係の構築を最優先課題としており、経済問題で日本に強い圧力をかけることに否定的だった。たとえば一九五五年、ダレス国務長官は議会で強まる繊維輸入規制案に関して「そのような輸入規制は米国の対外貿易政策を傷つけ、自由陣営の結束を弱めることになる」と述べている。

だが、ケネディ政権以降になると、繊維問題は大統領選挙を左右するきわめて重要な国内政治問題へと発展した。実際、一九六八年の大統領選挙に辛勝したリチャード・ニクソンは繊維産業の集中する南部諸州の支持を取りつけるため、外国産繊維製品に対する輸入規制を公約として掲げていた。

2　展開

大統領に就任したニクソンは、公約を実行するため一九六九年五月、商務長官のモーリス・スタンズを東京に送り、対米輸出自主規制を協議させた。しかし、日本の繊維産業界は自主規制に猛反発しており、通産省も米国に派遣した調査団が「輸入品による明らかな被害なし」と結論したことなどから自主規制に反対の立場をとった。さらに、繊維業界の働きかけもあり、スタンズの来日直前、衆議院本会議では「米国の繊維品輸入規制反対決議」が全会一致で採択された。こうして米国の輸出自主規制の要請は日本政府により拒否されるのである。

この後、繊維問題は日米貿易経済合同委員会でも協議されるが合意には至らず、一九六九年一一月の佐藤・ニクソン首脳会談で「密約」として処理されることになる。首脳会談準備のため、佐藤の密使として同年九月に訪米した若泉敬は、キッシンジャー大統領補佐官からニクソンの要求を示した二通のメモを渡された。一つは返還後の沖縄への緊急時核再持ち込みであり（「33　沖縄返還」の項参照）、もう一つは繊維製品の輸出自主規制であった。具体的には、一九七〇年一月一日より五年間、日本はすべての毛製品および化学合成繊維製品を自主規制（上限は一九六八年七月から一九六九年六月までの一年間の貿易水準）するというものであった。ニクソンは明らかに、沖縄の返還と繊維問題をリンクしようとしたのである。

沖縄返還合意を急ぐ佐藤は、首脳会談で輸出自主規制の密約に合意する。ところが、この密約は約束通り実行されなかった。その理由として、佐藤がこの問題でみずからリーダーシップを発揮せず、繊維業界や通産省の説得を通産大臣の大平正芳に委ねたことや、密約の噂が広まるにつれ、密約について知らされていなかった大平や通産官僚たちが態度を硬化させ、自主規制受け入れを拒否する姿勢を貫いたことが挙げられる。結局、一九七〇年一月、佐藤は繊維問題で非協力的な大平に代えて宮澤喜一を通産相に指名するが、問題の打開には至らなかった。

事態が動き出すのは一九七一年になってからである。この年の三月、日本の繊維業界団体である日本繊維連盟は、対米輸出自主規制に踏み切ることを発表した。その内容は、規制期間を三年とし、初年度五％、二年度以降六％の総枠規制を課すというものであった。米国では、国内繊維業界からの突き上げを受けて議会が厳格な対日保護法案を通過させ、一方的に日本からの輸入を規制しようとする動きが顕在化しつつあった。日本繊維連盟の輸出自主規制案は、そうした米国の動きを封じるために出されたものであった。この輸出自主規制案作成にあたっては、保護主義的な輸出規制の法案化を避けようとした米下院歳入委員長のウィルバー・ミルズ（アーカンソー州選出）が深く関与した。

だが、こうした日本繊維業界の一方的な自主規制案に対しては、米国の繊維業界のみならずニクソン大統領自身も強く反対の意を表明した。その理由はきわめて政治的なものであった。ミルズ下院歳入委員長は、一九七二年の大統領選挙における民主党の有力候補の一人であり、ニクソンにとってまさに政敵と言える人物であった。ニクソンは、繊維問題解決の功績をミルズに奪われることを拒否したのである。

密約を実行しなかったことでニクソンはすでに佐藤に対する不信感を抱いていたが、佐藤がミルズ主導の輸出自主規制案を支持したことにより、ニクソンの不信感は一層強まった。こうした状況の中、一九七一年九月、ニクソンは日本を含むアジアの繊維輸出国に対し、対米輸出自主規制を受け入れなければ輸入割り当てを実施するという「最後通牒」をつきつけたのである。

ここで、同年七月に通産大臣に就任した田中角栄が手腕を発揮する。田中は繊維業界を説得するため、総額二〇〇〇億円の救済対策費を補正予算に計上させることに成功する。この金額は、自主規制による損失額に相当するものと言われている。

こうして一〇月一五日、ニクソンの最後通牒が実行される数時間前、田中通産相とデイヴィッド・ケネディ大統領特命大使（前財務長官）との間で政府間協定の仮調印が行われた。内容は、⑴一九七一年一〇月より日本は毛および化学繊維製品の対米輸出を自主規制する（基準輸出量は化合繊維が九億五〇〇〇万ヤードで各年度の増加率五％、毛製品が七〇〇〇万ヤードで増加率一％）、⑵規制方式は輸出総量だけでなく各製品や種目別に枠を設ける「包括規制方式」とする、⑶見返りとして、米国は日本の繊維製品に賦課した輸入課徴金を適用除外とする、を主な柱とするものであった。翌七二年一月には正式調印が行われ、ここに一九六九年五月より交渉が続いた日米繊維問題はようやく決着することになった。

3　意　義

日本政府の立場からすると、ドル表示で米国内生産額の一％に過ぎない日本からの繊維輸出（一九六九年実績）が戦後日米関係の「最悪の危機」にまで発展したことは、まったくの予想外であった。ましてやこの問題が、沖縄返還というきわめて高度な政治問題と絡まったことは、佐藤としても不本意なことであったに違いない。だが、すでに見たように繊維問題は米国大統領選挙に大きな影響を与えており、ニクソンにとってもまさに高度な政治問題だったのである。また、この時期はベトナム戦争の影響もあり、米国の国際収支が悪化し対日貿易赤字が膨らんでいた。したがって、経済問題が日米関係の主要な争点になる素地はすでに作られていたのである。繊維問題は、こうした国内・国際環境で生起し、以後続く日米貿易摩擦の最初の火種となったのである。

参考文献

大嶽秀夫『現代日本の政治権力経済権力』三一書房、一九七九年。

佐藤英夫『日米経済摩擦　一九四五〜一九九〇年』平凡社、一九九一年。

信夫隆司『若泉敬と日米密約――沖縄返還と繊維交渉をめぐる密使外交』日本評論社、二〇一二年。

I・M・デスラー、佐藤英夫、福井治弘『日米繊維紛争――〝密約〟はあったのか？』日本経済新聞社、一九八〇年。

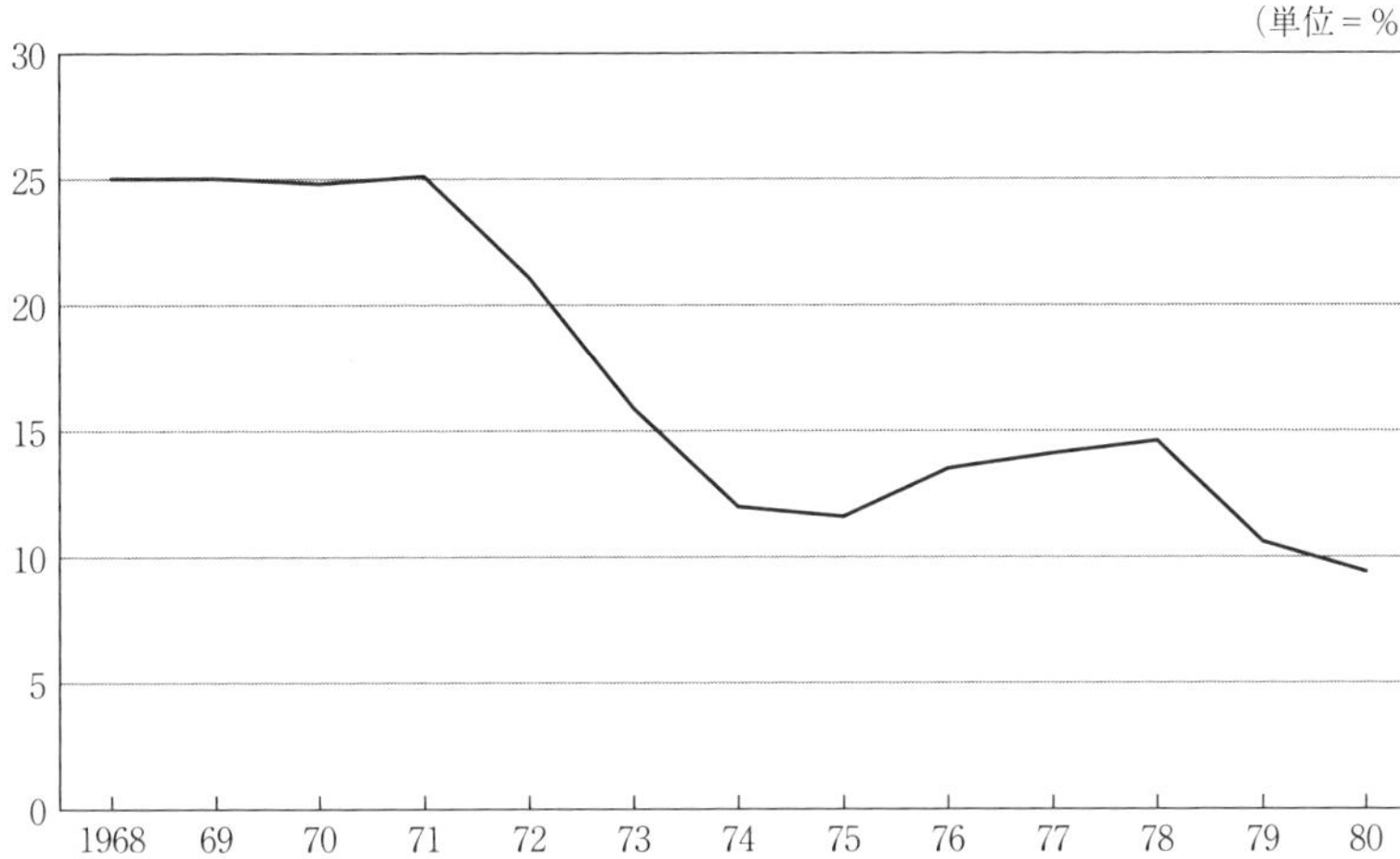

日本の繊維総輸出に占める米国の割合

出典：岩田勝雄「日本繊維産業と外国貿易」『立命館経済学』第31巻，第３号（1982年８月）。

33　沖縄返還（一九七二年）――「核抜き本土並み」と「密約」

1　背景

第二次世界大戦末期、沖縄では民間人を巻き込んだ日本国内最大規模の地上戦が行われ、日本側では約一八万八〇〇〇人の犠牲者が、また米側においても一万二〇〇〇人以上の死者が出た。

一九五二年に発効した対日講和条約は、その第三条で沖縄を「合衆国を唯一の施政権者とする信託統治制度の下におくこと」とし、この提案が国連で承認されるまで米国が「行政、立法及び司法上の権力の全部及び一部を行使する権利を有する」と規定した。この方針は、領土的拡張を求めないとする大西洋憲章に矛盾する恐れがあり、米政府内でもこうした結論に至るまで賛否両論があったが、中国の共産化や朝鮮戦争の勃発を受けて軍事基地としての沖縄の重要性が高まるにつれ、沖縄は最終的に本土と切り離されることになった。ただその際、「どんな希薄なものであっても主権の痕跡を残す」ことを求めた吉田茂首相の努力などもあり、米側の対日講和問題担当のダレスは講和会議の場で沖縄に対する日本の「潜在主権」を認めることとなったのである。「潜在主権」を日本に認めることで、国連信託統治とは異なり米側は日本をより排他的な戦略的管理下に置くことが可能となる一方、将来日本への返還の法的根拠が残されることとなった。

だが、講和条約締結後長い間、沖縄の日本復帰が日米政府間の正式な議題に上ることはなかった。一九六〇年の安保条約改定の過程で、米政府は沖縄の米軍基地を数箇所の飛び地に集結し、そうした軍事的飛び地においては米国が排他的管轄権を保持した上で残りの土地を日本に返還するという沖縄の部分返還を検討したが、戦略的・財政的見地から非現実的という理由で却下された。一方、沖縄では一九五〇年代半ばに米軍による土地の強制収用や地代の一括払いをめぐり地元住民が反発し、「島ぐるみ闘争」と呼ばれる大規模な反基地運動が起こった。一九六〇年四月には沖縄県祖国復帰協議会が結成され、返還運動が盛んになっていった。だが、日米両政府は自治権の拡大や経済発展など民生の改善でこれを乗り切ろうとした。

2　展　開

返還への始動

戦後日本の総理大臣で沖縄の本土復帰に本格的に取り組んだのは佐藤栄作であった。一九六五年八月、佐藤は現職首相として初めて沖縄を訪問し、「私は沖縄の祖国復帰が実現しない限り、わが国にとって『戦後』が終わっていないことをよく承知しております」と演説し、沖縄の施政権復帰に取り組む意欲を見せた。だが、このときの佐藤には明確な見通しがあったわけではなかった。むしろ日本政府内では、外務省を中心として返還に対する否定的な見方が強かった。

一方、米国側では駐日大使エドウィン・ライシャワーの提言を契機として返還問題が検討され始める。一九六五年七月、ライシャワーはディーン・ラスク国務長官宛の書簡の中で、ベトナム戦争の激化により日本では左翼のみならず保守陣営にも米国批判が強まっていること、とりわけ沖縄問題が日米関係に深刻なダメージを与えかねないこと、沖縄の米軍基地維持のために施政権の返還が必要であることなどを説いた。

ライシャワーの提言を受けて、国務省は沖縄問題について米政府内の意見調整を試みるが、「施政権返還は極東における米国の軍事的立場を弱める」とする軍部の反対により、調整は一時棚上げされる。だが一九六六年になると、沖縄問題は国務省日本課長のリチャード・スナイダーおよび国防総省国防次官補代理（極東問題担当）のモートン・ハルペリンを軸とする省庁間連絡グループ（通称スナイダー・グループ）に委託され、そこで協議が開始された。同グループは一九六六年末、基地機能を損なわないことを条件に沖縄返還の可能性について米政府は検討を始めるべきとの提言を行った。

ジョンソン政権と沖縄

一九六七年一一月に行われた日米首脳会談において、ジョンソン大統領は沖縄における米軍基地の自由使用の保証とアジアにおける日本の政治的・経済的役割拡大と引き換えに、返還交渉に応じる姿勢を示した。また、首脳会談後の共同声明では、「総理大臣は……両国政府がここ両三年内に双方の満足しうる返還の時期につき合意すべきであることを強調し……大統領は本土復帰に対する日本国民の要望は、十分理解しているところであると述べた」という文言が挿入された。この「両三年内」という数字は、国内の復帰運動の高まりに直面した佐藤が、訪米前の八月みずから発足させた「沖縄問題等懇談会」（座長に沖縄出身の大濱信泉・元早大総長）に提言させたものであった。「両三年内」を共同声明に盛り込むにあたり、佐藤は期限設定に消極的な外務省を介さず、京都産業大学教授の若泉敬を密使としてワシントンに送り、ジョンソン政権との交渉にあたらせた。沖縄問題をめぐる情報収集や政策形成、ホワイト・ハウスとのやりとりについて佐藤は、民間人による有識者会議や非公式のルートを多用したことが知られているが、この背景には佐藤の外務省や三木外務大臣に対する不信感があったと言われている。なお、一一月の日米首脳会談では小笠原諸島の一年以内の本土復帰が合意された。

一九六八年六月、約束通り小笠原諸島が日本に返還される。だが、基地としてより重要な沖縄の返還については、この年ほとんど進展はなかった。返還後の米軍基地の態様について、できる限りの自由使用を求める米側と、「核抜き本土並み」（核兵器の撤去ならびに日米安保条約、とりわけその事前協議制度を本土並みに沖縄にも適用すること）を求める国内世論の間に妥協点を見出すことは、佐藤政権にとって容易なことではなかった。また、米国はこの年一一月に大統領選挙を控えており、三月の時点で高まる反戦運動の煽りを受けてジョンソン大統領が不出馬を表明するなど、国内政治は不安定な状況が続いていた。

NSDM-13

翌一九六九年一月、米国で共和党のニクソン政権が誕生すると沖縄問題は再び動き始める。前年一一月、沖縄では「核抜き本土並み」返還を訴える革新派の屋良《やら》朝苗《ちょうびょう》が初の行政首席公選に当選した。その約一週間後にはB‐52戦略爆撃機が嘉手納基地で墜落する事故があり、二月にはゼネストが準備されるなど復帰運動は反基地運動の色合いを強めて盛り上がりを見せていた。こうした中、ニクソン政権内では、一九七〇年以降の日米安保条約の自動延長（一九六〇年の新条約は有効期限の一〇年を過ぎた後はどちらか一方の締約国の通告によりその一年後に終了しうると謳われた）がスムーズに行われるよう、沖縄返還問題に早急に取り組む必要性が認識されていた。

ニクソン政権では、キッシンジャー国家安全保障担当大統領補佐官の下、再編・強化された国家安全保障会議（ＮＳＣ）が沖縄問題を再検討することになった。一九六九年五月、ＮＳＣは国家安全保障決定覚書第一三号（NSDM-13）を作成し、ここに米国の基本方針が確定されることになった。大統領の承認を得た同文書は、沖縄返還について次のように記していた。⑴一九六九年の間に米軍の基地使用に関する重要な点において日米間で合意に達し、なおかつそのときまでに細部についての交渉も終了していることを条件に、一九七二年の沖縄返還に同意する、⑵とりわけ朝鮮、台湾、ベトナムに関して通常兵器による基地の最大限の自由使用を希望する、⑶沖縄にある核兵器の保持を望むが、返還交渉において他の分野で満足すべき合意が得られるならば、大統領は交渉の最終段階で核兵器の撤去を考慮する。その際、緊急時の核兵器の貯蔵と通過の権利を米国が保持するという条件をつける。

「核抜き本土並み」と「基地の自由使用」

この時点において、米側にとっての沖縄返還の最大の関心事は返還するか否かではなく、どういう形で返還するかという問題であった。その核心は、朝鮮、台湾、ベトナムにおける有事の際にいかに自由に基地を使用しうるかという点であった。核兵器については、大陸間弾道ミサイルや核搭載潜水艦の開発などにより、沖縄に配備する緊要性がもはや低下したことが早い段階から米政府内でも認められていた。だが、軍部は核兵器の貯蔵権にこだわった。妥協点として緊急時における核の貯蔵権と通過権を日本に認めさせることを前提に、核の撤去に合意することが、米側の方針となったのである。

一九六九年六月の愛知《あいち》揆一《きいち》外相とウィリアム・ロジャーズ米国務長官との会談を皮切りに、日米間の交渉が開始された。日本側は、核兵器については被爆国としての特殊な国民感情や国会決議の「非核三原則」に言及しながら核を残したままの返還に難色を示す一方、通常兵器に関する基地の自由使用については柔軟に対処する姿勢を示した。この結果、後者については一一月に予定された日米首脳会談直後の共同声明および佐藤首相のナショナルプレスクラブにおけるスピーチにおいて、日本側が基地の自由使用を実質的に認めるという形で処理することが決まった。まず、共同声明で佐藤が「沖縄の施政権返還は、日本を含む極東の諸国の防衛のために米国が負っている国際義務の効果的遂行の妨げとなるようなものではない」と表明した。さらにナショナルプレスクラブの演説において、韓国有事の際には「日本政府としては……事前協議に対し前向きに、かつすみやかに態度を決定する方針」であり、台湾有事の際も同様に処することを約束した。また、ベトナムに関しても、沖縄返還時にベトナム戦争が終結していない場合には米国の政策に矛盾せず沖縄返還が実現するよう両国で十分協議することが合意された。

密約

核の問題については、ニクソンが対日交渉の取引材料にしようとしたこともあり交渉は難航した。結局、それは首脳会談直前まで協議が続き、最終的には「密約」という形で解決された。佐藤の個人密使を務めた前出の若泉敬の回顧録によると、日米首脳会談時に佐藤とニクソンが二人だけで別室で会談し、緊急時の核の再持ち込みと通過の権利を認める内容のメモに両者がサインした。共同声明においては「核抜き」での沖縄返還が謳われる一方、秘密合意議事録においては緊急時における核の持ち込みが米国に約束されたのである。

ところで、この首脳会談ではもう一つの「密約」が交わされた。それは繊維問題についてである。一九六八年の大統領選挙で、ニクソンは南部諸州の支持を得るため外国産繊維製品の輸入規制を行うことを公約し、大統領に当選後もこの公約を維持していた。こうした背景の下で交わされた密約の内容は、一九七〇年一月一日より五年間、日本がすべての毛製品および化学合成繊維製品の対米輸出を一定水準に自主規制するというものであった。佐藤はこの輸出自主規制に関する密約に合意するが、日本側でその実行が遅れたことから両首脳間の関係が一時的に悪化した（「32　日米繊維協定」の項参照）。ニクソンは沖縄の「核抜き」返還の見返りに繊維問題で佐藤から譲歩を引き出そうと試みたことが指摘されている。このため、沖縄返還はしばしば「糸（繊維）と縄（沖縄）の取引き」と形容される。

こうした経緯を経て、六九年一一月の日米首脳会談において七二年の返還が正式に決定した。この後、一九七一年六月の返還協定調印が行われ、七二年五月、沖縄は本土に復帰したのである。

3　意　義

なぜ米国は戦略的価値の高い沖縄の返還に合意したのか。それは一言で言えば、沖縄にある基地、ひいては日米安保条約自体を保持するためだったと言える。米国にとって、沖縄や本土における復帰運動の高まりに直面して米軍統治を継続させることは、日本国内の左派勢力を勢いづかせ親米的な佐藤政権を窮地に追い込む恐れがあった。とりわけニクソン政権は、差し迫った一九七〇年の安保条約の自動延長問題に対処する必要に迫られていた。基地機能低下を恐れる軍部の反対にもかかわらず、施政権の返還が決定された裏にはこうした理由があった。一九六〇年の安保改定と同様、最終的に米国は政治的判断により日本側の要求に応じたのである。

もっとも、政治的判断の結果、米国の軍事的な利益が大きく犠牲になったわけではない。通常兵器に関する基地の自由使用については、佐藤のナショナルプレスクラブ演説へのいわゆる「韓国条項」や「台湾条項」の挿入により事実上保証された。また、軍部が望んだ核兵器の貯蔵権と通過権については、「密約」という形で解決された。その他に、一九六九年一一月の日米首脳会談後の共同声明に関連して、二通の「日米合意議事録」が存在することが知られている。この二つの文書は現在でも機密指定が解除されずに国務省に保管されているが、一通は若泉氏が明らかにした核に関する密約であるとされ、もう一通は基地の自由使用に関するものとされる（もっとも、繊維問題に関するものと指摘する研究者もおり、真相は明らかではない）。

さらに、こうした米軍機能に関する密約の他に、沖縄返還の財政的負担についても日米間には密約があったことが知られている。その内容は、地権者に対する土地の原状回復費用については返還協定において米側の負担とされていたにもかかわらず、実際には日本政府がその費用四〇〇万ドルを肩代わりするというものであった。この密約は一九七二年、外務省の極秘電文を入手した社会党が国会で追及したことから発覚した。しかし外務省は密約の存在を否定した。その後、社会党に情報を提供した毎日新聞の西山太吉記者と同記者へ電文を手渡した外務省の蓮見喜久子事務官はそれぞれ国家公務員法（守秘義務）違反の疑いで逮捕・起訴され、裁判で有罪判決を受けた。実際に、二〇〇〇年、機密解除された米国公文書の中からこの密約を裏づける文書が発見された。同文書には、四〇〇万ドル以外に合計一億八七〇〇万ドルを米側に提供する約束を交わしたことが記されている。

　一九七二年、沖縄は日本に返還された。だが、返還の際に約束された基地の整理縮小はなかなか進まなかった。返還後、本土にある米軍施設はその約六〇％が削減されたのに対し、沖縄での削減は約一六％にとどまった。返還協定発効と同時に開催された沖縄復帰記念式典で、屋良朝苗沖縄県知事は「沖縄県民のこれまでの要望と心情に照らして復帰の内情を見ると、必ずしもわたしどもの切なる願望が入れられたとは言えない」と述べ、暗に政府批判を行った。ここには、「本土並み」を「安保条約の沖縄への適用」と捉えていた日本政府と、「基地偏在の解消」と捉えていた沖縄県民の間の埋めがたい認識の差を見ることができる。

　こうして、過重負担をめぐる沖縄の基地問題は、施政権返還後も解決されることなく「日米同盟のトゲ」としてその後の両国関係に長い影を落とすことになる。

参考文献

明田川融『沖縄基地問題の歴史——非武の島、戦の島』みすず書房、二〇〇八年。

ロバート・D・エルドリッヂ『沖縄問題の起源——戦後日米関係における沖縄　一九四五—一九五二』名古屋大学出版会、二〇〇三年。

我部政明『沖縄返還とは何だったのか——日米戦後交渉史の中で』日本放送出版協会、二〇〇〇年。

北岡伸一監修『沖縄返還関係主要年表・資料集』国際交流基金日米センター、一九九二年。

河野康子『沖縄返還をめぐる政治と外交——日米関係史の文脈』東京大学出版会、一九九四年。

外岡秀俊・本田優・三浦俊章『日米同盟半世紀——安保と密約』朝日新聞社、二〇〇一年。

中島琢磨「佐藤政権期の日米安全保障関係——沖縄返還と『自由世界』における日本の責任分担問題」『国際政治』第一五一号（二〇〇八年三月）。

日本国際政治学会編『国際政治』第五二号「特集＝沖縄返還交渉の政治過程」（一九七五年五月）。

宮里政玄『日米関係と沖縄　一九四五—一九七二』岩波書店、二〇〇〇年。

若泉敬『他策ナカリシヲ信ゼムト欲ス』文藝春秋、一九九四年。

渡辺昭夫『戦後日本の政治と外交——沖縄問題をめぐる政治過程』福村出版、一九七〇年。

34　日中共同声明（一九七二年）——国交正常化への道

1　背景

第二次世界大戦後、中国には二つの政府が存在した。一つは内戦に勝利し一九四九年に中国大陸を支配した共産党政府（中華人民共和国）であり、もう一つは共産党によって台湾に追いやられた蔣介石率いる国民党政府（中華民国）である。西側諸国の中には、英国など共産党政府を早い段階で承認する国があり、当時の吉田茂首相も中華人民共和国との関係回復を望んでいた。だが日本政府は一九五二年、米国の冷戦政策に追従し、国民党政府を中国の正統な政府として承認した。その結果、日本は第二次世界大戦の最大の戦争被害国の一つであり、また戦前の主要貿易相手国でもあった大陸中国との間に正式な外交関係をもたず、政経分離政策の下で限定的な民間主導の経済交流を続けるにとどまった。

2　展開

こうした日本の中国政策に大きな変化をもたらしたのが、一九七一年のニクソン・ショックであった。ニクソン米大統領はテレビ演説を通じて、米中和解に向けた政策転換を発表し、翌年二月にはみずから訪中して毛沢東らと会談を行った。

米中和解に伴い、日中国交正常化の期待が高まった。中国政府が米国との和解を推し進めたのは、対立を増していたソ連への牽制という戦略上の理由からであった。したがって、日米安保条約の容認や日本との国交正常化は、中国政府にとって米中和解の自然な帰結であった。しかし、佐藤政権時の日中関係は、決して良好なものではなかった。その理由として、一九六五年二月、同政権が中国向けプラント輸出に日本輸出入銀行（輸銀）融資を許可しないとする池田前内閣の方針を踏襲する決定を下したり、一九六九年一一月、ニクソン米大統領との首脳会談後の共同声明において台湾の平和と安全が日本にとって重要であると宣言した（いわゆる「台湾条項」）ことが挙げられる。さらに一九七一年一〇月、国連の中国代表権問題で台湾の追放を阻止する目的で米国が提示したいわゆる「逆重要事項指定方式」決議案の共同提案国に日本がなったことから、中国政府は佐藤政権への批判を強めていた。こうして、日中国交正常化交渉は、佐藤退陣後に誕生した田中角栄内閣に委ねられることになった。

田中は一九七二年七月の自民党総裁選挙当選後、「中華人

民共和国との国交正常化を急ぐ」と言明する。これに対し、中国側も周恩来首相が歓迎の意向を表明し、交渉は一気に進むこととなった。同月下旬、中国政府は田中と親しい公明党委員長の竹入義勝を中国に招聘し、国交正常化をめぐる日中共同声明の中国案を提示し田中に伝えるよう要請した。

周の示した中国案は八項目から成っていたが、その中心部分は以下の四つであった。⑴中華人民共和国と日本国との間の戦争状態は、この声明が公表される日に終了する、⑵日本政府は、中華人民共和国が中国を代表する唯一の合法政府であることを承認する、⑶日中双方は、どちらの側もアジア太平洋で覇権を求めず、いずれの側も他のいかなる国がこうした覇権を打ちたてようとすることに反対する（この「反覇権条項」が後の日中関係に与えた影響については「43　日中平和友好条約」の項参照）、⑷中華人民共和国は、日本国に対する戦争賠償の請求権を放棄する。

またこれとは別に、「台湾は中華人民共和国の領土であり、台湾を解放することは中国の内政問題である」という旨の黙約事項が伝えられた。中国側草案は、これより一年前に周恩来が公明党訪中団に示した「日中復交三原則」を踏襲するものであり、細部の表現について若干の調整を行う必要性が残されたが、基本的に日本政府も了承した。またこの会談で周は、中国が日米安保条約や一九六九年の日米共同宣言における「台湾条項」を容認する姿勢を示した。ニクソンやキッシンジャーとの会談を通じて、中国政府は日米安保条約が日本の軍事大国化を抑制する機能を果たしていることを認めていた。

中国訪問に先立ち、田中はハワイでニクソン大統領と会談を行った。米側は、日本が日米関係を一部犠牲にして中国との国交正常化を図るのではないかと懸念した。具体的には、中国側が国交正常化の条件として「台湾条項」の削除を求め、日本政府もこれを受け入れる可能性を憂慮した。これに対し田中は、国交正常化が日米安保条約の機能に変化をもたらすことはない旨を伝え、ニクソンの懸念を払拭しようとした。さらに、この会談では日米貿易不均衡是正も主要議題として討議され、田中は三億二〇〇〇万ドル相当のエアバスを含む計一一億ドルの米国商品を緊急輸入することをニクソンに約束した。

こうして一九七二年九月、田中は北京に飛び日中共同声明に署名、日中の国交が正常化した。田中政権誕生から約二カ月半後のことであった。日中国交正常化に伴い、日華平和条約は破棄され、日本と台湾の外交関係は断絶した。なお、米国は一九七九年一月に北京政府を承認し、同時に台湾政府との関係を断絶、米華相互防衛条約を終了させた。だが同年四月、米国は台湾関係法を制定し、国交断絶後の台湾の安全保障に事実上関与する意思を表明した。

3　意　義

日本政府の対中国政策をめぐっては、「台湾条項」挿入や国連での中国承認問題で米国寄りの政策を追求した佐藤外交を「対米追従・反中国」とし、米中国交正常化に先駆けて日中国交正常化を果たした田中外交を「対米自主・親中国」とする見方が一般的だった。だが、近年の研究はこうした評価に疑問を投げかけている。佐藤に関しては、当時最重要課題だった沖縄返還を成功裏に導くため対米譲歩を余儀なくされたのであり、佐藤自身は中国との関係改善を望んでいたことが明らかにされている。また田中については、米国が懸念していたのは日中国交正常化そのものではなく「台湾条項」の取り扱いについてであり、この条項を中国政府が容認したことで日中国交正常化に米国が反対する理由はなくなったことが指摘されている。

参考文献

池田直隆『日米関係と「二つの中国」――池田・佐藤・田中内閣期』木鐸社、二〇〇四年。

石井明・朱建栄・添谷芳秀・林暁光編『日中国交正常化・日中平和友好条約締結交渉――記録と考証』岩波書店、二〇〇三年。

伊藤剛『同盟の認識と現実――デタント期の日米中トライアングル』有信堂高文社、二〇〇二年。

井上正也『日中国交正常化の政治史』名古屋大学出版会、二〇一〇年。

殷燕軍『日中講和の研究――戦後日中関係の原点』柏書房、二〇〇七年。

緒方貞子（添谷芳秀訳）『戦後日中・米中関係』東京大学出版会、一九九二年。

栗山尚一著（中島琢磨・服部龍二・江藤名保子編）『沖縄返還・日中国交正常化・日米「密約」――外交証言録』岩波書店、二〇一〇年。

添谷芳秀『日本外交と中国　一九四五～一九七二』慶應通信、一九九五年。

服部龍二『日中国交正常化――田中角栄、大平正芳、官僚たちの挑戦』中公新書、二〇一一年。

増田弘編『ニクソン訪中と冷戦構造の変容――米中接近の衝撃と周辺諸国』慶應義塾大学出版会、二〇〇六年。

日中国交正常化交渉・日中共同声明の調印

日中共同声明の調印を終えて乾杯する田中角栄首相（右）と周恩来首相。中央は二階堂進官房長官（1972年９月29日，北京・人民大会堂）（毎日新聞社／時事通信フォト）

日中共同声明　（抜粋）

……日本側は，過去において日本国が戦争を通じて中国国民に重大な損害を与えたことについての責任を痛感し，深く反省する。また，日本側は，中華人民共和国政府が提起した「復交三原則」を十分理解する立場に立って国交正常化の実現をはかるという見解を再確認する。中国側は，これを歓迎するものである。……

一　（略）

二　日本国政府は，中華人民共和国政府が中国の唯一の合法政府であることを承認する。

三　中華人民共和国政府は，台湾が中華人民共和国の領土の不可分の一部であることを重ねて表明する。日本国政府は，この中華人民共和国政府の立場を十分理解し，尊重し，ポツダム宣言第八項に基づく立場を堅持する。

四　（略）

五　中華人民共和国政府は，中日両国国民の友好のために，日本国に対する戦争賠償の請求を放棄することを宣言する。

六　（略）

七　日中両国間の国交正常化は，第三国に対するものではない。両国のいずれも，アジア・太平洋地域において覇権を求めるべきではなく，このような覇権を確立しようとする他のいかなる国あるいは国の集団による試みにも反対する。

八，九　（略）

出典：外務省ホームページ。 http://www.mofa.go.jp/mofaj/area/china/nc_seimei.html，2016年４月30日アクセス。

35　金大中氏拉致事件（一九七三年）——政治決着の舞台裏

1　背　景

一九六一年五月の軍事クーデターにより成立した韓国の朴《パク》正熙《チョンヒ》政権は、一九六九年、大統領の三選を禁じた憲法を改正することで政権の長期化を目指した。だが、一九七一年四月の大統領選挙では、南北対話や国内の民主化を訴える野党・新民党の金大中《キムデジュン》候補がおよそ五四〇万票（得票率約四六％）を獲得し、政権交代を迫る勢いを見せた。実際、朴政権による不正や妨害がなければ金候補が勝利していたとする見方もあった。体制批判を封じ込めるため、朴大統領は一九七二年一〇月、非常戒厳令を発布した。この結果、反体制勢力は政治活動を禁じられ、国外にいた金大中も帰国を断念、日本と米国を往復する亡命生活を余儀なくされた。

2　展　開

一九七三年八月八日白昼、東京九段のホテルグランドパレスに滞在していた金大中は、数名の男たちによって拉致され、目隠しをされたまま車に押し込まれて関西方面へ連れ出された。翌日、金は工作船「龍金号」で釜山港まで運ばれ、八月一三日夜、ソウル市内の自宅近くで解放された。

事件後、ホテルの犯行現場から金東雲《キムドンウン》駐日韓国大使館一等書記官（後に本名は金炳賛《キムビョンチャン》と判明）の指紋が検出された。日本の警視庁特捜部は金書記官の出頭を要請したが、韓国側は外交特権を理由にこれを拒否したため、日本政府は金に対し戦後初となるペルソナ・ノン・グラータ（外交官の受け入れ拒否）の発動を行った。韓国政府は金書記官と事件との関連や韓国中央情報部（ＫＣＩＡ）による関与の疑いを否定した。他方、日本国内では主権侵害に対する韓国政府の謝罪と日本の捜査当局による調査を要求する声が高まり、田中内閣も九月に予定されていた日韓定期閣僚会議の延期を決定した。こうして、拉致事件をめぐり日韓関係は急速に冷却化したのである。

事態打開に向けて、日韓両国政府は少なくとも二度にわたる政治決着を試みた。第一回目は、七三年一一月二日、朴大統領の親書を携えて訪日した金鍾泌《キムジョンピル》首相と田中首相との会談である。日本側は同首相を謝罪特使として受け入れるが、この会談において、⑴金東雲書記官の容疑については韓国側で捜査を継続する、⑵拉致事件以前の金大中氏の日本における言動の責任は追及せず出国の自由も認める、の二点が合意された。この合意に至る過程で、日本側から岸信介元首相、金山政英元駐韓大使、前田義徳元NHK会長らが、また韓国側からは李秉禧《イビョンヒ》（第一無任所相）（日本担当）、張基栄《チャンギヨン》元副総理などが密使ないし特使として二国間を往来した。また、この第一次政治決着の際、朴大統領側から田中首相に三億あるいは四億円の現金が渡ったという証言もある。

第二回目の政治決着は、七五年七月二三日、三木新内閣の宮澤喜一外相による訪韓で図られた。韓国政府は宮澤に対し、金東雲書記官を証拠不十分で不起訴とするがその言動が国家公務員としての品位を欠いていたとして免職処分とする旨の口上書を手交した。宮澤はこれを受け入れて拉致事件の事実上の決着を表明し、双方は中断されていた日韓定期閣僚会議の早期再開を合意するに至った。

二〇〇七年一〇月、「歴史の見直し」を進める盧武鉉《ノムヒョン》政権下で設置された「過去事件の真相究明委員会」は、金大中拉致事件が李厚洛《イフラク》KCIA部長の指示に基づき金東雲書記官を含む工作員二四名が関与した組織的犯行だったとする報告書を提出、韓国政府は事件後初めてKCIAによる犯行を認めた。同月三〇日、柳明桓《ユミンファン》駐日韓国大使が高村正彦《こうむらまさひこ》外相を訪れ、日本の主権を侵害したことに対し「遺憾の意」を表明、日本政府はこれを「陳謝と再発防止の確約」と受け取り公表した。

だが、「真相究明委員会」の調査にもかかわらず、この事件に関しては未だ不明の点がいくつか残されている。一つは、朴大統領の関与の度合いである。犯行後、大統領が事件の経過や工作員の事後管理などについて報告を受けていたことは判明しているが、拉致工作そのものを指示したか否かについては明確な証拠がない。もう一つはKCIAの目的が金大中の拉致だったのか、あるいは暗殺だったのかということである。この点について、金大中自身は龍金号の中で錘をつけられて海に投げ込まれそうになったが自衛隊機が飛来して暗殺は未遂に終わったとしている。他方、KCIAの元工作員たちは暗殺の意図を否定しており、また龍金号の元船員たちも、飛行機の飛来はなかったと証言している。

3　意　義

金大中氏拉致事件は、人権の蹂躙にとどまらず国家主権の侵害を含む大きな外交上の出来事だった。だが、日本政府は事件の真相解明や責任の明確化といった問題に深く立ち入らなかった。そこには、冷戦の下、米国を介在して「準同盟」関係にあった韓国との友好関係を維持するという考慮が働いたことは間違いない。もちろん、朴政権側にも開発独裁体制の強化を図るため、大規模な経済協力を期待できる日本との関係を悪化させたくないとの思惑があった。韓国政府がKCIAの関与を認めた後も、福田康夫首相は遺憾の意を述べる一方これ以上事件を追及しない姿勢を示した。こうした日本政府の対応に対して、金大中氏は「日本は主権侵害される一方で保護責任を放棄した。これは人権侵害だ」と強く批判した。

参考文献

李厚洛「金大中拉致はすべて私がやった――元ＫＣＩＡ部長李厚洛証言全訳」『中央公論』第一〇二巻、第一二号（一九八七年一一月）。

金栄鎬『日韓関係と韓国の対日行動――国家の正統性と社会の「記憶」』彩流社、二〇〇八年。

金大中（金淳鎬訳）『金大中自伝』千早書房、二〇〇〇年。

金大中氏拉致事件真相調査委員会編『全報告　金大中事件』ほるぷ出版、一九八七年。

金大中先生拉致事件の真相糾明を求める市民の会（韓国）編（大畑正姫訳）『金大中拉致事件の真相』三一書房、一九九九年。

『世界』編集部編『金大中氏事件の真実』岩波ブックレットNo.15、岩波書店、一九八三年。

中薗英助『拉致――知られざる金大中事件』新潮社、二〇〇二年。

古野喜政『金大中事件の政治決着――主権放棄した日本政府』東方出版、二〇〇六年。

古野喜政「『金大中氏拉致事件』と日本の責任――韓国『真相究明委』報告が問うもの」『世界』第七七五号（二〇〇八年一月）。

李英喜「冷戦変容期における日本の対韓外交――金大中拉致事件と朴正熙大統領狙撃事件を中心に」『慶應義塾大学大学院法学研究科論文集』第五二号（二〇一二年）。

Jin-o Kwak, "Kim Dae-jung Kidnapping and the Crisis with Japan," *Korean Observer*, Vol. 32, No. 4 (Winter 2001).

拉致事件後の金大中氏の主な政治経歴

1976年	民主救国宣言を発表，逮捕され収監。
1978年	仮釈放，自宅軟禁。
1981年	内乱陰謀事件で死刑宣告，日本の鈴木善幸首相，「重大な関心と憂慮の意」を表明。
1982年	米国に亡命。
1985年	帰国，民主化推進協議会共同議長に就任。
1988年	国会議員選挙に当選。
1991年	新民党総裁。
1992年	大統領選挙に落選，政界引退を表明。
1995年	新政治国民会議を旗揚げ。
1997年	大統領選挙に当選，北朝鮮に対する柔軟路線「太陽政策」を採用。
1998年	小渕恵三首相と日韓共同宣言を発表，韓国で禁止されていた日本文化の解禁を推進。
2000年	平壌で金正日国防委員長と史上初の南北朝鮮首脳会談，ノーベル平和賞を受賞。
2002年	サッカー日韓ワールドカップを共催。
2003年	大統領を退任。
2009年	死去。

参考：金大中大統領図書館ホームページ。
https://www.kdjlibrary.org/jp/president/yearbook，2016年４月30日アクセス。

36　日越国交正常化（一九七三年）――対米協調の中の自主外交

1　背景

第二次世界大戦後、ベトナムでは民族解放運動指導者のホー・チ・ミンが主導するベトナム民主共和国と、戦時中の日本の傀儡政権の指導者で、旧宗主国のフランスが後押しするバオ・ダイ元首の率いるベトナム国が互いに正統性を争って対立していた。一九五一年九月の対日講和会議では、米英仏などの西側諸国が承認するベトナム国のみが招待された。日本は同国との間に国交を樹立し、一九五九年には賠償協定を結んだ（「21　対南ベトナム賠償協定」の項参照）。

一九六〇年代半ば以降、日本の外務省内では将来の国交正常化に向けて、ベトナム民主共和国（いわゆる北ベトナム）との接触を試みる動きが一部で存在したが、外務省の主流派は、対米配慮から日本の対北ベトナム接近には慎重な姿勢を維持した。また、当時の佐藤政権は、沖縄返還実現のためにベトナム戦争の早期終結が不可欠との判断から、米国と北ベトナムとの仲介役を果たそうと動いた。しかし、日本の立場を「米国寄り」とみなす北ベトナムはそれを受け入れようとせず、米国政府も一九六八年のパリ和平会談実現以降は、北ベトナムとの直接的な意思疎通が可能となっていたこともあり、第三者の仲介を必要としなくなっていた。

2　展開

日本のベトナム政策に転機をもたらしたのは、一九七一年七月のニクソン大統領による北京訪問計画の発表（いわゆる「ニクソン・ショック」）であった。米中の接近は、それぞれの同盟国である日本と北ベトナム双方に相互接近を図る動機と環境をもたらした。同年七月以降、日本の外務省はいくつかのルートを通じて常駐貿易連絡員の交換やその準備のための外務省員のハノイ訪問を北ベトナム政府に打診し、北ベトナム政府もこれに基本的に同意した。一九七二年二月、外務省内で北ベトナム関係者との太いパイプをもつアジア局南東アジア一課長の三宅和助がハノイに派遣された。

だが、三宅のハノイ訪問を事前に知らされた米政府は、当初それに強く反対した。北ベトナムを国際的に孤立させることで和平交渉を有利に進めようとしていた米国にとって、この時期に日本がハノイと接触を深めることは好ましいことではなかった。紆余曲折の末、米政府はハノイとの接触が和平交渉の妨げにならないようにすること、また、ニクソン訪中の前日までにハノイを出国することなどを条件に、三宅らの訪越を認めるのである。

三宅らは訪越するが、このときの会談は、ベトナム戦争がまだ継続中ということもあり、関係正常化に向けた具体的な話し合いは行われなかった。正常化に関して突っ込んだ話し合いが行われたのは、一九七三年四月の三宅のハノイ再訪時であった。この年の一月にはパリ和平交渉が調印され、ベトナム戦争が終結していた。この会談でベトナム側は関係正常化に向けて次の三条件を提示した。(1)賠償の実施、(2)南ベトナム臨時革命政権（ＰＲＧ）の承認、(3)在日米軍基地からの南ベトナムへの武器・弾薬の輸送禁止。これを受けて、一九七三年七月二五日以降、本格的な正常化交渉がパリの北ベトナム大使館で行われた。

北ベトナムの提示した条件の内容から交渉は難航が予想されたが、正常化を急ぐハノイ政府は柔軟な姿勢を示した。(1)については日本からの無償援助とすることで合意し、(2)と(3)については事実上棚上げした。このため、非公式の折衝は十数回に及んだが、公式交渉は七月二五日と八月一四日の二回行われたのみで、双方が合意に達したのである。この背景には、国際社会における地位の向上と戦後復興のための経済援助を渇望する北ベトナム側と、経済協力を通じてインドシナへの経済的進出を図ろうとする日本側の思惑の一致があった。

こうして一九七三年九月二一日、パリの北ベトナム大使館で国交樹立の調印式が行われた。日本側からは中山賀博駐仏大使が、北ベトナム側からはヴォ・バン・スン（Vo Van Sung）臨時大使代理が署名した。両国は大使の資格を有する外交使節を交換することに合意し、日本側から二〇〇〇万ドル（五〇億円）の無償資金協力が約束された。日本は、南ベトナムとの関係を維持したまま、六二番目の北ベトナム承認国となったのである。

ところが、調印後ハノイは態度を一変させた。日本政府に対して、大規模な賠償の支払いとＰＲＧの承認を求めてきたのである。賠償請求を持ち出したのは、国交正常化の際日本から約束された無償援助の五〇億円が、一九五九年に日本政府が南ベトナムとの賠償協定で支払った無償援助一一〇億円よりも少なかったからである。「賠償問題は解決済み」との立場をとる日本政府は、無償援助を増額することで打開を図ろうとした。交渉の末、一三五億円の無償援助を行うことで双方が合意に達した。ＰＲＧ問題については、一九七五年四月のサイゴン陥落を受けて日本政府がＰＲＧを承認したことから決着を見た（一九七六年、北ベトナムが南ベトナムのＰＲＧを吸収する形で南北統一政府〔ベトナム社会主義共和国〕が成立した）。七五年一〇月、日本と北ベトナムはようやく大使館開設に最終合意し、翌七六年三月までには双方の大使が着任することとなったのである。

3　意　義

日本が米国に先駆けて北ベトナムと国交正常化を行ったことや、ワシントンとハノイの仲介役を果たそうとしたことなどから、このときの日本外交を対米追従ではなく「自主外交」の枠組みで説明する傾向が一部にある。だが、近年多くの論者が指摘するように、国交正常化のプロセスにおいて、日本政府は米政府と緊密に事前協議を行い、その要求に反する行動をとることを控えたことも事実である。たとえば、北ベトナムへの援助は南ベトナムへのそれを上回るべきではないとする米国の要請を受けて、日本政府はハノイへの大規模支援を慎んだ。また、一九七二年一二月、田中首相により提唱された「アジア平和会議」案も、キッシンジャー国務長官の強い反対により挫折した。こうしたことから、今日の北ベトナムとの国交正常化をめぐる日本外交の研究は、「対米協調」vs.「自主外交」という単純な二分法を退け、「自主外交」の中味や「対米協調」の枠内における「自主性」の模索の分析に焦点が置かれている。

参考文献

伊藤剛「日越国交正常化と日米関係――東アジア国際システムの多極化と日本外交」日本政治学会編『年報政治学　危機の日本外交　七〇年代』岩波書店、一九九七年。

今川幸雄『ベトナムと日本――国交正常化への道』連合出版、二〇〇二年。

菅英輝「ベトナム戦争における日本政府の和平努力と日米関係――一九六五年～六八年」『国際政治』第一三〇号（二〇〇二年五月）。

昇亜美子「ベトナム戦争と日本の東南アジア外交政策――日越国交正常化を通じて」『新防衛論集』（現『国際安全保障』）第二七巻第三号（一九九九年一二月）。

波多野澄雄・佐藤晋『現代日本の東南アジア政策　一九五〇―二〇〇五』早稲田大学出版部、二〇〇七年。

樊小菊「七〇年代初期国際環境の変化と北越に対する日本の外交政策――日越国交正常化を中心とする考察」『アジア太平洋研究科論集』（早稲田大学）第一二号（二〇〇六年一二月）。

三宅和助『外交に勝利はない』扶桑社、一九九〇年。

ベトナム近現代史の主な出来事

1884年	フランスの保護国となる。
1940年９月	日本軍が進駐開始。
1945年９月	ホーチミン主席が「ベトナム民主共和国」の独立を宣言。
1946年12月	インドシナ戦争。
1954年７月	ジュネーブ休戦協定。南北分離。
1965年２月	米軍による北爆開始。
1973年１月	パリ和平協定，米軍撤退。
同年９月	日本と外交関係樹立。
1976年７月	南北統一，国名をベトナム社会主義共和国に改名。
1979年２月	中越戦争。
1986年	第６回党大会でドイモイ（刷新）政策を打ち出す。
1995年７月	米国と国交正常化、ASEAN へ正式加盟。
1998年11月	APEC 正式参加。
2007年１月	WTO 正式加盟。
同年10月	国連安保理非常任理事国に初選出。

出典：外務省ホームページ。
http://www.mofa.go.jp/mofaj/press/pr/wakaru/topics/vol81/，2016年４月30日アクセス。

37　第一次石油危機（一九七三年）——中東外交の模索

1　背景

一九七三年一〇月六日、スエズ運河およびゴラン高原においてエジプト軍、シリア軍がそれぞれイスラエル軍と衝突、第四次中東戦争が勃発した。同月一六日、石油輸出国機構（OPEC）のペルシャ湾岸六カ国は原油価格の引き上げを決定し、翌一七日にはアラブ石油輸出国機構（OAPEC）がイスラエル支持国に対する石油生産の削減政策（前月九月の生産量をベースに毎月五％ずつ削減）を打ち出した。こうしたアラブ諸国の石油戦略は、石油供給の八〇％近くを中東に依存する日本にとって、とりわけ大きな打撃となった。日本は中立の立場を維持しようと試みたが、イスラエルの最大の支援国である米国と同盟関係にあったため、親イスラエル国とみなされる可能性が高かった。

一〇月下旬、国内では市民のトイレットペーパー買い占めによるパニックが発生し、一九七四年の消費者物価指数も二〇％台に上昇、田中角栄内閣に対する世論の批判が高まった。資源の乏しい日本にとって、石油確保のためにアラブ寄りの態度を明確にする必要があったが、それはイスラエルを支持する米国との関係を悪化させることになりかねなかった。第一次石油危機は、戦後日本の高度経済成長を終焉させたと同時に、日米協調を機軸とする戦後日本外交に大きな試練をもたらした。

2　展開

OAPECによる石油減産声明の二日後、アラブ一〇カ国の駐日大使が外務省を訪問し、大平外相に対してアラブ支持を求める口上書を提出した。この席で大平は、国連安保理決議二四二号（一九六七年採択、イスラエルに対し第三次中東戦争で武力により得た占領地からの撤退を求めたもの）を支持するとの従来の政府方針を述べるにとどまった。だが、イスラエルは安保理決議二四二号を無視し続けており、アラブ側にとって安保理決議二四二号支持の表明のみでは不十分だった。一〇月二一日付の『クウェート・タイムズ』紙はその社説で、日本がアジア・アフリカ諸国の中で唯一イスラエルに対する態度を明確にしていないとし、「日本の沈黙は遺憾である」と名指しで非難した。

翌日OAPECは声明を出し、数週間以内に石油消費国を

「友好国」「中立国」「非友好国」の三つに分類するとした。日本政府は「友好国」扱いを求めて、在京アラブ外交団長を務めるサウジアラビアのデジャーニ駐日大使に対し、アラブ支持を明記しかつ国連パレスチナ難民救済事業機関への支援増加などを謳った口上書を手交した。だが、一〇月二六日に開催された経済協力開発機構（OECD）の緊急石油会議で、日本はイタリアや西ドイツと並び「非友好国」に区分されているという情報が伝えられ、さらに一一月初旬に開かれたOAPECの石油相会議では、「非友好国」に対して一一月の生産量を九月比二五％削減することが決定された。

こうした動きに素早く反応したのはヨーロッパだった。一一月六日、欧州経済共同体（EEC）のメンバー九カ国の外相は声明を発表し、占領地からの撤退を拒否するイスラエルを名指しで非難した。アラブ諸国はこれを好意的に受け取り、一八日に開催された石油相会議で親イスラエル政策を続けるオランダを除くEEC諸国を一二月の石油供給削減対象国リストから除外した。

より一層の政策転換を迫られた日本政府は、中東和平交渉後に日本に立ち寄ったキッシンジャー米国務長官との話し合いを通じて事態の打開を目指した。アラブ諸国の圧力を振り切って日本が対米協調路線を維持するためには、石油の安定的な供給が不可欠であった。しかし、キッシンジャーは日本が直面する石油削減に対し米国がその補塡を行うことに同意せず、米国の和平工作を妨害しないよう釘を刺した。日本政府とキッシンジャーとの会談は、こうして物別れに終わった。だが、一連の会談で、イスラエルを名指しで批判したEECのレベルまでならば、米国は日本の行動を容認する意向であることが明らかになった。

キッシンジャーの帰国後、日本政府は中東政策の見直しを行った。一一月二四日にはアラブ外相会議が予定されており、日本政府はその時までにアラブ寄りの声明を出す必要があった。キッシンジャーの訪日に前後して外務省は、省内のアラブ専門家としてエジプト、サウジアラビア、シリアなどの日本大使館に勤務した経験がありその後中東関係の貿易会社を経営する森本圭市と、元サウジアラビア大使の田村秀治を密使として中東へ派遣した。また、これとは別にアラビア石油社長の水野惣平もサウジアラビアやクウェートの政府要人との面会を通じて得た情報を日本政府に提供した。彼らの報告はどれも、イスラエルが占領地から撤退しない場合日本はイスラエルとの関係を再検討するという旨を日本政府が明確に示さない限り、友好国扱いは望めないという点で一致していた。しかし、「関係の再検討」が「断交」を示唆するものであることから、外務省首脳部は「関係の再検討」ではなく「政策の再検討」という表現への修正を行った。外務省の意見では、これが米国との関係を損ねることなく日本政府が行いうる最大限の譲歩であった。

一一月二二日、日本政府は二階堂進官房長官の談話として中東政策の声明文を発表した。要点は「政策の再検討」という文言の挿入、およびアラブ側の意向に沿って「占領地からの撤退」ではなく「全占領地からの撤退」をイスラエルに求めたことである。この政策変更にアラブ側は好意的に応じた。一一月二六日、アルジェリアで開かれたアラブ首脳会議は一二月の五%削減から日本を除外した。だが、日本を友好国扱いとするか否かの発表はなされず、一二月以前に実施された供給削減は継続するとされた。

アラブ諸国の態度が明確になるのは、三木武夫副首相の中東訪問後である。三木は二階堂談話説明のため特使として一二月一〇日から一八日間、サウジアラビア、エジプトを含む八カ国を歴訪した。その際、エジプトに対してスエズ運河開発支援として一億四〇〇〇万ドル相当の円借款供与を約束、その他の訪問国でも技術支援やプロジェクト借款供与の可能性について言及した。また、これと前後して日本政府は一一月下旬にパレスチナ難民支援のため五〇〇万ドルの人道援助を決定した。こうした日本側の「具体的措置」を受けて、一二月二五日のOAPEC石油相会議は日本を友好国に認定し、石油供給削減対象から除外することを決定したのである。

3　意　義

アラブ寄りの声明や経済援助の約束を通じて、日本政府はアラブ諸国から「友好国」認定を勝ち取った。だが、この頃までに石油供給削減により産油国自身も石油収入の減少に直面するなど、アラブ側にも供給削減政策全体を見直す要因があった。事実、アラブ諸国の石油戦略は、この前後から供給カットではなく価格を吊り上げる方針に切り替わった（一九七四年一月の原油価格は前年同月の約四倍に上昇した）。他方、石油消費国はこの石油危機の経験から代替エネルギーの開発協力や産油国に対する消費国の結束強化のため、数度の会議を経てOECD枠内の機関として国際エネルギー機関（IEA）を設立した。

一九七三年の石油危機をめぐる日本外交については、それまでの対米協調路線から逸脱し独自のアラブ外交を展開したという見方が一部で根強い。他方、当時の日本政府の行動は「対米協調の枠」を超えたものでは必ずしもなかったという意見もある。たしかに二階堂声明は、過去の日本政府の立場と比べるとアラブ支持の立場をより鮮明に打ち出していたが、それは米国にとって受け入れ難い「イスラエルとの断交」を含むものではなかった。また、米国政府も二階堂声明を遺憾としたものの「日本の直面する立場を理解する」というコメントを発表し、それ以上の強い対日批判を行わなかった。この意味で、対米協調の枠組みは維持されたのである。イスラエルとの断交を行わなければ石油供給をストップされかねない状況になって初めて対米協調路線の真価が問われうるが、事態はそこへ行く前に収束へ向かったのである。

参考文献

池上萬奈「第一次石油危機における日本外交——アラブ諸国と米国の狭間で」『国際政治』第一七七号（二〇一四年一〇月）。

石川良孝『オイル外交日記——第一次石油危機の現地報告』朝日新聞社、一九八三年。

ＮＨＫ取材班『ＮＨＫスペシャル　戦後五〇年その時日本は』第五巻、日本放送出版協会、一九九六年。

近藤重人「サウディアラビア、クウェートの石油政策と第一次石油危機　一九七〇年―一九七四年」『法学政治学論究』（慶應義塾大学）第九七号（二〇一三年六月）。

マーク・セラルニック「第一次石油危機における日本の対外政策」近代日本研究会編『年報・近代日本研究７　日本外交の危機認識』山川出版社、一九八五年。

白鳥潤一郎『「経済大国」日本の外交エネルギー資源外交の形成一九六七～一九七四年』千倉書房、二〇一五年。

何力群「第一次石油危機前後の中曽根康弘——『資源外交をめぐって』」『国際公共政策研究』（大阪大学）第一五巻第二号（二〇一一年三月）。
J. A. Allan and Kaoru Sughara, eds., *Japan in the Contemporary Middle East*, New York, N.Y.: Routledge, 1993.
矢吹命大「第一次石油危機における日本政府の対外政策決定過程の分析」『国際政治経済学研究』（筑波大学）第二三号（二〇〇九年三月）。
Kunio Katakura, "Narrow Options for a Pro-Arab Shift: Japan's Response to the Arab Strategy in 1973,"『日本中東学会年報』第一号（一九八六年）。
Michael M. Yoshitsu, *Caught in the Middle East: Japan's Diplomacy in Transition*, Lexington, M.A.: Lexington Books, 1984.

38　田中首相東南アジア歴訪（一九七四年）――反日デモの衝撃

1　背　景

戦後日本の東南アジア外交は、賠償問題の処理を一つの契機として始まった。その際、賠償は輸出振興の手段として位置づけられ、その使途は日本の物資やサービスの購入とリンクされていた。大半の賠償支払いが完了した一九六〇年代半ば以降も、経済協力としての援助は拡大し、それに伴って貿易や投資が増加した。たとえば、タイやフィリピン、インドネシアでは、一九七〇年までに日本が米国を抜いて最大の輸入相手国となっていた。日本からの投資についても、一九七〇年の海外投資の自由化に伴い、タイでは八〇〇万ドル（一九六七年）から二〇〇〇万ドル（一九七三年）、インドネシアでは五〇〇〇万ドル（一九六七年）から三億四〇〇〇万ドル（一九七四年）へと急増していた。

しかし、増大する日本の経済的プレゼンスは、一部の東南アジア諸国の国民に反感と摩擦を生み出した。たとえば、一九七〇年以降タイでは日本脅威論が台頭し、日本製品のボイコット運動が発生していた。こうした中、田中首相は一九七四年一月、東南アジア五カ国（フィリピン、タイ、シンガポール、マレーシア、インドネシア）を歴訪するのである。

2　展　開

田中歴訪の際、反日運動が起こったのは、タイとインドネシアであった。タイでは、前年一〇月タノム軍事政権転覆運動で主導的役割を果たしたタイ全国学生センター（NSCT）の指導の下、数千人の学生が空港や宿泊予定のホテル周辺で「経済侵略反対」や「くたばれ日本のエコノミックアニマル」などと叫びながらデモ行進した。田中は現地で学生指導者たちと「討論会」を開いたが、学生を説得するには至らなかった。

インドネシアでは、より激しい反日運動が展開された。田中到着の翌日、日本大使館がデモ隊による投石を受け、日系企業や日本車に対する放火や破壊活動が行われた。また、中国人街でも放火や略奪が発生した。こうした暴動は、のちにマラリ事件（一月一五日事件）と呼ばれた。この暴動に対し、インドネシア軍が出動・発砲し、その結果死者が一一名、逮捕者は八〇〇名近くに達した。田中は大統領宮殿から一歩も出られず、ヘリコプターで空港に脱出する事態となった。

インドネシアではこの半年前、日本統治下のインドネシアの苦難を描いた映画「Rohmusha」が公開三日で打ち切られるという事件があった。スハルト政権がフィルムを没収したためだが、現地のメディアは日本政府による裏工作を糾弾し、国内の反日感情に火がついていた。近年、日本政府がスハルト政権に対して同映画の上映中止を求め、フィルムの買い取り代金を現地の日本商社が共同で捻出したとの文書の存在が明らかになった。このことから、この事件が田中訪問時の反日暴動の伏線の一つとなったとの指摘もある。

ところで、日本政府は一九七〇年代初めからタイやインドネシアにおいて反日運動がすでに展開されていたことを十分認識していた。一九七二年には、文化交流を通じた経済摩擦の緩和を提唱する福田赳夫外相（佐藤内閣）らのイニシアチブにより国際交流基金（当時は外務省所管の特殊法人）が設立され、タイとインドネシアにも支部が設置された。また、翌年三月には外務省内に設けられた「アジア政策プロジェクト・チーム」が報告書を作成し、その中で、戦争の記憶や戦後の日本の経済進出に由来する警戒心がアジアには存在することに喚起を促した。さらに、田中歴訪にあたっては、相互理解の促進や東南アジア諸国の経済的自立を脅かさないことなどを柱とする日本の東南アジア外交の基本原則を確認していたのである。こうした努力にもかかわらず、田中歴訪は東南アジアの反日運動を沈静化するどころか、かえってそれを助長する結果となった。

3　意　義

反日運動の背景に、日本の経済的プレゼンスの増大があったことは間違いない。日本企業の進出は、地元産業を破滅に追い込み、国内経済を支配し、一般庶民をますます貧しくするという不安を増加させた。また、「利益偏重の日本企業」「現地人との摩擦を繰り返す日本商社マン」「マナーをわきまえない日本人観光客」といった問題は、現地や日本でもたびたび指摘されていた。さらに、増大する日本の経済協力が、現地の開発独裁政権を資金的に支えているという批判も高まっていた。だが、田中が歴訪した東南アジア諸国の中で、フィリピン、シンガポール、マレーシアでは際立った反日運動は起こらなかった。したがって、経済的プレゼンスの増大のみでは反日運動や暴動を説明することはできない。

実際、当時のタイとインドネシアの反日運動は、反政府運動や政府内の権力闘争と密接に結び付いていた。タイでは、経済成長に伴って出現した「中間層」が学生運動と連動して反体制運動を展開したが、彼らの不満は主に長年の軍事独裁体制下で蔓延した汚職や弾圧政治に向けられたものであった。インドネシアの反日暴動については、「外国（日本）資本に依存するスハルト体制への反発」という側面とともに、陸軍を中心とする「国軍司令部グループ」と大統領側近将校による「特別工作班」グループによる政権内部の権力闘争としての一面をもっていた。したがって、タイとインドネシアにおける反日運動は、それぞれの国内における政治状況が引き金となっていた事実は否定できない。

一九七四年一月の反日運動は、日本政府に大きな衝撃を与えた。外務省では既存の東南アジア政策の再検討が迫られ、それがのちに「福田ドクトリン」へと収斂されていく。また、この反日運動を経験した後、「贖罪意識」が日本の東南アジア政策を規定する要因としてより大きな位置を占めるようになったとする指摘もある。いずれにせよ、この反日デモが、戦後日本の東南アジア外交にとっての一つの転換点となったことは間違いないように思われる。

参考文献・資料

NHK BSドキュメンタリー「証言でつづる現代史　東南アジア反日暴動の裏で～一九七四年　田中首相歴訪の秘密工作」二〇〇七年四月二一日放送。

岡部達味『東南アジアと日本の進路――「反日」の構造と中国の役割』日本経済新聞社、一九七六年。

白石隆『スカルノとスハルト――偉大なるインドネシアをめざして』岩波書店、一九九七年。

鈴木静夫「一九七〇年代前半の東南アジアにおける反日の論理」矢野暢編『講座・東南アジア学10　東南アジアと日本』弘文堂、一九九一年。

昇亜美子「東南アジアにおける日本イメージと日本外交――一九七〇年代を中心に」大石裕・山本信人編『イメージの中の日本――ソフト・パワー再考』慶應義塾大学出版会、二〇〇八年。

波多野澄雄・佐藤晋『現代日本の東南アジア政策　一九五〇―二〇〇五』早稲田大学出版部、二〇〇七年。

ジャカルタでの反日暴動
（1974年１月15日，インドネシア）（時事通信フォト）

コラム４　インドネシア映画「ROMUSHA」に対する日本大使館の介入

1973年，ジャカルタの日本大使館は本国外務省と協議の上，インドネシアで制作された映画「ROMUSHA」が同国内で上映されないよう非公式に干渉を行った。この映画は日本統治下のインドネシアで強制的に動員された労働者の苦難を描いたものだった。当時400万から1000万のインドネシア人が労務者として労働に従事したと言われている。

インドネシア政府は日本大使館の要請を受け入れ，すでに許可が下りていた同映画の上映を禁止した。その際，インドネシア政府は大使館に対し上映禁止に対する補償金を求めたが拒否されたため，日系企業に映画の買い上げ資金を調達するよう求めた。実際に日系企業が金銭の支払いに応じたかどうかは定かではないが，上映禁止の４カ月後に，インドネシア情報省から映画製作会社に「交通費」の名目で4500万ルピアが支払われたと言われている。

この問題はインドネシアのメディアで大きく取り上げられ，国内の反日感情を煽り，翌年の田中首相の訪問時に起こった反日暴動の一因となったと考えられている。

39 ロッキード事件（一九七六年）——戦後最大の疑獄

1 背景

一九七六年七月、田中角栄前内閣総理大臣が、全日空の新大型機種選定に関して、米ロッキード社の大型ジェット旅客機「L-1011 トライスター」の受注に便宜を図ったとして、受託収賄と外国為替及び外国貿易管理法（現・外国為替及び外国貿易法）違反の疑いで逮捕された。逮捕者は田中の他に、橋本登美三郎《とみさぶろう》元運輸大臣や佐藤孝行《こうこう》元運輸政務次官、若狭得治《わかさとくじ》全日空社長、ロ社の販売代理店だった丸紅の檜山廣《ひやまひろし》社長、右翼運動家で政財界の黒幕と言われた児玉誉士夫《こだまよしお》、政商で国際興業社主の小佐野賢治《おさのけんじ》などに広がった。収賄の規模や関与した人物が政財界の首領に及んだことから、ロッキード事件は発覚当時、戦後最大の疑獄事件と呼ばれた。

2 展開

疑惑が明るみに出たのは、一九七六年二月四日、米国上院外交委員会多国籍企業小委員会（フランク・チャーチ委員長、通称チャーチ委員会）においてであった。その一連の公聴会では、ロ社のコーチャン副会長らがトライスター売り込みのために、ロ社の日本における裏の代理人的存在であった児玉誉士夫へコンサルタント料として二一億円あまりを支払い、児玉から小佐野賢治や丸紅などを通じて田中角栄へ五億円が渡ったことなどが明らかになった。

ロ社の日本への売り込みが激化したのは、田中が首相になる一九七二年七月前後からであった。この時期、貿易収支の不均衡が日米間の経済関係における最大の懸案事項となっていた。同年八月三一日、九月一日両日ハワイで開かれた日米首脳会談で、田中首相は対米貿易黒字を「より妥当な規模に是正する」と約束した。同時に日米事務レベルの合意として、日本は一〇億ドルを超える米製品および役務を購入すること、そのうち民間航空会社が約三億二〇〇〇万ドルの米製航空機購入を計画中であることが発表された。

このハワイ会談の際、ニクソン大統領が地元カリフォルニア州に本社のあるロ社のトライスター購入を田中に勧誘した疑いがもたれている。同会談直前には、コーチャン副会長が来日し、檜山社長ら丸紅幹部に接触していた。また、七二年九月、東京で行われた日英首脳会談において、英国のエドワード・ヒース首相が、自国のロールス・ロイス社製ジェットエンジンを搭載したロッキード社のトライスター機を購入するよう田中に強く説得していた事実が後年明らかになった。結局、七二年一〇月、全日空はマクドネル・ダグラス社のDC-10を導入するというそれまでの決定を覆し、L-1011トライスターの発注を決めたのである。

米上院小委員会における疑惑発覚に対し、日本の三木武夫首相は素早く反応した。三木は「日本の政治の名誉にかけても真相を明らかにする」として検察に捜査開始を直接指示、ジェラルド・フォード米大統領にも捜査協力の要請を行うなど疑惑解明に積極的に関与した。三木のこうした態度の背景には、ロッキード疑惑に対する世論やマスコミの関心の高さがあった。三木は、金権政治への批判を浴びて退陣した田中内閣のあとを受け、「清潔な政治家」というイメージも手伝って、椎名悦三郎自民党副総裁の裁定を経て、一九七四年一二月首相に就任した。だが、少数派閥の領袖である三木は党内に強固な基盤をもっていなかったため、政局の安定には世論の支持が不可欠であった。ところが、就任直後には四五％あった三木内閣への支持率は、看板に掲げていた政治浄化運動が期待以上に成果を上げなかったこともあり、ロッキード疑惑発覚前後には二六％にまで下落していた。

疑惑解明に向けた積極姿勢は、マスコミや世論に受け入れられ、三木内閣の延命を助けた。だが、三木の態度は自民党内最大派閥の田中派を中心とした勢力から反発を招き、倒閣運動（いわゆる三木おろし）が広がっていった。とりわけ、田中の逮捕を契機として、党内の諸派閥は反三木で結束を固めた。追い詰められた三木は、衆議院の解散・総選挙も辞さない態度を示すが、閣僚の多数を反三木派の議員が占める中で、解散への閣議決定を行うことは困難であった。この点について、のちに三木は「一五人もの閣僚の首を切れば、ファッショになる」と語ったといわれる。結局三木は解散権を行使できず、一九七六年一二月五日、任期満了に伴う衆議院議員総選挙が行われた。結果は自民党が解散時から一六議席を失い、保守系無所属の当選者を追加公認してかろうじて過半数を確保した。選挙敗北の責任をとって、三木は首相の座を辞し、後任には三木内閣の副総理で反三木派のリーダー格であった福田赳夫が就任した。なお、田中はこの選挙で一六万八五二二票を獲得し、新潟三区でトップ当選を果たした。

近年公開された米国公文書によると、ロッキード事件発覚後、当時の中曽根康弘自民党幹事長が米国政府に対し、賄賂を受け取った日本政府高官の名前が公表されれば自民党は選挙で敗北し日米安保条約の枠組みが崩壊する恐れがあるという理由でこの事件を「もみ消す」よう米政府に働きかけていた。他方、疑惑解明に政治生命を賭けた三木首相も、ロッキード疑惑関連の資料が米政府から極秘扱いで日本の検察に引き渡されるとの日米の合意が成立した後、密使を通じて米政府に対し、事件に関与した政府高官の氏名を内密に伝達するよう要請し、その内容次第では自民党を離党して総選挙に打って出ることを示唆していたことが明らかになっている。だが、米政府は疑惑関連の資料は捜査や訴訟にのみ使用されるものであり法執行の責任を有さない政府機関に開示しないという、資料引渡しにあたっての日米合意（一九七六年三月二三日）に基づき、三木の要請を拒否したことが知られている。

3　意　義

田中に対する公判は一九七七年一月に始まり、一審（一九八三年一〇月）、二審（一九八七年七月）ともに有罪判決を下した。二審判決後田中は上告するが、上告審の最中の一九九三年一二月、田中の死去により公訴棄却となった。だが、一九九五年、田中の秘書官であった榎本敏夫に対する最高裁の判決で、田中の五億円収受が認定された。

ロッキード事件は「首相の犯罪」としてマスコミに取り上げられ、国内外の大きな関心を呼んだ。逮捕後、田中は自民党を離党し無所属となるが、党内最大派閥である田中派の実質的リーダーとして君臨し、大平内閣や鈴木内閣、中曽根内閣の誕生に影響力を及ぼした。

参考文献

『朝日新聞』二〇一〇年二月一二日付朝刊、同年三月七日付朝刊。
伊藤昌哉『自民党戦国史――実録』朝日ソノラマ、一九八二年。
早野透『田中角栄――戦後日本の悲しき自画像』中公新書、二〇一二年。
堀田力『壁を破って進め――私記ロッキード事件』上・下、講談社、一九九九年。

田中角栄前首相の逮捕

逮捕され，車で東京拘置所に向かう田中角栄前首相（中央）（1976年７月27日，霞ヶ関）（時事）

40　防衛費対GNP一%枠閣議決定（一九七六年）――経済成長下の「歯止め」

1　背　景

一九七〇年代、日本を取り巻く安全保障環境にはいくつかの重要な変化が生じつつあった。第一は、冷戦下の米ソ関係が、それまでの激しい対立と軍拡競争からデタントと呼ばれる「雪解け」の時代に入ったことである。第二は、ニクソン訪中による米中和解とそれに伴う日中国交正常化の実現により、東アジアの国際関係にも緊張緩和がもたらされたことである。こうした国際環境の変化は、日本の防衛政策にも大きく影響を与えた。戦後日本の防衛予算は三カ年ないし五カ年計画ごとに倍増してきたが、そうした漸増主義について一部の国民や野党の間から批判が高まっていた。一九七四年一二月、ハト派の三木武夫首相の下で防衛庁長官に就任した坂田道太は、自衛隊や防衛政策について国民の理解を得ることの重要性を説き、民間有識者による「防衛を考える会」の設置や中曽根防衛庁長官の時代の一九七〇年に一度だけ刊行された『防衛白書』の復刊を決めた。

2　展　開

一九七五年九月、坂田長官の私的諮問機関「防衛を考える会」（メンバーに牛場信彦《うしばのぶひこ》外務省顧問、高坂正堯京都大学教授など一一名）が「わが国の防衛を考える」と題する報告書を提出した。同報告書は、「量」から「質」への日本の防衛力の転換を謳い、防衛費についてはGNP一%以下という水準について理論的な裏づけはないとしながらも「防衛費の適否をはかる物差しのような役割を果たしている」として肯定的に評価した。防衛費対GNP一%枠については、すでに一九七一年、久保卓也防衛局長が匿名で執筆し庁内に回覧したいわゆる「KB個人論文」にも言及されていた。戦後日本の防衛費は絶対額で増加の一途を辿りながらも、高度経済成長に伴い一九六七年以降はGNP比一%を下回る水準で推移していた（一九七〇年は〇・七九%）。したがって、防衛庁としても、GNPの一%という数字は必ずしも受け入れ難いものではなかった。

こうした状況を経て、一九七六年一一月五日、三木内閣は「GNP一%枠」を正式に閣議決定した。この裏には、国民や諸外国の理解を得るといった政治的理由以外に、大蔵省の強い働きかけがあった。この一週間前に決定された「防衛計画の大綱」が、総額を明記したそれまでの五カ年計画とは異なり、達成年限を明記せず年度毎の予算編成を前提としたことから、大蔵省は何らかの財政上の歯止めを要求していた。防衛庁は経費の大枠を設定することに反対しなかったものの、柔軟性を保つために「一％程度」という文言を主張し、「一％以内」にこだわる大蔵省と対立した。政治決着の末、最終的な文言は「防衛力整備の実施に当たっては、当面、各年度の防衛関係費の総額が当該年度の国民総生産の百分の一に相当する額を超えないことをめどとしてこれをおこなうものとする」という形になった。この結果、大蔵省の要求通り一％を「超えない」ことが謳われる一方、それは「当面」の「めど」となり、防衛庁の思惑通り制約としては緩やかなものとなったのである。ちなみに、一九七六年度の防衛予算は、GNP比〇・九〇％だった。

この「一％枠」は三木内閣以降守り続けられるが、一九八〇年代になると、経済成長率の低下や兵器・人件費の高騰などにより、防衛費は限りなく一％に近い数字になった。一九八七年、日米同盟の強化を押し進める中曽根内閣の下、防衛費対GNP一％を撤廃する決定が行われた。その結果、八七年度防衛予算は一％を突破し（一・〇〇四％）、一％枠は歯止めとしての機能を失った。もっとも、一九九〇年以降、冷戦の終結に伴う防衛費の伸びの低下などもあり、防衛費は再びおおむね一％以下に収まっている。

3　意　義

防衛費の対GNP一％枠をめぐっては、いくつかの問題点が指摘されている。一つは、その妥当性に関するものである。三木内閣の閣議決定当時から、軍事専門家や自民党内の強硬派議員からGNP一％枠に対する軍事的合理性の欠如が指摘されていた。その主張は、防衛費は脅威の有無や国防の必要性から算出されるものであり、景気に左右されるGNPに基づいて制約されるべきでないというものである。また、防衛費の算出方式にも問題があった。日本の防衛費には旧軍人の恩給や海上保安庁の費用が含まれておらず、それらを含んだNATO方式で算出すると、日本の防衛費は一九八七年以前にすでにGNP一％を超えていた。さらに、防衛費をGNP一％以内に抑えるために、高額な兵器購入などの支払いを後年度負担に回すことが慣行化していた。

「GNP一％」が、防衛費上昇の「歯止め」として果たした役割についても評価が分かれている。たとえば、大嶽秀夫は「福田内閣に始まる軍拡路線は、この『大綱』（「防衛計画の大綱」のこと＝筆者注）と『一％の枠』によって一定の抑制を受けることになったのも事実である」（大嶽 一三九頁）とするのに対し、室山義正は「通常『GNP一％』論は、防衛費を抑制する『枠』『歯止め』として議論されることが多いが、坂田の『ＧＮＰ一％』論は、五年間でＧＮＰ比率を〇・九から一・〇％にまで引き上げることによって、『大綱水準』を達成するための十分な防衛費の伸びを確保しようとする戦略的意義を担ったものであった」（室山 三八三頁）としている。こうした解釈の相違は、比較の対象を「福田内閣の軍拡路線」に置くか「大綱水準」に置くかで変わってくるものであるが、いずれにせよ一％枠の評価には、それがなければどうなっていたかという議論が必然的に含まれるため、確定的な結論を出すことが難しい。

　ただここで明らかなことは、少なくとも一九七六年の閣議決定が行われた当時、政府は「ＧＮＰ一％枠」が防衛費に対する重大な制約になるとは考えていなかったことであり、他方、世論は防衛力上昇に対する一定の歯止めとしてそれを認識し受け入れたということである。「一％枠」の意味については、その誕生当初から政府と国民の間に大きな解釈のギャップが存在していたのである。

参考文献

大嶽秀夫『日本の防衛と国内政治――デタントから軍拡へ』三一書房、一九八三年。

上西朗夫『ＧＮＰ一％枠――防衛政策の検証』角川書店、一九八六年。

塩田潮『官邸決断せず――日米「安保」戦争の内幕』日本経済新聞社、一九九一年。

瀬端孝夫『防衛計画の大綱と日米ガイドライン――防衛政策決定過程の官僚政治的考察』木鐸社、一九九八年。

廣瀬克哉『官僚と軍人――文民統制の限界』岩波書店、一九八九年。

室山義正『日米安保体制（下）――ニクソン・ドクトリンから湾岸戦争後まで』有斐閣、一九九二年。

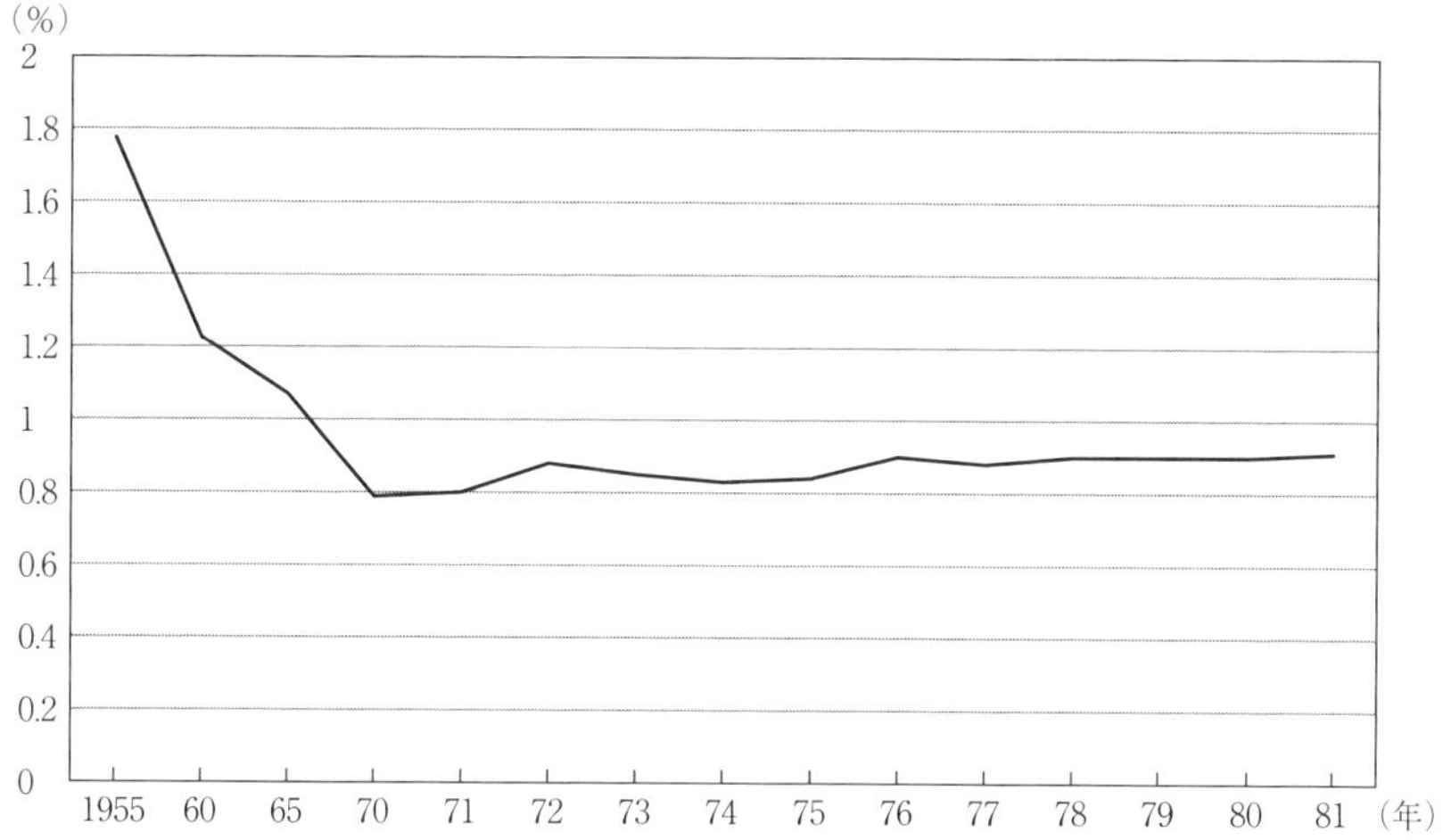

防衛費対 GNP 比（1955〜81年）

出典：防衛省ホームページ。
http://www.clearing.mod.go.jp/hakusho_data/1981/w1981_9115.html，2016年 4 月30日アクセス。

41　福田ドクトリン（一九七七年）——東南アジア外交三原則

1　背　景

一九七〇年代の半ば以降、日本は東南アジア外交の見直しに着手するが、これにはいくつかの要因があった。第一は、一九七四年の田中首相の東南アジア歴訪時に頂点に達した反日運動である。増大する日本の経済的プレゼンスは、一部の東南アジア諸国の国民の間に強い反感を生み出した。タイでは数千人の学生が「経済侵略反対」を叫びながらデモ行進し、インドネシアでは日系企業や日本車に対する放火や破壊活動が行われた。こうした反日運動は日本政府に大きな衝撃を与え、既存の東南アジア政策の再検討を迫ることになったのである。

第二の要因は、一九七五年のサイゴン陥落および翌七六年のベトナム社会主義共和国の発足（南北統一）である。一九六九年のニクソン・ドクトリン以来、米国はアジアからの部分的軍事撤退を進めていたが、ベトナム戦争の敗北は米国の「アジア離れ」を加速させる一方、日本がこの地域で一定の役割を果たしうる機会を与えた。当時外務省アジア局長であった中江要介は、「ベトナム戦争が終わって、本当に外交に自由が取り戻せたという感慨があった。ベトナム戦争中は、やはり米国の路線から大きくはずれることはやりにくかったからだ。外交のフリーハンドがもてるようになった」（友田六〇頁）とのちに述懐している。日本政府は、インドシナ三国（ベトナム、ラオス、カンボジア）に誕生した社会（共産）主義政権との関係樹立を図ると同時に、ＡＳＥＡＮ諸国とインドシナ諸国との橋渡しを行うことで、東南アジア地域の安定化を目指すのである。

2　展　開

外務省内の政策グループ　一九七六年、外務省アジア局内において、日本の新たな東南アジア外交を企画・立案する非公式の政策形成グループが生まれた。このメンバーには、中江要介アジア局長、枝村純郎《えだむらすみお》アジア局参事官、西山健彦地域政策課長、谷野作太郎《たにのさくたろう》南東アジア第二課長らがいた。この非公式グループを中心とした外務省アジア局が、いわゆる「福田ドクトリン」の政策形成に至る過程で中心的な役割を果たすことになる。

非公式グループのメンバー間には、田中歴訪の失敗が示唆するように、既存の対東南アジア政策は行き詰まっており、早急な建て直しが必要との共通認識があった。同グループは、一九七六年三月、香港で外務省の東アジア政務担当官会議を開催し、(1)地域機構としてのＡＳＥＡＮの強靭性（レジリアンス）を高めること、(2)ＡＳＥＡＮとインドシナ諸国との協調関係樹立へ貢献すること、の二点を優先的な政策課題とすることで合意した。前者については、国内に反政府・共産主義勢力を抱えるＡＳＥＡＮ各国に対し、経済協力などを通じて内政の安定強化を図ることが目的とされた。後者については、共産化したインドシナ諸国と反共産のＡＳＥＡＮ諸国の平和的共存が東南アジアの安定にとって不可欠であるとの認識の下、積極的な関与政策によりベトナムの親西側志向を強化する狙いがあった。また、日本とＡＳＥＡＮとの関係強化を図るとともに、ＡＳＥＡＮとインドシナ諸国との友好関係を促進させることが一九七六年一一月バンコクで開かれた東南アジア大使会議においても確認された。

非公式グループを中心とするアジア局には、ベトナムを外交的・経済的に支援することでハノイの「自主独立」路線を助け、インドシナにおける中ソの影響力を阻止しようというきわめて戦略的な発想があった。一九七五年一〇月、すでに日本政府は南ベトナムへ支払った賠償（一四〇億円）と同程度の経済援助を求めた北ベトナムに応じる形で、一三五億円（七五年度＝八五億円、七六年度＝五〇億円）の無償援助をハノイに約束していた。また、七六年七月のベトナム統一後、債務継承問題（旧南ベトナム政権時代の対日債務の継承および返還を統一政府が拒否）が生じたにもかかわらず、日本政府は七六年度分の五〇億円を約束通り供与した。

同時に、日本政府はＡＳＥＡＮとの連携強化を進めた。一九七六年二月、初のＡＳＥＡＮ首脳会議がインドネシアのバリ島で開かれ、「ＡＳＥＡＮ協和宣言」および「東南アジア友好協力条約」が採択されると、宮澤喜一外相はいち早くこれらを支持する談話を発表した。同年一二月にはダルソノ（Hartono Rekso Dharsono）ＡＳＥＡＮ中央事務局長を日本に招聘し、日本・ＡＳＥＡＮ間の正式な協議の場としての「日本・ＡＳＥＡＮフォーラム」を発足させ、その第一回会合を一九七七年三月にジャカルタで開催した。

三木の挫折と福田のイニシアチブ

だが、外務省アジア局の描いたＡＳＥＡＮとの関係強化の青写真は、一九七四年一二月に田中の後を継いで首相に就任した三木武夫の政権下で具体的政策として実現されることはほとんどなかった。三木自身、一九七五年に開催された第一回先進国首脳会議（ランブイエ・サミット）のアジア版会議の開催を提唱したり、第一回ＡＳＥＡＮ首脳会議（一九七六年二月開催）への出席を強く打診したりするなど対ＡＳＥＡＮ積極外交を推進しようとした。だが、外務省人事をめぐる三木と外務官僚との軋轢や自民党内の「三木おろし」による権力基盤の弱体化といった内政上の足枷により、実質的な成果を上げることはなかった。さらにASEAN側でもこの時期、日本との関係強化を望む気運がそれほど高まってはいなかった。結局、反日暴動に見舞われた田中首相歴訪時以来滞っていた首脳外交に意欲を見せていた三木は、「加盟国間の結束」を理由にASEAN首脳会議への出席を断わられ、期待された東南アジア歴訪も実現できないまま政権を去るのである。

一九七六年一二月、三木の後を受けて福田赳夫が首相となると、こうした状況は一変した。福田は東南アジア諸国と深い結び付きをもっていた。政治的に師事した岸信介元首相が賠償交渉を通じてインドネシアなどに太いパイプを築いており、福田は岸のそうした人脈やアジア重視の姿勢を受け継いでいたのである。外相時代の一九七二年には国際交流基金を創設してジャカルタとバンコクに事務所を設置し、さらに蔵相時代の七四年には「東南アジア元日本留学者の集い」を提唱し文化交流に力を注いだ。福田には、経済活動のみではなく「心と心の通い合う」交流をより充実させることが東南アジア諸国との関係改善のためには必要不可欠であるという強い信念があった。

また、官邸と外務省との連携も良好なものとなった。福田は外相時代の秘書官でみずから厚い信任を置いていた小和田《おわだ》恆《ひさし》を首相秘書官に迎えた。小和田は福田の外交ブレーンとして仕えると同時に、福田と外務省アジア局内の政策グループのパイプ役を果たした。政策グループにとっては、東南アジアに理解があり政治的基盤の強い福田が首相になったことで、みずからの思い描く東南アジア政策構想実現への期待が高まった。一方、日本とASEANの関係を強化しインドシナを含めた東南アジア地域で日本が一定の役割を果たすことは、全方位外交を唱え既存の東南アジア政策の刷新を模索していた福田自身にとってもまさに望むものであった。

高まる日本への期待

さらに、ASEAN側の態度にも変化が現れた。経済支援を含めた米国のプレゼンスが低下する中で、「経済大国」日本との関係強化は輸出市場や経済援助確保の観点から望ましいとの認識が高まった。シンガポールのリー・クアン・ユー首相やフィリピンのフェルディナンド・マルコス大統領などは、ASEANが日本と「特別な関係」を築くべきだと積極的に訴えた。一九七七年一月のASEAN経済閣僚会議においては、ASEAN首脳会議へ日本の首相を招待すると同時に、工業プロジェクトへの資金協力を日本へ要請すべきであるといったことが話し合われた。こうして、同年八月に予定される第二回ASEAN首脳会議への福田首相の招待は、一九七七年二月のASEAN特別外相会議を経て正式に決定されるのである。田中の訪問以来滞っていた日本の首相による東南アジア歴訪が、ここにようやく実現することとなった。

小和田の助言もあり、福田はこの歴訪で日本の東南アジア政策の基本方針を打ち出すこととなった。その骨子は、⑴日本の非軍事的役割と文化交流を重視、⑵ＡＳＥＡＮの強靱性を強化、⑶ＡＳＥＡＮ―インドシナの関係強化への支援、であった。このうち、三番目のインドシナ安定化のために日本が政治的役割を果たすことについては、外務省内からも異論が出た。とりわけ、日本が米国の「頭越し」に社会主義化したベトナムとの協力関係を推し進めることに対しては、根強い慎重論が存在した。そうした慎重論にもかかわらず、最終的には福田自身の決断によりインドシナとの関係強化が柱の一つに残されることとなった。福田はかねてからイデオロギーや発展レベルの違いに囚われない「全方位平和外交」を提唱しており、東南アジアの平和と安定のためには政治体制の異なるインドシナ諸国とも協力関係を維持することが重要だと考えていたのである。

米国の支持と根回し外交

さらに、米国政府の同意も福田の決断を後押しした。東南アジア歴訪に先立ち、福田は一九七七年三月、ワシントンでカーター大統領と日米首脳会談に臨むが、この会談で米側は、日本がＡＳＥＡＮ地域の安定と発展のために一層の貢献を果たす用意があることや、インドシナ諸国との関係緊密化を進めていくことについて理解を示した。とりわけ、ソ連の影響力浸透を阻止するためインドシナ地域に日米が関与することの重要性について両首脳は一致し、カーター大統領は、日本が東南アジアにおいて政治的リーダーシップを発揮することを望んだと伝えられている。

首脳会談終了後、外務省はその内容説明のため有田圭輔事務次官をＡＳＥＡＮ諸国に派遣した。また、四月には西山健彦アジア局地域政策課長をベトナムに派遣し、八月に予定されている福田のＡＳＥＡＮ歴訪とその際の具体的な政策演説の中身ついて説明し理解を求めた。このように、福田のＡＳＥＡＮ歴訪に備えて、日本政府は米国、ＡＳＥＡＮ、ベトナムといったすべての関係諸国に周到な根回しを行ったのである。

一九七七年八月、予定通りに福田はマレーシアのクアラルンプールで開かれたＡＳＥＡＮ拡大首脳会議に出席した。ほかにオーストラリアとニュージーランドの首脳も招待を受け同席していた。会議終了後、福田はＡＳＥＡＮ各国を歴訪し、最後の訪問地であるフィリピンのマニラで主要演説を行った。このスピーチで福田は、日本の東南アジア外交三原則を表明するのである。それらは、⑴日本は平和に徹し軍事大国にはならない、⑵東南アジア諸国との間に真の友人として「心と心のふれあう」相互信頼関係を構築する、⑶「対等の協力者」としてＡＳＥＡＮの強靱性強化の自主的努力に協力し、さらにインドシナ諸国との間に相互理解に基づく関係の醸成を図る、というものであった。福田のマニラ・スピーチは、聴衆から盛大な拍手で迎えられ、結果として日本の役割に期待する東南アジア諸国から好意的に受け止められたのである。

3　意義

外務省内で福田ドクトリンの形成に深く関与した西山健彦は、のちにその意義を「戦後の利己的な受動性への訣別、そして東南アジアの安定した秩序形成のために能動的、積極的に貢献しようとする新しい日本外交の開幕」（西山　四頁）と述懐した。また、戦後日本外交史研究の多くは、日本がそれまでの経済協力中心の政策から地域の安定のために政治的役割を果たそうとした新しい試みとして積極的な評価を与えている。たしかに、ＡＳＥＡＮとインドシナを架橋する発想は、戦略的考慮に基づいた地域の平和と安定を模索したものであり、その意味で福田ドクトリンはそれまでの日本のアジア外交とは一線を画すものであったと言えよう。

だが一方で、福田ドクトリンの成果については様々な問題点も指摘されている。第一に、ＡＳＥＡＮの強靱性強化については合意に達したものの、具体的な支援策について日本とＡＳＥＡＮの間には意見の不一致があった。福田歴訪直前、ＡＳＥＡＮは日本政府に対し、⑴ＡＳＥＡＮ工業プロジェクト（ＡＩＰ）への資金協力、⑵輸出所得安定化制度（スタベックス）の創設、⑶特別関税枠の拡大などを要求したが、日本が確約したのはＡＩＰへの一〇億ドルの支援のみであった。一方、日本政府が重点を置いたＡＳＥＡＮ内の文化交流についてはＡＳＥＡＮ側の関心が低く、政策として具体化されたものは少なかった。

第二に、関与政策を通じてベトナムを穏健化させるという目論見は、大きくはずれることになった。一九七八年に入り、ベトナムはコメコン加盟（六月）やソ越友好協力条約締結（一一月）を通じてソ連との関係強化を図り、一二月にはカンボジアを軍事侵攻して傀儡政権を樹立した。この軍事侵攻を受け、それまで西側諸国の中で支援を続けていた日本政府も、ベトナムへの政府開発援助（ＯＤＡ）凍結を決定するのである。

また、近年の研究から、「福田ドクトリン」という言葉が福田首相のマニラ演説より三週間も前に一部の新聞社により使用されていたこと、外務省は当初「ドクトリン」という呼称を受け入れず『外交青書』などの公式文書では「マニラ・スピーチ」という言葉を使用したこと、福田ドクトリンの中身が三原則となったのはマスコミの事前報道を受けて重点項目の数の修正を余儀なくされた結果であることなどが明らかになっている。

参考文献

小林真樹「『福田ドクトリン』――対東南アジア政策の転換とＯＤＡ」『国際協力論集』（神戸大学国際協力研究科）第五巻第二号（一九九七年一一月）。
曹良鉉「一九七七年福田赳夫首相東南アジア歴訪と日本の東南アジ

ア政策形成――『福田ドクトリン』をめぐる通説の批判的検討」『国際関係論研究』（東京大学総合文化研究科）第二二号（二〇〇四年九月）。

須藤季夫「『アイディア』と対外政策決定論――福田ドクトリンをめぐる日本の政策決定過程」『国際政治』第一〇八号（一九九五年三月）。

須藤季夫「変動期の日本外交と東南アジア」日本政治学会編『年報政治学　危機の日本外交　七〇年代』岩波書店、一九九七年。

田中康友「ポスト・ベトナムの東南アジア安定化政策としての福田ドクトリン――外務省アジア局の政策形成プロセスに着目して」『アジア研究』（アジア政経学会）第四五巻第一号（一九九九年六月）。

友田錫『入門　現代日本外交――日中国交正常化以後』中公新書、一九八八年。

西山健彦「福田総理の東南アジア歴訪」『外交時報』第一一四八号（一九七七年一〇月）。

若月秀和「福田ドクトリン――ポスト冷戦外交の『予行演習』」『国際政治』第一二五号（二〇〇〇年一〇月）。

Sueo Sudo, *The Fukuda Doctrine and ASEAN: New Dimensions in Japanese Foreign Policy*, Singapore Institute of Southeast Asian Studies, 1992.

福田首相のマニラ演説（1977年8月18日）（抜粋）

……私は，今回のASEAN諸国およびビルマの政府首脳との実り多い会談において，以上のような東南アジアに対するわが国の姿勢を明らかにして参りました。このわが国の姿勢が，各国首脳の十分な理解と賛同をえたことは，今回の歴訪の大きな収穫でありました。その要点は，次のとおりであります。

第１に，わが国は，平和に徹し軍事大国にはならないことを決意しており，そのような立場から，東南アジアひいては世界の平和と繁栄に貢献する。

第２に，わが国は，東南アジアの国々との間に，政治，経済のみならず社会，文化等，広範な分野において，真の友人として心と心のふれ合う相互信頼関係を築きあげる。

第３に，わが国は，「対等な協力者」の立場に立って，ASEAN及びその加盟国の連帯と強靱性強化の自主的努力に対し，志を同じくする他の域外諸国とともに積極的に協力し，また，インドシナ諸国との間には相互理解に基づく関係の醸成をはかり，もつて東南アジア全域にわたる平和と繁栄の構築に寄与する……

出典：外務省ホームページ。
http://www.mofa.go.jp/mofaj/gaiko/bluebook/1978/s53-shiryou-002.htm#3，2016年４月30日アクセス。

42　ダッカ日航機ハイジャック事件（一九七七年）――「人命は地球より重い」

1　背景

一九七七年九月二八日、パリ発東京行きの日本航空四七二便が経由地であるインドのボンベイ（現・ムンバイ）を離陸直後、五人の日本赤軍グループによりハイジャックされた。同便には、乗員一四名、乗客一三七名（うち外国人五七名）の計一五一名が搭乗していた。ハイジャック犯の中には、二年前のクアラルンプール事件（マレーシアの米大使館とスウェーデン大使館が日本赤軍メンバーにより占拠され人質がとられた事件）に関与したとされるリーダー格の丸岡修や、そのとき犯人側の要求で保釈された元東アジア反日武装戦線の佐々木規夫が含まれていた。

犯行グループは同機をバングラデシュのダッカ空港に強制着陸させ、日本政府に対し、人質の身代金六〇〇万ドル（当時のレートで一六億円相当）と日本国内で服役ないし勾留中の赤軍派メンバー奥平純三や東アジア反日武装戦線メンバーの大道寺あや子、浴田由紀子ら九名の釈放を要求した。さらに、しばらくして犯行グループから、要求に従わない場合は米国人の人質、ジョン・ガブリエルを最初に殺害するとの通告がなされた。ガブリエル氏はカリフォルニア州ガーフィールド銀行の頭取で、カーター米大統領の友人だとされた。ハイジャックされた日航機には、ガブリエル氏の他にも元カリフォルニア州議会議員のカラビアン氏、インドネシア航空局長のカルドノ氏などの要人が搭乗していた。

2　展開

日本政府は、園田直《そのだすなお》官房長官を長とする対策本部を設置し対応を協議した。身代金の支払いについては「やむなし」との意見が大勢を占めたが、赤軍派メンバーらの釈放に関しては意見が分かれた。法務省・検察は秩序維持の立場から釈放に反対した。とりわけ検察当局には、一九七五年のクアラルンプール事件の二の舞は避けたいとの思いが強かった。同事件の際は、当時の三木武夫内閣が「超法規的措置」として五人の釈放に応じ、犯行グループと釈放犯のリビア逃亡を許したのである。他方、運輸省と外務省は人命尊重・外交配慮の立場から釈放受け入れに傾いていた。

議論の末、最終的に福田赳夫首相の「人命は地球より重い」との見解から身代金を支払い、また「超法規的措置」として政治犯の引渡しにも応じることが決定された。ただ、犯人側が要求した九名のうち、植垣康博、知念功、大村寿雄の三名は日本赤軍との思想的相違などを理由に釈放を拒否したため、実際に日本を出国し犯行グループに合流したのは六名にとどまった。この決定を受けて、石井一運輸政務次官を特使とする政府派遣団が、用意した身代金六〇〇万ドル（官房機密費から捻出）と釈放犯を連れ、ダッカに向けて飛び立った。

ダッカにおける交渉は、困難を極めた。日本政府は当初、犯人側の要求を受け入れることと引き換えに乗員・乗客全員の即時解放を求めようとした。だが、政府派遣団がダッカ空港に到着した時までに、管制塔で交渉にあたっていたバングラデシュ空軍のアブドル・マムード司令官と犯人側との間で、「人質の部分解放」で話し合いがまとまりかけていた。この時、犯人側は最終目的地（のちにアルジェリアと判明）まで保身のため人質の一部を同行させることにこだわっていた。また、バングラデシュ政府も、妥協による早期解決を重視した。六年前にパキスタンから独立を勝ち取ったばかりのバングラデシュにとって、事件の取り扱いを誤り自国内で流血の惨事を招くことは対外関係上何としても回避しなければならなかった。

ダッカでは、一〇月二日までに釈放犯との引き換えに乗員・乗客のうち一一八名が段階的に解放された。政府特使の石井は人質の全員解放を要求し、それが無理ならば自分が人質の身代わりとなることを提案したが、犯行グループはこれを拒否した。この最中、バングラデシュでクーデターが発生した。戒厳令が敷かれ、ダッカ空港付近でも戦闘が発生し政府軍士官一一名が死亡した。結局反乱軍は鎮圧され、ハイジャック機はダッカを出発した。そして、クウェートおよびシリアで燃料補給と若干の人質解放を行い、最終的にハイジャック防止条約を締結していないアルジェリアに着陸した。そこで残りの人質全員が解放され、事件は終結するのである。

3 意　義

人命尊重の立場からハイジャック犯の要求を聞き入れた日本政府の対応については、賛否両論が起こった。法務大臣の福田一は、事件解決後、責任を取る形で大臣を辞任した。しかし、事件直後の『朝日新聞』の世論調査では、福田内閣の対応を評価する人が六二％に達した。

人質の解放と引き換えに拘置中の活動家を釈放することは、当時の国際社会において決してめずらしいことではなかった。たとえば、一九七〇年九月のPFLP旅客機同時ハイジャック事件（イスラエル、米国、英国、スイスの旅客機がパレスチナ解放機構の下部組織であるPFLP〔パレスチナ解放人民戦線〕にハイジャックされた）において、人質解放の代わりに西側諸国で拘束されているPFLPメンバーらの釈放が行われた。また、一九七四年九月のハーグ事件（日本赤軍の奥平純三らがオランダのハーグでフランス大使館を武装占拠し、三〇万ドルの身代金とフランスに収監中の日本赤軍メンバー山田義昭の釈放を要求した）では、オランダ政府が身代金支払いに応じ、フランス政府も山田義昭の釈放を行った。

一方、ダッカ・ハイジャック事件から約二週間後に起きたルフトハンザ航空一八一便ハイジャック事件では、西ドイツ政府がミュンヘンオリンピック事件を機に創設された対テロ特殊部隊GSG—9を投入し、人質全員を救出した。この成功により、米国では陸軍内にデルタフォースが創設され、日本でも警視庁と大阪府警に特殊部隊（後のSAT：Special Assault Team）が設置されることとなった。この特殊部隊は、一九九五年六月に函館空港で起きた全日空八五七便ハイジャック事件で出動し、犯人逮捕と人質救出に貢献した。

参考文献・資料

石井一『ダッカハイジャック事件——日本赤軍との闘い』講談社、一九七八年。

稲坂硬一『ハイジャックとの戦い——安全運航をめざして』成山堂書店、二〇〇六年。

NHK特集「密室の決断——ダッカハイジャック事件・総理官邸の三六時間」一九八〇年九月二九日放送。

NHK　BSドキュメンタリー「証言でつづる現代史　ダッカ・ハイジャック事件——交信テープが語る一〇六時間の攻防」二〇〇六年六月四日放送。

塩川正十郎『ある凡人の告白——軌跡と証言』藤原書店、二〇〇九年。

塩田潮「ダッカ日航機ハイジャック事件——一一年目の真実」『文藝春秋』第六六巻第一〇号（一九八八年八月）。

42　ダッカ日航機ハイジャック事件（1977年）――「人命は地球より重い」

コラム5　事件の教訓――福田首相の回顧録から

……乗っ取られた日航機は……バングラデシュのダッカ空港に強制着陸させられた。……政府は急遽，園田直官房長官を本部長とする「ダッカ日航機ハイジャック事件対策本部」を設置して犯人側との交渉に入った。人命尊重か法秩序優先かで様々な議論が出たが，わたしは最終的に「人命は地球より重い」と判断，万やむを得ざる処置として超法規的処置で犯人側の要求を受け入れるという決断を下した。事件が一応決着した後，福田一法相が超法規的措置をとった責任を負って辞職した。誠に残念至極だったが，やむを得ないことであった。……この事件は政府の危機管理の上で大きな教訓になった，と私は思う。私がこの不愉快な事件で得た教訓は「最高の危機管理の方策の一つは，各国との不断の友好関係だ」ということである。

出典：福田赳夫『回顧九十年』岩波書店，1995年。

43　日中平和友好条約（一九七八年）――「反覇権条項」をめぐる攻防

1　背　景

日本と中華人民共和国は、一九七二年に締結された共同声明により国交正常化を果たした（「34　日中共同声明」の項参照）。同声明には両国が貿易、海運、航空、漁業などの実務的諸問題の話し合いを開始するとともに、平和友好条約の締結を目指すことが謳われた。実務問題に関しては七四年から七五年にかけて協定が順次締結され、平和友好条約についても七四年一一月に第一回目の事務レベルによる予備交渉が開始された。当初、条約の締結に関しては楽観論が支配的だった。すでに国交は樹立されており、実務的な問題についても協定が結ばれつつある中で、平和友好条約は形式上の問題とみなされた。だが、「反覇権条項」問題や両国の内政問題により二国間交渉は行き詰まり、予備交渉開始から条約の締結まで四年弱を要することとなった。

2　展　開

一九七二年の日中共同声明には、中国政府の強い要請により「両国のいずれも、アジア・太平洋地域において覇権を求めるべきではなく、このような覇権を確立しようとする他のいかなる国あるいは国の集団による試みにも反対する」（第七項）という、いわゆる「反覇権条項」が挿入された。中国にとって「覇権」は表面上米ソ両超大国を意味したが、一九七二年の米中和解以後は実質的にソ連を意味するものとなった。当初日本側は反覇権条項の挿入に難色を示すが、「日中両国間の国交正常化は第三国に対するものではない」（第七項）との一文を挿入することで妥結が図られたのであった。

日中平和友好条約交渉では、この反覇権問題が蒸し返された。七四年一一月の第一回予備交渉において中国側は反覇権条項の挿入を再度求めたが、日本政府はこれに反対した。「覇権」という言葉が条約用語になじまないという理由に加え、当時日本はソ連との間で漁業交渉や平和条約問題を抱えており、ソ連を刺激することは得策ではなかったのである。

一九七四年一二月に田中首相の後を継いだ三木武夫は、交渉を促進させるため中国側に譲歩案を示した。七五年六月、親中派の川崎秀二自民党議員を通じて、また同年九月には国連総会に出席した宮澤喜一外務大臣を通じて、覇権反対が特定の第三国に向けられたものではないなどの条件を中国側が受け入れるならば、日本は反覇権条項の挿入に反対しないことを中国政府に伝えた。

しかし、川崎や宮澤が示した譲歩案を中国政府は受け入れなかった。その理由として、中国では、周恩来の死去（七六年一月）、大規模反政府デモならびにそれを武装警察が鎮圧した天安門事件（同年四月）、鄧小平の失脚（同年四月）、毛沢東の死去（同年九月）、四人組の逮捕（同年一〇月）など政治的混乱をもたらす出来事が相次いだため、日本政府との間で本格的な外交交渉を行う余裕がなかったことが指摘されている。さらにこの間、日本においてもロッキード事件の発生（七六年二月）や総選挙における自民党の敗北と三木内閣の退陣（同年一二月）などがあり、日中交渉は中断した。

事態が動き出すのは、一九七七年七月、共産党中央委員会総会で鄧小平が党副首席として政治の舞台に復活してからである。同年九月、鄧は日中友好議員連盟訪中団に対し、福田首相が決断すれば条約問題は「一秒間で済む」と発言し、交渉再開を望む姿勢を示した。改革・開放を通じて中国の近代化を目指す鄧にとって、平和友好条約締結は日本からの経済支援を促す上で重要なステップであった。さらに七七年末以降、ベトナムによるカンボジア攻撃の激化、ソ連のベトナム支援増大、ベトナムのコメコン加入、ソ連軍用機の中国国境侵犯事件などにより中ソ間の緊張が高まると、中国政府は対米・対日接近の動きを加速させた。

日本側も中国のこうした動きに応えた。一九七七年一一月の内閣改造後、福田首相は佐藤正二駐中国大使を通じて平和条約交渉再開を打診し、翌年二月、佐藤大使と韓念龍中国外交部副部長との間で予備折衝が行われた。この後、日中平和友好条約締結の妨害を目論むソ連から「日ソ善隣協力条約」の提案や、中国漁船による尖閣諸島周辺での示威行動があり、自民党内の親台湾派を中心として条約の早期締結慎重論が強まったが、交渉再開の大まかな流れを止めるまでには至らなかった。

とりわけ七八年五月三日の日米首脳会談において、米中国交正常化に積極的なカーター米大統領が反覇権条項を気にせず平和友好条約の早期締結を図るよう促すと、福田は党内調整を加速させ対中交渉に向けて動き出した。交渉は七月に再開され、懸案の反覇権条項については日本側がこれを受け入れる代わりに、中国側が「この条約は、第三国との関係に関する各締約国の立場に影響を及ぼすものではない」という一文の挿入を受け入れることにより妥協が成立した。こうして同年八月一二日、訪中して交渉にあたった園田直外相と中国の黄華外交部長の間で条約が調印されたのである。

3　意　義

平和友好条約は、日中双方にとって両国間の友好関係を確認する文書以上の意味をもつものであった。交渉当初から反覇権条項の挿入にこだわった中国にとって、それは敵対するソ連を強く意識したものであり、同時に米国との協力体制を構築するためのステップでもあった。日本にとっても、反覇権条項を受け入れることで、米中の反ソ戦略に事実上加担したことを示すものとなった。その一方で、尖閣諸島の領有権問題など日中両国の懸案事項は棚上げされた。

その後アジアでは、ソ越友好協力条約（七八年一一月）、米中国交正常化（同年一二月）、ベトナムのカンボジア侵攻（七八年末～七九年一月）、中国のベトナム侵攻（七九年二月）、中国政府による中ソ友好同盟相互援助条約不延長通告（同年四月）、ソ連のアフガニスタン侵攻（七九年一二月）などの出来事が相次ぎ、米中対ソ連という対立の図式が顕在化した。さらに、日中平和友好条約締結に反発したソ連による国後・択捉両島での軍事基地建設や空母ミンスク（四万三〇〇〇トン級）の極東配備などがあり、日ソ関係も急速に悪化していくのである。

参考文献

石井明・朱建栄・添谷芳秀・林暁光編『日中国交正常化・日中平和友好条約締結交渉――記録と考証』岩波書店、二〇〇三年。

殷燕軍『日中講和の研究――戦後日中関係の原点』柏書房、二〇〇七年。

江藤（猪股）名保子「中国の対外戦略と日中平和友好条約」『国際政治』第一五二号（二〇〇八年三月）。

緒方貞子（添谷芳秀訳）『戦後日中・米中関係』東京大学出版会、一九九二年。

古沢健一『日中平和友好条約――昭和秘史』講談社、一九八八年。

李恩民『「日中平和友好条約」交渉の政治過程』御茶の水書房、二〇〇五年。

若月秀和「日中平和友好条約の締結――国際環境における不安定化の中での決断」『法学政治学論究』（慶應義塾大学）第四二号（一九九九年九月）。

日中平和友好条約批准書交換式

批准書を交換し，握手する黄華（中央左）と園田直日中両国外相（1978年10月23日，東京・首相官邸）（時事）

日中平和友好条約　（抜粋）

（前文略）

第一条

1．両締約国は，主権及び領土保全の相互尊重，相互不可侵，内政に対する相互不干渉，平等及び互恵並びに平和共存の諸原則の基礎の上に，両国間の恒久的な平和友好関係を発展させるものとする。

2．両締約国は，前記の諸原則及び国際連合憲章の原則に基づき，相互の関係において，すべての紛争を平和的手段により解決し及び武力又は武力による威嚇に訴えないことを確認する。

第二条

両締約国は，そのいずれも，アジア・太平洋地域においても又は他のいずれの地域においても覇権を求めるべきではなく，また，このような覇権を確立しようとする他のいかなる国又は国の集団による試みにも反対することを表明する。

第三条（略）

第四条

この条約は，第三国との関係に関する各締約国の立場に影響を及ぼすものではない。

第五条以下（略）

出典：外務省ホームページ。
http://www.mofa.go.jp/mofaj/area/china/nc_heiwa.html，2016年４月30日アクセス。

44　日米防衛協力のための指針（一九七八年）——ガイドライン制定の政治過程

1　背景

一九六〇年の日米新安保条約締結により、米国の日本防衛義務が明確化された。しかし、実際に平時や有事の際、米軍と自衛隊の間でどのような防衛協力が行われるかについて明記した規定は存在しなかった。たしかに、一九五五年には両国の制服組によりソ連の日本侵略を想定した「日米共同統合緊急事態計画概要」が策定され、以後約二〇年間毎年改定が重ねられたが、この計画は幕僚レベルの研究の域を出るものではなく、政府間の正式な合意文書ではなかった。さらに、一九五〇年代から六〇年代にかけて米軍の優位は圧倒的であったため、日米防衛協力の必要性は日米両政府にとって必ずしも高いものとは認識されていなかった。また、日本の世論も有事を想定した二国間の軍事協力について議論することを望んでいなかったのである。

ところが米国の軍事的・経済的優位性に陰りが見え始めた六〇年代後半から七〇年代になると、状況は一変した。同盟国に対しより大きな防衛負担を求めたニクソン・ドクトリン（一九六九年）、金・ドル兌換停止（一九七一年）、米中和解（一九七一年）、サイゴン陥落（一九七五年）、在韓米軍削減の決定（一九七七年）などの一連の出来事は、米国の「アジアからの撤退」への懸念と「見捨てられる恐怖」を日本政府に抱かせることとなった。こうした中、自国の防衛力を強化し米国との防衛協力を緊密化することで、米軍の撤退を食い止めることが日本政府の課題となったのである。

2　展開

日米防衛協力の議論の発端は、一九七五年三月八日の参議院予算委員会における質疑であった。同委員会において社会党の上田哲議員が、シーレーン防衛をめぐる日米間の秘密協定の存在を追及したのに対し、同年四月二日、坂田道太防衛庁長官がその存在を否定する一方、海域分担の取り決めは必要であり今後十分な文民統制の下、米側と協議する旨の答弁を行った。坂田はのちに、「有事の際の防衛協力については、これまで日米間で何ら話し合われたこともなく、またその作戦協力について協議する機関もなかったのである。私としては、これは全く意外であり、驚きであった」（『防衛白書』一九七六年六月「刊行によせて」）と述べている。

だが、国会での坂田発言は野党から厳しい追及を受けた。その結果、当初の「海域分担」は「機能分担」に変更を余儀なくされ、さらに「防衛協力」へとトーンダウンした。また、政府内においても外務省は慎重姿勢を示し、三木武夫首相は一九六〇年の新安保条約に基づき設置された日米安保協議委員会（当時は日本から外務大臣と防衛庁長官、米国からは駐日大使と太平洋軍司令官が出席）の枠組みから踏み出さないよう丸山昂《こう》防衛局長に釘を刺した。

こうした中、七五年八月、来日したシュレジンジャー（James Schlesinger）米国防長官と坂田長官との間で日米防衛協力を促進するために、(1)日米安保協議委員会の下に新たな協議機関を設けること、(2)日本の防衛長官と米国防長官の間で定期協議を行うこと、の二点が合意された。この合意を受け、翌七六年七月、日米防衛協力小委員会が設置された（メンバーは日本側が外務省アメリカ局長、防衛庁防衛局長、自衛隊統合幕僚会議事務局長、米国側から在日米大使館公使、在日米軍参謀長）。この小委員会による約二年間の協議の結果、七八年一〇月、「日米防衛協力のための指針」（ガイドライン）が上申され、日米安保協議委員会の承認を経て、一一月二七日の閣議で了承された。

ガイドラインは三項目からなっていた。第一項では、日本に対する侵略を未然に防止するため、日本は「適切な規模の防衛力を保有し」、米国は「核抑止力を保持するとともに、即応部隊を前方展開し、及び来援し得るその他の兵力を保持する」ことが謳われた。第二項では、日本が武力攻撃を受けた場合の対処行動として、「限定的かつ小規模な侵略」は日本が独力で排除し、それが困難な場合は「米国の協力をまって、これを排除する」ことが、また、自衛隊の防戦範囲は「日本の領域およびその周辺海空域」とし「米軍は自衛隊の行う作戦を支援」するとともに「自衛隊の能力の及ばない機能を補完する」ことが明記された。第三項では、日本の安全に影響を与えるような極東での事態への共同対処については、随時協議することが謳われた。第一項および第二項はおもに日本側の懸案事項であり、第三項は米国側の関心事であった。

ガイドラインには二つの前提条件が付されていた。一つは、安保条約の事前協議や日本の憲法上の制約に関する諸問題ならびに非核三原則については協議の対象としないことであり、もう一つは、協議の結論は両国の立法・予算・行政上の措置を義務づけないということであった。これらの制約は、国会で野党の反対をかわすために、外務省や防衛庁内局が統幕幹部の反対を押し切って挿入したものであった。

ガイドライン制定後、日米間の共同訓練が活発化した。一九七八年には航空自衛隊と米空軍の、一九八一年には陸上自衛隊と米陸軍の共同訓練がそれぞれ開始された。ガイドライン制定以前より米海軍との共同演習を行っていた海上自衛隊も、一九八〇年には米国の他にカナダ、オーストラリア、ニユージーランドなどを含んだ環太平洋合同演習（リムパック）に初めて参加した。それまでは集団的自衛権の行使になるとして参加を見合わせていたが、ガイドライン制定後は「戦術技量の向上を図るため」という理由でこうした共同訓練への参加が正当化されるのである。

3　意　義

一九七六年に作られた「防衛計画の大綱」は、「基盤的防衛力構想」に基づき平時における日本の防衛力に量的制約を付加するものであった。だが、一九七〇年代末以降、ソ連の軍拡や日米貿易不均衡などを背景として、防衛力増強を求める米国の対日圧力が強まった。一九七八年に制定されたガイドラインは、予算上の義務を日米両政府に課さないことをその条件としたが、実際には米国が日本に対して行う防衛努力の要求に根拠を与えるものとなった。もっとも、日米の制服組の間では、ソ連の日本侵攻よりも朝鮮半島や台湾海峡における有事の方が可能性としてははるかに高いと想定されていた。しかし、極東有事に備えた日米協力の研究は、集団的自衛権の問題などもありほとんど進まなかった。極東有事に際しての具体的な行動計画は、一九九七年の「新ガイドライン」制定まで待たねばならなかったのである。

参考文献

佐道明広『戦後日本の防衛と政治』吉川弘文館、二〇〇三年。

武田悠「『日米防衛協力のための指針』策定をめぐる日米交渉――その意義と限界を中心に」『国際安全保障』第三六巻第四号（二〇〇九年三月）。

廣瀬克哉『官僚と軍人――文民統制の限界』岩波書店、一九八九年。

福田毅「日米防衛協力における三つの転機――一九七八年ガイドラインから『日米同盟変革』までの道程」『レファランス』二〇〇六年七月号。

松村孝省・武田康裕「一九七八年『日米防衛協力のための指針』の策定過程――米国の意図と影響」『国際安全保障』第三一巻第四号（二〇〇四年三月）。

村田晃嗣「防衛政策の展開――『ガイドライン』の策定を中心に」日本政治学会編『年報政治学　危機の日本外交　七〇年代』岩波書店、一九九七年。

吉田真吾『日米同盟の制度化――発展の進化の歴史過程』名古屋大学出版会、二〇一二年。

日米防衛協力のための指針（1978ガイドライン）（抜粋）

Ⅰ　侵略を未然に防止するための態勢

1　日本は，その防衛政策として自衛のため必要な範囲内において適切な規模の防衛力を保有するとともに，その最も効率的な運用を確保するための態勢を整備・維持し，また，地位協定に従い，米軍による在日施設・区域の安定的かつ効果的な使用を確保する。また，米国は，核抑止力を保持するとともに，即応部隊を前方展開し，及び来援し得るその他の兵力を保持する。

Ⅱ　日本に対する武力攻撃に際しての対処行動等

1　日本に対する武力攻撃がなされるおそれのある場合

日米両国は，連絡を一層密にして，それぞれ所要の措置をとるとともに，情勢の変化に応じて必要と認めるときは，自衛隊と米軍との間の調整機関の開設を含め，整合のとれた共同対処行動を確保するために必要な準備を行う。

2　日本に対する武力攻撃がなされた場合

（1）日本は，原則として，限定的かつ小規模な侵略を独力で排除する。侵略の規模，態様等により独力で排除することが困難な場合には，米国の協力をまって，これを排除する。

Ⅲ　日本以外の極東における事態で日本の安全に重要な影響を与える場合の日米間の協力

日本以外の極東における事態で日本の安全に重要な影響を与える場合に日本が米軍に対して行う便宜供与のあり方は，日米安保条約，その関連取極，その他の日米間の関係取極及び日本の関係法令によって規律される。日米両政府は，日本が上記の法的枠組みの範囲内において米軍に対し行う便宜供与のあり方について，あらかじめ相互に研究を行う。このような研究には，米軍による自衛隊の基地の共同使用その他の便宜供与のあり方に関する研究が含まれる。

出典：防衛省ホームページ。
http://www.clearing.mod.go.jp/hakusho_data/1979/w1979_9140.html，2016年４月30日アクセス。

45　第二次石油危機（一九七九年）——対米協調と石油確保のジレンマ

1　背　景

一九七九年二月、イランでイスラム革命が勃発した。親米路線を敷き近代化政策を推し進めてきたパーレビ国王が失脚し、パリに亡命していたイスラム教シーア派の宗教指導者ルーホッラー・ホメイニ師を中心とする反体制勢力が政権を握った。この革命により、非アラブ系主要産油国の一つであると同時に地政学的にも要衝の地にあるイランに援助を続けてきた米国は、中東政策の修正を余儀なくされることとなった。

日本にとっても、イラン革命とその行方は死活的な問題であった。一九七三年の第一次石油危機以降、日本はオイルメジャーおよびアラブ石油輸出国機構（OAPEC）への石油依存度を減らすために、非OAPECメンバーであるイランとの関係強化を図り、独自の石油輸入ルート開発を進めていた。革命前、日本はイランの原油総輸出量のおよそ四割を輸入し、日本の石油総輸入量に占めるイランの割合は一七％近くに達した。だが、革命勃発に伴いイランからの全世界向け原油輸出は一時ストップした。同年三月に輸出は再開されたものの、輸出量は日量五〇〇万バレルから三〇〇万バレルへ減少した。

一九七九年一一月、イラン情勢はさらに悪化した。エジプトに亡命していたパーレビ元国王を、米国のカーター政権が「人道的理由」（がんの治療）により米国へ入国させたことに反発したイスラム法学校の学生らが米国大使館を占拠、外交官やその家族など五〇名以上を人質に元国王の身柄引き渡しを要求したのである。

2　展　開

西側諸国は、大使館員の身柄拘束が「外交関係に関するウィーン条約」の明確な違反であるとして反発を強めた。しかし、テヘランに対する具体的制裁の内容については見解の相違が存在した。米国は人質事件直後、イランとの石油取引中止や在米イラン公的資産（約八〇億ドル）の凍結などを決定した上で、西側同盟諸国に同調を求めた。これに対し、イランの石油への依存度が比較的高い欧州や日本は、イランの孤立化はテヘランをモスクワに接近させかねないとの見地から、経済制裁に慎重な姿勢を示した。

事件直後、日本政府、とりわけ通産省は、イランとの合弁会社である石油コンビナート「イラン・ジャパン石油化学会社」（ＩＪＰＣ）の建設が中止に追い込まれることを懸念した。ＩＪＰＣは、民間企業による戦後最大の海外投資事業として三井物産を中心とする一〇〇を超える日本企業と二〇の日系銀行が関与していたが、イラン革命後の国内の混乱により資金不足が生じたため、日本政府は人質事件の一カ月前、同事業を国家プロジェクトに格上げして二〇〇億円の政府融資を決定したばかりであった。また、外務省では人質事件が数カ月で解決に向かうとの楽観論が支配的だった。

しかし、米国の対イラン禁輸措置により市場に流れたイラン産原油を複数の日本企業が高値でスポット買いしている事実が発覚すると、米国は日本を強く非難した。一九七九年一二月、米国務長官のヴァンスは、パリで会談した大来佐武郎《おおきたさぶろう》外相に対し、日本の行為は「無神経（insensitive）」であり米国の対イラン経済制裁を骨抜きにしていると強い調子で抗議した。

翌一九八〇年一月、米国は、国連全加盟国に対してイランへの食糧・医薬品以外の物資供給停止、新規信用・借款の停止などを求めた対イラン経済制裁決議案を国連安全保障理事会に提出した。この決議案がソ連の拒否権行使により否決されると、米国は四月七日、イランとの国交断絶および輸出即時停止措置に踏み切り、人質解放がこれ以上長引けば軍事行動も辞さないとの立場を明確にした。これ以降、米国は同盟国への圧力を強めた。駐日米大使のマンスフィールドは外務次官の高島益郎《たかしますお》に対し、日本もイランと断交することを米政府は望んでいると伝えた。

対米協調と石油の安定確保という二律背反的な状況で揺れ動く日本は、同様のジレンマを抱えるＥＣと歩調を合わせることで、国際的な孤立を避けようとした。たとえば、四月一〇日、リスボンでのＥＣ外相会議でイランからの事実上の大使召還が決定されると、日本は同様の措置を講じた。四月二二日、ルクセンブルグで開かれたＥＣ外相会議には大来外相が非公式に参加し、人質拘留が長引いた場合日本とＥＣは在テヘラン大使館員の人員削減や対イラン武器禁輸、そして食糧・医療品を除く物資の輸出規制などを実施することで合意した。つまり、日本とＥＣ諸国はイランとの関係を保つため石油の禁輸や国交断絶には反対する一方、米国が軍事行動に踏み切ることを抑止するため一定の経済制裁を課すことで一致したのである。

だが、外交努力や経済制裁はほとんど進展をもたらさなかった。人質拘留が長引くにつれ、米国国内では解決の糸口を見出せないカーター政権に対するいらだちが日増しに強まっていった。四月二四日、ついにカーターは軍事作戦を強行する。ところが、特殊部隊を投入したこの救出作戦は、イランの砂漠で輸送機とヘリが衝突し、一人の人質も救出できぬまま八名の米兵犠牲者を出して失敗に終わった。事前に通告を受けなかったＥＣ諸国は対米不信を深め、カーター政権内で軍事行動に反対していたヴァンス国務長官はこの作戦に抗議して辞任した。

救出作戦失敗により、米国による新たな軍事行動の可能性は当面遠のいた。だが、解決の糸口は予期せぬところからやってきた。一九八〇年七月、がんでパーレビ元国王が死去したことにより、人質拘留の大義名分が失われた。同年一一月の大統領選挙で現職のカーターが共和党候補のレーガンに敗れたことも、人質解放に有利に作用した。このような状況下で米国とイランは仲介国を通じて最終合意に達し、一九八一年一月二〇日、途中で解放された女性や黒人、病人を除く五二名が四四四日ぶりに釈放された。

3　意　義

イラン革命に端を発する第二次石油危機は、第一次石油危機と同様、日本に対して対米協調と石油確保のジレンマを突きつけることとなった。だが、両危機をめぐる日本の対応にはいくつかの相違が見られた。第一は、第二次石油危機の際、日本には約九五日分の石油備蓄があった上、クウェートやサウジアラビア、メキシコなど他の産油国から不足分を補うことができたため、イラン政府の圧力（原油価格吊り上げや供給停止）に対し比較的余裕をもって対応できたことである。一九八〇年四月、イラン政府が一バレルあたり三二・五ドルから三五ドルへの値上げを通告した際、日本政府は購入を拒否し石油業界もその決定に従った。第二は、危機への対応においてＥＣ諸国と共同歩調をとったことである。この戦略は、国際社会において日本が一定の発言力を保持することを可能にすると同時に、日本の孤立化を防ぐことにも寄与した。

なお、国家プロジェクトになったＩＪＰＣは、第二次石油危機の混乱を乗り越えて継続されたが、一九八〇年九月に始まったイラン・イラク戦争でプラントが空爆を受けるなどして事業が滞った。紆余曲折の末、一九八九年一〇月、三井物産と国営イラン石油化学会社の間で合弁事業解消が正式に合意された。

参考文献

木村修三「日本の中東政策」金沢工業大学国際学研究所編『日本外交と国際関係』内外出版、二〇〇九年。

佐々木伸「相互依存関係の中のイラン経済制裁」『国際問題』第二四六号（一九八〇年九月）。

丸山直起「中東と日本外交――『顔の見えない外交』からの脱却」『国際問題』第四四四号（一九九七年三月）。

M. M. Kunju, *Japanese Policies in the Middle East*, New Delhi: Trust Books, 2004.

Michael M. Yoshitsu, *Caught in the Middle East: Japan's Diplomacy in Transition*, Lexington, M.A.: Lexington Books, 1984.

第Ⅲ部　貿易摩擦と歴史問題——一九八〇年代

レーガン米大統領来日

レーガン大統領（右）に紅葉の説明をする中曽根康弘首相
（1983年11月11日，東京・日の出町の「日の出山荘」）（時事）

解　説

一九八〇年代の国際環境

一九八〇年代の国際環境は、米ソ新冷戦の幕開けとともに推移した。六〇年代後半から七〇年代後半にかけて、米ソ間では政治的対話や核兵器削減交渉などが進展し、いわゆる「デタント」と呼ばれる時代が続いたが、一九七九年一二月のソ連によるアフガニスタン軍事侵攻を契機として再び緊張が高まった。西側諸国は抗議の一環として翌年のモスクワ五輪をボイコットし、その四年後、今度は東側諸国が報復措置としてロサンゼルス五輪をボイコットした。

米国では一九八一年に就任したロナルド・レーガン大統領がソ連を「悪の帝国」と呼んで対決姿勢を鮮明にした。レーガン政権は、前カーター政権が打ち出した在韓米軍撤退計画を白紙に戻し、戦略防衛構想（ＳＤＩ）や巡航ミサイルの製造などの軍拡路線を通じた「力による平和」戦略を推し進めた。米国との熾烈な軍拡競争を強いられたソ連は、アフガニスタン侵攻の泥沼化による財政悪化も影響して国家経済が破綻に追い込まれ、それが冷戦の終結・ソ連の崩壊といった一連の出来事への遠因となった。

こうした環境の下、八〇年代の日本外交はいくつかの大きな課題に直面した。なかでも、同盟国である米国との貿易摩擦ならびにアジア・太平洋戦争の最大の被害国である中国との歴史問題は、この時期日本が取り組んだ外交課題の中では際立ったものであった。

貿易摩擦

戦後の日米貿易摩擦は、古くは五〇～六〇年代の繊維問題に始まり、その後鉄鋼、カラーテレビ、自動車、半導体といった具合に付加価値の高い製品へと移行した。摩擦は通常、日本製品の輸入で被害を受けた米国の生産者が地元議員を通じて米国政府に圧力をかけ、その結果日米両政府による交渉が開始されるというプロセスを辿った。そして多くの場合、最終的には日本の生産者が「自主的」に対米輸出の数量を制限するという「輸出自主規制」により解決が図られてきた。

この「自主規制」方式は、日米双方にとって受け入れ可能な解決方法だった。米国にとっては「自由貿易」の旗を降ろさずに国内産業を保護することができ、日本にとっては米議会や生産者の不満を緩和しつつ販売価格の引き上げ等により輸出企業が被る損失を最小限に抑えることができたからである。七〇年代まで、米国政府は少なくとも建前上は自由貿易の原則をみずから曲げることを好まなかったし、ごく稀なケースを除いて貿易問題を日米関係の中心的な議題とすることはなかった。

だが、八〇年代に入ると状況は徐々に変わり始めた。米国はレーガン政権の下、大規模減税や軍事予算の増大などによりもたらされた財政赤字と、高金利政策により生じたドル高を受けて国内企業が競争力を失ったことに起因する貿易赤字のいわゆる「双子の赤字」を抱えた。一九八五年には米国の貿易赤字は一二〇〇億ドル近くにまで膨れ上がり、そのうち対日貿易赤字額は約五〇〇億ドルに達した。

対日不均衡を是正するため、米国政府は具体的な数値目標を掲げながら、報復措置に訴える構えを見せたり、実際に報復措置を発動したりすることで、日本に譲歩を迫るようになった。たとえば一九八六年に締結された半導体協定は日本にダンピング輸出の監視と外国製半導体の対日輸入促進を義務づけたが、その際非公開のサイド・レターにおいて日本政府は、日本市場における外国製半導体販売シェアが五年間で二〇％に達することが可能であり、その実現を歓迎するとして具体的な数値に言及したのである。

八〇年代後半から九〇年初頭にかけて、米国は個別品目の市場開放に加えて、日本のマクロ経済政策や商慣行、貯蓄などのいわゆる「構造障壁」を問題視するようになった。一九八九年九月に始まった日米構造協議において、米側は公共投資の大幅な増額、量販店など大型店の出店を規制する大規模小売店舗法の廃止、通関時間の短縮、独占禁止法の改正、株式所有制限の強化などを日本に要求した。米側がこうした構造問題を取り上げるようになった背景には、円高・ドル安を誘導した一九八五年のプラザ合意以後も米国の対日貿易収支が改善しないことや、他の先進国の市場では高い競争力のある特定の米国の製品が、日本市場では同等のシェアを獲得できないことなどに対するフラストレーションがあった。

日本に対する不満の蓄積は、この時期米国内で「日本異質論」が台頭する素地を作った。異質論者は、日本の経済システムが欧米の資本主義システムと根本的に相容れないものとした上で、日本に対しては他の先進国とは異なる対応をすべきであると主張した。それらは具体的に、日本経済の「封じ込め」論から交渉における数値目標の導入に至るまで様々であった。数値目標に基づく結果重視の姿勢は、八六年の半導体協定や九三年に始まった日米経済包括協議で米政府により執拗に追求された。だが、まさにその数値目標導入をめぐり決裂した九四年の細川・クリントン会談以降、米政府は結果重視の貿易政策から距離を置くようになった。さらに、九〇年代以降のバブル崩壊による日本経済の低迷や、米国の貿易赤字に占める日本の割合の低下などにより貿易摩擦が沈静化するにつれ、「日本異質論」も影を潜めていった。

歴史問題

八〇年代の日本外交のもう一つの主要課題は、アジア諸国、とりわけ中国との「歴史問題」だった。具体的には、第一次教科書問題（八二年）、靖国神社公式参拝問題（八五年）、第二次教科書問題（八六年）などである。またこの時期、藤尾《ふじお》正行《まさゆき》文相（八六年）や奥野《おくの》誠亮《せいすけ》国土庁長官（八八年）などの日本の閣僚らによる戦前・戦中の日本の侵略行為を相対化する発言が相次ぎ、中国政府などから強い批判を浴びた。

もちろん、八〇年代以前にも「歴史問題」が存在しなかったわけではない。中国政府はたびたび「日本の軍国主義の復活」を批判するキャンペーンを展開し、そうしたキャンペーンはサンフランシスコ講和条約締結前後、五〇年代後半の岸内閣期、そして六〇年代後半から七〇年代初頭にかけての佐藤内閣期にピークに達した。また、七二年の日中首脳会談では、田中角栄首相の「我が国が中国国民に多大のご迷惑をおかけした」との発言に周恩来首相が「道端でうっかり女性の着物に水をかけたことをわびる程度の意味」と批判し、その直後に出された日中共同声明では「日本側は過去において日本国が戦争を通じて中国国民に重大な損害を与えたことについて責任を痛感し、深く反省する」という文言が明記された。

だが、七〇年代までの中国の対日批判はおおむね抑制されたものであった。中国政府は「日本軍国主義」と「日本人民」を明確に区別し、前者には罪があるが後者に罪はないとする立場を維持した。とりわけ、国境をめぐり中ソ対立が激化した六〇年代末以降は、国交正常化（七二年）や平和友好条約の締結（七八年）など日中間の関係改善が最優先される中で、歴史問題や領土問題などの懸案事項は脇に追いやられた。中国は日本に対して戦争賠償を放棄し、日本も巨額の円借款供与を約束することでそれに応じるなど、双方が友好関係の構築・促進に努めた。

しかしながら、八〇年代になるとこうした状況が変化した。中国では、経済大国化した日本が政治大国の道を歩むのではないかという懸念が高まった。とりわけ、八二年に誕生した中曽根内閣が「戦後政治の総決算」を掲げ、教育基本法の見直しや靖国神社公式参拝、防衛費の一％枠撤廃など伝統的国家主義の色彩の濃い政策を追求するにつれ、中国政府は警戒を強めた。さらに、八〇年代初頭、中国国内において鄧小平の推進する「改革開放路線」をめぐって改革派と保守派の対立が顕在化したが、歴史問題はそうした中国指導部内の政争の具にされたとの指摘もある。日本側においても、経済大国化に伴う国家としての自信の回復、日本的価値を肯定的に捉える「日本人論」や「日本文化論」の台頭、それまでの教育現場における「自虐的歴史観」に対する反動など、国内における保守化傾向が、規模は小さいながらも徐々に強まっていった。歴史問題が八〇年代に日中間の懸案事項となる背景には、こうした要因があった。

もっとも、この時期の日中両政府は話し合いによる解決を最優先し、歴史問題が二国間関係に重大な亀裂をもたらすことがないよう細心の注意を払った。八二年の第一次教科書問題では、日本政府は教科書検定に際して近隣アジア諸国に必要な配慮を行うとする「近隣諸国条項」を検定基準に盛り込むことで譲歩を示した。八五年の靖国神社公式参拝問題では、中曽根首相は中国からの強い批判を受け、以後の参拝を自粛した。八六年の第二次教科書問題では、中曽根首相みずからが文部省に指示し、問題の指摘された「日本を守る国民会議」編の日本史教科書の内容を数カ所にわたり修正させた。さらに、同年に日本の侵略に関して問題発言をした藤尾文相は罷免され、八八年には奥野国土長官がみずから発言の責任をとって辞任した。

中国の側でも、対日批判は慎重にコントロールされた。教科書問題や靖国問題で日本政府の提示した譲歩を最終的には受け入れ、比較的早期の幕引きを図った。中国政府が歴史問題を「外交カード」に使ったり、「愛国教育」や「愛国キャンペーン」の道具として積極的に政治利用したりするのは、おおむね九〇年代以降のことである。

実際、八〇年代は日中関係が戦後史の中できわめて良好な時期でもあった。趙紫陽首相の訪日（八二年）、胡耀邦総書記の訪日（八三年）、中曽根首相の訪中（八四年）といった首脳間の相互訪問が相次ぎ、それらの機会に「日中友好二一世紀委員会」の設置、第二次対中円借款（四七〇〇億円）供与の決定、中国への日本青年三〇〇〇人招待計画などが相次いで発表された。「改革開放政策」を推し進める中国にとって、日本は投資・援助・貿易の面で貴重な存在であったし、日本においても中国の安定的成長は自国の経済ならびに地域の安全保障にとって重要であることが十分認識されていた。八〇年代は、歴史問題が日中関係の主要争点となりつつも、双方が友好関係の維持・強化の観点から相互抑制を働かせていた時代でもあったのである。

吉田路線への批判

「軽武装」・「経済重視」・「日米安保条約による安全の確保」という吉田路線は、紆余曲折を経ながらも七〇年代に制度化が進み、日本外交の基本政策となった。だがこの路線は、日本が名実ともに経済大国として台頭する八〇年代に同盟国の米国から強い批判を受けることになる。

すでに見たように、レーガン政権は軍拡路線で「強い米国」を強調するが、それを支える経済は貿易赤字と財政赤字の双子の赤字に陥っていた。一方で、貿易赤字の多くの部分が日本からの輸入によりもたらされていること、その日本は経済大国となったにもかかわらず軍事面で米国に依存し続けていることから、米国内で日本に対する「安保ただ乗り」論が台頭した。「日本は自国の安全保障を米国に肩代わりさせる一方で、米国の生産者の犠牲の上に巨額の富を構築している」といった批判が高まり、議会では日本に対しGNPの三%を防衛予算に割り当てることを要求する法案が下院を通過するなど、対日強硬論が勢いを増した。またこの時期、東芝機械ココム違反事件やFSX問題など、安全保障の問題が貿易問題とリンクされるようになった。もはや日本経済は、日本に「軽武装」を許さない規模に達していたのである。

「安保ただ乗り」批判をかわすため、日本政府は防衛予算の増額や政府開発援助(ODA)の拡大など、より大きな「責任分担」を受け入れた。八七年には防衛予算がGNP一%を突破し、八九年には日本のODA予算が米国を抜き世界最大となった。また、同年代にシーレーン防衛へのコミットメントや環太平洋合同演習(リムパック)への参加など、日米防衛協力を一段と強化した。さらに日本は、貿易黒字で得た資金の多くを米国債の購入に充てることで、米国の財政赤字の一部を補塡した。米国債の購入は、レーガン政権の軍拡路線を可能とし、米国の覇権国としての地位を財政的に支えることとなった。

しかしながら、こうした貢献には限界があった。たしかに八〇年代の一〇年間で日本の防衛費の絶対額は倍増したが、対GNP比では一%程度にとどまった。この水準は、米国(六%)は言うに及ばず、NATO諸国の平均(三・一%)と比べてもかなり低いものだった。その上、日米同盟の役割分担の内実が、基本的に米国が軍隊を提供し日本が基地(+思いやり予算)を提供するという非対称的なものである限り、日米安保条約の「不均等性」、すなわち、「有事の際米国は日本を助けるが日本は米国を助けに来ない」ことに対する米国側の不満(その正当性は別として)を解消することは困難だった。さらに、冷戦が終結し、民族紛争やテロリズムなど安全保障上の課題が多元化・グローバル化するにつれ、日本は「一国平和主義」を超えて国際社会の平和と安全のために一層の貢献をすることが求められるようになるのである。

八〇年代の日本は、経済大国として国際社会に台頭し、平和と繁栄を享受した。それを支えたのが吉田路線であったといっても過言ではない。この路線は、吉田茂以後の首相にも受け継がれ、戦後日本外交の基軸として定着した。だが、日本が経済大国化するにつれて、吉田路線の存続を可能にした諸条件も変化した。それまでの外交基盤を継続することが困難となったのである。皮肉にも、吉田路線はそれがもたらした成功のために、修正を余儀なくされていくのである。

戦後日米貿易摩擦主要年表

年	内　容
1957	日米綿製品協定締結（輸出自主規制）
1960	米電子工業会（EIA）が日本のテレビメーカーをダンピング提訴
1966	対米鉄鋼輸出自主規制
1968	EIA が日本製テレビを再度ダンピング提訴
1970	日米繊維交渉開始→72年，輸出自主規制を盛り込んだ日米繊維交渉締結
1977	カラーテレビ市場秩序維持（OMA）協定締結
1978	牛肉・オレンジ交渉決着（輸入枠拡大）
1981	対米自動車輸出自主規制実施（〜84年）
1985	市場志向型分野別（MOSS）協議開始→86年決着（エレクトロニクス，電気通信など）
1986	日米半導体協定締結
1988	牛肉・オレンジ交渉最終決着（輸入割当撤廃）
1989	日米構造協議（SII）開始→90年最終報告
1991	新半導体協定締結
1993	日米包括経済協議開始→94年，知的所有権，政府調達分野等で決着。95年，金融，自動車分野等で決着。96年，保険分野で決着

出典：高坂正堯・佐古丞・安部文司『戦後日米関係年表』PHP 研究所，1995年。外務省ホームページ：http://www.mofa.go.jp/mofaj/area/usa/keizai/nenpyo.html，2016年4月30日アクセス。

46　総合安全保障構想（一九八〇年）——多元化する脅威認識

1　背景

一九七〇年代半ばから後半にかけて、日本国内では安全保障を軍事的側面のみでなく、自然災害や経済を含めて幅広く捉える傾向が強まった。その直接の引き金は、一九七三年の石油危機である。同危機は、日本の経済活動や生活インフラがいかに石油の安定確保に依存しているかを露呈させ、同時に資源外交の重要性を強く認識させる結果となった。また、この時期顕著になった米国の相対的国力の低下も、日本の安全保障概念の再定義に影響を与えた。とりわけ、国際通貨体制や自由貿易体制の維持、さらに、台頭しつつあった南北問題にいかに対処するかといった問題が、日本外交の大きな課題となったのである。

「総合安全保障」の概念はこうした背景の下に生まれたものであり、当初は経済界やシンクタンクなどで活発に議論された。たとえば、一九七八年六月、関西経済同友会が「総合安全保障の確立をめざして」という文書を発表したのを皮切りに、三菱総合研究所も『日本経済のセキュリティに関する研究』という報告書において「総合安全保障体系」を提示した。一九七七年一二月には、野村総合研究所が『国際環境の変化と日本の対応』の中で「総合セキュリティ」を論じている。政党では、一九七六年に自民党を離党した議員らで結成された新自由クラブが、その基本理念において、⑴資源安全保障、⑵食糧安全保障、⑶エネルギー安全保障の三本柱からなる経済安全保障の推進を提唱している。総合安保の議論がおもに経済界において活発化した背景には、七〇年代の日本が直面した諸問題に対してとりわけ経済界が危機意識を募らせていた事実を反映していたと言ってよい。

2　展開

こうした中、福田赳夫との事実上の一騎打ちとなった一九七八年一一月の自民党総裁選挙において、大平正芳はみずからの基本政策の一つとして「総合安全保障戦略」を提唱した。大平は、経済協力や文化外交などの外交努力を強化する形で総合的に日本の安全を図る必要性があると考えていた。福田を破って首相に就任した大平は、翌七九年四月、専門家から成る「総合安全保障研究グループ」を発足させ、政策の具体化を図った。

同グループのメンバーには、座長の猪木正道（平和・安全保障問題研究所理事長）や、報告書の執筆にあたった幹事役の高坂正堯（京都大学教授）をはじめ、江藤淳（東京工業大学教授）、木村汎（北海道大学教授）、佐瀬昌盛（防衛大学校教授）、佐々淳行（防衛庁人事教育長）、佐藤誠三郎（東京大学教授）、中嶋嶺雄（東京外国語大学教授）、渡部昇一（上智大学教授）など合計二一名が名を連ねた。

数度の討議を経て、研究会は一九八〇年七月に報告書を提出する。報告書はまず、安全保障をその対象領域と対処方法において複合的・総合的なものであると位置づけた上で、一九七〇年代における最大の国際情勢の変化を軍事・経済両面における米国の優位性の終焉と捉えている。その前提に立って、以下の六つの分野において具体的な政策課題を論じている。⑴日米関係＝緊密な二国間関係の維持が日本の総合安全保障にとって最重要である。日本は米国との軍事協力を積極的に推進すべき。⑵自衛力の強化＝今日の自衛隊は必要最低限の拒否力を備えていない。日本は防衛費を現状の二〇％程度増額すべき。⑶対中・対ソ関係＝近年の日中接近に伴い、日ソ関係は冷却化した。日本はソ連から脅威とも脆弱とも見られないようにすることが重要。⑷エネルギー安全保障＝安価で豊富な石油の時代は終焉した。安定的供給確保のため、国際協力を促進すると同時に日本と産油国との関係強化を図るべき。⑸食糧安全保障＝自給率の引き上げも完全貿易自由化も現実的ではない。食糧確保のためには、途上国への農業協力を促進すると同時に国内備蓄の拡充や生産性の向上を図るべき。⑹大規模地震対策＝予知能力の向上、通信網の整備、食糧・医薬品等の備蓄の確保を目指す。報告書は最後に、安全保障政策を総合的に推進するための「国家総合安全保障会議」の設立を提唱した。

ただ、報告書完成一カ月前の一九八〇年六月、大平首相は急死する。翌月、報告書はスポンサーを失ったまま総理大臣臨時代理の伊東正義氏に提出されることとなった。

3　意　義

一九七〇年代後半は、日米経済摩擦が激化し防衛力増強を求める米国の対日圧力が高まった時期に重なる。そうした中で作成された報告書の意義については、いくつかの異なる見方が存在する。一つは、報告書が対GNP比一％を超える防衛費の増強を容認している点や、その策定プロセスがソ連のアフガニスタン侵攻を受けて米国の対日防衛力増強の圧力が高まった時期と重なることなどから、防衛力増強のための理論武装の役割を果たしたとする考えである。当時野党の多くは、総合安全保障論を「右傾化の証」と捉える傾向があった。

もう一つは、報告書を防衛力増強圧力への歯止めと位置づける見方である。大平自身、防衛力の増強に必ずしも積極的ではなかったことはよく知られている。総合安全保障論は安全保障における軍事的側面を相対化したが、これは国際貢献における経済援助の価値を高めることに繋がり、軍事的貢献に限界のある日本にとっては好都合なものだった。実際、一九七〇年代後半から八〇年代にかけて、日本の経済援助はそれまでのヒモ付き型の「経済協力」に加えて、エジプトやトルコなど西側同盟諸国にとって戦略的に重要な国家への支援を積極的に行うようになっていた。

総合安全保障論の登場は、当時の日本が置かれた状況に鑑みてある意味自然な成り行きだったと言えよう。専門家の間では、報告書が提起した課題や方法論などについて一定の評価を与える声が多い。だが、それが政策に与えた影響は、きわめて限定的・間接的なものでしかなかった。デタントから新冷戦といった国際情勢の変化や、大平の死といった要因がその背景にあることは間違いない。また、総合安全保障という概念が、報告書作成者の意図を離れて独り歩きし乱用されたことも、政策の指針として有効に活用されなかった一因と考えられよう。

参考文献

衛藤瀋吉・山本吉宣『総合安保と未来の選択』講談社、一九九一年。

坂井昭夫「『総合安全保障論』の形成とその本質」『関西大学商学論集』第二六巻第四号（一九八一年一〇月）。

佐道明広『戦後日本の防衛と政治』吉川弘文館、二〇〇三年。

内閣官房内閣審議室分室・内閣総理大臣補佐官室編『総合安全保障戦略——総合安全保障研究グループ』大蔵省印刷局、一九八〇年。

中西寛「総合安全保障論の文脈——権力政治と相互依存の交錯」日本政治学会編『年報政治学　危機の日本外交　七〇年代』岩波書店、一九九七年。

野口雄一郎「総合安全保障構想への疑問」『世界』第四二〇号（一九八〇年一一月）。

Robert W. Barnett, *Beyond War: Japan's Concept of Comprehensive National Security*, Washington, D.C.: Pergamon-Brassey's, 1984.

J.W.M. Chapman, R. Drifte, and I.T.M. Gow, *Japan's Quest for Comprehensive Security: Defense, Diplomacy, Dependence*, New York: St. Martin's Press, 1982.

総合安全保障研究グループのメンバー（肩書きは当時）

氏名	肩書き
猪木正道（議長）	平和・安全保障研究所理事長
飯田経夫（幹事）	名古屋大学教授
高坂正堯（幹事）	京都大学教授
飽戸　弘	東京大学助教授
江藤　淳	東京工業大学教授
大須敏生	大蔵省国際金融局国際機構課長
加納時男	東京電力省エネルギーセンター副所長
木下博生	通商産業省大臣官房秘書課長
木村　汎	北海道大学教授
久世公堯	自治省大臣官房審議官
黒川紀章	建築家
鴻巣健治	農林水産省大臣官房企画室長
佐瀬昌盛	防衛大学校教授
佐々淳行	防衛庁人事教育局長
佐藤誠三郎	東京大学教授
曽野綾子	作家
棚橋　泰	運輸省大臣官房審議官
豊島　格	日本貿易振興会パリ・ジャパン・トレード・センター所長
中嶋嶺雄	東京外国語大学教授
渡辺幸治	外務省大臣官房参事官
渡部昇一	上智大学教授
岡田康彦（書記）	大蔵省大臣官房調査企画課課長補佐
齋藤泰雄（書記）	外務省アジア局北東アジア課課長補佐
平野健一郎（アドバイザー）	東京大学助教授
山本　満（アドバイザー）	法政大学教授

出典：「大平総理の政策研究報告書 5　総合安全保障戦略」
http://www.ioc.u-tokyo.ac.jp/~worldjpn/documents/texts/JPSC/19800702.O1J.html，2016年 4 月30日アクセス。

47　日本車対米輸出自主規制（一九八一年）――ハンマーで叩き壊された日本車

1　背景

一九七九年のイラン革命に端を発する第二次石油危機の影響により、米国ではガソリン価格が高騰した。その結果、燃費のよい小型車の需要が高まり、その性能面で評価を得ていた日本車の輸入が増加した。実際、一九八〇年には米国市場における日本車のシェアは前年の九・二％から二一・一％へ倍増した。一方で、小型車への対応に遅れた米国自動車メーカーは軒並み赤字を計上し、八〇年八月の時点でレイオフ（一時解雇）者数が二五万人を超えた。レイオフされた労働者が日本車をハンマーで叩き壊したり、日本人と間違えられた中国人青年が撲殺されたりする事件が発生し、大きな社会問題に発展した。

こうした動きを受けて、米議会ではミシガンやオハイオなど自動車産業を抱える各州選出の議員らが、日本車に対する輸入規制を求めてカーター政権に圧力をかけた。八〇年二月に来日した全米自動車労働組合（ＵＡＷ）のフレーザー会長は、対米投資による日本車の現地生産を求め、それが困難な場合は輸出自粛を強く訴えた。

日本車の輸入が政治問題化しつつあったにもかかわらず、カーター政権は輸入規制などの保護主義的な政策をとることに反対した。米通商代表部のアスキュー代表や大統領経済諮問委員会のイーヅ委員らは議会の公聴会で証言し、米自動車メーカーの業績不振は一時的なものであること、輸入制限を行ってもそれによって創出される雇用は二万人程度であることなどから、日本に対しては保護主義ではなく、現地生産や米国車に対する輸入障壁の撤廃などの規制緩和を求めることを主張した。

2　展開

日本の自動車メーカーは、ホンダを除いて現地生産化には消極的だった。自動二輪車の海外生産の経験をもつホンダは、すでに米国オハイオ州の自社の自動二輪車工場の隣接地に小型乗用車の生産工場建設を予定していたが、国内大手のトヨタや日産は、石油価格が安定した後の小型車の需要の不透明さや巨大な投資額、日本とは異なる労使関係などを理由に米国現地生産に踏み切ることに難色を示した。

こうした中、八〇年五月、アスキュー通商部代表は竹下登大蔵大臣との会談で、日本における米自動車部品の関税撤廃や輸入車検査の簡素化などの合意取り付けに成功する（「アスキュー・パッケージ」）。たが、UAWはそれに満足せず、同年六月、日本車の輸入規制を求めて、「一九七四年通商法二〇一条」に基づいた提訴を米国国際貿易委員会（ITC）に行った。同条項は、国内産業が外国製品の輸入により重大な被害を受けたかその恐れのある場合、大統領はITCの勧告に基づき輸入規制措置を実施できる旨規定していた。八月には、自動車メーカーのフォードやクライスラーも同様の提訴を行った。しかし、一一月に下されたITCの判定は「シロ」、すなわち、日本車の輸入は米国自動車産業に被害を与えていないというものであった。この結果は、UAWやその他の規制推進派の期待を大きく裏切るものであった。だが、通商法二〇一条の適用が困難になったことは、かえって米国の日本に対する輸出自主規制の圧力を高めることとなった。

一九八一年一月、レーガン政権が発足すると、事態は動き始める。政権内では当初、リーガン財務長官やヘイグ国務長官らに代表される規制反対派と、ルイス運輸長官やボルドリッジ商務長官、ブロック通商代表などの規制容認派らが対立したが、議会では日本車輸入を規制するための法案が相次いで提出されており、政権に対する圧力が高まっていた。中でも最も成立の可能性が高かったものは、二月に上院に提出された超党派のダンフォース・ベンツェン法案であった。同法案は、一九八一～八三年の期間、日本車輸入を年間一六〇万台に制限するというものであった。

自由貿易を標榜するレーガン政権は、この法案が通過した場合、拒否権発動も辞さない構えを見せた。だが、そうすれば議会との対立が決定的となることは間違いなかった。そこで解決策として浮上したのが、日本に対し輸出自主規制を求めることであった。この措置は、米国が自由貿易の原則を曲げることなく自国産業を保護することを可能とするものであり、規制に反対していた政権内の自由貿易派にも受け入れ可能な選択肢であった。

輸出自主規制は、日本のメーカーにとっても受容しうる策であった。高まる対日批判を懸念した通産省の指導の下、日本の自動車メーカーはすでに前年の八〇年から自動車の対米輸出を自粛していた。現地生産に比べればはるかにコストが低い上、自粛による損失は販売価格の引き上げや付加価値の高い車種への転換により補塡することが可能であった。

こうして、八一年四月末、日米両政府は三年にわたって続いた日本車の対米輸出自主規制交渉で合意に達し、五月一日に通産大臣談話としてその骨子が発表された。内容は、(1)八一年度の輸出総数は一六八万台（前年比七・七％減）、(2)八二年度は米国市場の需要拡大に応じて前年実績に一定率を上乗せする、(3)八三年度は米国市場の動向を見ながら規制の継続の可否を前年度の終わりに検討する、というものであった。

3　意　義

当初の合意では、日本車の対米輸出自主規制の実施期間は最大で三年間であった。だが、実際には自主規制はその後一〇年間継続した。米国では、日本車の輸出自主規制による国内自動車価格の上昇や経営合理化、景気回復などにより、八三年までに三大メーカーすべてが黒字を計上するまでに業績が回復したが、雇用状況は改善の兆しが見られなかった。したがって、米自動車業界では労使を問わず規制継続を望む声が強かった。

日本政府は表面上自主規制の継続には反対した。しかし一方で、対米貿易黒字の増大や農産物などの市場開放問題で米国内における対日批判が高まっていたため、規制を撤廃してUAWや議会を刺激することは得策ではなかった。当事者である日本のメーカーにとって、輸出自主規制は事実上のカルテルであり、結果的に多額の利益をもたらした。また、米議会におけるローカルコンテント規制（米国内で生産を行う外国企業に対し原料や部品などを一定の割合で現地すなわち米国内で調達するよう義務づけること）の動きもあり、一九八〇年代末までには日産やトヨタも現地生産を開始していた。その結果、八七年以降は対米輸出台数が自主規制枠を下回るようになり、日本車の輸出自主規制は有名無実化するのである。

一九九三年、輸出自主規制などの措置を禁止したGATT＝ウルグアイ・ラウンドの最終合意が成立した。これを受けて、日米間で日本車の対米輸出自主規制が再検討された結果、翌九四年三月をもって規制を撤廃することが決まったのである。

参考文献

小尾美千代『日米自動車摩擦の国際政治経済学——貿易政策アイディアと経済のグローバル化』国際書院、二〇〇九年。

蒲島郁夫・松原望「日米経済紛争の収束過程——日米自動車交渉をケースとして」『レヴァイアサン』第五号（一九八九年秋）。

草野厚「一九八〇年七月——幻の自動車自主規制」『中央公論』第九八巻第一二号（一九八三年一一月）。

谷口将紀『日本の対米貿易交渉』東京大学出版会、一九九七年。

I・M・デスラー、佐藤英夫編（丸茂明則監訳）『日米経済紛争の解明——鉄鋼・自動車・農産物・高度技術』日本経済新聞社、一九八二年。

樋渡由美「国際化の国内政治的基盤——日本の自動車産業と輸出自主規制」『レヴァイアサン』第二一号（一九九七年一〇月）。

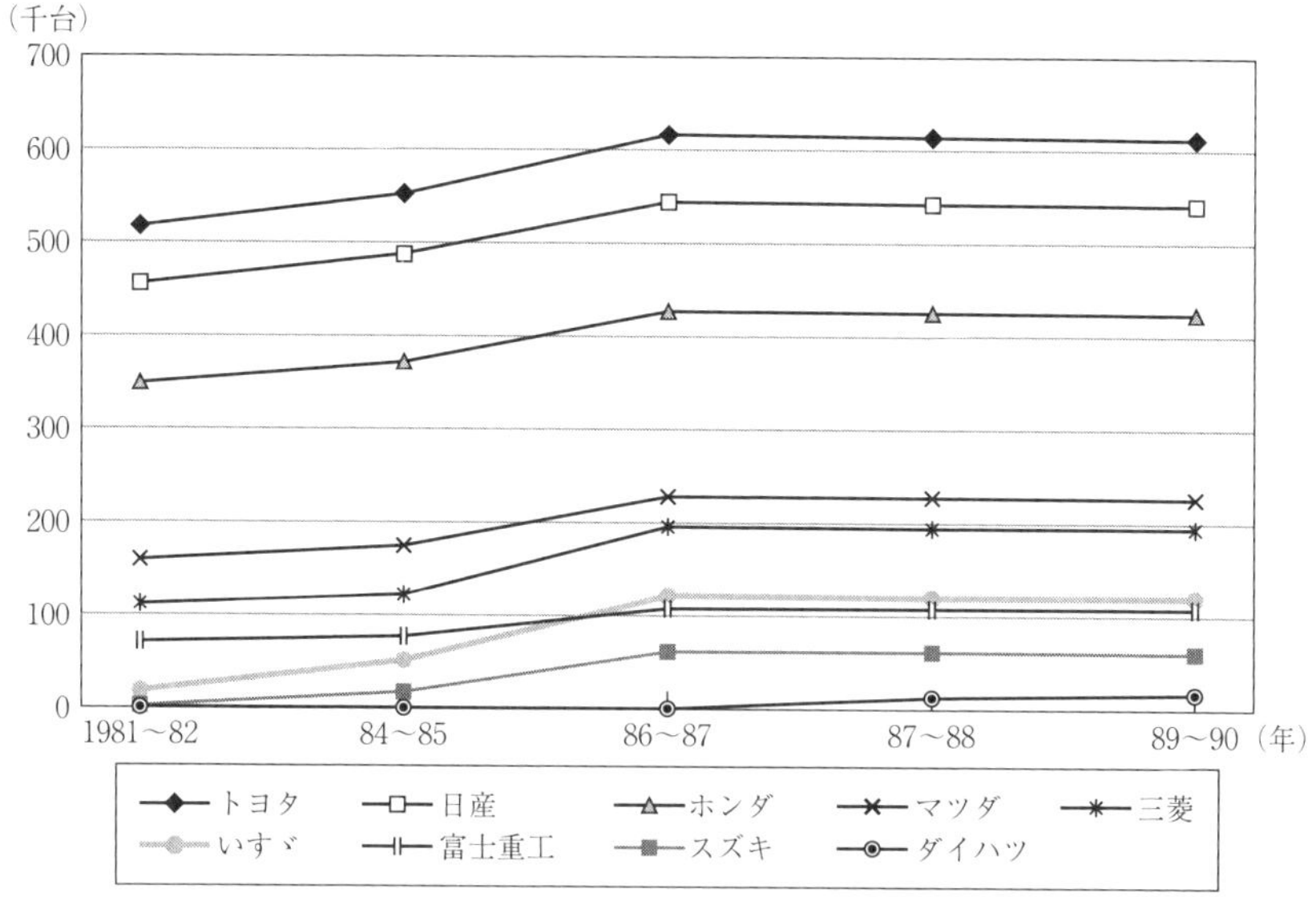

輸出自主規制によるメーカー別規制枠

出典：小尾美千代『日米自動車摩擦の国際政治経済学――貿易政策アイデアと経済のグローバル化』国際書院，2009年，より作成。

48 鈴木首相のシーレーン防衛発言（一九八一年）――日米「同盟」の役割分担

1 背景

貿易立国の日本にとって、海上輸送交通路の安全確保は国土防衛と同様、安全保障上きわめて重要な課題である。第二次世界大戦中、日本は米軍の攻撃で八一〇万トン以上の商船を失い、物資の輸送路や補給路を断たれた末に敗北した。戦後発足した海上自衛隊の任務は、当初、主に沿岸警備、とりわけ日本近海の掃海作業に限定されていたが、一九七〇年代以降、米第七艦隊の活動範囲が西太平洋からインド洋に広がるにつれ、日本国内でもシーレーン防衛が本格的に議論されるようになった。

だが、シーレーン防衛の中身や有効性について統一した見解が存在したわけではなかった。たとえば、関野英夫元海軍中佐を中心とする旧海軍や海上自衛隊（制服組）は、米ソ核抑止均衡の下では日本への直接侵略よりも海上交通路への破壊行為の可能性が高いので、日本はシーレーン防衛に力点を置くべきであると主張した。ブルーウォーター・ネイビー（遠洋海軍）の復活を目指す制服組にとって、シーレーン防衛はその主要な手段であった。他方、海原《かいはら》治《おさむ》元防衛局長を中心とする防衛庁内局（背広組）の間では、シーレーン防衛は憲法上また自衛隊の能力上非現実的であり、日本は直接・間接の国土侵略に備えるべきであるという考えが主流を占めた。

一九七〇年代半ば以降になると、シーレーン防衛を推進する動きが加速した。一つは坂田道太防衛庁長官、丸山昂防衛事務次官らが進めた日米防衛協力である。一九七八年一一月に策定された「日米防衛協力の指針」（旧ガイドライン）には「海上自衛隊及び米海軍は、周辺海域の防衛のための海上作戦及び海上交通の保護のための海上作戦を共同して実施する」との一文が明記された。もう一つは、米国の対日防衛力増強圧力である。カーターからレーガンへの政権移行に伴い、米国は対日要求を防衛費の増額から日米の役割分担へシフトさせたと言われているが、ここで日本に期待された主要な役割の一つがシーレーン防衛であった。たとえば、一九八一年三月、ワインバーガー米国防長官は伊東正義外相に対して「フィリピン以北、グアム以西」の海域防衛を日本が担うよう要請した。

2　展　開

一九八一年五月、鈴木善幸首相はワシントンでレーガン大統領と会談する。両政府より発表された共同声明は日米関係を「同盟」と定義した上で、「日本は、自主的にかつその憲法及び基本的な防衛政策に従って、日本の領域及び周辺海・空域における防衛力を改善」（第八項）すると明言した。さらにその後開かれたナショナルプレスクラブでの記者会見で、鈴木は「少なくとも日本の庭先である周辺の海域を自分で守るのは当然で、周辺海域数百マイル及びシーレーンについては約一〇〇〇マイルについて、憲法を踏まえつつ自衛の範囲内で防衛力を強化する」と述べた。

だが、鈴木の訪米は日米間に禍根を残す結果となった。一つは、共同声明が日米関係を「同盟関係」と定義したにもかかわらず、鈴木は同行日本人記者団との会見で「同盟」に軍事的意味合いはないと発言して混乱を招いたことである。同盟の軍事的意味合いを否定し、その上共同声明作成に関与した外務省を批判した鈴木に伊東外相は反発し、引責辞任することとなった。

もう一つは、シーレーン防衛へのコミットメントをめぐる問題である。鈴木は、厳しい財政事情などからシーレーン防衛をあくまで努力目標と捉えていたのに対し、米側は日本による明確な「対米公約」と受け取った。とりわけ一〇〇〇マイル防衛と憲法第九条との関係については、鈴木が「憲法を踏まえつつ自衛の範囲内で強化する」としたのに対し、米側は鈴木発言がシーレーン防衛の合憲性を保証したものと解釈した。さらに鈴木訪米と前後して、シーレーンの定義についても日米間に認識のズレがあることが明らかになった。日本がシーレーンを海上物資輸送路としての「航路帯」（線）と捉えたのに対し、米国は軍事上の補給路を含む兵站連絡海上交通路（Sea Lines of Communication）と捉えた上で、シーレーン防衛は「帯」ではなく海域（面）であるとの立場を明確にした。

日米首脳会談を受けて、米国政府は日本への圧力をさらに強めた。首脳会談の翌月にハワイで開かれた日米安保事務レベル協議において、米側は軍事技術交流や在日米軍への財政援助（いわゆる「思いやり予算」）の増額に加えて、日本が一〇〇〇マイルのシーレーンを「効果的に防衛するに十分な」海上・航空兵力を提供するよう要請した。だが、鈴木政権の反応は鈍かった。日本の防衛予算の実質的な伸び率は抑えられ、大村襄治防衛庁長官は、向こう五年間防衛力増強の要求には応じられないと明言した。

こうして鈴木首相のシーレーン防衛をめぐる発言は、日米間に摩擦と相互不信を生じさせる結果となった。

3　意　義

鈴木発言については、「不用意」「無知」「怠慢」といった鈴木個人ないし日本政府の稚拙さを非難する声が強い。他方、鈴木発言は曲解され米国に都合よく利用されたとする指摘もある。双方の見解は必ずしも矛盾するものではない。重要なことは、一九七〇年代後半以降のソ連の軍事力増強に直面し、同盟国への役割分担強化を求めた米国の期待に日本は応えることができなかったということである。米政府は、増大するソ連の脅威について認識を共有しない日本に苛立ちを感じていた。日本政府の消極姿勢の裏には、財政上の制約や憲法との兼ね合い、さらにハト派で知られる鈴木首相個人の意思など、様々な要因が作用していた。こうして冷却化した日米関係が改善に向かうのは、武器技術供与や防衛予算など広範な防衛領域で対米協調を明確に打ち出した中曽根政権が登場してからであった。

参考文献

ＮＨＫ取材班『シーレーン・海の防衛線』日本放送出版協会、一九八三年。

大賀良平『シーレーンの秘密——米ソ戦略のはざまで』潮文社、一九八三年。

呉明上「日米防衛協力におけるシーレーン防衛『政策』の形成——一九七五年から一九八一年にかけて」（一）（二）『法學論叢』（京都大学）第一四六巻第一号（一九九九年一〇月）、第一四七巻第六号（二〇〇〇年九月）。

小谷哲男「シーレーン防衛——日米同盟における『人と人の協力』の展開とその限界」『同志社法學』第五八巻第四号（二〇〇六年九月）。

中馬清福『再軍備の政治学』知識社、一九八五年。

堀田光明「わが国の『シーレーン防衛』論議の変遷」『立法と調査』第一二〇号（一九八四年三月）。

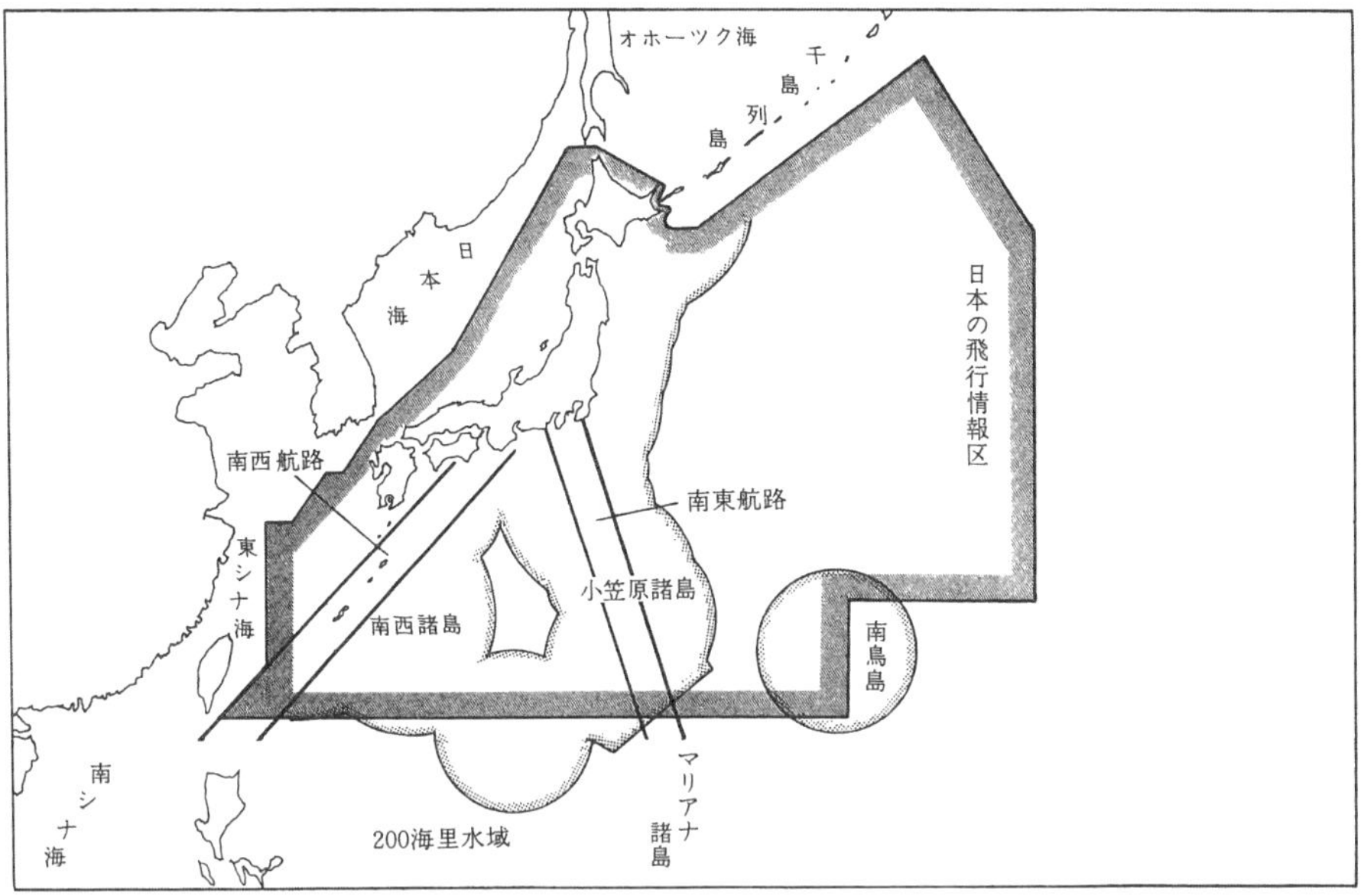

1000カイリのエリア

出典：NHK 取材班『シーレーン——海の防衛線』日本放送出版協会，1983年。

49　第一次教科書問題（一九八二年）――優先された「外交的配慮」

1　背景

一九八二年六月二六日、日本の報道機関は、翌年度から使用される高校教科書の検定結果を一斉に報じた。その内容は、文部省が日本史や世界史の教科書で一九三〇年代の日本による中国への「侵略」という言葉を「進出」や「侵攻」へ書き換えさせたり、「南京虐殺」についてその残忍性や日本軍の責任を薄める記述を出版各社に求めたというものだった。こうした検定結果について、国内主要各紙のおもな見出しは「教科書さらに『戦前』復権へ」（『朝日新聞』）、「教科書統制、一段と強化」（『毎日新聞』）、「現代史の〝影〟弱める」（『日本経済新聞』）、「高校教科書厳しい検定」（『読売新聞』）といった批判的なものが多かった。

この検定結果は近隣アジア諸国でも反響を呼んだ。とりわけ中国政府は「復古調」の教科書を容認・推奨する日本政府に対する反発を強め、内容の是正を強く求めた。歴史認識や検定制度の問題とも相まって、教科書問題は外交問題へと発展した。

2　展開

もっとも、報道直後の中国の反応は抑制されたものであった。たとえば、六月三〇日の新華社通信は、「歴史の真相を歪曲し、軍国主義が発動した中華侵略の戦争を美化するようなやり方は日本世論の非難にあっている」として日本国内の反応を報じるにとどまった。中国政府による批判が強まるのは、日本国内の報道から一カ月後のことである。七月二六日、中国外交部の肖向前第一アジア局長による渡辺幸治駐北京日本公使への抗議を皮切りに、予定されていた小川平二文相の訪中中止（八月一日）、中国共産党機関紙『人民日報』の南京虐殺の特集記事（八月二日）、日本軍国主義批判記事（八月一五日）などが続いた。

中国の対日批判を憂慮した日本政府は、早期解決を目指して事態の収拾に乗り出した。政府内では、検定制度の自主性を固守しようとする文部省と、中国との関係を重視する外務省の間に溝が生じていたが、鈴木善幸首相、宮澤喜一官房長官の立場は外務省のそれに近かった。九月末には、日中国交正常化一〇周年記念式典参列のため鈴木首相の北京訪問が控えていた。鈴木首相は小川文相、櫻内義雄外相に対し、教科書問題の早期解決を指示した。

八月八日、事態の打開を目指して、外務省の橋本恕《ひろし》情報文化局長と文部省の大崎仁学術国際局長が北京を訪問し、事務レベルでの協議を行った。その結果、同月二三日には、鈴木首相が記者会見で、日本政府は戦前の日本の行為が「侵略」であるとして国際的に批判されていることを「十分認識すべき」であり、教科書検定が「より一層適正になるよう改善を図っていきたい」と述べた。中国政府はこの発言をおおむね好意的に受け止めた。

日本政府はさらに一歩踏み込んだ対応を示した。八月二六日、宮澤喜一官房長官が談話を発表し、問題の記述については「政府の責任において是正する」こと、以後の検定においては教科書検定調査審議会の議を経て検討基準を改定することを約束した。また、戦争を通じて日本が中国に大きな損害を与えたことの責任と反省を謳った日中共同声明の精神が教科書の記述に「十分実現するよう配慮する」旨を述べた（宮澤談話）。

中国政府は当初、具体的是正措置に欠けるとして宮澤談話の受け入れを拒否したが、九月六日の鹿取泰衛《かとりやすえ》駐中日本大使による教科書検定改定基準の説明を受け、同八日、呉学兼外交副部長が「これまでの説明に比べて一歩前進」と評価した。一〇日には『人民日報』が「教科書問題はこれで一段落した」とする評論を掲載し、これ以降、教科書問題は沈静化した。中国政府も教科書問題が長期化し、日中関係全体に影響を及ぼすことは避けようとしていたのである。九月下旬には、鈴木首相の中国訪問が予定通り行われた。

宮澤談話を受け、以後の歴史教科書検定においては「近隣アジア諸国との間の近現代の歴史的事象の扱いに国際理解と国際協調の見地から必要な配慮がなされていること」という規定（いわゆる「近隣諸国条項」）が設けられることになった。

なお、六月二六日の教科書検定報道は韓国でも反響を呼んだ。ただし、韓国政府は日本との経済協力関係を重視し、教科書問題を外交問題に発展させることには消極的だったと言われている。中国政府がこの問題で強硬姿勢に出たため、韓国政府もそれに追従した側面があるが、宮澤談話が発表されるといち早く受け入れを表明し、事態の幕引きを図った。

教科書問題は日中間の外交問題に発展したが、同時に「国内問題」としての側面を強く持っていた。当時の日本国内では、自民党や経済界、一部学者グループなどの間で、戦後日本の歴史・社会科教科書の「ゆがみ」を糾弾するいわゆる「偏向教科書一掃キャンペーン」が展開されていた。教科書問題をめぐる保革対立の構図は、その後も「新しい歴史教科書をつくる会」が編纂した『新しい歴史教科書』の内容などをめぐって展開された。また、文部省も教科書の内容や検定制度は国家主権の問題であり、諸外国が介入すべき問題ではないとの立場をとっていた。

一方、中国においては、日本での検定報道から約一カ月を経て、日本政府に対する「教科書改ざん批判キャンペーン」を行うことが、鄧小平を中心とする中央政治指導部で正式に決定された。この決定で重要な役割を果たしたとされる中国社会科学院の胡喬木院長は、すでに七月二三日には中国の各新聞に対して反日キャンペーンを展開するよう指示を出していた。

一九七八年の平和条約締結以降、歴史問題が日中間の外交問題になることを慎重に避けてきた中国政府が、この時期に反日キャンペーンを繰り広げたことについては、いくつかの要因があったと言われている。

第一に、鄧小平の改革・開放路線は中国経済の西側（とりわけ日米）資本への依存を深化させ、国内の反対派から「対米・対日一辺倒」との批判を招いていた。また、教科書問題発生と同時期に行われた米国の台湾への武器輸出問題をめぐる米中交渉において、中国政府は対米譲歩を余儀なくされていた。「独立自主の対外政策」を内外に示すためにも、中国政府は教科書問題で強硬な姿勢をとる必要があった。

第二は、改革・開放に伴う経済の自由化が社会的混乱や過度の「個人主義」をもたらす一方で、青年層に急速な「共産主義離れ」を引き起こした。中国政府は、共産主義イデオロギーに代わる新たな民族統合の思想的支柱として「愛国統一戦線」を打ち出し、抗日戦争勝利の歴史から民族の団結や共産党の正当性を訴えようとした。教科書問題は、日本の侵略性や残虐性をクローズアップし、抗日戦争の歴史を中国の若者に再教育する機会を与えたのである。

第三は、日本における教科書検定報道から約一カ月後の七月二〇日、江崎真澄国際経済対策特別委員会会長を団長とする自民党の訪問団が台北を訪問し、台湾要人との会談で「両国」という言葉を使用した。この動きは、台湾武器輸出問題で神経を尖らせていた中国政府を刺激した。七月二三日の『人民日報』が日本の教科書問題と同時に江崎の「両国」発言を批判したことからも、自民党訪問団の言動が中国政府の反日キャンペーンに油を注いだことは間違いない。

3　意　義

ところで、一九八二年六月二六日の日本における教科書検定報道が、実は誤報であったことが後日判明した。「侵略」を「進出」に書き換えるよう求めたとされる文部省の指示は、実は「改善意見」（直さなくてもよい）であり「修正意見」（必ず直さなければならない）ではないので、強制性はなかった。実際に実教出版の教科書は「華北へ侵略」の表現がそのまま使われた。さらに、この「改善意見」は一〇年以上前からなされており、今回が初めてではなかった。

もっとも、この「誤報」の意味することについては、意見が分かれている。保守派の論客の多くは、誤報がなければ教科書問題が外交問題化することはなかったであろうという見方をしている。文部省も中国政府による「教科書改ざん」批判は事実に反するとの見解を示した。一方で、たとえ「改善意見」であっても文部省が記述内容について「行政指導」している事実に変わりないことや、実際に一九八二年の検定で「侵略」の表現を使った三つの教科書のうち一つは「進出」へ修正したことなどから、必ずしも「誤報」とは言えないとする論客もいる。外務省も一九八六年に作成された報告書において、「誤報云々は問題の本質とは関係ない」と結論づけている。いずれにせよ、教科書問題はこれ以降も歴史認識の問題の一つとして日中および日韓の政治外交に大きな影を落とすことになるのである。

参考文献

江藤名保子「中国の対日政策における歴史認識問題の源泉――一九八二年歴史教科書問題の分析を中心に」『法学政治学論究』（慶應義塾大学）第八〇号（二〇〇九年三月）。

江藤名保子「第一次教科書問題　一九七九―八二年」高原明生・服部龍二編『日中関係史一九七二―二〇一二　Ⅰ政治』東京大学出版会、二〇一二年。

川島真「進出か、侵略か（一九八二年）――日中歴史認識問題の変遷と課題」園田茂人編『日中関係史一九七二―二〇一二　Ⅲ社会・文化』東京大学出版会、二〇一二年。

田中明彦「『教科書問題』をめぐる中国の政策決定」岡部達味編『中国外交――政策決定の構造』日本国際問題研究所、一九八三年。

段瑞聡「教科書問題」家近亮子・松田康博・段瑞聡編著『岐路に立つ日中関係――過去との対話・未来への模索』晃洋書房、二〇〇七年。

波多野澄雄『国家と歴史――戦後日本の歴史問題』中公新書、二〇一一年。

服部龍二『日中歴史認識――「田中上奏文」をめぐる相剋　一九二七―二〇一〇』東京大学出版会、二〇一〇年。

別枝行夫「日本の歴史認識と東アジア外交――教科書問題の政治過程」『北東アジア研究』（島根県立大学）第三号、二〇〇二年三月。

李宣定「一九八二年の教科書問題に関する政治的考察――宮沢談話と近隣諸国条項を中心に」『日韓相互認識』第四号（二〇一一年三月）。

Caroline Rose, *Interpreting History in Sino-Japanese Relations: A Case Study in Political Decision Making*, London: Routledge, 1998.

50　大韓航空機撃墜事件（一九八三年）——自衛隊が傍受した「ミサイル発射」

1　背景

一九八三年九月一日未明、ニューヨーク発アンカレッジ経由ソウル行きの大韓航空（ＫＡＬ）〇〇七便が、予定の航路を大きく外れてソ連領空を侵犯し、サハリンのモネロン島沖上空でソ連の戦闘機に撃墜された。乗員乗客二六九名は全員死亡した。乗客の中には二八名の日本人および米下院議員ラリー・マクドナルド氏をはじめとする六二名の米国人が含まれていた。軍用機による民間機撃墜の事実は世界を震撼させると同時に、ソ連に対する国際的非難が高まった。

2　展開

大韓航空機撃墜を受けて、日本政府は一日午後、中曽根康弘首相、後藤田正晴官房長官、中島敏次郎外務審議官、鎌倉節《さだめ》内閣調査室長の四人が会合し対応策を協議した。その結果、ソ連に撃墜の事実を認めさせその非人道性を世界に訴えつつ、事件を一過性のものとして扱うことにより日ソ間の基本的関係は維持するとの基本方針が確認された。

米政府もソ連に撃墜の事実と責任を認めさせる方針を固める一方、事件が米ソ関係全体の悪化に繋がらないよう慎重に対応した。当初制裁については、核兵器削減交渉の中断や穀物禁輸などの強硬措置を主張するワインバーガー国防長官やクラーク大統領補佐官と、そうした強硬措置に反対するシュルツ国務長官の間で意見が対立した。レーガン大統領はシュルツ長官を支持し、最終的に米国の制裁はソ連民間航空アエロフロートの米国乗り入れ禁止といった比較的温和なものとなったのである。

問題は、いかにしてソ連に撃墜の事実を認めさせるかであった。撃墜直後、ソ連はボイスレコーダーや機体の回収作業を急ぐ傍ら、外国に向けては撃墜の事実を一切認めようとしなかった。

ソ連による大韓航空機撃墜の「証拠」を西側で最初に摑んだのは日本の自衛隊であった。自衛隊稚内分屯地にある陸上幕僚監部調査第二部別室（電波傍受部隊）の分遣班は、ソ連戦闘機と地上基地との交信を傍受しており、パイロットの「ミサイル発射」「目標は撃墜された」という約五〇分間の会話を録音したテープを保持していた。さらに、同分屯地にある航空自衛隊レーダーサイトが、サハリン上空を飛行中の識別不明の大型機の機影が突然消えたことや、その直前までソ連戦闘機がその周辺を慌ただしく飛び回っていることなどをリアルタイムで捉えていた。もっとも、この時点ではソ連空軍の訓練と認識されていた。

日本政府内では、これらの情報を公表すべきか否かで意見が分かれた。外務省は、ソ連に撃墜の事実を認めさせるために交信記録を公表すべきだと主張した。他方、防衛庁は、日本の諜報活動の「手の内を明かすことになる」（防衛局長）との理由で傍受記録の公表をためらった。

交信テープを日本から入手していた米国政府は、その公表に積極的だった。一日午前（ワシントン時間）の記者会見で、シュルツ国務長官は交信記録の出所や詳細を伏せた上で、その翻訳の一部を公表しソ連を強く非難した。なおもソ連が撃墜の事実を否認し続けると、米国政府は傍受した交信の生の音声テープを国連安保理で公開する意向を固め、テープを提供した日本政府に同意を求めた。防衛庁は難色を示したが、中曽根政権は政治的判断で交信テープの公開に同意した。

九月六日、国連安保理の緊急会合でカークパトリック米国連大使が交信テープを公表した。この直後、モスクワは一転して撃墜の事実を認めた。しかし、ソ連政府は大韓航空機が米国のスパイ機だったと主張し、撃墜を正当化すると同時に謝罪や補償を一切拒否した。こうして、なぜ大韓航空機は正規のルートを外れてソ連領内に侵犯したのか、なぜソ連は強制着陸など他の方法をとらずに撃墜したのか、といった謎を残したまま、事件は迷宮入りした。

ところが、冷戦終結後の一九九二年、新生ロシア連邦のエリツィン大統領は、ソ連政府が事件発生の五〇日後には大韓航空機のブラックボックス（ボイスレコーダーとフライトレコーダー）を回収していたことを公表した。ブラックボックスは、ソ連側の他の内部資料とともに国際民間航空機関（ICAO）に引き渡され、解析調査が進められた。その結果、(1)大韓航空機はスパイ機ではなかったこと、(2)航路の逸脱は計器の故障ではなく正副パイロットや機関士による人的ミスの可能性が高いこと、(3)ソ連は大韓航空機を米軍の偵察機と誤認してミサイル発射したこと、(4)その際、ソ連は曳光弾による警告射撃や無線交信など迎撃の国際手順を踏むことなく撃墜したことなどが判明した。

3　意　義

ソ連に大韓航空機撃墜の事実の認めさせる上で、日本の自衛隊が入手した情報は決定的な役割を果たした。情報公開に踏み切った日本政府に対し、米上院は事件三週間後の九月二二日「日本の完璧な協力」に感謝する決議を全会一致で採択し、レーガン大統領も感謝のメッセージを送っている。大韓航空機撃墜事件をめぐる中曽根政権の対応については、安全保障における積極姿勢の表れとか西側の結束強化に貢献したといった肯定的な評価が多い。

他方、情報の管理・伝達の面では大きな問題が露呈した。稚内の自衛隊通信施設で傍受した交信記録は防衛庁を経て首相官邸に提出される前に、米軍の三沢基地から米政府に渡っていた。そもそも、稚内の自衛隊傍受施設は、それまで米軍の通信傍受施設だったものが一九七〇年代初頭の基地返還に伴って日本側へ移管されたものであるが、そこで傍受された情報は三沢の米空軍基地でも即時にモニターできる仕組みになっていた。後藤田官房長官は後に「自分の政府より外国政府に情報を流すような防衛庁は要らん」（後藤田　下巻七五頁）と憤っているが、実態は、日本の自衛隊が米軍に代わって傍受業務を行っていたということである。日本政府はこうして得られた機密情報の取り扱いを米国に委ねることに「同意」し、米政府はそうした日本の決定に「感謝」したのである。

参考文献・資料

アンドレイ・イーレシュ、エレーナ・イーレシュ（川合渙一訳）『大韓航空機撃墜九年目の真実——ソ連側重大証言』文藝春秋、一九九一年。

NHK取材班『撃墜・大韓航空機事件——情報戦争の九日間』（VHS）NHKサービスセンター、一九九〇年。

後藤田正晴『情と理——後藤田正晴回顧録』上・下、講談社、一九九八年。

小山巌『消えた遺体——大韓航空機事件の一〇〇〇日』三一新書、一九九七年。

小山巌『ボイスレコーダー撃墜の証言——大韓航空機事件一五年目の真実』講談社、一九九八年。

塩田潮「そのとき首相は——非常事態とリーダーシップ（第五回）ソ連が大韓航空機撃墜　記録公開決断した中曽根、後藤田の『疑問』はいまも」『ニューリーダー』第二四巻第一二号（二〇一一年一二月）。

柳田邦男『撃墜——大韓航空機事件』上・中・下、講談社文庫、一九九一年。

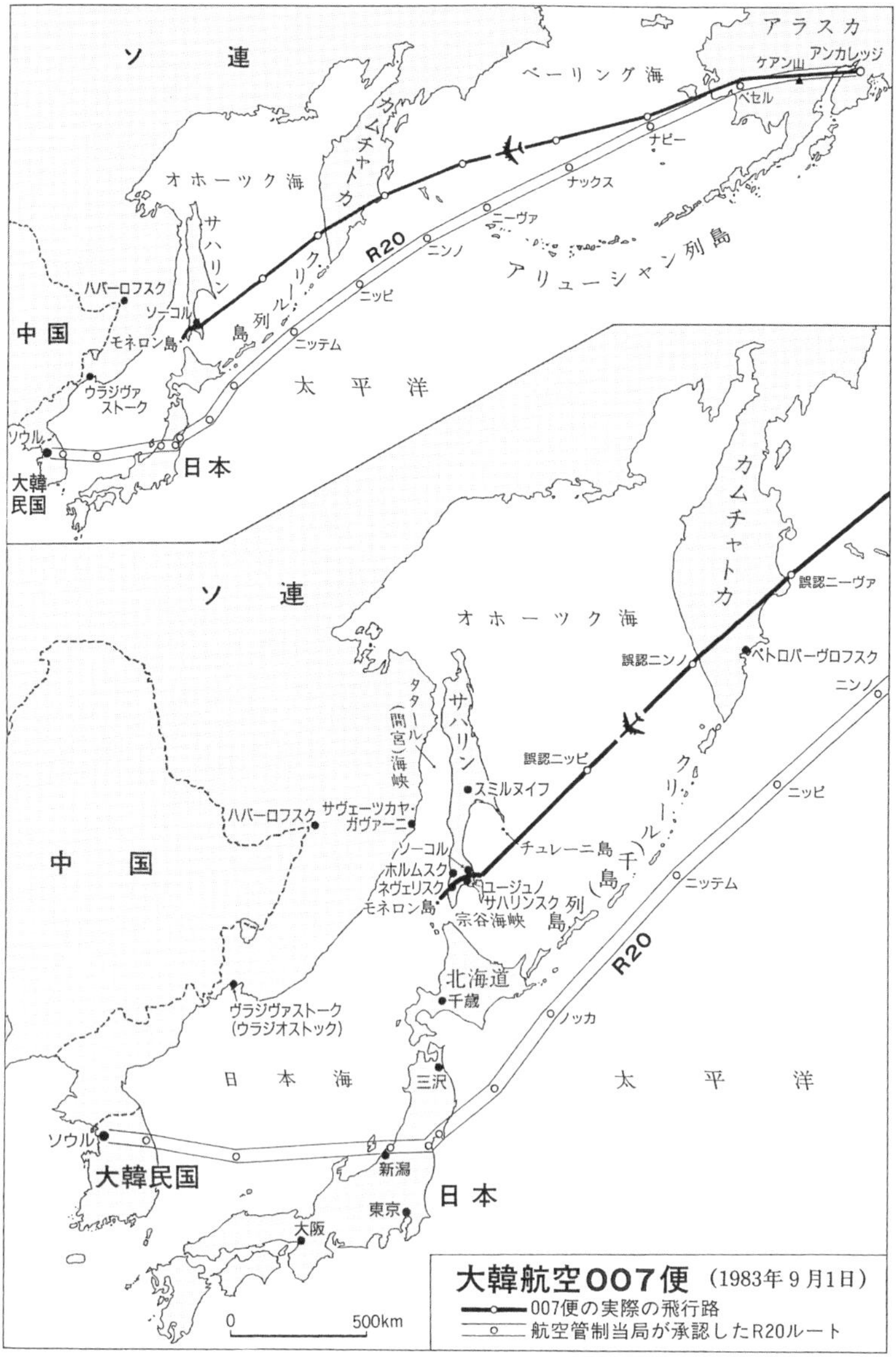

大韓航空007便の航路

出典：アンドレイ・イーレシュ，エレーナ・イーレシュ（川合渙一訳）『大韓航空機撃墜――九年目の真実』文藝春秋，1991年。

51　靖国神社公式参拝問題（一九八五年）――中曽根首相の決断

1　背　景

戦後日本の首相による靖国神社参拝は、終戦三日目の一九四五年八月一八日に参拝した東久邇稔彦《ひがしくになるひこ》以降数多く行われてきた。ただし、そのほとんどが、春秋の例大祭への参拝であった。一九七五年、三木武夫は戦後の首相として初めて終戦記念日の八月一五日に参拝した。その際、三木は「私人」として参拝したことを強調し、いわゆる「私的参拝四条件」(1)公用車を使用しない、(2)玉串料は私費で負担、(3)記名簿に「総理大臣」の肩書をつけない、(4)公職者を同行させない）を明示した。以後、終戦記念日にも首相が参拝するようになったが、それらはすべて「私人」の肩書で行われた。

一九五五年の政府統一見解は、公人としての靖国神社参拝は憲法違反の疑いがあるので、内閣総理大臣も含めた国務大臣による参拝は差し控える、というものであった。一九七八年、内閣法制局においても国務大臣による参拝は違憲の疑義があると判断していた。

こうした中、一九八五年八月一五日、中曽根康弘首相が「公人」として靖国神社に参拝した。中曽根首相の公式参拝は、国の内外で大きな波紋を呼んだ。中国では北京大学の学生を中心に反日デモが起こり、日中間の外交問題に発展した。

2　展　開

公式参拝への根回し

中曽根首相が公式参拝に踏み切った背景には、たび重なる遺族会からの要請、自民党総務会の決議、多くの地方議会の決議などがあった。一九八四年八月には、一三〇名を超える戦没者遺児が靖国神社境内の能楽堂で断食祈願を行うなど、首相の公式参拝への圧力がエスカレートしていた。

公式参拝実現に向けて、中曽根はいくつかの根回しを行った。一つは、内閣法制局の公式参拝違憲判断を乗り越えるため、藤波孝生官房長官の私的諮問機関として「閣僚の靖国神社参拝問題に関する懇談会」（靖国懇）を設置し、公式参拝の可能性を議論させた。靖国懇のメンバーには、座長の林敬三（日本赤十字社社長）をはじめ、梅原猛（京都市立芸術大学長）、江藤淳（東京工業大学教授）、曽野綾子（作家）、横井大三（元最高裁判所判事）ら一五人の有識者が名を連ねた。メンバーの中には、芦部信喜（学習院大学教授）、佐藤功（上智大学名誉教授）など公式参拝の違憲性を強く主張するものもいたが、一九八五年八月九日に提出された報告書は「政教分離原則に抵触しない何らかの方式による公式参拝の途があり得る」と述べ、公式参拝への道を開いた。すなわち、参拝のやり方如何によっては、憲法解釈上首相の公式参拝は可能とする見解が示されたのである。

もう一つの根回しは、中国に対してである。公式参拝が行われる一カ月前の一九八五年七月、中曽根は自派閥所属で日中協会理事長の野田毅衆院議員を北京に派遣し、説得工作を試みた。だが、中国側はA級戦犯、とりわけ東條英機の合祀を問題視した。結局、野田は中国側の理解を得られずに帰国するが、公式参拝を事前に伝達することで中国政府に仁義を切るという体裁を整えた。

こうして同年八月一五日、一六名の閣僚を引き連れて中曽根は靖国神社を公式参拝した。宗教色を弱めるため、手水、お祓い、玉串奉奠は行わず、「二礼二拍手一礼」を「一礼」に簡略して参拝を行った。「内閣総理大臣」と記帳し、供花料三万円を公費で拠出した。藤波官房長官は参拝の前日に談話を発表し、こうした「宗教的意義を有しない」参拝方式であれば「社会通念上、憲法が禁止する宗教的活動に該当しない」との政府見解を示したのである。

中国の対日批判

公式参拝に対する中国政府の反応は早かった。参拝前日の一四日には外交部のスポークスマンが「日本の閣僚が、もし靖国神社に参拝するなら（中略）軍国主義の大きな被害を被った中日両国人民を含むアジア各国人民の感情を傷つけることになろう」と警告し、一五日には楊振亜外交部アジア局長が駐中国日本大使館に抗議を行った。

だが、全体として中国の対日批判は抑制的であった。とりわけ中曽根首相と個人的に親しい関係をもつ胡耀邦総書記、さらに趙紫陽首相や最高指導者の鄧小平などの改革派は、事態の早期収拾を望んでいたと言われている。しかし、早期収束への道は中国国内における反日デモの発生により一時的に頓挫した。柳条湖事件の記念日であり、中国共産党全国代表会議の開催日でもあった九月一八日、北京大学の学生らが天安門広場に繰り出し「中曽根内閣打倒」「日本軍国主義打倒」「靖国神社参拝反対」「日本の経済侵略反対」などのスローガンを叫んで行進した。反日デモは、陝西省の西安市や延安市、四川省の成都市などにも広がった。

もっとも、こうしたデモの一部には、改革・開放政策によりもたらされた国内の格差拡大への不満など、中国政府に対する批判も含まれていた。当時、中国指導部内では改革・開放路線をめぐって保守派と改革派の対立が表面化しつつあり、現状に不満をもつ保守派が靖国問題や教科書問題で高揚した反日感情を政争の具に利用しようとしていた。反日デモが中国の内政と絡み合うにつれ、胡耀邦総書記を中心とする親日派が靖国問題で日本に譲歩することは困難になっていった。

参拝中止の決断

公式参拝からおよそ二カ月後の一〇月一〇日、安倍晋太郎外相が日中外相定期協議に出席するため訪中した。中曽根の意を受けた安倍は、中国政府に対し例大祭への参拝を認めるよう打診するが、中国側はこれに難色を示した。結局、中曽根は中国側の抵抗に配慮して、予定していた秋の例大祭への参拝を中止した。さらに、一一月五日には、靖国神社公式参拝は制度化されたものではなく、また過去の日本の行為を正当化するものではないという内容を含む政府答弁書を閣議決定した。

一方で、自民党内の遺族会グループによる公式参拝の圧力も高まっていた。一九八六年七月、衆参同日選挙に自民党が圧勝すると、中曽根は公式参拝に向けて再び中国側に根回しを行った。七月中旬および下旬にそれぞれ個別に訪中した稲山嘉寛前経団連会長および日中友好二一世紀委員会のメンバーである香山健一学習院大学教授を通じて、八月一五日の公式参拝への理解を求めた。しかし、いずれの場合も中国側は参拝自粛を要求した。一方、新中曽根政権内でも、倉成正外相や後藤田正晴官房長官などは参拝に否定的な態度を示した。

結局、中曽根は終戦記念日の靖国参拝を断念する。八月一五日付で胡耀邦に宛てた親書の中で、中曽根は参拝中止の理由を次のように語っている。「侵略戦争の責任を持つ特定の指導者が祀られている靖国神社に公式参拝することにより、貴国をはじめとするアジア近隣諸国の国民感情を結果的に傷つけることは避けなければならないと考え、今年は靖国神社の公式参拝を行わないという高度の政治決断を致しました」（世界平和研究所　二四八～二四九頁）。以後、中曽根は首相在任中に靖国神社を一度も参拝せず、次に日本の首相による公式参拝が行われたのは、一九九六年七月の橋本龍太郎首相のときであった。

3　意　義

一九八五年に公式参拝を強行したにもかかわらず、その後靖国参拝を見送った理由について、中曽根は後年インタビューで次のように述べている。「あの頃、改革政策をすすめる胡耀邦さんは保守派の要人から非難され始めていた。胡耀邦さんと私とは非常に仲が良かった。兄弟分みたいな関係にあった。そこで私が参拝すると、胡耀邦総書記追い落としの原因をつくったようなことになるかもしれない。（中略）それで胡耀邦さんを守らねばならないと思った」（中曽根　一〇八頁）。実際、胡耀邦はこの後中国政権内部の権力闘争に敗れて一九八七年一月に失脚している。

さらに、A級戦犯を分祀する試みが挫折したことも、中曽根に参拝中止の決断を促した。日中国交正常化以来、中国政府は、戦争を引き起こしたのは日本における一部の軍国主義勢力であり多数の日本人民は被害者であるとする「責任二分論」をとってきた。したがって、靖国問題においても中国側が問題視したのは、A級戦犯が合祀されているという事実であった。

一九七八年一〇月、当時の靖国神社宮司松平永芳《まつだいらながよし》の判断により、病死ないし死刑に処せられた一四名のA級戦犯が「昭和殉難者」として靖国神社に合祀された。この事実が明るみに出ると国の内外で波紋が広がり、昭和天皇はそれまで続けていた靖国参拝を取りやめている。A級戦犯の合祀を天皇や総理大臣による靖国参拝への阻害要因と見ていた中曽根は、公式参拝前からA級戦犯の分祀を画策した。しかし、宮司の松平や東條家の合意が得られず、分祀は実現しなかった。前述の胡耀邦への親書の中で、中曽根は「二四六万に及ぶ一般の戦死者の遺族は極く少数の特定の侵略戦争の指導者、責任者が（中略）神社の独自の判断により祀られたが故に、日本の内閣総理大臣の公式参拝が否定されることには、深刻な悲しみと不満を持っている」（世界平和研究所　二四九頁）と述べ、神社への怒りを露わにしている。

いずれにせよ、中曽根は一九八五年八月以降、靖国神社への参拝を封印した。憲法や国防に対する態度から、中曽根はしばしば保守主義者ないしナショナリストと見られることが多いが、靖国神社公式参拝問題では、隣国との摩擦を回避するために譲歩を重ねるプラグマティストでもあった。

参考文献

一谷和郎「靖国神社参拝問題」家近亮子・松田康博・段瑞聡編著『岐路に立つ日中関係——過去との対話・未来への模索』晃洋書房、二〇〇七年。

世界平和研究所編『中曽根内閣史——資料編（続）』世界平和研究所、一九九七年。

中曽根康弘「私が靖国神社公式参拝を断念した理由（インタビュー）」『正論』第三四九号（二〇〇一年九月）。

波多野澄雄『国家と歴史——戦後日本の歴史問題』中公新書、二〇一一年。

服部龍二「中曽根・胡耀邦関係と歴史問題　一九八三—八六年」高原明生・服部龍二編『日中関係史一九七二—二〇一二　Ⅰ政治』東京大学出版会、二〇一二年。

松村修一「中国における内政と対日政策のリンケージ——中曽根首相靖国神社公式参拝問題及び胡耀邦総書記辞任を通じての考察」『政経研究』（日本大学）第三五巻第一号（一九九八年七月）。

52　第二次教科書問題（一九八六年）――早期決着の模索

1　背景

一九八六年五月二七日、日本を守る国民会議（議長＝加瀬俊一元国連大使）が編纂する高校歴史教科書『新編日本史』が、教科書検定の実質的な最終段階にあたる内閲本審査を合格した。日本を守る国民会議は、自主憲法制定や教育の正常化などをその運動目標として一九八一年に設立された保守系の言論・政治団体であった。『新編日本史』は日本の対外侵略を正当化したり日本の戦争被害を強調したりする記述を多く含んでおり、内閲本合格に至る過程で延べ八〇〇カ所の修正が加えられたが、全体のトーンは明らかに民族主義的色調の強いものであった。内閲本合格をスクープした『朝日新聞』は『新編日本史』を「〝復古調〟の日本史教科書」と報じ、日教組も「戦争や天皇制を美化」していると批判した。

2　展開

『新編日本史』が内閲本審査を合格したことに対し、同年六月四日、中国外交部の馬毓真報道局長が記者会見において「歴史事実を歪曲し、侵略戦争を美化するいかなる言論、行動についても（中略）断固反対する」と述べ、強い抗議の意を表明した。三日後、中国政府は日本の股野景親《またのかげちか》中国駐在臨時大使を通じ、日本が戦争で中国国民に重大な損害を与えたことの責任と反省を明記した一九七二年の「日中共同声明」および教科書検定に際して日中共同声明の精神を尊重するとした一九八二年の宮澤談話に基づいて、『新編日本史』の内容を是正するよう日本政府に求めた。六月九日には韓国政府からも記述内容是正の要求がなされた。

中韓両国の批判を受け、日本政府は対応を協議した。文部省は修正に難色を示したが、中曽根康弘首相は宮澤談話の趣旨に沿って迅速に対応するよう関係者に指示した。六月一三日に開かれた中曽根首相、安倍晋太郎外相、海部俊樹《かいふとしき》文相、後藤田正晴官房長官による会談では、海部が「検定制度は左翼の教育支配に対する唯一の防波堤である」として内容の修正や検定申請の取り下げに抵抗したものの、最終的には『新編日本史』出版元の原書房に対し申請の取り下げを要求することで一致した。

しかし、政治介入による出版取りやめには文部省が強く抵抗した。結局「超法規的措置」という名目で、内容の再修正が施されることとなった。その結果、「南京事件」が「南京大虐殺」に書き換えられるなど、四回にわたり三八カ所の修正が加えられ、七月七日に検定審を通過した。

　同日、中国政府は修正内容の具体的な評価は保留したものの、「中曽根総理以下日本の関係者が最大限の努力を行った」として日本政府の対応を高く評価した。その後中国は批判を止め、教科書問題は事実上収束した。

3　意　義

　一九八六年の第二次教科書問題は、八二年の第一次教科書問題と比べて、深刻な外交問題に発展することなく比較的早期に解決が図られた。その理由として、個人的に親しい関係にあった中曽根首相と胡耀邦中国共産党総書記が、日中関係の悪化を望まず相互に善処したことが挙げられよう。中韓からの批判が上がると、中曽根首相は後藤田官房長官や安倍外相らに対してただちに対処するよう指示し、みずからも「日本を守る国民会議」の加瀬議長に電話し善処を促した。

　他方、親日的な胡耀邦総書記の下、中国政府も教科書問題を外交の道具として利用しないよう自制した。中国メディアは大規模な反日キャンペーンを自粛したが、その裏には教科書問題について大きく報じることを禁じた共産党首脳部からの通達があったと言われている。

　中韓両国から批判された『新編日本史』だが、一九八九年度の採択部数は一万冊に満たず、日本史教科書中最低であった。一九九四年に『最新日本史』と改名後も部数は伸びず、二〇〇一年度はおよそ三〇〇〇冊（採択率〇・四%）にとどまった。他方、一九八〇年代の二度にわたる教科書問題の結果、文部省の検定が緩和され、歴史教科書における植民地支配や侵略戦争に関する記述が増えた。

参考文献

段瑞聡「教科書問題」家近亮子・松田康博・段瑞聡編著『岐路に立つ日中関係——過去との対話・未来への模索』晃洋書房、二〇〇七年。

波多野澄雄『国家と歴史——戦後日本の歴史問題』中公新書、二〇一一年。

服部龍二「中曽根・胡耀邦関係と歴史問題　一九八三—八六年」高原明生・服部龍二編『日中関係史一九七二—二〇一二　I政治』東京大学出版会、二〇一二年。

アレン・S・ホワイティング（岡部達味訳）『中国人の日本観』岩波書店、一九九三年。

Caroline Rose, *Sino-Japanese Relations: Facing the Past, Looking to the Future?*, London and New York: Routledge, 2005.

53　日米半導体協定（一九八六年）——数値目標の導入

1　背景

半導体は「産業のコメ」と言われるように、テレビ、エアコン、ＰＣなどの家電から、自動車電装部品、銀行ＡＴＭ、クレジットカードに至るまで、様々な電子機器に使われている。また、半導体はミサイル誘導装置などのハイテク兵器にも使用される。産業の面のみでなく、安全保障の観点からもきわめて重要な製品なのである。

半導体の開発以来、米企業は世界市場で圧倒的な強さを維持してきた。しかし、一九七九年には16ＫＤＲＡＭの日本製品が米市場で四〇％近くのシェアを占めるなど、日本の企業が米半導体産業を脅かす存在となった。増加の一途を辿る米国の対日貿易赤字やテクノナショナリズムの動きとも相まって、半導体は一九八〇年代の日米間の主要な経済問題の一つとなったのである。

2　展開

半導体摩擦における争点は二つあった。一つは、日本製品の海外市場におけるダンピング問題、もう一つは日本市場の閉鎖性である。とりわけ後者について、米国政府は、自国製品が世界市場では六〇％近くのシェアを維持しているにもかかわらず、日本市場では一〇％前後しかシェアを得られていないことや、円高や関税率の引き下げにもかかわらず米製品のシェアに変化がないことなどを挙げ、日本では自由競争のメカニズムが機能していないと主張した。一方、日本側は米国企業の販売努力不足を指摘した。八〇年代の前半を通じて日米両国は協議を続けたが、日本市場における米国製品のシェア増加には繋がらなかった。

一九八五年六月、米国半導体工業会（ＳＩＡ）はダンピングの中止と市場参入の拡大を求めて、七四年米通商法第三〇一条（〝不公正〟な取引を行う貿易相手国と協議し、解決しない場合、大統領へ制裁の実施を求める条項）に基づき、日本政府を提訴した。これを受けて日米交渉が本格化するが、「数値目標」の導入をめぐり話し合いは難航した。米側は、日本の商慣行が市場原理に基づいていないという認識の下、具体的な結果（マーケットシェア）を求めた。他方、日本側は米政府の要求が管理貿易に繋がるとして数値目標の設定を拒否した。

翌八六年四月の日米首脳会談で、レーガン大統領は議題の一つに半導体問題を取り上げた。これ受け、中曽根首相は通産省に対して妥協点を模索するよう指示した。その結果、同年九月二日、両国はダンピング輸出の監視と外国製半導体の対日輸入促進で合意に達し、正式な政府間協定が締結された。争点の数値目標は、非公開の「サイド・レター」に明記されることとなった。松永信雄駐米大使からクレイトン・ヤイター米通商代表宛てに出されたそのサイド・レターには「日本国政府は、外国系企業の日本における半導体販売が、五年間で少なくとも日本市場の約二〇％強に拡大するという、米半導体産業の期待を認識する。日本政府は、これが実現しうると考え、かつその実現を歓迎する」と記されていた。

米政府は協定締結七カ月後の八七年四月、「協定不履行」を理由に対日制裁措置に踏み切った。内容は、日本のカラーテレビ、パソコン、電動工具の対米輸出三億ドル分に対し一〇〇％の関税を賦課するというものだった。制裁の対象が半導体以外の品目になったのは、日本製半導体に依存する米国ユーザー企業からの強力な反対のためである。その後、日本市場における外国製半導体のシェアは微増し、八六年の協定締結時に八・五％だったものが、九一年後半までには一四・三％まで上昇した（「外国製」半導体を最終組み立て地ではなくブランド名で定義する日本政府の算出方法では一九・一％まで上昇した）。

半導体協定は九一年七月に期限が切れたが、日米両政府は新協定締結の形で協定の継続に合意した。八月に発効した九一年半導体新協定は、旧協定とは異なり、ダンピング防止のための価格やコストのモニタリングを日本政府ではなく輸出企業が行うこと、また、一九九二年末までに外国系企業の日本市場におけるシェアが二〇％を超えるとの米企業の期待を日本政府は認識していることなどを、協定の本文において明記した。新協定の発効を受けて米政府は、一部緩和していた八七年四月の対日制裁措置を完全に解除した。

後日、両国は外国系企業による二〇％シェア確保を日本政府が「公約」しかた否かで立場を異にするが、一九九二年末には結果として外国系企業の日本市場におけるシェアが米国政府の算出方法でも二〇％に達した。この背景には、通産省の指導の他に、日米間の企業提携の促進やパソコンブームの到来により米企業が得意とするパソコン用半導体の需要の高まりなどもあった。いずれにせよ、外国企業のシェアはその後も上昇傾向を辿り、一九九四年一二月には通産省が半導体摩擦の終息宣言を出すに至るのである。

3　意　義

すでに見たように、半導体交渉では「数値目標」の導入が争点の一つとなった。米政府は、それが自由貿易からの逸脱を意味することを十分承知の上で「日本では自由市場原理が機能しない」という「日本異質論」を盾に「数値目標」導入の正当化を図った。日本政府は「数値目標」の導入を受け入れるものの、それがシェアの保証ではないことを明示することで、目標が達成されなかった場合に責任を負わされないよう留意した。

　この「数値目標」は、日米両国に大きな皮肉をもたらすこととなった。米国にとって、「数値目標」の達成の成否はみずからが批判する通産省のパワーに依拠していた。米商務省のC・プレストウィッツは半導体交渉を振り返って次のように述べている。「長い間にわたり通産省に対しその産業政策を放棄させようと説得に努めてきたが、いまや通産省に、かつては異議を唱えたまさにその方法で市場介入を求め（た）」（プレストウィッツ　一〇一頁）。

　他方、半導体協定締結後に、実際にダンピングが終結し日本市場における外国製品のシェアが上昇したことは、通産省の意図とは裏腹に、「数値目標」の導入に正当性を与える結果となった。それまで「数値目標」に批判的だった米国人の一部でさえ、シェアが達成されると一定の評価を下すようになった。そして、半導体協定の「教訓」は、数年後の日米自動車・自動車部品交渉に少なからぬ影響を与えることとなった。

参考文献

大矢根聡『日米韓半導体摩擦――通商交渉の政治経済学』有信堂高文社、二〇〇二年。

黒田真『日米関係の考え方――貿易摩擦を生きて』有斐閣、一九八九年。

ローラ・D・タイソン（竹中平蔵監訳）『誰が誰を叩いているのか――戦略的管理貿易は、アメリカの正しい選択？』ダイヤモンド社、一九九三年。

土屋大洋「日米半導体摩擦の分析――数値目標とその影響」『法學政治學論究』（慶應義塾大学）第二五号（一九九五年六月）。

中戸祐夫『日米通商摩擦の政治経済学』ミネルヴァ書房、二〇〇三年。

グレン・S・フクシマ（渡辺敏訳）『日米経済摩擦の政治学』朝日新聞社、一九九二年。

C・V・プレストウィッツJr.（国弘正雄訳）『日米逆転――成功と衰退の軌跡』ダイヤモンド社、一九八八年。

日米半導体協定のサイド・レター（抜粋）

ヤイター大使殿

この書簡の交換によって，我々は，半導体製品の貿易に関する日本国政府とアメリカ合衆国政府との取極に関して，以下のことを記録する。

Ⅰ　市場参入

1　（略）

2　日本国政府は，外国系企業の日本における半導体の販売が，五年間で少なくとも日本市場の約二〇％強に拡大するという，合衆国半導体産業の期待を認識する。日本国政府は，これが実現しうると考え，かつその実現を歓迎する。このような期待の達成は，競争力上の要因，外国系企業の販売努力，日本の半導体ユーザーの購買努力，および両国政府の努力による。

3～8（略）

Ⅱ　第三国市場措置

1～6（略）

松永信雄
日本国大使

出典：大矢根聡「日米半導体摩擦における『数値目標』形成過程――『制度』の作用と政策決定の交錯」日本政治学会編『年報政治学　危機の日本外交　七〇年代』岩波書店，1997年。

54　光華寮問題（一九八七年）——台湾の地位をめぐる争い

1　背　景

光華寮とは、一九三一年に建設され、一九四五年四月に京都帝国大学が政府の委託を受け中国人留学生向けに民間の所有者から借り上げた学生寮である。日本の敗戦後、政府による賃貸料の支払いが途絶えたが、紆余曲折を経て一九五二年に中華民国が土地と家屋を購入した。その後大陸中国と台湾出身の学生間でトラブルが生じ、一九六七年、中華民国は大陸寄りの八名の寮生の立ち退きを求めて訴訟を起こした。裁判は一〇年以上続き、その間、一九七二年に日本政府は日中共同声明により中華人民共和国を承認する一方、中華民国（台湾）との国交を断絶した。

一九七七年九月の京都地裁での第一審判決は、光華寮の所有権は中華人民共和国に移行したとの理由で原告の訴えを棄却したが、一九八二年四月大阪高裁の控訴審では、原告（すなわち台湾）が所有権を喪失したとは言えないとして、審理を京都地裁に差し戻した。一九八六年二月の京都地裁による差し戻し判決では、台湾の所有を認め八名の立ち退きを求める判断が下された。翌八七年二月の大阪高裁による控訴審においても、台湾の所有を認める判決が下されたが、この判決に対し中国政府が強く抗議し、日中間の大きな争点となった。

2　展　開

大阪高裁の控訴審判決が出た一九八七年二月二六日、劉述卿中国外交部副部長は夜九時に中江要介駐中国日本大使を呼び出し、判決が「二つの中国」を肯定し日中共同声明や国際法に違反する内容となっており、日本政府の「厳粛な対処」を求める旨の口上書を手渡した。これに対し、日本政府は三月六日、三権分立の立場から司法の決定に介入できないこと、日本政府は日中共同声明を尊重すること、中国政府による冷静な対応を期待することなどを記した返書を手交した。

日本側の回答に不満を募らせた中国は、三月二七日、二度目の口上書を手交し「中国の主権を侵し、中国人民の感情を損なうようないかなる行為も、重大な政治的結果をもたらすだろう」と警告した。さらに、五月五日に訪中した親中派の宇都宮徳馬自民党参議院議員に対し、中国最高指導者の鄧小平は光華寮問題の背景として日本の軍国主義復活の動きがあることを示唆し、中曽根首相が問題解決に向けて指導力を発揮すべきだと語った。数日後、中国政府は機密文書をスクープしたとして、共同通信北京特派員を国外退去処分にした。

さらに六月四日、訪中した矢野絢也《やのじゅんや》公明党委員長に対して、鄧小平が再び日本の軍国主義復活に言及し、光華寮問題での日本政府の対処を求めた。また、日本は世界の中で一番中国に「借り」があるので、中国の発展のためにもっと貢献すべきであると述べた。この鄧―矢野会談後、外務省の柳谷謙介事務次官が記者懇談会で、鄧小平は「雲の上の人になってしまったのではないか。下から報告が届いているのか。年をとると誰でも頭が固くなる。（中略）中国要人の発言に日本は一喜一憂すべきではない」と語り、中国の反発を招いた。二週間後、柳谷は実質的にこの「雲の上の人」発言の責任をとる形で辞任した。

これ以降中国政府の対日批判は減り、光華寮問題は鎮静化した。九月頃までには、この問題が外交の場で取り上げられることはほぼなくなり、日中友好が強調されるようになった。

3　意　義

光華寮問題は台湾の地位に関する係争でもあり、中国政府は敏感に反応した。だが、日本政府は一切譲歩をしなかった。にもかかわらず、なぜ中国政府は一九八七年九月以降対日批判を抑制したのか。考えうる理由として、少なくとも三つ挙げることができる。第一は、日本の世論がほぼ一貫して日本政府の立場を支持したことである。過去に起きた教科書問題や靖国神社公式参拝問題などでは、日本の世論が割れたため、中国政府も自国の主張に同情的な日本の一部メディアを通じて日本政府へ圧力をかけることが可能であった。だが、光華寮問題をめぐる日本の主要メディアの論調は、『朝日新聞』の「中国が日本政府に司法への介入を求めたのには、無理がある」（一九八七年九月二七日付、三月二日付の社説も参照）という社説に代表されるように、すべて中国に対し批判的であった。よって、中国政府も過度な対日批判は逆効果と考えたのかもしれない。

第二は、日本の対中円借款がこの時期協議されていたことである。九月初め、中国政府は第三次円借款に関して、金額を第二次円借款の二・五倍の一兆一八六九億円とし、さらに実施時期を二年前倒しするよう要求した。日本政府もこれらの要求に前向きに対応することを約束した。中国政府は光華寮問題での批判が円借款の協議に影響を与えることを避けようとしたのかもしれない。

第三は、中国指導部の力関係の変化である。そもそも、中国が光華寮問題で対日批判を強めた背景には、日本の防衛費GNP一％枠撤廃や靖国神社公式参拝問題など外的な要因の他に、中曽根首相と個人的に親しい関係にあった改革派の胡耀邦共産党総書記が、国内の学生らによる民主化要求への対応を誤ったとして保守派に批判され八七年一月に失脚するという内的要因があった。保守派はこの時期発生した歴史問題を日本の軍国主義の台頭と捉えて反日キャンペーンを展開した。だが、中国共産党内部は五月の政治局拡大会議や全国整党工作会議などを経て再び改革重視へ方向転換し、それに伴って対日政策も協調路線へ転換したのである。

なお、二〇〇七年、光華寮問題は突如終焉を迎えた。同年三月、最高裁は、一九七二年に日本政府が中華人民共和国を承認した時点で中華民国は原告当事者の資格を失っている旨の上告審判決を言い渡した。大阪高裁の控訴審判決から実に二〇年の歳月を経て、光華寮問題は台湾の事実上の敗訴により幕を閉じたのである。

参考文献

浅野和生「日台の歴史的関係と法的関係」中村勝範他『激変するアジア政治地図と日台の絆』早稲田出版、二〇〇七年。

小田滋「光華寮訴訟顚末記――平成一九・三・二七の最高裁第3小法廷判決について」『国際法外交雑誌』第一〇七巻、第三号（二〇〇八年一一月）。

国分良成「対日政策決定のメカニズム――光華寮問題の場合」小島朋之編『アジア時代の日中関係――過去と未来』サイマル出版会、一九九五年。

国分良成他『日中関係史』有斐閣、二〇一三年。

小嶋華津子「光華寮問題　一九八七―八八年」高原明生・服部龍二編『日中関係史一九七二―二〇一二　Ⅰ政治』東京大学出版会、二〇一二年。

田中明彦『日中関係　一九四五―一九九〇』東京大学出版会、一九九一年。

光華寮をめぐる主な動き

1952年４月	日華平和条約締結。
同年12月	台湾が光華寮を買い取る。
1967年９月	台湾が中国人寮生を相手取り光華寮の明け渡しを求めて提訴。
1972年９月	日本，日中共同声明で中華人民共和国を承認，台湾と断交。
1977年９月	１審・京都地裁が台湾の訴えを却下。
1982年４月	２審・大阪高裁が１審判決を破棄，差し戻し。
1986年２月	差し戻し審・京都地裁が台湾の請求を認める。
1987年２月	差し戻し後控訴審・大阪高裁が台湾の請求を認める。
同年３月	寮生が最高裁へ上告。
2007年１月	最高裁が双方の主張を聞く「求釈明」の手続き。
同年３月	最高裁が下級審の４判決を取り消し，審理を京都地裁に差し戻す。

参考：『産経新聞』2007年３月28日付。

55　東芝機械ココム違反事件（一九八七年）――安全保障と貿易摩擦のリンケージ

1　背景

一九八七年三月、東芝の子会社である東芝機械が、対共産圏輸出統制委員会（ココム）で禁止されている九軸同時制御可能なプロペラ切削加工機四台をソ連に輸出していたことが明るみになった。不正輸出には、ノルウェーの国営兵器会社であるコングスベルグ社も関与していた。この高性能プロペラ工作機械を使うことで、大型船舶用のスクリューを高速かつミリ単位で精密加工することが可能となった。米国は、この結果ソ連がスクリュー音の静かな潜水艦を製造することに成功し、米国のソ連潜水艦探知能力に重大な損害を与えたと主張し、対日報復措置を発動した。この事件は、安全保障と貿易摩擦が密接にリンクし、双方の認識のズレや感情のもつれなども重なり、八〇年代後半の日米関係における大きな争点の一つとなった。

2　展開

ココム違反疑惑は、ある商社マンの「告発」から展開した。一九八五年一二月、対ソ不正輸出を仲介した共産圏専門商社の和光交易の元モスクワ事務所長が、パリのココム本部に不正輸出の事実とそれを裏づける資料を送付した。ココム本部は日本政府に調査を依頼するが、日本側の反応は素早いものではなかった。警察庁の担当者は「タレコミをいちいち取り上げていたらキリがない」として消極姿勢を示した。ココム規制の責任官庁である通産省は、一応東芝機械や関連企業に対しヒアリングを行った。しかし機械はすでにソ連に輸出されており、証拠を見出すことは不可能であった。八六年四月、同省は「問題なし」の判断をココム本部に伝達している。

一方、米国防省は、省内の情報局（ＤＩＡ）やＣＩＡを動員して独自に調査を始め、不正輸出の事実がほぼ間違いないことを摑んでいた。このため、再三日本政府に対し疑惑の調査を依頼するが、日本政府の回答はいずれも「シロ」であった。反応の鈍い日本政府に国防省は苛立ちを募らせていった。

翌八七年三月下旬、日米のメディアが東芝機械のココム違反疑惑と米国防省による対日報復の可能性を報じると、日本政府の態度が徐々に変化する。四月一三日、ワインバーガー国防長官から栗原祐幸防衛庁長官のもとに「ココム違反疑惑に対し何の措置もとられていない」との書簡が届くに至ると、事態を重視した中曽根政権は本格的に追及を始める。その結果、関係者の自白が引き出され、それを受けて東芝機械の告訴（四月二八日）、一年間の対共産圏輸出禁止の行政処分（五月一五日）、東芝機械幹部二名の逮捕（五月二七日）と事態は急速に展開する。

事件の早期解決を目指す日本政府は、六月下旬、来日したワインバーガー国防長官に対し、西側のソ連潜水艦探知能力向上のための日本の協力を約束した。後日その具体策が検討され、日本は潜水艦を探知する音響測定艦二艦の建造費用ならびに米軍横須賀基地内における対潜水艦センターの建設費用として三五〇億円近くを拠出することとなった。九月には、ココム規制強化を目指す外国為替法の改正法案が国会で可決・成立した。

だが、こうした日本政府の取り組みにもかかわらず、米国内では不正輸出問題による反日感情が一気に高まった。議会の対日強硬派議員が東芝のラジカセをハンマーで叩き壊す映像が流れ、上下両院では親会社の東芝をターゲットにした対日制裁法案がいくつも提出された。東芝は、会長と社長が辞任に追い込まれ、米議会対策として総額九〇〇万ドルをロビー活動に注ぎ込んだ。

一九八八年八月、米議会は包括的通商法案を可決した。この法案には、ココムに違反した外国企業に対し米国が独自に制裁を課すことを可能にした外国企業規制条項が付加された。この適用により、東芝機械に対しては米国への製品輸入が、親会社の東芝については政府調達がそれぞれ三年間禁止された。この法案はレーガン大統領により署名されたが、東芝制裁については、米国における生産に必要な部品や東芝が唯一の供給源である場合には例外措置として制裁が発動されない仕組みになっていたのである。

3　意　義

この事件の受け止め方については、日米間に大きなギャップが存在した。米国はおもに軍事的観点から問題を捉え、不正輸出により米国（および西側全体）の安全保障が著しく低下したと日本を非難した。実際、ココム規制に対する日本の認識は米国ほどシビアなものではなかった。他方、日本では通産省や業界を中心として、東芝が米側による「日本叩き」のターゲットとなったとする見方が大方を占めた。また、ソ連潜水艦のスクリュー音は確かに以前と比べて低下していたが、それが東芝機械により不正輸出されたプロペラ工作機械によるものか否かは、米国防省の内部でも意見が割れていた。

ココム違反事件は、東芝への制裁措置を含む米包括通商法の成立で一応の決着をみた。だが、輸入禁止などの強硬な制裁は、米国内の消費者やユーザーにもマイナスの影響をもたらすことが予想された。とりわけ、アップルやＩＢＭなど東芝製の半導体やその他の製品を使用するメーカーは、制裁に強く反対した。その結果、最終的な東芝制裁条項は、名目的なものとなったのである。

参考文献

秋山憲治『日米通商摩擦の研究』同文舘出版、一九九四年。

R・アーミテージ（井出六男訳）「ワシントンの仕事師、世界をゆく6——東芝機械事件」『中央公論』第一〇九巻第一〇号（一九九四年九月）。

加藤洋子『アメリカの世界戦略とココム　一九四五—一九九二——転機にたつ日本の貿易政策』有信堂高文社、一九九二年。

加藤洋子「ココムからワッセナー合意へ——『新しい冷戦史』と今日の輸出規制」『国際問題』四六一号（一九九八年八月）。

熊谷独『モスクワよ、さらば——ココム違反事件の背景』文藝春秋社、一九八八年。

塩田潮『官邸決断せず——日米「安保」戦争の内幕』日本経済新聞社、一九九一年。

信田智人『アメリカ議会をロビーする——ワシントンのなかの日米関係』ジャパンタイムズ、一九八九年。

鈴木康彦『ワシントン・ロビー——日米経済外交　陰の主役』有斐閣、一九九〇年。

マイケル・チンワース「東芝機械事件の再検討」『国際安全保障』第三二巻第二号（二〇〇四年九月）。

畠山襄『通商交渉——国益を巡るドラマ』日本経済新聞社、一九九六年。

春名幹男『スクリュー音が消えた——東芝事件と米情報工作の真相』新潮社、一九九三年。

日本企業による対共産圏不正輸出の主要事案

企　業	検挙日	内　容
進展実業	1966年10月	ゲルマニウムトランジスター製造設備一式をソ連に不正輸出。
兵庫県貿易株式会社	1969年７月	振動試験装置振動台付駆動コイルを中国向けに不正輸出しようとした。
東明貿易	1987年３月	シグナル・ジェネレーター（信号発信機）を中国に不正輸出。
東明商事・穂高電子株式会社	1987年５月	シンクロ・スコープ等を北朝鮮に不正輸出。
東芝機械	1987年５月	同時９軸制御プロペラ加工機をソ連に輸出。
極東商会・新生交易株式会社	1988年５月	サンプリング・オシロスコープ等を中国に不正輸出。
ダイキン工業	1989年２月	フロン液体の純度を偽ってソ連に不正輸出。
プロメトロンテウエクス	1989年７月	半導体製造装置「マスクアライナー」を東ドイツに不正輸出。

出典：諜報事件研究会ホームページ。
http://www.antiespionage-law.org/espionagehack/index3.html，2016年４月30日アクセス。

56　日米牛肉・オレンジ交渉（一九八八年）——自由化とその代償

1　背　景

一九六三年、日本は国際収支上の理由による輸出入制限等の撤廃を義務づけたＧＡＴＴ一一条国に指定された。以後、国内市場の開放を進め、一九七〇年代までには大半の分野で自由化が進んでいた。しかし、牛肉とオレンジはコメや酪農品などと同様、日本が輸入規制を残存させた二七品目のうちの二つだった。

もっとも、この二品目が日米貿易全体に占める割合はごくわずかであった。たとえば牛肉は、日本の対米輸入全体の四％に過ぎなかった。牛肉とオレンジが完全に自由化されても、日米貿易の不均衡是正にほとんど役立たないことは明らかであった。だが、これらは日米双方にとって政治的に敏感な問題だった。日本では、強力な組織票をもつ全国農業協同組合中央会（全中）や全国農業協同組合連合会（全農）などの生産者団体が、自由化や輸入枠拡大の阻止を求めて激しく運動を展開した。米国でも、カリフォルニア、フロリダ、テキサスなどのオレンジや牛肉の生産州は、大統領選挙の行方を左右する大票田であった。さらに米政府にとって、議会の保護主義傾向を牽制し、関税引き下げを協議するＧＡＴＴ交渉を成功裏に導くためにも、この問題で安易に譲歩することはできなかったのである。

2　展　開

牛肉・オレンジをめぐる日米協議は、最終決着まで計三回の交渉が行われた。第一回交渉（一九七七～七八年）では、完全自由化を求める米政府に対し日本が強く抵抗した。生産過剰により温州みかんの減反を農家に受け入れさせてきた日本政府にとって、輸入自由化を容認することはきわめて困難であった。その結果、輸入枠をどの程度拡大するかが交渉の焦点となった。交渉は何度も決裂しかけたが、七八年一二月、両政府は、八三年度までにオレンジの輸入枠を年間四万五〇〇〇トンから八万二〇〇〇トンへ、牛肉の輸入枠を年間一万六八〇〇トンから三万トンへ拡大することなどで合意した。

第二次交渉（一九八三～八四年）では、自由化を要求する米政府の圧力は一段と高まった。八四年四月に行われたブロック米通商代表との最終交渉で合意を得ることに失敗した山村新治郎農水相は、「交渉は決裂した。明日帰国する予定である」とする記者会見を行った。だが、この記者会見後に交渉が再開され、八八年度までにオレンジについては年間一万一〇〇〇トンずつ、牛肉については年間六九〇〇トンずつ輸入量を増加させることで問題が決着した

第三次交渉（一九八八年）で、日本はついに自由化を受け入れた。米政府がこの問題をＧＡＴＴに提訴したこと、ＧＡＴＴ裁定では日本が敗北する可能性が高かったこと、十分な補償措置を約束することで国内のみかん・畜産農家を説得することが可能と見られたことなどが日本政府による自由化容認の決め手となった。八八年六月、ヤイター米通商代表と佐藤隆農水相の会談で、日本側はオレンジ・牛肉双方について一九九一年度以後の自由化に合意した（オレンジジュースについては九二年より自由化）。ただし、牛肉については自由化後に関税措置（九一年度＝七〇％、九二年度＝六〇％、九三年度＝五〇％、輸入によって急増の場合はプラス二五％）を導入し、九四年度以降は、前年度の水準を超えない範囲でウルグアイ・ラウンドで交渉されることとなった。

3　意　義

三次の交渉を経てようやく牛肉・オレンジ問題は解決したが、その代償は政府・自民党にとって小さいものではなかった。八九年七月の参院選挙で自民党は三〇を超える議席減の大敗を喫し過半数を失った。輸入自由化は、リクルート問題、消費税導入、宇野宗佑首相の女性スキャンダルなどと並んで自民党を敗北に追い込んだ原因の一つと言われている。

また、交渉を通じて、日本政府も米政府も決して一枚岩ではなかったこと、国内の生産者や輸入業者などの非政府アクターが、相手国の政府や業界と直接交渉したり相互に結託したりして自国政府に圧力をかけたことなどが研究者により明らかにされている。さらに、日本では政府・自民党を中心として対米譲歩は避けられないという認識があり、国内の反対派を説得する手段として米国の圧力が巧みに利用されたことも知られている。

参考文献

草野厚『日米オレンジ交渉——経済摩擦をみる新しい視点』日本経済新聞社、一九八三年。

Ｉ・Ｍ・デスラー、佐藤英夫編（丸茂明則監訳）『日米経済紛争の解明——鉄鋼・自動車・農産物・高度技術』日本経済新聞社、一九八二年。

長尾悟「日本経済外交の変容——『国際政策』過程と日米牛肉・オレンジ交渉」『国際政治』第九三号（一九九〇年三月）。

藪中三十二『対米経済交渉——摩擦の実像』サイマル出版会、一九九一年。

57　FSX問題（一九八九年）——貿易摩擦化した戦闘機共同開発

1　背　景

一九八五年、防衛庁は中期防衛力整備計画において、九〇年代中葉に耐用期限を迎えるF‐1支援戦闘機の後継機（Fighter Supporter、開発番号未定のためFSX）について「必要な措置を講ずる」ことを決定した。当時、自衛隊の戦闘機には、敵軍用機との空対空の戦闘や領空侵犯に対処する「主力戦闘機」と、味方の海上部隊や地上部隊を空から支援する「支援戦闘機」の二種類があった。前者は米国のF‐15戦闘機をライセンス生産したものを、後者は国産のF‐1を運用していた。

FSXの機種選定については、「国内開発」「現有機（F‐4）の転用」「外国機の導入」の三つの選択肢があった。日本国内では、航空幕僚監部、防衛庁技術研究本部、防衛産業界を中心に自主開発を推す声が強かった。とりわけ、戦前零式戦闘機を開発生産したことで知られる三菱重工の国産への熱意はただならぬものがあった。同社の社長飯田庸太郎は「防衛産業で日本のお役に立たなければ、三菱が存在する意味はない。もうかるからやる、もうからないからやらないではなく、もって生まれた宿命と思っています」と述べたと言われている。だが、国産と言っても心臓部のエンジンに関しては米国からのライセンス生産に頼らざるを得ない状況であった。

2　展　開

国内開発の動きに対して「待った」をかけたのは、米国防省であった。同省は、FSX計画は一〇〇％日本の税金で賄われる日本のプロジェクトであることに理解を示しながらも、戦闘機の開発には当初の見積もりを数倍超える莫大な予算がかかること、防衛庁の要求する性能をほぼ満たす戦闘機を米国はすでに生産していることなどを理由に、米国戦闘機の導入を促した。日本が開発したF‐1を「多大な浪費」「ソビエトの戦闘機に対抗できない代物」と評価していた米国防省にとって、経済コストに見合わない自主開発にこだわる姿勢は、日本が戦闘機の開発を通じて民間航空機産業の分野へ進出を目論んでいるとの疑念を生じさせた。

結局、この問題は、日米双方が歩み寄る形で決着することとなった。一九八七年一〇月の栗原防衛庁長官とワインバーガー国防長官の会談で、日米は米国製の戦闘機をベースにしたＦＳＸの共同開発を行うことで合意した。会談後の記者会見で、栗原長官は「日米関係を悪化してはならないのでＦＳＸの国内開発という選択肢は放棄せざるを得ない」と述べている。実際、同年五月の東芝機械事件（「55　東芝機械ココム違反事件」の項参照）や同年四月の日米半導体協定違反問題（「53　日米半導体協定」の項参照）などで、日本政府は苦しい立場に置かれていたのである。

一九八八年一一月二九日、日米両政府は、⑴米国のＦ-16を改造することとし、米側はＦ-16の技術情報を日本に供与すること、⑵日本側は開発の成果を適切に米側に供与することなどを明記した開発に関する了解覚書（ＭＯＵ）を締結した。両国の作業分担については経済効率性に基づき今後決定するとされたが、同年六月の瓦力《かわらつとむ》防衛庁長官とカールッチ国防長官の会談で、米国の開発分担率は三五～四五％との口頭合意がなされた。

ところが、この日米合意に対して米国内から反対運動が湧き上がった。その火付け役となった元米商務省審議官のＣ・プレストウィッツは、一九八九年一月二九日付の『ワシントン・ポスト』紙への寄稿記事で、日本は航空機産業の分野で世界市場を席巻しようと目論んでおり、ＦＳＸプロジェクトは米国の最新技術を日本に安価で提供することで日本の航空機産業育成に資する結果となる、と批判した。議会の対日強硬派やテクノ・ナショナリスト、さらにＦＳＸ交渉が国務・国防両省の主導で進められていることに反発する商務省や通商代表部などがこの意見に追従し、新生ブッシュ政権に対し日米合意見直しを求めて圧力をかけた。

再交渉の末、この問題は当初の合意よりも米国に有利な形で決着することになった。八九年四月二八日、松永駐米大使とベーカー国務長官の間で書簡が交わされ、両国は、⑴生産段階において米側に四〇％以上の作業分担率を確保する、⑵航空管制や火器管制に関する重要なコンピュータ・ソフトウェアの対日技術供与を制限する、⑶日本の技術の米側への移転を保障する、などで合意した。日本政府は米側に交渉の蒸し返しを抗議したが、予算の執行上早期の決着を必要としていたことや、リクルート事件を受けて竹下首相が退陣を表明した時期と日米交渉が重なったことなどから、合意の破棄を避けるため譲歩を受け入れたと言われている。

3　意　義

一度決着したＦＳＸ交渉がブッシュ新政権で再協議となった背景には、米政府内における縄張り争いがあった。拡大する貿易不均衡を背景に、議会の対日強硬派などと連携した商務省や通商代表部といった経済官庁が、従来国防省の管轄であった武器技術の輸出をめぐる政策形成に一定の影響力を行使した。最終合意では、米国のコンピュータ・ソフトウェア技術の対日供与の制限や、生産段階での米側シェアを四〇％とすることなどが明記されたが、これらはあくまで結果を重視する商務省や通商代表部の対日交渉スタイルに通底するものがある。

米国製のF‐16を基に日米共同開発となったFSXは、のちに「主力戦闘機」と「支援戦闘機」の区別廃止に伴い、F‐2と呼ばれるようになった。F‐2は一九九五年に試作機が完成し、二〇〇〇年より部隊配備されることになった。だが、開発費三二七〇億円、一機あたりの調達価格約一二〇億円となり、当初の見積額（開発費一六五〇億円、一機あたりの調達価格八〇億円）を大幅に上回った。この結果、二〇〇四年一二月の安全保障会議において、費用対効果の観点などからF‐2の生産台数を当初予定の一三〇機から九八機に削減することが決定された。

参考文献

R・アーミテージ「ワシントンの仕事師世界をゆく（第七回）――FSX事件」『中央公論』第一〇九巻第一一号（一九九四年一〇月）。

大月信次・本田優『日米FSX戦争――日米同盟を揺がす技術摩擦』論創社、一九九一年。

手嶋龍一『たそがれゆく日米同盟――ニッポンFSXを撃て』新潮文庫、二〇〇六年。

春名幹男「FSXの波紋――テクノナショナリストの登場」『世界』第五二八号（一九八九年六月）。

山県信一「FSX摩擦と日米安保体制」『国際学論集』（上智大学）第四九号（二〇〇二年一月）。

J. E. Auer, "The U.S.-Japan FSX Agreement: Cooperation or Confrontation in High Technology," *Business in the Contemporary World*, Vol. 2 (Summer 1990).

M. A. Lorell, *Troubled Partnership: An Assessment of U.S.-Japan Collaboration on the FS-X Fighter*, Santa Monica: RAND, 1995.

F 2 戦闘機

昭和63年に FSX として米国と共同開発され，2000年に開発完了された。（防衛省ホームページ）

58　リビジョニズムの台頭（一九八〇年代後半～九〇年代前半）――日本は異質か？

1　背景

一九八〇年代、米国は巨額の財政赤字と貿易赤字のいわゆる「双子の赤字」を抱え、その覇権国としての地位に対する懸念が国の内外で高まった。一九八二年から八七年の五年間で貿易赤字は約六倍に増大し、八六年には世界最大の債務国となっていた。

同時期、日本の貿易黒字は増大するが、その大半は対米輸出によりもたらされたものであった。米国内では、商務省や議会を中心に度重なる市場自由化交渉の実施や一九八五年プラザ合意以降の円高にもかかわらず、日米貿易の不均衡が一向に改善されない現状に対し、不満が高まっていた。

さらに、黒字により生まれた日本の資金は米国債購入などを通じて財政赤字を支える一方で、ロックフェラー・センターなどの象徴的な不動産やコロンビア・ピクチャーズ・エンタテイメントなどの主要メディアを買収したことで、米国人の日本に対する反感が強まった。『ビジネスウィーク』誌と調査会社のハリスが一九八九年夏に共同で実施した世論調査では、米国の将来の脅威として回答者の二二％がソ連の軍事力を挙げたのに対し、日本の経済力を挙げた者は六八％に上った。

こうした背景の下、米国では経済的膨張を続ける日本を西欧の資本主義とは異なるルールに支配された社会経済システムと捉える「日本異質論」が台頭した。

2　展開

日本異質論の主要論点は、(1)日本経済が閉鎖的であり、(2)欧米の資本主義とは異なる原理で動いており、(3)米国にとって脅威である、の三点におおむね集約される。ただし、論者により力点の置き所や政策含意が異なる。

代表的論者の一人であるカリフォルニア大学の政治学者（肩書きは当時、以下同）で『通産省と日本の奇跡』の著者でもあるチャルマーズ・ジョンソンは、市場に対する政府の介入を原則的に否定する米国と異なり、日本は産業政策や行政指導を通じて経済を主導する「発展指向型国家」であると位置づけた上で、他の先進工業国には通用する政策が日本には通じないと主張する。同様に、オランダ人ジャーナリストで『日本／権力構造の謎』の著者であるカレル・ヴァンウォルフレンも、日本の資本主義が西欧とは異なるルールで運営されていると論じているが、ジョンソンとは対照的に、日本には責任ある中央政府が存在しないと断じている。

『アトランティック・マンスリー』誌編集長で同誌一九八九年五月号に「日本封じ込め」というタイトルの論文を寄稿したジェームズ・ファローズは、日本の経済力は膨張主義的であり、米国経済にとって耐え難い脅威となるので、封じ込めなければならないと論じた。レーガン政権期の商務省高官クライド・プレストウィッツも日本の資本主義が西欧のそれとは異なる原理で動いているので、日本の市場開放については結果重視の政策が不可欠であると主張している。

　こうしたリビジョニズムの見解が政策として初めて具現化するのが、レーガン政権期の一九八六年に締結された日米半導体協定であった。米国政府はこの協定をめぐる交渉で、ダンピング中止と日本での市場拡大を求めて具体的な数値目標の設定を求めた。当初日本政府はこれを拒否するが、最終的には努力目標として外国製品の販売シェアを五年間で二〇％に拡大することを非公開のサイド・レターの中で明記することに合意した（「53　日米半導体協定」の項参照）。ブッシュ（父）政権時にも、米国製自動車部品の購入や次期支援戦闘機（FSX）の交渉などで具体的数値目標が追求された。しかし、ブッシュ政権内では自由貿易論者や日米同盟論者が主流を占め、マーケット・シェアを含む管理貿易を主張する者は、商務省や米通商代表部の一部にとどまった。

　ところが、クリントン政権になると経済が最優先課題と位置づけられ、対日政策についてもリビジョニズムに影響された結果志向の政策が主流を占めるようになった。自由貿易論者や日米同盟論者は影を潜め、ローラ・タイソン（経済諮問委員会委員長）、ミッキー・カンター（米通商代表）、シャーリーン・バーシェフスキー（米通商副代表）、ロバート・ルービン（大統領経済政策担当補佐官兼国家経済会議委員長）など、管理貿易に同情的な論者が政策に影響を与えるようになった。クリントン政権期の日米包括経済協議において、米側は電気通信や医療技術の政府調達、保険や金融サービスの規制緩和、自動車や自動車部品の輸入などについて、具体的数値目標を求めた。

　だが、日本政府はマーケット・シェアを含む数値目標の設定に強く反対した。その背景には、日米半導体協定の教訓や数値目標導入に反対する欧州からの後押しがあった。一九九四年二月のクリントン大統領と細川護熙《ほそかわもりひろ》首相の首脳会談は、数値目標導入をめぐる双方の主張が対立したまま決裂した。翌年、日米包括経済協議は大筋合意されるが（「70　日米包括経済協議」の項参照）、米国政府は当初の意図に反して日本政府を具体的数値目標にコミットさせることに失敗したのである。

3　意　義

リビジョニズムの影響力が米政府内で低下した理由はいくつかある。一つはバブル崩壊後の日本経済の衰退と、それと反比例する形で進行した米国の景気回復という両国の経済状況の変化がある。もう一つは、同時期に北朝鮮の核開発問題や米海兵隊員による沖縄少女暴行事件などが発生した結果、日米同盟の絆を重視する対日協調派が米政府内で影響力を復活させたことも重要であろう。さらに、米政府が数値目標やそれを日本政府に受け入れさせる手段としてのスーパー三〇一条などの報復措置を乱用すれば、ＧＡＴＴやＷＴＯで「クロ」と裁定され制裁を受ける可能性も高かった。

いずれにせよ、日米包括経済協議以降、米国政府は結果重視の対日経済戦略からの転換を余儀なくされることになった。

参考文献

植松忠博「『日本異質論』の再検討」『岡山大学経済学会雑誌』第二二巻第三・四号（一九九一年二月）。

R・J・サミュエルズ（鈴木健次訳）「アメリカの『日本論』を総点検する（下）——日本異質論者たちの功罪」『中央公論』第一〇七巻第六号（一九九二年六月）。

福島政裕「日本異質論研究——大論争」『東海大学紀要政治経済学部』第四二号（二〇一〇年）。

A. J. Alexander, *In the Shadow of the Miracle: The Japanese Economy since the End of High-Speed Growth*, Lanham: Lexington Books, 2002.

S. J. Maswood, "Does Revisionism Work? U.S. Trade Strategy and the 1995 U.S.-Japan Auto Dispute," *Pacific Affairs*, Vol. 70, No. 4 (Winter 1997).

R. M. Uriu, *Clinton and Japan: The Impact of Revisionism on US Trade Policy*, Oxford: Oxford University Press, 2009.

リビジョニズムを代表する論客たち（肩書きは当時）

	カレル・ヴァン・ウォルフレン	チャルマーズ・ジョンソン	ジェームズ・ファローズ	クライド・プレストウィッツ
肩書き	ジャーナリスト	カリフォルニア大学教授	『Atlantic Monthly』誌編集長	米商務省審議官
主著	『日本／権力構造の謎』上・下，早川書房，1990年	『通産省と日本の奇跡』TBS ブリタニカ，1982年	『日本封じ込め』阪急コミュニケーションズ，1989年	『日米逆転』ダイヤモンド社，1988年
主張	日本には政治家・官僚・財界人などの支配階級が存在するが，政治的な中核がなく，責任の所在が不明確。	日本は政府が産業政策などを通じて民間の経済活動を主導する「発展指向型国家」。	日本の経済力は膨張主義的であり，米国を中心とする西側諸国にとって脅威となるので，封じ込めなければならない。	日本の資本主義は西欧のそれとは異なる原理で動いているので，日本の市場開放については結果重視の政策が不可欠である。

59 天安門（六四）事件（一九八九年）――対中制裁の実施と解除

1 背景

一九八〇年代末、中国では価格改革政策の失敗によるインフレの悪化や官僚や党の汚職・腐敗の蔓延により、社会の不満が高まっていた。そのような中で、一九八九年四月、改革派の胡耀邦の死を契機として、民主化を望む学生たちが北京の天安門広場に参集し、追悼運動や政権批判を展開した。同年四月二六日の『人民日報』社説がこのデモを「動乱」と断じたことから、学生たちは天安門広場を占拠し、ハンガーストライキを挙行した。五月下旬、中国政府は北京に戒厳令を発布し、六月四日未明には人民解放軍を導入して武力弾圧を行った。この弾圧による死者数は、当局の発表では二百数十名とされるが、実際には七〇〇名以上に上ると言われている。

2 展開

この流血の惨事に対して、西側ヨーロッパ諸国は厳しい態度を示した。英国ではサッチャー首相が「嫌悪と憤慨」の意を表明し、武器輸出の停止や予定されていたチャールズ皇太子夫妻訪中の中止を発表した。フランスもミッテラン大統領が「若者に発砲するような政府に未来はない」と断罪し対中関係全面凍結に踏み切った。西ドイツやイタリアは新規ODAの延期などの措置を講じた。

米国では、ブッシュ政権が武力による弾圧を批判しつつも、戦略的見地から対中制裁には慎重な姿勢を示した。これに対して、米議会は中国政府を激しく糾弾し、大使召還を含む厳しい措置をとるようブッシュ大統領に圧力をかけた。事件翌日、米政府は武器輸出や軍関係者の交流を含む措置を発表した。また、中国の反体制物理学者方励之とその妻を米大使館に保護した。だが、その後再び議会からの圧力もあり、六月二一日に発表された第二次対中制裁では、政府高官の交流停止や世界銀行などの国際金融機関による新規融資の審査延期といった措置が追加された。

方励之問題は、米中両国の威信をかけた感情的対立に発展した。米国にとって、方の亡命を助けることは、たんに一人の反体制運動家の命を救う以上の意味があった。方亡命の成否は、民主主義と人権に対する米国のコミットメントの試金石であり、これに失敗すれば、国際社会における米国の威信と国内におけるブッシュ大統領の政治生命に大きな傷がつくことになりかねなかった。他方、中国政府にとって、方励之問題は外国政府による露骨な内政干渉であり、ナショナリズムを逆撫でする出来事であった。

日本は先進国の中で最も抑制した対応を示した。事件直後、宇野宗佑首相は記者会見で「人道上許しがたい行為であり、誠に遺憾」と述べたが、中国政府を名指しで批判することは避けた。制裁についても「隣国に礼を失することになる」として、他の先進諸国に同調しない旨を表明した。侵略戦争という過去の経緯から、宇野首相は日中関係が他の先進国と中国の関係とは異なることを強調した。だが、他の主要国が対中経済関係を制限する中経済制裁を実施しない日本に対しては、人権よりもビジネスを重視しているとの批判が高まった。この結果、ブッシュ政権の第二次制裁措置の発表に前後して、日本政府も六月下旬、総額八一〇〇億円の第三次対中円借款（一九九〇～九五年）の供与や閣僚レベルの対中接触の停止を発表した。

七月一四日、フランスで開催された西側先進七カ国の首脳会議（アルシュ・サミット）では、日本政府が「中国を孤立化させない」旨を政治宣言に盛り込むよう根回しした。だが、それに難色を示す欧米諸国との妥協の結果、「中国当局が……開放に向けての動きを再開することにより、中国の孤立化を避け……早期に協力関係への復帰をもたらす条件を創り出すよう期待する」として、孤立回避の責任を中国政府に負わせる文言となった。

事態が動き出すのは、翌九〇年六月のことである。同月二五日、米国大使館に保護されていた方励之夫妻の出国を中国政府が承認した。この一カ月前、ブッシュ政権は中国に対する最恵国待遇を一年間延長する決定を下していた。方励之夫妻出国の翌日には、日米構造協議の最終報告が合意され、日米間の懸案事項が取り除かれた。二週間後のヒューストン・サミットにおいて、海部首相はブッシュ大統領の合意を得た上で、日本の対中第三次円借款凍結解除の方針を発表したのである。

3　意　義

天安門事件後の日本の対中政策については、「中国と西側の橋渡し役を演じた」「他国に先駆けて援助を再開した」など、日本のイニシアチブを強調する見方が通説となっている。たしかに日本政府は中国の孤立化回避のために奔走し、第三次円借款再開に向けて環境整備に尽力した。しかし、日本政府の実際の行動は、他の西側諸国、とりわけ米国の動向に大きく影響を受けた。対中制裁について、日本政府は当初実施せずとの立場を表明したが、結局は欧米と足並みをそろえるかたちで援助停止や高官の交流停止に踏み切った。米国はその間、事件発生翌月の八九年七月および約半年後の一二月の二度にわたり、スコウクロフト国家安全保障担当大統領補佐官やイーグルバーガー国務副長官らを訪中させ事態の打開策を模索していたのである。

ヒューストン・サミットにおける第三次円借款再開の表明についても、日本が事前にブッシュ政権から合意を得た上での行動だった。さらに、日本政府が九〇年一一月二日、第三次円借款の凍結解除を正式に閣議決定した時には、欧州各国や世銀は新規援助再開をすでに決定したあとだった。

結局のところ、日本の対中政策を導いた最も重要な要因は日米関係であった。それは、中国に対して制裁を課すか否かのみでなく、課した制裁をいつ解除するかについての日本政府の決定に深い影響を与えたのである。

参考文献

国分良成他編『日中関係史』有斐閣、二〇一三年。

徐顕芬『日本の対中ＯＤＡ外交――利益・パワー・価値のダイナミズム』勁草書房、二〇一一年。

徐承元『日本の経済外交と中国』慶應義塾大学出版会、二〇〇四年。

田中明彦「天安門事件以後のアメリカの対中政策」『東洋文化研究所紀要』第一一六号（一九九二年三月）。

趙全勝（杜進・栃内精子訳）『日中関係と日本の政治』岩波書店、一九九七年。

三宅康之「六・四（第二次天安門）事件　一九八九―九一年」高原明夫・服部龍二編『日中関係史一九七二―二〇一二　Ｉ政治』東京大学出版会、二〇一二年。

Li Min, "The Policymaking of Japan's Aid Sanctions for Democracy: The Case of Japan's Reaction to the Tiananmen Incident,"『アジア太平洋研究科論集』（早稲田大学）第一八号（二〇〇九年一一月）。

天安門事件

北京・天安門広場に建つ民主の女神像（1989年５月）（TT News Agency／時事通信フォト）

60　APECの誕生（一九八九年）——地域経済協力の模索

1　背景

一九七〇年代から八〇年代にかけて、アジア太平洋地域の経済はダイナミックで急速な成長を遂げた。だが、八〇年代後半には、この成長を支えた国際経済環境に大きな変化が生じ始める。とりわけ重要なのが、GATTの挫折とヨーロッパや北米における地域主義の台頭であった。一九八六年に始まったGATTウルグアイ・ラウンドは、農業分野の自由化交渉などが難航し、行き詰まりを見せていた。一方で、単一欧州議定書の締結（一九八六年）や米加自由貿易協定の締結（一九八八年）など、世界経済は排他的なブロック化の傾向を強めていた。こうした国際経済環境の変容は、アジア太平洋においても地域化の動きを加速することとなった。

もっとも、環太平洋の地域協力構想は過去にも模索されたことがあった。一九六八年に発足した太平洋貿易開発会議（PAFTAD）や一九八〇年に設立された太平洋経済協力会議（PECC）などである。だが、それらはおもに学者や経済人、または個人資格で参加する政府関係者の協議体であり、公式な政府間の組織ではなかった。以下に見るように、八〇年代後半にオーストラリアや日本の通産省のイニシアチブで始まった地域協力構想の動きは、こうした国際経済の変容を受けて、より公的性格の強い組織を目指したものであった。

2　展開

一九八九年一月、オーストラリアのホーク首相が訪問先の韓国において、アジア太平洋地域の閣僚からなる公式の政府間協議を提唱した。自国の得意とする農産物の分野でGATT交渉が行き詰っていたこと、重要な輸出市場である米国やヨーロッパで排他的な地域主義が台頭しつつあったこと、また、同時期に米国が日本やASEAN諸国に対して個別の二国間自由貿易協定を模索していたことなどから、オーストラリアは危機感を募らせていた。

日本においても、通産省が一九八八年初旬、省内に「アジア太平洋貿易開発研究会」を立ち上げ、緩やかで開かれた地域主義を基礎とし、米国も含む形でのアジア太平洋協力（APC）構想の検討を開始した。八九年一月以降は幹部をアジア諸国に派遣し、定期的な経済閣僚級会議の開催を非公式に打診するようになった。だが、国内では、自身の縄張が侵されることを懸念した外務省が、通産省の地域構想に強く反発し、大規模な反対キャンペーンを展開した。この時点で米国の参加の見通しが不透明だったことも、外務省が地域構想に反対する原因の一つとなった。また、対外的には、日本が強いイニシアチブを発揮すれば戦前の「大東亜共栄圏」を彷彿とさせ、アジア諸国に警戒心を抱かせる危険があった。こうしたことから、通産省は地域構想推進の主導役をオーストラリアに委ねることとなった。

ただし、米国の参加に関しては日本とオーストラリアの間で意見の相違が見られた。すなわち、通産省が不可欠との立場でほぼ一貫していたのに対し、当初オーストラリアの地域構想に米国は含まれていなかった。その理由については、ホークが米国を「よそ者」と認識していたという見方や、ホーク自身が回顧するように米国から譲歩を引き出すための戦術だったという見解など諸説がある。

だが、ホーク提案から二カ月後、訪米したオーストラリアのエヴァンス外相に対し、ベーカー米国務長官が、米国を除外した形で地域協力構想が進んでいると強く批判した結果、オーストラリアは米国の参加を認める姿勢を明確にする。さらに、八九年六月、ニューヨークで演説したベーカー国務長官が、米国政府はホーク提案を積極的に支持する旨を表明するに及んで、それまでアジア太平洋地域構想に反対していた日本の外務省も賛成に回った。

他方、日豪が進める地域構想に対し、ASEAN諸国の意見は割れていた。シンガポールとフィリピンはおおむね賛成だった。これに対し、慎重派のインドネシアは、新たな地域フォーラムの設立がASEANそのものを空洞化させるとして、日米豪なども参加する既存のASEAN拡大外相会議を活用すべきだと主張した。また、議題設定や政策決定が域内の経済大国の利害に左右される危険性を懸念したタイとマレーシアは、米国が参加することに難色を示した。

だが、八九年七月、ブルネイで開催されたASEAN拡大外相会議において妥協が成立する。閣僚会議は制度化（事務局などの設置）を前提としないこと、意思決定はコンセンサスを重視すること、ASEANの枠組みと競合しないことなどを条件に、ASEANは最終的に閣僚級会議開催に賛成するのである。

こうして八九年一一月、キャンベラにおいて初めてアジア太平洋経済協力（APEC）の閣僚会議が開催された。参加国はASEAN六カ国（インドネシア、シンガポール、タイ、フィリピン、マレーシア、ブルネイ）と日本、米国、オーストラリア、カナダ、ニュージーランド、韓国の計一二カ国であった。中国の参加については、オーストラリアが積極姿勢を示したものの、台湾問題などもあり他国の間では慎重論が根強かった。結局、この年六月に起きた天安門事件の影響などにより、中国の参加は見送られることとなった。

ＡＰＥＣは、貿易、投資、技術移転、人材育成などの促進を目標に掲げ、その基本原則として、⑴メンバーの多様性に配慮する、⑵強制ではなくコンセンサスを重視する、⑶内向きではなく外に開かれたものとしＧＡＴＴを補完する役割を果たすことなどを打ち出した。

3　意　義

八九年の第一回閣僚会議以後、ＡＰＥＣの組織は着実に発展してきた。シンガポールに事務局が設置され、閣僚級会議の他に首脳会議も開催されるようになった。二〇一四年の時点で、ＡＰＥＣのメンバーは中国、ロシアなどを含む21の国と地域にまで拡大した。しかし、一九九七年のアジア通貨金融危機の際は何ら有効な対処ができず、その後も早期自主的分野別自由化（ＥＶＳＬ）の試みに失敗するなど、その限界が次第に露呈した。さらに、アジア太平洋自由貿易圏（ＦＴＡＡＰ）構築に向けた動きが加速している今日、法的拘束力をもつ取り決めではなくコンセンサスを重視するＡＰＥＣが、米国の主導するＴＰＰ（環太平洋経済連携協定）や中国の主導する東アジア地域包括的経済連携（ＲＣＥＰ）の交渉においていかなる役割を果たし得るか、その存在意義を問う声が高まっている。

参考文献

大庭三枝『アジア太平洋地域形成への道程——境界国家日豪のアイデンティティ模索と地域主義』ミネルヴァ書房、二〇〇四年。

大矢根聡『国際レジームと日米の外交構想——ＷＴＯ・ＡＰＥＣ・ＦＴＡの転換局面』有斐閣、二〇一二年。

菊池努『ＡＰＥＣ——アジア太平洋新秩序の模索』日本国際問題研究所、一九九五年。

寺田貴『東アジアとアジア太平洋——競合する地域統合』東京大学出版会、二〇一三年。

波多野澄雄・佐藤晋『現代日本の東南アジア政策　一九五〇—二〇〇五』早稲田大学出版部、二〇〇七年。

馬田啓一「ＡＰＥＣとＴＰＰの良い関係・悪い関係——アジア太平洋の新通商秩序」『国際貿易と投資』第九二号（二〇一三年夏）。

船橋洋一『アジア太平洋フュージョン——ＡＰＥＣと日本』中央公論社、一九九五年。

山影進『ＡＳＥＡＮパワー——アジア太平洋の中核へ』東京大学出版会、一九九七年。
J. Ravenhill, *APEC and the Construction of Pacific Rim Regionalism*, Cambridge: Cambridge University Press, 2001.

第Ⅳ部　冷戦の終結と一国平和主義の終焉——一九九〇年代以降

マルタ会談

米ソ首脳会談の後，共同記者会見に臨むブッシュ米大統領とゴルバチョフソ連共産党書記長（右）（1989年12月３日）（AFP＝時事）

解説

一九九〇年代の国際環境

一九九〇年代の国際環境の特徴は、何と言っても冷戦の終結とそれによりもたらされた二極構造の変容である。冷戦終結のプロセスは八〇年代後半からすでに始まり、八九年のベルリンの壁崩壊、東欧革命、マルタ会談での米ソ首脳による冷戦終結宣言、九〇年のドイツ統一、九一年のソ連邦解体など、九〇年代初めにかけて一気に進んだ。その結果、第二次世界大戦後四五年近く続いた東西間の対立は消滅したのである。

当時、国際政治学者の中には冷戦後の世界を悲観する者もいた。こうした学者は、二極構造（大国の数が二つ）より多極構造（大国の数が三つ以上）の方が不安定であり、冷戦後のソ連なきあとのヨーロッパは第二次世界大戦以前の多極化へ後戻りするため、結果として国際システムは不安定化し大国間の戦争の可能性がより高まる、という議論を展開した。だが、実際には旧ユーゴスラビアにおける内戦など一部地域で民族紛争が勃発したものの、冷戦後のヨーロッパでは米国の一極構造の下でおおむね平和と安定が続いた。「多極に後戻りする」という悲観論者の予測と異なり、世界は他の追従を許さないほど強大なパワーを保有する米国による覇権の時代を迎えたのである。

九〇年代の日本外交は、こうした国際環境の下で展開された。この時期日本が直面した主要課題は、大きく分けて二つあった。一つは未解決の戦後処理問題であり、もう一つは日米安保の再定義である。

未解決の戦後処理問題

平和条約や賠償協定など、第二次世界大戦後のいわゆる「戦後処理問題」は一九六〇年代までにその多くが解決され、残された問題（日韓基本条約、沖縄返還、日中国交回復など）の大半も七〇年代末までには決着が図られた。だが、それでも未解決の戦後処理問題がいくつか存在した。北朝鮮との国交正常化問題およびロシアとの北方領土問題である。

北朝鮮との国交正常化については、九〇年に自民党の金《かね》丸《まるしん》信元副総理と社会党の田辺誠副委員長が訪朝して早期の交渉開始が約束された。北朝鮮にとって、大規模な経済援助が期待できる日本との関係正常化は、韓国とソ連が国交回復しソ連からの援助が停止される中で、国際的な孤立を回避し経済的苦境を乗り越えるための死活的な政策課題だった。以来、二〇〇〇年に至るまで一一次にわたる交渉が重ねられた。だが、おもに拉致疑惑や核開発疑惑などにより話し合いはほとんど進展しなかった。

その後、小泉純一郎政権時の二〇〇二年九月、首相みずからが訪朝して国交正常化交渉に道筋をつけようと試みるが、訪朝時に北朝鮮側から伝えられた日本人拉致問題の実態（「五人生存、八人死亡」）に日本の国内世論が強く反発したため、ここでも正常化交渉は頓挫した。以来、国交正常化は日朝間の実質的な外交議題に上っていない。

北方領土問題も、同様の道を辿った。一九六〇年以降、ソ連は日ソ間に領土問題は存在しないとの立場を堅持した。だが、ゴルバチョフの登場後、状況は次第に変化した。一九九一年にゴルバチョフが来日した際は領土問題の存在を認め、ソ連崩壊後の九三年に来日したロシアのエリツィン大統領は、歯舞・色丹の二島返還を明記した一九五六年の日ソ共同宣言を尊重する旨を日本政府に約束した。日本側も、領土返還なくして経済協力なしとする「政経不可分」の原則を修正して徐々に経済協力を拡大し、さらに、「四島一括即時返還論」から「四島の主権を認めるならば返還時期は弾力的に対応する」という柔軟な姿勢に転じた。こうして、長年の懸案事項だった北方領土問題がいよいよ動き出すのではないかという期待が高まった。

だが、結局日ロは合意に至らなかった。そのおもな理由は、両国の国内政治にあった。ロシア側では、領土問題が国内の保守派により政争の具として用いられた。冷戦終結後のソ連や独立直後のロシアといった国内政治の不安定な時期に、権力基盤の脆弱な政府が領土問題で譲歩するのは政治的な自殺行為になりかねなかった。一方、日本でも領土問題で譲歩することはきわめて困難だった。四島返還論は与野党一致した立場であり、外務省も四島返還論に固執した。こうした状況において、「四島未満」で妥協するにはよほど強力で安定した権力基盤をもち、かつ領土問題解決に高い利害を有する政権の存在が不可欠であるが、そうした政権は当時の日本で現れなかった。

結局のところ、日朝間の国交正常化問題も日ロ間の北方領土問題も、冷戦の終結により解決の機運が高まったものの、最後はそれぞれの問題に内在する独自の論理により合意には至らなかったのである。

日米安保再定義

九〇年代のもう一つの大きな外交課題は、日米同盟の「再定義」であった。

冷戦の終結後、米国では日米安保条約見直し論やアジアからの米軍撤退論が一部の論者の間で活発に展開されるようになった。八〇年代後半から九〇年代前半にかけて激化した日米貿易摩擦も、こうした議論に拍車をかけた。また、日本においても一九九四年に細川護熙首相の私的諮問機関である「防衛問題懇談会」が、冷戦後の日本の安全保障政策の力点が米国との二国間同盟から国連を中心とする多国間防衛協力へシフトするかのような印象を与える報告書（樋口レポート）を提出した。「ソ連」という共通の敵を失い、日米同盟はまさに「漂流」しかけていたのである。

この頃、ワシントンにはこうした米国の「内向き志向」

や日本の「米国離れ」を深く憂慮する米国の知日派専門家グループが存在した。彼らは、問題意識を共有するジョセフ・ナイ国防次官補（ハーバード大学から出向）に働きかけ、冷戦後の日米同盟の意義を再確認した「東アジア戦略報告」を発表した。この報告書では、アジア地域の平和と繁栄に米国は引き続きコミットすること、そのために一〇万人の米軍兵力を維持すること、貿易摩擦が日米両国の安全保障関係を損なうべきでないことなどが明記された。

「東アジア戦略報告」以後、この知日派グループの根回しもあり、日米両国は冷戦後の日米同盟の重要性を強く意識した政策を立案することとなる。九五年の「防衛計画の大綱」ならびに九六年の橋本・クリントン両首脳による「日米安保共同宣言」においては、日米同盟が日本およびアジア・太平洋の平和と安定のために不可欠である旨が冒頭で強調された。九七年の「新ガイドライン」では、いわゆる「周辺事態」における日米防衛協力の具体例が明記され、そうした措置を実施する根拠法として「周辺事態法」（九九年）や「船舶検査活動法」（二〇〇〇年）が整備された。こうして、九〇年代前半に「漂流」が懸念された日米同盟は、「東アジア戦略報告」が一つの重要な転機となり、「同盟の深化」ないし「再定義」へと軌道修正されていったのである。

吉田路線の変容

一九九一年に中東で勃発した湾岸戦争は、戦後日本外交の大きな転換点となった。前年クウェートに軍事侵攻したイラクに対し、米国を中心とする多国籍軍が戦争を開始した。中東からの石油輸入に依存する日本にも応分の「国際貢献」が求められた。憲法の制約などから自衛隊の海外派遣に否定的な日本政府は、多国籍軍や紛争周辺国への支援として合計一三〇億ドルを拠出した。この財源の一部は、増税や赤字国債で賄われた。だが、資金協力に特化した日本の支援は「小切手外交」と揶揄され、「血と汗を流そうとしない」態度にとりわけ米国から批判の声が高まった。日本にとって「湾岸危機」は急速に「日米関係の危機」へと変容したのである。

湾岸危機発生当時、日本国内では小沢一郎自民党幹事長や民社党などごく一部を除いて、自衛隊の海外派遣については慎重論が大勢を占めた。社会、公明、共産といった野党はもちろんのこと、当時の海部内閣も外務省の幹部も自衛隊の派遣には否定的だった。世論調査でも、派遣に賛成の意を表明したのは二割程度に過ぎなかった。だが、一三〇億ドルもの巨額の財政支援をした挙げ句にそれがあまり評価されなかったことで、「カネ」だけではなく「ヒト」を出さなければならないという認識が政府内で広まった。湾岸戦争終結後、日本政府は自衛隊法を援用して、海上自衛隊の掃海艇をペルシャ湾に派遣することを閣議決定した。

翌九二年には、国連平和維持活動への自衛隊参加を可能とするPKO協力法を成立させた。同法に基づき、自衛隊はカンボジア（九二～九三年）、モザンビーク（九三～九五年）、ゴラン高原（九六～二〇一三年）などへ派遣された。

自衛隊の海外派遣はさらに続いた。二〇〇一年九月一一日の米国同時多発テロ事件を受け、日本は同年にテロ対策特別措置法を制定し、対アフガニスタン戦争に従事する米艦艇などへのインド洋上における給油活動を行った。二〇〇三年のイラク戦争時にはイラク復興支援特別措置法を制定し、医療や給水などの人道支援活動ならびに多国籍軍を後方から支援する安全確保支援活動を行った。これらの法律は、法令の有効期限を定めた時限立法であり、また自衛隊の活動も「非戦闘地域」における後方支援（補給や輸送）に限定されたものであった。とはいえ、湾岸戦争以来、自衛隊の海外派遣は徐々に拡大してきたのである。

「軽武装」・「経済重視」・「日米安保条約による安全の確保」という吉田路線の三つの柱は、戦後長い間日本外交の基軸として定着した。だがこの間、日本を取り巻く国際環境は大きく変わった。とりわけ八〇年代以降、日本の経済大国化、冷戦の終焉、テロや地域紛争の激化、北朝鮮の核とミサイル開発、中国の台頭といった出来事により、「軍事・安全保障は米国に依存しつつ日本は経済発展に集中する」という姿勢を維持することはもはや困難になっている。

湾岸戦争後に始まった自衛隊の海外派遣は、「他国に軍隊を派遣しない」というそれまでの政府方針からの大きな転換であった。以来、自衛隊の海外での活動は増加している。二〇一四年には集団的自衛権の行使を容認する閣議決定がなされた。もっとも、こうした一連の動きを通じて日本が「重武装化」・「軍事大国化」の道へ一気に方向転換するとは考えにくい。自衛隊の海外派遣は国連や日米同盟の枠内で進められており、日本の軍事的役割の増大に対しては、国内でも反対論が根強い。

だが同時に、今日のグローバル化や相互依存が深まる国際環境の下で、日本が「一国平和主義」を貫き通すことがもはや困難となっていることも事実である。自衛隊の海外派遣は、そうした国際社会の変化に適応するための一つの試みと言えよう。吉田路線は徐々にではあるが確実に変容しているのである。

61 日米構造協議最終報告書（一九九〇年）――外圧と国内政治

1 背景

一九八五年のプラザ合意による円高・ドル安の為替変動にもかかわらず、米国の対日貿易赤字は年間五〇〇億ドルに拡大した。米国内では日本の経済システムの特殊性を強調する「日本異質論」がマスコミや政府の一部に浸透すると同時に、複雑な流通制度や系列などの日本に特有な構造的障壁を除去ないし是正しない限り、貿易不均衡問題の解決は困難であるとの考えが強まっていった。

一九八九年五月、ブッシュ大統領はスーパー三〇一条を日本のスーパーコンピュータ、人工衛星、木材加工品に適用すると発表した。スーパー三〇一条とは、不公正貿易国・慣行を特定し、通商代表部が交渉を行った上で一年以内に合意が得られなければ一方的に制裁を発動するというものだった。同時にブッシュは、スーパー三〇一条の枠外で構造問題の協議を日本政府に呼びかけることを明言した。これは、報復の脅しを背にした交渉を拒絶する日本政府と、日本の構造問題をスーパー三〇一条の対象とするよう迫る議会の狭間でブッシュ政権がとった苦肉の策だった。だが、その結果日本は、議会の対日強硬派に抵抗姿勢を見せるブッシュ政権を窮地から救うために、構造協議で何らかの譲歩を示す必要に迫られることとなった。

2 展開

協議は一九八九年九月から一九九〇年六月まで計五回開かれた。また、九〇年の四月に中間報告が、同年六月の第五回協議後には最終報告が発表され、その後数回にわたるフォローアップ会合が開かれた。

協議内容は、米側から日本の障壁として、(1)貯蓄・投資パターン、(2)土地、(3)流通、(4)価格メカニズム、(5)排他的取引慣行、(6)系列の六分野が指摘され、日本側からは米国の構造問題として、(1)貯蓄・投資パターン、(2)企業の投資活動と生産力、(3)企業ビヘイビア、(4)政府規制、(5)研究・開発、(6)輸出振興、(7)労働力の教育・訓練の七分野が指摘された。日本政府の強い要望もあり、協議では日本のみでなく日米両国の構造問題を取り扱うという双方向性が確認された。しかし、議論の実質的な焦点は米国の要求を日本がどこまで受け入れるかにあった。

米側が日本に求めた具体的措置には、公共投資の対ＧＮＰ比一〇％への引き上げ、量販店や百貨店などの大型店の出店を規制する大規模小売店舗法の廃止、独占禁止法の改正を通じた課徴金の強化と刑事罰の活用、銀行法や独禁法の改正による株式所有制限の強化などが含まれていた。だが、こうした要求に日本側は難色を示し、話し合いは行き詰まった。

協議が動き出すのは、一九九〇年三月、カリフォルニア州パームスプリングスで開かれた日米首脳会談後である。この会談は、その一週間前に、構造協議の進展に懸念を抱いたブッシュ大統領が直接海部首相に電話で提案して実現したものだった。ブッシュの意を酌んだ海部首相は、会談で「内閣の最重要課題の一つとして」取り組むと約束した。一カ月後に始まった第四回協議において、日本政府は公共投資や大店法などで一定の歩み寄りを見せ、四月五日、中間報告が両政府から発表された。ブッシュ政権は中間報告を評価し、日本を一九九〇年度のスーパー三〇一条適用対象外とする決定を下した。この後、公共投資の総額など中間報告で先送りされたいくつかの問題で調整が行われ、六月二八日、日米政府はおよそ一年間にわたる協議を終え最終報告の合意に達するのである。

3　意　義

米側が協議で提起した日本の構造障壁のいくつかは、すでに一九八六年の「前川リポート」などで改革の必要性が指摘されていた問題でもあった。それらが日米協議により解決に動き出したことから、構造協議の研究においては外圧の役割がしばしば強調される。だが、日本は先に挙げた六分野すべてにおいて同等の譲歩を行ったわけではなかった。最も譲歩が大きかったのが、貯蓄・投資および流通、次いで排他的取引慣行、最も少なかったのが系列であり、価格メカニズムの分野では実質的な協議は行われなかった。こうした差異を説明するため、外圧に与する日本国内集団の大きさに着目する考察（Schoppa）や、日本国内のアクターや政治過程に焦点をあてる分析（鈴木）など、近年様々な研究が蓄積されている。

参考文献

NHK取材班『日米の衝突——ドキュメント構造協議』日本放送出版協会、一九九〇年。
小尾美千代「国際的相互依存と日米構造協議——国内構造調整を促進する要因についての一考察」『国際政治経済学研究』第一号（一九九八年三月）。
鈴木一敏『日米構造協議の政治過程——相互依存下の通商交渉と国内対立の構図』ミネルヴァ書房、二〇一三年。
L. Schoppa. *Bargaining with Japan: What American Pressure Can and Cannot Do*, N.Y.: Columbia University Press, 1997.

62　カンボジア和平東京会議（一九九〇年）——平和構築へのイニシアチブ

1　背　景

一九七八年一二月のベトナム軍によるカンボジア侵攻以来、カンボジアはベトナムが支援するプノンペン政府（人民革命党政権）と反政府三派連合（ポル・ポト派、ソン・サン派、シハヌーク派）との間で内戦状態が続いていた。この内戦には代理戦争の側面があった。すなわち、プノンペン政府にはソ連とベトナムが、三派連合には中国、ASEAN、米国がそれぞれ支援を行っていたのである。日本はASEANや米国などと歩調を合わせ、プノンペン政府の正統性を認めず、三派連合による民主カンプチア連合政府を承認した。

だが、冷戦の終結、中ソ和解、ソ連のベトナムからの撤退など、一九八〇年代末の一連の国際環境の変容により、カンボジア問題の解決に向けた条件が整い始めた。日本も、一九八八年五月の竹下首相による「国際協力構想」の表明などにより、カンボジア紛争への積極的関与を模索し始めた。

2　展　開

一九八九年七月、パリでカンボジア和平会議（第一期）が開かれた。日本は外務省の根回しにより会議への参加を実現し、オーストラリアとともに、復興と難民の帰還を協議する第三委員会の共同議長を務めた。この種の国際和平会議に日本が招待されるのは、戦後初めてのことであった。だが、パリ会議は、和平後に樹立される暫定政府の権力配分をめぐり、プノンペン側と三派連合側が鋭く対立して妥協点が見出せず、失敗に終わった。

その後、カンボジア和平問題は、国連安全保障理事会の五常任理事国（P5）が主導権を握ることとなる。その契機となったのが、ギャレス・エヴァンス豪外相の提案だった。エヴァンスは、国内統一選挙実施までの暫定統治を国連が行うこと、新政府樹立までの間にカンボジアの独立と主権を象徴する機関としてカンボジア最高国民評議会（SNC）を設置することなどを提言した。

和平プロセスの主導権がP5に移行したことで、日本は「かやの外」に置かれることとなった。だが、日本政府は独自の外交を展開しながらカンボジア和平への関与を続けた。九〇年二月、河野雅治外務省南東アジア第一課長がプノンペンに飛び、未承認のプノンペン政府の要人と非公式に接触した。その二週間前、河野はワシントンを訪れて国務省のカンボジア問題担当者にみずからのプノンペン行きの理由を説明し同意を得ていた。カンボジアから帰国後、河野はプノンペン政府が国土の大半を実効支配しており一定の統治能力を有していること、カンボジア人は二〇〇万人とも言われる数の自国民を虐殺したクメール・ルージュ（ポル・ポト派）を嫌悪していることなどを報告した。

河野報告を受けて、外務省は独自の和平案を作成する。その核心は、ＳＮＣの勢力配分を、プノンペン政府側が五〇％、反政府三派連合が五〇％とするものであった。これは、勢力配分を四派均等としたパリ会議の和平案とも、勢力配分問題を先送りしたエヴァンス提案とも一線を画するものであった。外務省は、プノンペン政府がカンボジアの大部分を実質統治している現実に加え、国内外の支持を失いつつあるポル・ポト派の勢力を完全に排除しないまでも極力抑える必要があること、シハヌーク殿下とプノンペン政府のフン・セン首相が過去に何度か会談し信頼関係を築いている点などを重視した。

九〇年六月、日本政府はカンボジア和平に関する東京会議を主催した。会議の中で、フン・センとシハヌークの両者は、ＳＮＣの勢力配分をプノンペン政府＝五〇％、反政府三派連合＝五〇％とする日本案を支持した。当初、反政府連合のポル・ポト派はこの配分に反対するが、Ｐ５がこの配分をもとに「包括的解決の枠組み」に合意すると、同派もそれを受け入れた。こうして九一年一〇月、パリで開かれた和平会議（パリ会議第二期）でカンボジア和平協定が締結され、二〇年以上続いた内戦が終結するのである。

3　意　義

東京会議後も、日本政府はカンボジア復興会議の開催（九二年六月）や、同月に成立した「国際連合平和維持活動等に対する協力に関する法律」（いわゆる、ＰＫＯ法）に基づく要員約一三〇〇人の派遣など、和平プロセスへの関与を続けた。また、パリ和平協定に伴い設立された国連カンボジア暫定統治機構（ＵＮＴＡＣ）の事務総長特別代表には日本人の明石康国連事務次長が就任し、九三年九月の新政府誕生までの間、停戦の監視や難民の帰還、選挙管理など暫定統治の指揮をとった。

カンボジア和平東京会議で日本が果たした役割については、一部にプノンペン政府をつけ上がらせ国連主導の和平を困難にしたとする否定的な見解があるものの（Berry pp. 100-101）、大方の文献は肯定的な評価を与えている。日本の積極外交の背景には、外務省が経済援助を超えた国際平和維持活動への人的貢献を模索していたこと、カンボジアの歴史や文化、言語に精通し現地に人脈を有する日本の外交官グループが存在したこと、他の大国に比べ日本が歴史的に中立的な立場を維持してきたことなどがあった。

さらに、カンボジア国内の各派を支えていた外国勢力が徐々に関与を縮小したことも、日本のイニシアチブを可能にした。ソ連の軍事的・経済的後ろ盾を失ったベトナムにとって、プノンペン政府への肩入れは困難なものとなった。ベトナムのカンボジア侵攻後、反政府三派連合を支持してきた米国は、ポル・ポト政権時代のジェノサイドが明らかになるにつれ既定路線を変更し、プノンペン政府との直接対話を開始した。ポル・ポト派の最大の支援国だった中国も、天安門事件で国際的に孤立して以降、ポル・ポト派から距離を置くようになったのである。

参考文献

池田維『カンボジア和平への道――証言　日本外交試練の五年間』都市出版、一九九六年。

河野雅治『和平工作――対カンボジア外交の証言』岩波書店、一九九九年。

添谷芳秀「カンボジア和平と日本―ASEAN関係」『国際問題』第三八〇号（一九九一年一一月）。

武田康裕「カンボジア和平プロセスの再検証――政治交渉による紛争解決の条件」『新防衛論集』第二六巻第三号（一九九八年一二月）。

田中康友「カンボジア和平と日本外交――独自の和平案策定をめぐって」『北陸大学紀要』第三七号（二〇一四年三月）。

波多野澄夫・佐藤晋『現代日本の東南アジア政策　一九五〇―二〇〇五』早稲田大学出版部、二〇〇七年。

山田裕史「『ひと』が平和をつくる――カンボジア和平交渉における日本の積極外交」福武慎太郎・堀場明子編著『現場〈フィールド〉からの平和構築論――アジア地域の紛争と日本の和平関与』勁草書房、二〇一三年。

Ken Berry, *Cambodia-From Red to Blue: Australia's Initiatives for Peace*, St. Leonards, NSW: Allen & Unwin, 1997.

カンボジア内戦終結に至る道程

1953年	カンボジア王国（ノロドム・シハヌーク王）がフランスから独立。
1970年３月	反中親米派のロン・ノル将軍がクーデターによりシハヌーク国王を追放，クメール共和国を樹立（10月）。親中派のクメール・ルージュ（KR）との間で内戦が激化。シハヌーク王は北京に亡命。
1975年4月	KR が内戦に勝利し，民主カンボジア（ポル・ポト政権）を樹立。以後，ポル・ポト政権下で大量虐殺発生。
1978年12月	ベトナム軍がカンボジアに侵攻。
1979年1月	親ベトナム派のカンプチア人民共和国（ヘン・サムリン首班）が誕生。以後，ヘン・サムリン政権と民主カンボジア三派連合（KR，シハヌーク派，ソン・サン派）の間で内戦。
1979年2月	中国がベトナム侵攻。
1988年	ベトナム軍がカンボジアから撤退開始（翌89年９月撤退完了）。
1991年10月	和平協定締結。
1992年3月	国連カンボジア暫定機構（UNTAC，代表＝明石康）が統治開始。日本，カンボジアの国連 PKO に参加（~93年）。
1993年5月	UNTAC 監視下で制憲議会選挙。シハヌーク派勝利。新憲法で王政復活。

参考：外務省ホームページ。
http://www.mofa.go.jp/mofaj/area/cambodia/data.html#section2，2016年４月30日アクセス。

63　湾岸戦争（一九九一年）――"Too Little, Too Late"

1　背　景

一九九〇年八月二日、サダム・フセイン大統領率いるイラクが、隣国のクウェートに軍事侵攻を行った。イラク軍は同日中にクウェートを制圧し、八日には同国の併合を宣言した。前年には、ベルリンの壁崩壊や東欧革命を経て、マルタ会談で米ソ首脳が冷戦終結を宣言し、戦後四五年近く続いた東西両陣営の対立が終焉を迎えたばかりだった。

冷戦後初の本格的な国際危機に対し、西側諸国は強硬姿勢で臨んだ。とりわけ米国のブッシュ（父）大統領と英国のサッチャー首相は、ミュンヘンの教訓を引き合いに出しながらフセインをヒトラーと重ね合わせ「侵略者に宥和は通用しない」として軍事行動も辞さない構えを見せた。イラクによる軍事侵攻は、戦後平和主義の下で国際政治への積極的関与を避けてきた日本にとっても、その「国際貢献」の課題を浮き彫りにした出来事となった。

2　展　開

日本の対応と米国の苛立ち　八月五日、海部内閣はイラクおよびその支配下にあるクウェートからの石油輸入停止、日本からの輸出禁止、資本取引および経済協力の停止などの経済制裁を発表した。国連安保理が対イラク経済制裁決議を採択したのはその翌日だったことから、日本政府の初動は比較的早かったと言える。

その後日本政府は、ブッシュ大統領から掃海艇と補給艦の派遣要請を受け、その実行可能性について検討した。しかし、憲法上の理由から自衛隊の派遣については消極姿勢を示した。八月二九日、海部内閣はのちに第一次支援パッケージと呼ばれる支援策を公表した。内容は、サウジアラビアやペルシャ湾に展開した米国を中心とする多国籍軍の補給・輸送支援のための民間航空機や民間船舶の調達、給水や防暑のための機材の提供、一〇〇名程度の医療チームの派遣などであった。翌日には一〇億ドルの財政支援を発表した。

自衛隊の派遣に消極的な海部内閣にとって、第一次支援パッケージの中身は、それに代わる何らかの人的貢献を示した苦肉の策であった。だが、その実行にあたって問題が噴出した。輸送支援では、日本の航空会社が航空機や乗員の提供を渋り、海運会社も一社のみ協力に応じるというありさまだった。医療チーム派遣についても当初は人が集まらず、外務省の在外公館所属の医務官などに依頼してようやく一七名ほどを派遣したにとどまった。自衛隊ではなく民間人を危険地域へ派遣することには明らかに限界があった。

一方、同盟国の米国からは日本の貢献策が不十分であるとの批判が日増しに高まった。ブッシュ政権は、輸入石油の七割を中東地域に依存する日本が「迅速、実質的かつ目に見える形での」行動をとることを期待すると表明した。『ニューヨーク・タイムズ』紙は社説で、米国が自国の兵の命を賭けているときに掃海艇や輸送機の派遣すら躊躇しているとして、日本と西ドイツを批判した。米議会では、在日米軍駐留経費の全額負担を日本に求める議決が採択された。

九月一四日、海部内閣は第二次支援パッケージとして、多国籍軍への一〇億ドルの財政支援と紛争周辺諸国への経済支援として二〇億ドルの計三〇億ドルの追加支援を決定した。だが、資金協力に特化した支援は「札束外交」「小切手外交」と揶揄され、「血と汗を流そうとしない」日本の姿勢に批判が高まった。もはや何らかの「人的貢献」を回避することはできない、という認識が政府内で急速に形成されていった。

挫折した「国連平和協力法案」

高まる批判を受け、海部内閣は自衛隊の派遣を可能にするための「国連平和協力法案」の策定に着手する。ただ、自衛隊の海外派遣については政府内でも意見が割れていた。積極論者の小沢一郎自民党幹事長は、国連の集団安全保障の枠内であれば現行憲法下でも自衛隊の海外派遣は可能であると主張した。これに対し、海部首相や栗山尚一《くりやまたかかず》外務事務次官などの慎重派は、当初自衛隊が参加しない形での日本の国連への人的貢献を模索し、それが非現実的だと判ると、自衛隊とは別組織の「平和協力隊」を創設しそこに自衛隊の一部を移管して派遣する案を作成した。平和協力隊の任務は停戦監視や輸送、医療活動等に限定され、自衛のための最低限度の武器の携行が許されるとされた。

九〇年一〇月一六日、海部内閣は国連平和協力法案を国会に提出する。参院で過半数を割っていた与党・自民党は、法案通過のために一部の野党の協力を得る必要があった。社会党と共産党は法案に真っ向から反対しており、妥協の余地はなかった。民社党は早い段階から自衛隊の海外派遣を訴えていたが、民社党のみでは数が足りなかった。小沢を中心とする自民党執行部は、鍵を握る公明党を取り込もうとした。公明党はしばらく態度を保留したが、最後は世論の動向に従う形で法案反対を表明した。当時の世論は法案に否定的だった。九〇年一〇月のＮＨＫ調査では「賛成」九％、「反対」三八

%、「一概にいえない」三五%であり、一二月の『朝日新聞』の調査も「賛成」二一%、「反対」五八%と反対が賛成を大きく上回った。国会提出から三週間後、自民党執行部は採決を断念し、法案は廃案となった。

掃海艇のペルシャ湾派遣

九一年初頭、湾岸危機は新局面を迎える。一月一七日、国連安保理が設定した撤退期限を超過してもクウェートにとどまるイラクに対し、米国を中心とする多国籍軍は空爆を開始した。翌月二四日に地上軍が投入され、その数日後にはフセインが敗北を認め、戦争は終結した。

日本政府は開戦一週間後に政府・与党連絡会議を開き、第三次支援パッケージを決定する。その主な内容は、(1)避難民輸送のための自衛隊要員ならびに航空機の派遣、(2)多国籍軍に対する九〇億ドルの拠出などであった。だが、(1)については自衛隊法一〇〇条の五（国賓等の輸送）を拡大解釈して特例政令として法的根拠を整備し五機の輸送機を用意したにもかかわらず、現地や国際機関からの輸送機派遣要請は結局来なかった。(2)については為替レートの変動により目減りした約五億ドル分を追加で支払うことになった。

日本が自衛隊をペルシャ湾に派遣したのは、湾岸戦争が終結した後のことである。四月二四日、海部内閣は国会での法案審議を避け、臨時閣議で掃海艇のペルシャ湾派遣を決定した。その法的根拠として、「海上自衛隊は、防衛庁長官の命を受け、海上における機雷その他の爆発物の危険物の除去及びこれらの処理を行う」ことを定めた当時の自衛隊法第九九条（現在の第八四条の二）が援用された。社会党や共産党など一部の野党は猛烈に反発したが、一月の開戦以後世論は変化していた。『朝日新聞』の四月の調査では掃海艇の派遣に賛成が五六%（反対三〇%）、同紙の六月の調査では賛成が六五%（反対二四%）となっていた。財界からも、経団連の平岩《ひらいわ》外四《がいし》会長が「湾岸水域の安全航行に重要な利益を有し、かつ、機雷除去能力が国際的にも高いと評価されている我が国が（中略）機雷処理に協力をすることは平和時において当然の行為」とする見解を発表していた。

こうして四月二六日に出発した掃海派遣部隊は、六月から九月までの三カ月間、米、英、仏、独、伊などの派遣部隊と共同で掃海作業に従事した。掃海艇の海外派遣は、朝鮮戦争時の海上保安庁所属の特別掃海隊を除くと戦後初の出来事であった。

3　意　義

湾岸危機における日本の対応は、状況認識の甘さ、省庁間の縄張り争い、危機管理体制の不備、政治的リーダーシップの欠如など、日本の政策決定でしばしば指摘される問題点を露呈した。国際貢献で日本が当時最も得意とした財政支援においても、サウジアラビア、クウェートに次ぐ第三位の支援額を供与したにもかかわらず、"Too Little, Too Late"と批判された。戦争終結後にクウェート政府が米紙『ワシントン・ポスト』などに掲載した感謝広告には日本の名前がなかった。

だが、ある意味でこれらは仕方のないことだった。湾岸戦争は戦後日本が依拠してきた「一国平和主義」の妥当性を根本から問う出来事だったのであり、政府を含め大多数の日本人はこの問いに即座に答えを出すことができなかった。外務事務次官の栗山が回顧するように、「この戦争は、日本にその戦後外交のあり方を根底から問い直すことを余儀なくさせた」（栗山 一六頁）ものだったのである。

だが、この戦争を契機として日本の政治外交は徐々に変化を見せ始める。九二年には、「国際連合平和維持活動等に対する協力に関する法律」（「64　PKO協力法」の項参照）が成立し、同年九月に自衛隊がカンボジアに派遣された。以後、自衛隊は国連平和維持活動の一環としてモザンビークやゴラン高原、東ティモールなどに派遣されている。また二〇〇三年のイラク戦争時には、小泉首相が自衛隊の派遣をいち早く決定した。二〇〇九年の民主党政権時にはソマリア沖の海賊対処のために護衛艦や空輸部隊が派遣された。

ＮＡＴＯ域外への自国軍の派遣に慎重だったドイツも、湾岸戦争を契機として方向転換を図った。日本と同様、湾岸戦争時に「札束外交」を批判されたドイツは、九一年三月には掃海艇をペルシャ湾に派遣し、九四年には国連安保理決議の履行などに限りＮＡＴＯ域外への国防軍の派遣を容認するに至ったのである。

もちろん、今日においても自衛隊の海外派遣には様々な制約や条件があることは事実である。だが、そのハードルは湾岸戦争以降確実に低くなっている。その意味で、湾岸戦争は戦後日本外交の一つの重要な転換点になったと言えるだろう。

参考文献

折田正樹（服部龍二・白鳥潤一郎編）『外交証言録――湾岸戦争・普天間問題・イラク戦争』岩波書店、二〇一三年。

加藤博章「ナショナリズムと自衛隊――一九八七年・九一年の掃海艇派遣問題を中心に」『国際政治』第一七〇号（二〇一二年一〇月）。

北岡伸一「湾岸戦争と日本の外交」『国際問題』第三七七号（一九九一年八月）。

栗山尚一『日米同盟――漂流からの脱却』日本経済新聞社、一九九七年。

政策研究大学院大学ＣＯＥオーラル・政策研究プロジェクト編「栗山尚一（元駐米大使）オーラルヒストリー――湾岸戦争と日本外交」政策研究大学院大学、二〇〇五年。

西平重喜「各国民は湾岸戦争についてどう考えたか――『世論調査』の分析を通じて」『国際問題』第三七七号（一九九一年八月）。

水藤晋「湾岸戦争と日本の野党」『国際問題』第三七七号（一九九一年八月）。

64　ＰＫＯ協力法（一九九二年）――「平和主義」と「国際貢献」のはざまで

1　背　景

戦後日本政府は、国連中心主義をその外交方針の一つとして掲げながら、国連平和維持活動への自衛隊の参加については慎重な姿勢を維持してきた。たとえば、日本の国連加盟から二年後の一九五八年、ハマーショルド国連事務総長が国連レバノン監視団への自衛官の派遣を要請した際も、岸内閣は非武装の監視団への派遣は憲法上問題ないとする一方、自衛隊法の規定がないことを理由にこれを拒んだ。

一九九〇年、イラクのクウェート侵攻により湾岸危機が勃発すると、自衛隊の海外派遣問題は再度日本の政治課題に上った。この危機に際して日本は、財政支援に加え人的貢献を行う必要に迫られた。同年一〇月、海部内閣は「国連平和協力法案」を国会に提出する。しかし、野党の協力が得られず同法案は廃案となる（「63　湾岸戦争」の項参照）。その二年後、宮澤内閣の下で「国際連合平和維持活動等に対する協力に関する法律」（ＰＫＯ協力法）が成立し、戦後初の自衛隊の国連ＰＫＯ参加がカンボジアで実現されることになった。

2　展　開

「国連平和協力法案」が廃案となる前後、自民党の小沢一郎幹事長は自衛隊の派遣に比較的前向きな公明・民社両党との間で新法の成立へ向けて協議を開始した。当時自民党は参院で過半数を割っており、法案を通すために両党の協力を必要としていた。九〇年一一月、三党は国連平和維持活動等への日本の参加を可能にする法案の作成に早急に着手することで合意した。もっとも、この時は社会党に配慮して自衛隊とは別組織を新たに創設することとされた。

しかしその後、自・公・民・社の議員調査団がスウェーデンやカナダ、スイスなどのＰＫＯを視察した結果、社会党を除く三党が、ＰＫＯ参加には軍事訓練を受けた自衛隊員やその装備が必須であり、自衛隊を併任させる形で平和協力隊を派遣するとの意見で一致した。その上で三党は、自衛隊の参加条件を策定する。それらは、⑴紛争当事者間における停戦合意の成立、⑵日本のＰＫＯ参加に対する紛争当事者の同意、⑶当該ＰＫＯの中立性の厳守、⑷上記三つのいずれかが満たされなくなった場合の部隊の撤収、⑸武器の使用を要員の生命保護に必要な最低限のものに限定、の五つであった（ＰＫＯ参加五原則）。

こうして九一年九月、海部内閣はこの五原則を含んだＰＫＯ協力法案を閣議決定し、国会に提出する。もっとも、法案の作成・審議の過程で、自公民三党の間でいくつかの争点が浮上した。一つは国連ＰＫＯへの参加を国会承認とするか報告とするかという問題であった。民社党はシビリアン・コントロールを担保する手段として国会承認にこだわる一方、自公は迅速性の観点から報告を主張した。もう一点は、国連平和維持活動のうち、武装解除の監視や緩衝地帯における駐留・巡回などのいわゆる国連平和維持軍（ＰＫＦ）の「本体業務」は、憲法の禁止する「武力の行使」に結び付く可能性があったことである。公明党はそうした「本体業務」への参加凍結を求めた。議論が続く中、海部内閣が政治改革をめぐる失策により総辞職したため、ＰＫＯ協力法案の審議は後任の宮澤内閣に引き継がれた。

衆議院で八七時間、参議院で一〇五時間にわたる審議の末、一九九二年六月、ようやく法案が国会を通過した。争点については、ＰＫＦ本体業務参加を凍結し自衛隊の活動は医療や建設、選挙監視などの後方支援に限定すること、二年以上業務が継続される場合は国会承認を行うこと、三年後に法律全体を見直すことなどで決着した。また、派遣される平和協力隊員の上限を二〇〇〇人とすることも定められた。

一九九二年九月一六日、ＰＫＯ協力法に基づき文民三名が国連監視団の要員としてアンゴラに派遣された。さらに同月、国連カンボジア暫定機構（ＵＮＴＡＣ）に参加するため、自衛隊から停戦監視要員（八名）と施設部隊（六〇〇名）が派遣された。また、自衛隊以外にも七五名の文民警察官と四一名の選挙監視要員が派遣された。

カンボジアでの平和維持活動においては、二名の日本人（国連ボランティア一名と警察官一名）が銃弾の犠牲となった。しかし、現地での選挙は無事終了し、初の自衛隊のＰＫＯ参加は日本国民におおむね好意的に受け取られた。その後自衛隊はモザンビークやゴラン高原などにも派遣され、二〇〇七年一月には防衛庁が防衛省に昇格すると同時に、国際平和協力活動が自衛隊の「主たる任務」へ格上げされることとなった。

3　意　義

なぜ湾岸危機の最中に提出された「国連平和協力法案」は挫折し、二年後に「ＰＫＯ協力法」が成立したのか。その理由として、自公民の協力体制が維持されたこと、法案作成の主導権が外務省からより積極的な首相官邸へ移行したこと、自衛隊の海外派遣に際してＰＫＯ参加五原則やＰＫＦの本体業務凍結などの厳しい制約を課したこと、法案成立以前に自衛隊法を根拠に実施された掃海艇のペルシャ湾派遣が国民の一定の支持を得たことなどが挙げられよう。

戦後日本の外交・安全保障政策におけるＰＫＯ協力法の意義については、研究者の間で評価が分かれている。長年タブー視されてきた自衛隊の海外派遣に道を開き、一国平和主義からの転換点になったと捉える立場がある一方で、日米安保と憲法第九条に立脚した経済を重視する吉田茂の外交路線の延長線上に位置するという見方もある。一つ言えることは、この法律が「平和主義」と「国際貢献」のはざまで日本が出したその時点での答えであり、この二つを繋ぐ役割を果たしたのが「国連」の枠組みだったということである。

参考文献

大羽志保「冷戦構造の変容と日本の安全保障観の変化――『国際平和協力法』を事例として」『慶應義塾大学大学院法学研究科論文集』第五三号（二〇一三年）。

信田智人『冷戦後の日本外交――安全保障政策の国内政治過程』ミネルヴァ書房、二〇〇六年。

張双蓮「ＰＫＯ協力法の成立過程――法案審議を中心として」『大東法政論集』（大東文化大学大学院法学研究科）第一八号（二〇〇九年三月）。

村上友章「吉田路線とＰＫＯ参加問題」『国際政治』第一五一号（二〇〇八年三月）。

H. Dobson, *Japan and the United Nations Peacekeeping: New Pressures, New Responses*, London: Routledge Curzon, 2003.

L. Pang, *The United Nations in Japan's Foreign and Security Policymaking, 1945-1992: National Security, Party Politics, and International Status*, Cambridge, M.A.: Harvard University Asia Center/Harvard University Press, 2006.

カンボジアPKOの派遣隊員

家族や関係者に見送られ，JALチャーター機で出発した（1992年10月13日，愛知・航空自衛隊小牧基地）（時事）

65　ＯＤＡ大綱の策定（一九九二年）――援助実施の四原則

１　背景

一九八九年、日本は米国を抜き世界最大の政府開発援助（ＯＤＡ）供与国となった。だが、量的な拡大に伴い日本のＯＤＡの「質」に対する批判も高まった。日本の対外援助は戦後賠償あるいはその代替としてスタート・発展したため、原材料供給先や輸出市場の確保、有償資金協力重視、「ひも付き」といった特徴があった。その結果、日本のＯＤＡは商業主義に傾き、理念を有さないという指摘がしばしばなされた。

これに加えて、一九八六年のマルコス疑惑（日本のＯＤＡの一部がフィリピンの独裁政権の不正蓄財に使用されたとする事案）や八八年のミャンマーにおける民主化運動弾圧、八九年の中国での天安門事件などにより、援助の透明性や被援助国の政治体制とＯＤＡ配分の関連の明確化を求める声が高まった。こうした批判に対処するため、日本政府はＯＤＡの基本ルールを作成する必要性に迫られたのである。

２　展開

基本ルール策定の議論が本格化するのは八〇年代後半からである。この時期、社会党や公明党など野党の一部から「国際開発協力基本法案」が相次いで国会に提出された。これらは、ＯＤＡ供与における一般原則の確立とともに、多省庁に分散されているＯＤＡの政策決定プロセスを一元化するための援助庁の創設を訴えていた。

だが、外務省はこうした動きを警戒した。なぜなら、ＯＤＡの原則が法制化されれば、みずからの行動の自由を著しく縛ることに繋がりかねなかったからである。また、援助庁の創設は、ＯＤＡの政策決定における外務省の既存の役割を縮小させる恐れがあった。したがって外務省は、政府自民党の協力を仰ぎつつ「基本法案」の成立阻止を企てる一方、法的拘束力をもたないＯＤＡ大綱の策定を政府主導の下で進めた。

一九九一年四月、日本政府は援助実施にあたり、考慮すべき点をＯＤＡ四指針として発表した。そして翌年六月三〇日、この四指針をベースとしたＯＤＡ大綱が閣議決定される。大綱では、ＯＤＡの目的を自助努力に基づく途上国の持続可能な開発へ向けた支援と位置づけた上で、以下の実施四原則を明示した。⑴環境と開発の両立、⑵軍事用途や紛争助長への使用の回避、⑶軍事支出、大量破壊兵器などの開発・製造、武器の輸出入などの動向の注視、(4)民主化の促進、市場経済導入の努力、基本的人権や自由の保証。

民主化といった政治の領域に踏み込んでいる点で、ODA大綱は「内政不干渉」の下で援助政策を実施してきたそれまでの日本の立場からの明らかな転換であった。また、軍事支出の動向に関心を示したのは、先進諸国の中では日本が初めてであった。一方で、ODA大綱に明記された四原則はあくまで努力目標であり、厳格な供与条件ではない。よって、九一年に軍事クーデターの起きたハイチには人道支援を除いた経済援助が停止されたのに対し、九五年に核実験を行った中国に対しては無償援助のみが凍結されたというように、基準の運用における曖昧性や恣意性などの問題が生じている。

3　意義

二〇〇三年八月、日本政府は一九九二年策定のODA大綱を見直し、新ODA大綱を発表した。新大綱は旧大綱の実施四原則を踏襲しつつ、ODAの目的として「我が国の安全と繁栄の確保」といった国益重視の視点を明確に打ち出している。その上で、「人間の安全保障」や「平和構築」といった新しい概念を取り入れ、時代の要請に応えようとしている。

二〇一五年二月、安倍内閣は二〇〇三年改定のODA大綱を見直し、新たに「開発協力大綱」として閣議決定した。新大綱ではその範囲がODAからより広義の経済協力に拡大され、さらに途上国支援にあたってPKOに参加する自衛隊や民間のNGOとの連携強化の重要性が謳われている。最大の変更点は、非軍事目的、つまり、「民生目的、災害救助などの非軍事目的の開発協力」に限り、他国軍隊への支援が可能となったことである。これにより、災害救助を行う他国軍への物資援助や海上警備のための巡視船の提供なども可能となった。だが、供与した物資が「軍事目的」へ転用されたり、軍事予算の部分的な「肩代わり」となる可能性を指摘する声もある。

参考文献

大平剛「安倍政権下におけるODA大綱の改定——国家安全保障戦略のもとでの人間の安全保障」『北九州市立大学外国語学部紀要』第一三九号（二〇一五年三月）。

岡田拓也「近年のODA政策の展開——旧ODA大綱から新ODA大綱へ」『総合政策研究』（愛知学院大学）第一〇巻第一号（二〇〇七年一二月）。

酒井啓亘「軍事支出とODA——日本のODA大綱の国際法的検討」『国際協力論集』（神戸大学）第一巻第二号（一九九三年一二月）。

下村恭民・中川淳司・齋藤淳『ODA大綱の政治経済学——運用と援助理念』有斐閣、一九九九年。

Yasutomo Dennis. *The New Multilateralism in Japan's Foreign Policy*, New York: St. Martin's Press, 1995.

66 第一次朝鮮半島核危機（一九九三年）――米朝枠組み合意の形成

1 背景

冷戦時代、北朝鮮はソ連や中国の強力な後ろ盾により独裁体制を維持した。だが、米ソ対立の終焉により韓国はソ連および中国とそれぞれ国交正常化を実現し、平壌は国際的な孤立を深めた。さらにソ連・中国からの原油をはじめとする経済援助の急激な減少や打ち切りは、北朝鮮の国内経済に深刻なダメージを与えた。その結果、北朝鮮は韓国との国力差のみならず、「体制の生き残り」そのものにおいても重大な危機に直面した。一九九〇年代初めの北朝鮮核開発疑惑は、こうした状況において発生した。平壌は独自の核開発を進め、それを体制の維持ならびに対米交渉のカードに用いようと試みたのである。

2 展開

一九八五年一二月、北朝鮮はソ連からの原子力発電所供給の条件として核拡散防止条約（ＮＰＴ）に加入した。一九九二年一月には、長年の懸案だった国際原子力機関（ＩＡＥＡ）の査察を受け入れる保障措置協定に調印する。だが、寧辺付近の二カ所の未申告施設でプルトニウム抽出の疑惑が生じ、ＩＡＥＡはこれら二施設に対する特別査察を要求した。平壌はこれを拒否し、一九九三年三月にＮＰＴ脱退を表明する。

その後、ニューヨークで開かれた米朝直接交渉を経て、北朝鮮はＮＰＴ脱退を「保留」するが、ＩＡＥＡの特別査察は拒否し続けた。一九九四年五月、北朝鮮はＩＡＥＡ査察団の立会なしに寧辺の黒鉛減速炉にある使用済み核燃料棒の交換作業を開始した。これにより過去に抽出したプルトニウム量などの分析が不可能となり、北朝鮮の核活動を過去に遡って検証することが困難となった。

これを受けて、米政府や国連安保理では北朝鮮に対する経済制裁が検討された。だが、経済制裁が実施されればそれは戦争に繋がる危険性があった。米国防省は、戦争が勃発した場合、最初の九〇日間で米兵の死傷者が五万二〇〇〇人、韓国軍の死傷者は四九万人に達するとの報告書をクリントン大統領に提出した。

高まりつつある危機を打開したのは、同年六月のジミー・カーター米元大統領の訪朝だった。かねてより北朝鮮政府の招待を受けていたカーターは、クリントン大統領の同意の下、民間人として平壌を訪れ、金日成と会談した。その結果、北朝鮮は米朝直接協議の再開や軽水炉（黒鉛減速炉に比べ核兵器製造に適さない）の供給支援と引き換えに核開発計画の凍結に同意したのである。

金・カーター合意は、その後再開された米朝政府交渉を経て同年一〇月二一日に「米朝枠組み合意」として結実した。この合意では、米国は北朝鮮における軽水炉建設を支援し、完成までの間年間五〇万トンの原油を供給する一方、北朝鮮は黒鉛減速炉を凍結・解体し、ＮＰＴにとどまり、また軽水炉完成前にはＩＡＥＡの査察を受け入れることなどが明記された。

3　意　義

平壌は米国から体制保証や経済譲歩を引き出すために核危機を意図的に引き起こす、いわゆる「瀬戸際外交」を押し進めた。しかし、そうした危機が戦争に発展しそうになると、挑発を控え一定の譲歩を行った。米国と戦争をすることは明らかに北朝鮮の利益に反していた。戦争を回避するという点では、米国も一致していた。クリントン政権が経済制裁に踏み切らず枠組み合意という「アメ」による解決を選んだ理由の一つには、まさに制裁の実施が戦争を誘発するという認識があったからである。

一方、核危機の間、日本では政局不安が続いた。宮澤喜一自民党内閣への不信任決議可決（九三年六月）、細川護熙非自民連立内閣誕生（同年八月）、少数与党政権である羽田《はた》孜《つとむ》内閣誕生（九四年四月）、社会党の村山富市《むらやまとみいち》を首相とする自・社・さ連立内閣（九四年六月）の誕生といった度重なる政権交代により、核危機に対応する政治的リーダーシップが欠如した。内閣安全保障室、外務省、防衛庁など官僚主導で朝鮮半島有事の際の邦人保護や大量難民への対処などが話し合われたが、これらの作業を行う手続きや対米作戦支援を含む有事法制がまったく整備されていなかった。戦争は回避されたが、この時の教訓は、後の日米ガイドライン見直しや周辺事態法制定の重要な契機となった。

参考文献

ドン・オーバードーファー（菱木一美訳）『二つのコリア——国際政治の中の朝鮮半島』共同通信社、二〇〇二年。

小此木政夫編『危機の朝鮮半島』慶應義塾大学出版会、二〇〇六年。

船橋洋一『ザ・ペニンシュラ・クエスチョン——朝鮮半島第二次核危機』朝日新聞社、二〇〇六年。

道下徳成『北朝鮮　瀬戸際外交の歴史　一九六六～二〇一二年』ミネルヴァ書房、二〇一三年。

Leon V. Sigal, *Disarming Strangers: Nuclear Diplomacy with North Korea*, Princeton, N.J.: Princeton University Press, 1998.

67　エリツィン大統領来日と東京宣言（一九九三年）――冷戦の終結と北方領土問題

1　背景

一九五六年の「日ソ共同宣言」は、北方領土問題について平和条約締結後に「歯舞群島および色丹島を日本国に引き渡す」と明記していた。しかし、その後両国の立場は「共同宣言」から大きく後退した。日本政府は国後、択捉両島を含む四島一括返還に固執し、ソ連政府は一九六〇年の日米安保改定後「領土問題は存在しない」として態度を硬化させた。だが、ソ連におけるゴルバチョフの登場や冷戦の終焉といった国際環境の変化に伴い、領土問題解決の兆しが現れた。

2　展開

ゴルバチョフ政権が「新思考外交」を打ち出す中で、日ソ両国の関係改善に向けた対話も拡大する。一九八八年、事務次官レベルの平和条約作業グループが設置され、翌年には日本政府がそれまでの「政経不可分」（領土返還なくして経済協力なし）の原則から「拡大均衡論」（ソ連の譲歩に見合う形での経済協力の実施）へ方向転換した。またこの年、北方領土墓参も再開された。しかし、作業グループでの話し合いは、四島返還に固執する日本とそれを拒否するソ連の立場が折り合わず、平行線を辿った。一九九一年四月にはゴルバチョフが訪日を果たすが、この時点で彼の国内権力基盤は脆弱化しており、領土問題の存在を公式に認めるのが精一杯の譲歩だった。

同年八月、モスクワでクーデターが発生し、一二月にはソ連邦が崩壊する。ソ連を継承したロシアのエリツィン大統領は、北方領土問題解決に向けて大胆な発想の転換を図った。エリツィンは「法と正義」の原則に基づき領土問題に臨む姿勢を明らかにした。ここでの「法」とは歯舞・色丹二島の返還を謳った日ソ共同宣言を指し、「正義」とは残り二島の帰属問題を協議することを意味した。

実際、九二年三月に来日したコズイレフ外相は、五六年の共同宣言に沿って歯舞・色丹の二島返還による平和条約締結と残り二島の継続協議を提案した。この提案は、北方領土問題で「最も両者が歩み寄りかけた瞬間」（岩下　八頁）だったと言われている。

日本もこの時までに、ロシアが四島の日本の主権を認めるならば返還の時期については柔軟に応じるとする「段階的返還論」まで譲歩する。だが、二島返還・二島協議のロシアとの溝は埋まらなかった。そして同年夏以降、国内の民族主義者によるコズイレフ外相の「親西側路線」への批判が高まるにつれ、エリツィン政権の領土問題における立場も後退した。

結局、エリツィンは九月一三日に予定された訪日を直前になってキャンセルした。一方的な延期通告は日本政府を困惑・憤慨させたが、同時に訪日キャンセルは外務省に対ロ政策の見直しを迫った。それまで省内には、領土問題解決を日本の対ソ・ロシア関係構築の前提と位置づける「強硬路線」（小和田外務事務次官や兵藤欧亜局長など）と、ロシアの民主化促進という西側全体の利益と矛盾しない形で領土問題を解決するという「柔軟路線」（枝村駐ソ日本大使、東郷ソ連課長など）の流れがあったが、訪日キャンセル後は後者に比重が移行した。

翌九三年一〇月、エリツィンは訪日を果たした。細川首相との会談後に発表された「東京宣言」は領土問題について、(1)「歴史的、法的事実」、(2)「両国間で合意の上作成された諸文書」、(3)「法と正義」の三つの原則に基づいて解決されることが謳われた。エリツィンは記者会見で、(2)の「諸文書」に歯舞・色丹両島返還を約束した日ソ共同宣言が含まれることを認めたが、ロシア国内の反対派に配慮して、宣言では二島返還は明記されなかったのである。

3 意　義

エリツィンは訪日前、対立する議会派勢力が立て籠もるビルに軍を投入し、騒乱を制圧した。だが、同年一二月に行われた下院選挙で与党は敗北し、ジリノフスキー率いる極右政党・自由民主党が第一党となった。この結果、領土問題はロシア政治の議題からほぼ消え去り、東京宣言の存在を公にすることさえ困難な状況になった。日本においても、細川非自民連立内閣から村山富市社会党党首を首相とする自社さ連立内閣が誕生するなど、政治的に不安定な時期が続いた。日ロ両国における強い政治的リーダーシップ不在の結果、領土問題の解決は遠のいたのである。

参考文献

岩下明裕『北方領土問題——4でも0でも、2でもなく』中公新書、二〇〇五年。
木村汎『新版　日露国境交渉史——北方領土返還への道』角川選書、二〇〇五年。
東郷和彦『北方領土交渉秘録——失われた五度の機会』新潮社、二〇〇七年。
長谷川毅『北方領土問題と日露関係』筑摩書房、二〇〇〇年。
和田春樹『領土問題をどう解決するか——対立から対話へ』平凡社新書、二〇一二年。

68 樋口レポート（一九九四年）——独り歩きした「多角的安全保障協力」

1 背景

一九九三年八月、反自民で結束した野党八党・会派による連立政権が誕生し、日本新党の細川護熙が首相に就任した。細川は、一九七六年に策定された「防衛計画の大綱」の見直しに着手すべく、私的諮問機関「防衛問題懇談会」を立ち上げて、冷戦後日本の防衛政策のあり方を検討させた。細川自身、日本は冷戦終結を反映して防衛予算の削減など軍縮の方向に舵を切る必要があると考えていた。

2 展開

懇談会のメンバーは、座長の樋口廣太郎（アサヒビール会長）、大河原良雄（元駐米大使）、西廣整輝（元防衛事務次官）、渡邊昭夫（青山学院大学教授）ら九名で、出身は財界人二名、学者二名、官僚ＯＢ五名という構成だった。

懇談会は一九九四年二月二八日の第一回会合以降、計二〇回にわたり審議を重ねた。この間、首相が細川から羽田孜（新生党）、そして村山富市（日本社会党）へと交代したが、懇談会は解散されることなく同年八月一二日、村山首相に報告書を提出した。

「日本の安全保障と防衛力のあり方——二一世紀へ向けての展望」と題されたこの報告書（通称・樋口レポート）はまず、日本が「受動的な安全保障上の役割から脱して、今後は能動的な秩序形成者として行動すべきである」とした上で、冷戦後の日本が取り組む課題として、⑴「多角的安全保障協力」、⑵「日米安全保障協力関係の機能充実」、⑶「信頼性の高い効率的な防衛力の維持および運用」の三つを挙げた。

とりわけ報告書は、国連を中心とする多角的安全保障への日本の積極的参加を強調しており、これが最大の特色であると言ってよい。懇談会のメンバーは、冷戦後の安全保障の主要問題が大国間の戦争から内戦や小規模な地域紛争へと変容しており、それらの問題には国連の多角的安全保障の枠組みが有効であること、さらに冷戦終結によりそれまで機能不全に陥っていた国連が本来の役割を果たしうると見ていた。こうした認識の下、日本が国連平和維持活動への自衛隊の積極的な参加を重要な任務として容認することや、平和維持軍（ＰＫＦ）への本体業務凍結解除などを求めたのである。

もっとも、報告書は日米安全保障条約という二国間の枠組みを軽視したわけではない。日本の安全のために日米間の協力は不可欠であり、さらに、多角的安全保障協力においても日米協調はその基礎となる、というのが基本的な考え方だった。

だが、樋口レポートに対して米国の一部の識者から懸念が示された。防衛分析研究所のマイケル・グリーン、国防大学のパトリック・クローニン、国防総省日本部長のポール・ジアラなどは、報告書が米国の覇権衰退を所与とした上で、日本が日米同盟から多国間協調へ軸足を移しつつあると考えた。彼らは、一九九四年九月国防次官補に任命されたハーバード大学教授のジョセフ・ナイに働きかけ、冷戦後「漂流」しつつあった日米同盟の意義を再確認し、日米の安保協力を強化しようと試みた。この試みは、「東アジア戦略報告」（九五年二月）、「日米安保共同宣言」（一九九六年四月）、新ガイドライン制定（一九九七年九月）といった一連の「ナイ・イニシアチブ」に結実するのである。

3 意　義

懇談会のメンバーでありレポートの実質的執筆者である渡邊によると、グリーンやクローニンらが同レポートを「日米同盟軽視」と批判したことは意外だった。「多角的安全保障関係の構築」が「日米安保条約の深化」の前に列挙されたもののの、レポートは両者を対立するものとしてではなく両立・補完するものとして捉えていたからである。ナイ自身、レポートの内容にまったく問題を感じなかったと述懐している。

むしろ、グリーンらの批判の矛先は、クリントン政権の対日政策に向けられたものであった。彼らは、クリントン政権が経済問題で日本を叩き過ぎており、その結果同盟関係における信頼関係が急速に悪化していることを懸念した。グリーン自身が認めているように、彼らは米国政府に警鐘を鳴らすため、樋口レポートを「外圧」として利用したのである。

いずれにせよ、樋口レポートは九〇年代後半の「日米同盟深化」の一つの契機となった。また、PKO活動の自衛隊本来任務化、PKF本体業務の凍結解除、日米相互物品役務提供、ミサイル防衛システム導入など、樋口レポートでなされた提言の多くが九〇年代後半以降に実現されることとなった。

参考文献

秋山昌廣『日米の戦略対話が始まった——安保再定義の舞台裏』亜紀書房、二〇〇二年。
柴田晃芳『冷戦後日本の防衛政策——日米同盟深化の起源』北海道大学出版会、二〇一一年。
外岡秀俊・本田優・三浦俊章『日米同盟半世紀——安保と密約』朝日新聞社、二〇〇一年。
船橋洋一『同盟漂流』岩波書店、一九九七年。

69　ナイ・レポート（一九九五年）――冷戦後米国の東アジア戦略

1　背景

冷戦終結後の一九九〇年代前半、米国の国防関係者の間で日米同盟は漂流しつつあるとの懸念が高まった。日本では自民党の長期単独政権が崩壊し、非自民連立政権の成立やその後の自社さ連合下での村山首相（社会党党首）の誕生など、不安定な政局が続いた。さらに、一九九三年から九四年にかけての第一次朝鮮半島核危機の際には日米の有事防衛協力の不備が露呈した。

一方、米国においてもブッシュ（父）政権によるアジア・太平洋における米軍兵力削減構想（一九九〇年、九二年の「東アジア戦略構想」）や、経済重視を掲げるクリントン政権による対日強硬路線が台頭した。その結果、日本において米国の「内向き志向」に対する不安が高まった。一九九四年八月に発表された防衛問題懇談会による報告書（「68　樋口レポート」の項参照）は、冷戦後の日米同盟の重要性を必ずしも否定したものではなかった。しかし、その記述の順序が多国間防衛協力の次に置かれたため、米国の関係者に日本の米国離れの不安を抱かせることとなった。

2　展開

同盟が漂流しているとの懸念を抱いていたのは、おもに私的な勉強会を通じて日本の動向を検討していた一部の日米関係の専門家であった。勉強会のメンバーには、東アジア担当の情報官として国家情報会議に出向していたハーバード大学のエズラ・ヴォーゲル、防衛分析研究所のマイケル・グリーン、国防総省日本部長のポール・ジアラなどが名を連ねていた。

こうしたメンバーの懸念は、一九九四年九月に国防次官補に就任したジョセフ・ナイにも共有されることとなった。ナイ自身、かねてより米国の対日政策が経済問題に偏重していることに不満を抱いていたが、就任直後、ウィリアム・ペリー国防長官の同意の下、勉強会メンバーの協力を得て冷戦後の日米同盟の意義を再確認するための文書を作成することとなった。一九九五年二月に米国防総省が発表した「東アジア戦略報告」（通称・ナイ・レポート）がそれである。

ナイ・レポートは冒頭で、安全保障を酸素にたとえ「なくなりかけて初めてその存在に気づく」ものとした上で、アジアにおける米軍のプレゼンスは同地域にこの酸素を供給していると述べている。そして、米国は引き続きアジアに関与してこの地域の平和と繁栄にコミットするとし、そのために一〇万人の米軍兵力展開を維持しそれ以上の削減を行わないことを明言した。

その他、レポートでは、(1)米国のアジア政策における要は日本であり、貿易摩擦が両国の安全保障関係を損なうべきではないこと、(2)冷戦後の世界や地域の安定と平和のためには、米国とその同盟国やパートナーとの一層の責任分担が欠かせないこと、(3)ASEAN地域フォーラムのような多国間協力も地域の平和と安全に資するが、これらはアジアにおける米国の二国間同盟を補完するものであり代替するものではないこと、(4)中国に対しては関与政策を続けること、などが謳われている。

ナイ・レポートは明らかに樋口レポートを意識して作られた。冷戦後の世界では国連や地域の多国間協力の果たす役割が増大するとの見方に対し、ナイ・レポートは米国の二国間同盟の重要性を再確認した。さらに、米国のコミットメント低下に対する日本の不安が樋口レポートの根底にあると考えていたナイは、「一〇万人」という明確な数字を挙げて日本やその他のアジア諸国に米国の意志を示すことに強くこだわったのである。

3　意義

ナイ・レポートに対しては、日米安保解消論者や冷戦後の世界における米国のプレゼンス縮小を訴える立場から批判の声が上がった。たとえば、チャルマーズ・ジョンソン元カリフォルニア大学教授らは、米軍の日本駐留継続が財政上過重な負担を米国に課す一方、日本を米国の保護国の地位に押し止めることとなり、独立国として日本が世界や東アジアの平和と安定のために応分の責任を果たすことを妨げると主張した。だが、米政府内では、日本に対し一層の責任分担を求める声は多く聞かれても、米軍の完全撤退やプレゼンス縮小の訴えが主流派となることはなかった。

予想された米通商代表部からの抵抗も、それほど強いものとはならなかった。通商代表部の対日強硬路線は、九四年二月の包括経済協議をめぐる日米首脳会談決裂をもたらした。この前後から、クリントン政権の経済偏重路線に対する懸念は、米政府内においてナイやヴォーゲル以外にも共有されていった。たとえば、ウィンストン・ロード国務次官補（東アジア・太平洋担当）は、ウォーレン・クリストファー国務長官宛てに書簡を出し、アジア政策におけるクリントン政権の「威圧的」または「強制的」手法はアジアの平和と安定を損なうとの懸念を伝えていた。さらに、九三年から九四年にかけて発生した第一次朝鮮半島核危機は、有事に向けた日米安全保障協力の重要性を米政府に再認識させることとなった。

こうして、九〇年代前半に「漂流」が懸念された日米同盟は、ナイ・レポートが一つの重要な転機となり、「防衛計画の大綱」（九五年一一月）、「日米安保共同宣言」（九六年四月）、「新ガイドライン」（九七年九月）といった一連の「同盟の深化」ないし「再定義」へと転換するのである。

参考文献

秋山昌廣『日米の戦略対話が始まった――安保再定義の舞台裏』亜紀書房、二〇〇二年。

マイケル・グリーン、パトリック・クローニン（川上高司監訳）『日米同盟――米国の戦略』勁草書房、一九九〇年。

柴田晃芳『冷戦後日本の防衛政策――日米同盟深化の起源』北海道大学出版会、二〇一一年。

外岡秀俊・本田優・三浦俊章『日米同盟半世紀――安保と密約』朝日新聞社、二〇〇一年。

福田毅「日米防衛協力における三つの転機――一九七八年ガイドラインから『日米同盟の変革』までの道程」『レファレンス』第五六巻第七号（二〇〇六年七月）。

船橋洋一『同盟漂流』岩波書店、一九九七年。

水沢紀元「ジョセフ・ナイの日米同盟への視角――イニシアティブ推進の動機について」『明治大学社会科学研究所紀要』第四六巻第二号（二〇〇八年三月）。

Chalmers Johnson and E.B. Keehn, "East Asian Security: The Pentagon's Ossified Strategy," *Foreign Affairs*, Vol. 74, No. 4 (July/August 1995).

Joseph S. Nye, Jr., "East Asian Security: The Case for Deep Engagement," *Foreign Affairs*, vol. 74, No. 4 (July/August 1995).

ナイレポート以降に発表された米知日派グループによる日米同盟に関する主要報告書

報告書	発表時期	主な内容
①「米国と日本――成熟したパートナーシップに向けて」（第１次アーミテージレポート）	2000年10月	• 日本が集団的自衛権の行使を禁止していることは，日米同盟の協力を進める上で制約 • 米政府は防衛コミットメントの範囲である日本の施政権下に尖閣列島が含まれることを明言すべき • 日本政府は機密保持のための新法について国民の合意を得るよう努力すべき
②「米日同盟――2020年に向けアジアを正しく方向づける」（第２次アーミテージ・ナイレポート）	2007年２月	• 日米同盟に制約を与えている現行憲法の改正に向けた日本国内の議論を歓迎する • 自衛隊の海外派遣を時限立法ではなく恒久法で制定しようとする議論を歓迎する • 中国の行方は日米両国にとって重大な関心事であり，両国は緊密に協力して対中政策を立案・遂行すべき
③「米日同盟――アジアに安定を定着させる」（第３次アーミテージ・ナイレポート）	2012年８月	• 日本は韓国との歴史問題を解決し，GSOMIA や ACSA などの防衛協定を締結する • 日本は地域の有事における自国防衛および米国との共同防衛の責任範囲を広げるべき • 米国は日本の「武器輸出３原則」緩和を活用し，日本の防衛産業の技術を自国や豪州などの同盟国向けに輸出することを促進すべき

出典：
①http://hml.fm.senshu-u.ac.jp/CybozuFiles/cgi - bin/cb2/boards/300/43/INSS_Special_Report.pdf
②https://csis-prod.s3.amazonaws.com/s3fs-public/legacy_files/files/media/csis/pubs/070216_asia2020.pdf
③https://csis-prod.s3.amazonaws.com/s3fs-public/legacy_files/files/publication/120810_Armitage_USJapanAlliance_Web.pdf，2016年４月30日アクセス。

70　日米包括経済協議（一九九五年）――「地獄を見た」日米両国

1　背景

一九九三年一月、米国で国内経済の再生を最優先課題に掲げるクリントン民主党政権が誕生した。同政権は、対日通商交渉において数値目標に基づく「結果重視」の姿勢を打ち出す。この背景には、膨れ上がる対日貿易赤字（九三年は過去最高の五九三億ドル）に加え、それまでの「公平なルール作り」に重点を置いた政策が意図した日本の市場開放をもたらさなかったという内省があった。当時の米国では、日本の経済システムを欧米の資本主義システムと根本的に相容れないものと捉える日本異質論が隆盛をきわめており、クリントン政権の経済チームにもこうした日本異質論者ないしそれに近い立場の官僚や弁護士、学者が複数参加していた（「58　リビジョニズムの台頭」の項参照）。

同年七月、クリントン大統領と宮澤喜一首相は、日米間の構造問題やセクター別問題などを協議するため、ブッシュ政権時の日米構造協議（SII）に代わる新たな枠組みを作ることで合意した（「日米の新たな経済パートナーシップのための枠組みに関する共同声明」）。その上で、優先的に協議を行うセクターとして、(1)政府調達（スーパーコンピュータ、医療技術、電気通信など）、(2)保険市場、(3)自動車および自動車部品の三分野を認定し、さらに各分野の達成状況を評価するための定量的・定性的な「客観的基準」を設定することで一致した。

2　展開

九三年九月より日米包括経済協議が始まったが、当初より両国は「客観的基準」の解釈について激しく対立した。特に米側は、数値目標の導入にこだわった。過去の経験から、具体的な数値目標を伴わない協定には意味がないというのが米政府の立場だった。クリントン政権は、外国製半導体の日本市場におけるシェア目標を二〇％に引き上げると謳った一九八六年の日米半導体協定（「53　日米半導体協定」の項参照）が一定の成果をもたらしたと認識しており、この「成功」をしばしば数値目標設定の有効性を示す根拠として提示した。

一方、日本政府は、数値目標導入は管理貿易に繋がるとして強く反対した。八六年の半導体協定では、二〇％のマーケット・シェアを政府として確約していないにもかかわらず、それが公約として独り歩きし、米政府による対日経済制裁発動の口実となった。この教訓から日本政府、とりわけ通産省は、いかなる数値目標の設定にも抵抗する姿勢を示した。

一九九四年二月のクリントン大統領と細川護熙首相の会談は、この「数値目標」で合意に至らず決裂した。数日前、日本政府は五兆五〇〇〇万円の減税を含む総額一五兆円の総合経済対策を発表して歩み寄りを見せたが、米政府には「不十分」と受け取られた。首脳会談後の記者会見で、細川は交渉決裂という結果を「成熟した大人の日米関係」の証と弁明したのに対し、クリントンは、東京から提示された妥協内容は満足のいくものではなかったとして、暗に合意失敗の責を日本に帰した。

行き詰まった交渉は、米国が「報復の脅し」を用いることで動き出す。首脳会談一カ月後の九四年三月三日、クリントンは九一年に失効した包括通商法スーパー三〇一条（不公正貿易国・行為の特定と交渉、一方的制裁の実施）を二年の期限付きで復活させる大統領令に署名した。半年以内に合意が達成されなければ米国が一方的措置を実施するという緊迫した状況下で日米協議が再開され、同年一〇月一日、両国は政府調達、保険、そして後日優先分野に加えられた板ガラスで妥協に至った。いずれも合意内容の達成度を測るために複数の定量的基準が導入されることとなったが、合意文書ではそれら一つ一つは決定的なものではなく、また達成すべき「数値目標」ではないことが明記された。

かくて、包括経済協議は最大の懸案分野である自動車・自動車部品での合意を残すのみとなった。米側の要求は次の三点に収斂された——(1)日本の自動車メーカーが自主的に策定した米国製自動車部品購入計画（九四年度合計一九〇億ドル）の大幅な上積み、(2)日本における将来の外国車ディーラー数の明示、(3)自動車補修部品の規制緩和。ここでも争点の中心は「数値目標」導入の是非であった。交渉が行き詰まりを見せ始めた九五年五月一〇日、米政府は日本の自動車・自動車部品市場が差別的であるとして、四五日以内にＷＴＯへ提訴する旨を表明した。さらに五月一七日には、六月二八日までに交渉が妥結しない場合、通商法三〇一条に基づき日本製高級車一三車種に対する課税を現行の二・五％から一〇〇％へ引き上げるという対日制裁措置を発表した。翌日、日本政府は一方的措置を発表した米国をＷＴＯに提訴すると同時に、ＷＴＯ政府調達協定二二条に基づく二国間協議を米国に要請した。

緊迫した中で始まったジュネーブ協議の最終日（六月二八日）、日米両国はようやく合意に達した。その内容は、(1)米国製自動車部品については、日本の各自動車メーカーが個別に発表した外国製部品購入計画（グローバル・ビジョン）に基づき米政府が試算した金額を明示するが（一九九八年までに六七・五億ドルの増加など）、日本政府はこの見積もりに関与していないことを明言する、(2)日本における米国車ディーラー数についても、米政府が予測店舗数（一九九六年末までに約二〇〇、二〇〇〇年末までに約一〇〇〇の新店舗開設）を明示するが、日本政府はこの数字に何らコミットしないことを表明する、(3)自動車補修部品については、日本政府が民間車検場の要件緩和などの規制緩和を行う、などであった。こうして、二年近く続いた包括協議は幕を下ろすこととなった。

3　意　義

日米包括経済協議は、戦後両国間の貿易交渉の歴史の中でもきわめて熾烈なものとなった。米側は数値目標設定を執拗に迫り、日本側はそれを最後まで拒否した。その過程では、報復措置の脅しやWTOへの提訴など強硬手段が用いられ、両国は経済戦争の一歩手前まで突き進んだ。当時、駐日米大使を務めたウォルター・モンデールは、自動車問題決着のプロセスを振り返って日米は「地獄を見た」と述懐している。

合意達成後、両国はそれぞれ勝利宣言をしたが、数値目標を日本政府に受け入れさせることに失敗したという意味では、敗者は明らかに米国だった。実際、EUやアジアのメディアの論調は、日本の立場により同情的だった。米国政府自身も、数値目標設置が自由貿易の根幹を揺るがすものであり、日本がWTOに提訴した場合、米側の勝算は低いと認識していた。ただ、デトロイトやオハイオなどに点在する自動車産業は米国大統領にとって重要な票田であり、手ぶらで交渉から戻ることは政治的に不可能だった。結局、米国が得た最大のものは、日本の自動車メーカーが提出した外国製部品購入計画だった。これは高級車への報復措置を避けるために日本の自動車メーカーが自発的に表明したものだが、何らの拘束力も伴うものではなかった。

こうして、一九九六年の自動車および自動車部品の合意をもって、日米包括経済協議は終了した。この時までに日本経済はバブル崩壊を受けて低迷し、その一方で米国経済はIT革命などにより景気を回復させた。また、二〇〇〇年には中国が日本を抜いて米国最大の貿易赤字相手国となった。こうした経済状況の変化により、日本を経済的な「脅威」とする米国の認識は急速に薄れていったのである。

参考文献

小尾美千代『日米自動車摩擦の国際政治経済学――貿易政策アイディアと経済のグローバル化』国際書院、二〇〇九年。

谷口将紀『日本の対米貿易交渉』東京大学出版会、一九九七年。

通商産業省通商政策局米州課編『日米自動車交渉の軌跡――新たな日米経済関係構築への取り組み』通商産業調査会出版部、一九九七年。

日本経済新聞社編『ドキュメント日米自動車協議――「勝利なき戦い」の実像』日本経済新聞社、一九九五年。

畠山襄『通商交渉――国益を巡るドラマ』日本経済新聞社、一九九六年。

原口幸市「日米包括経済協議――背景・経緯・課題」『国際問題』

第四一九号（一九九五年二月）。
R. M. Uriu. *Clinton and Japan: The Impact of Revisionism on U.S. Trade Policy*, Oxford: Oxford University Press, 2009.

日米自動車交渉

カンター米通商代表部代表（左）と橋本龍太郎通産相（1995年６月26日，スイス・ジュネーブ）（Keystone／時事通信フォト）

71　九五防衛大綱（一九九五年）――日米同盟の深化

1　背景

一九九四年二月、細川護熙首相は「防衛計画の大綱」（一九七六年作成）を見直すため、私的諮問機関である防衛問題懇談会を発足させ、冷戦後の日本防衛のあり方を検討させた。だが、懇談会が提出した報告書の内容に懸念を抱いた米国は、ジョセフ・ナイ国防次官補のイニシアチブの下、一九九五年二月に米国のアジア・太平洋における一〇万人のプレゼンス維持と日米同盟の重要性を謳った「東アジア戦略報告」を発表した。この米国の「東アジア戦略報告」は、日本政府が進めていた新「防衛計画の大綱（九五大綱）」の策定にも大きく影響を与えることとなった。

2　展開

九五大綱は、一九九五年一一月二八日、村山内閣で閣議決定された。その主な内容は、冷戦後の武力対立が大国間の大規模なものから民族や宗教の対立などに根ざした地域紛争に変化しつつあること、防衛力整備にあたっては、所与の軍事的脅威への直接対応ではなく必要最低限の防衛力を保有する「基盤的防衛力構想」が基本となることなどである。これらは基本的に樋口レポートの内容を踏襲している。

九五大綱が樋口レポートと大きく異なるのは、次の二点においてである。第一は、多角的安全保障協力が後退し、代わりに日米同盟が前面に打ち出されたことである。米政府が樋口レポートを問題視したのは、多角的安保協力の優先順位が日米同盟よりも上位に位置づけられているとの印象を与えたからであった。九五大綱においては「米国との安全保障体制は、我が国の安全の確保にとって必要不可欠なものであり、また、我が国周辺地域における平和と安定を確保し、より安定した安全保障環境を構築するためにも、引き続き重要な役割を果た」すとしている。

第二は、いわゆる「周辺事態」への対応が明記されたことである。具体的には「我が国周辺地域において我が国の平和と安全に重要な影響を与えるような事態が発生した場合には（中略）日米安全保障体制の円滑かつ効果的な運用を図ること等により適切に対応する」との文言が挿入されている。この背景には、九四年の朝鮮半島核危機とそこで露呈した日米防衛協力の不備といった現実の要請があった。

ただ、「周辺事態」の挿入については、現実的観点からこれを推進しようとする防衛庁や外務省と、集団的自衛権の行使を禁ずる当時の政府憲法解釈との兼ね合いからそれに難色を示す内閣法制局の間で意見が分かれた。また社会党からは、「周辺事態」の挿入により、日米安保条約の適用範囲が「極東」からさらに拡大するのではないかという懸念が示された。

　連立与党間会議や関係閣僚からなる内閣安全保障会議の場で調整が重ねられた結果、九五大綱と同時に発表された野坂《のさか》浩賢《こうけん》官房長官談話に以下の文言を挿入することで政治決着が図られた。すなわち「集団的自衛権の行使のように我が国の憲法上許されないとされている事項について、従来の政府見解に何ら変更がない」こと、および「日米安全保障条約にいう『極東』の範囲の解釈に関する政府統一見解を変更するようなものではない」ことである。

　こうして、九五防衛大綱は樋口レポートを下敷きにしながらも、全体としてナイ・レポートで強調された日米同盟重視の方向性を強く打ち出すものとなった。

3　意　義

　当初、九五防衛大綱は、九五年一一月に予定された村山・クリントン会談後に発表される「日米安全保障共同宣言」を受けて、日本政府から公表されるはずだった。しかし、クリントン大統領が直前になって訪日をキャンセルしたため、大綱のみが発表されることとなった。

　いずれにせよ、米国政府は日本の新たな「防衛大綱」が理念や政策の大枠において日米共通の認識の下に作成されることを強く望んだ。ナイ・レポートの作成過程においては、米側から防衛庁を通じて日本政府に草案を送り内容について協議を行った。九五防衛大綱の作成においては、逆に日本側からその草案が米政府に示され、すり合わせ作業が行われた。日米同盟再定義のプロセスにおいては、こうした日米間の政策調整がきわめて重要な役割を果たしていたのである。

参考文献

秋山昌廣『日米の戦略対話が始まった——安保再定義の裏舞台』亜紀書房、二〇〇二年。

柴田晃芳『冷戦後日本の防衛政策——日米同盟深化の起源』北海道大学出版会、二〇一一年。

外岡秀俊・本田優・三浦俊章『日米同盟半世紀——安保と密約』朝日新聞社、二〇〇一年。

福田毅「日米防衛協力における三つの転機——一九七八年ガイドラインから『日米同盟の変革』までの道程」『レファレンス』第五六巻第七号（二〇〇六年七月）。

船橋洋一『同盟漂流』岩波書店、一九九七年。

72　普天間基地移設合意（一九九六年）——沖縄少女暴行事件の余波

1　背景

一九九五年九月四日、在沖縄米軍基地所属の米兵三名が、地元の一二歳の女子小学生を拉致・強姦する事件が発生した。その凶悪さに加え、日米地位協定に基づき米軍が三人の容疑者の身柄引き渡しを拒否したことから、沖縄では事件に対する抗議や反基地運動が大きく盛り上がった。一〇月二一日に宜野湾市で開かれた県民総決起大会には八万五〇〇〇人が参加し、基地の整理・縮小や地位協定の見直しを訴えた。

少女暴行事件は、基地問題に対する沖縄県民の日頃の鬱積したエネルギーを爆発させた。それは同時に、国内における日米安保の支持率低下を引き起こし、前年よりジョセフ・ナイ米国防次官補のイニシアチブで始まった日米同盟の再定義のプロセスに暗雲をもたらすこととなった。

2　展開

日米地位協定の見直しについては、他の同盟国、とりわけ韓国と交わしている地位協定に与える影響を恐れた米政府が強く反対した。妥協策として、協定の運用に柔軟性を持たせることで決着が図られた。すなわち、殺人や暴行などの深刻な犯罪が起きた場合、米国は日本の警察への容疑者引き渡しに「好意的配慮（sympathetic consideration）」を払うことで両政府は合意した。

だが、沖縄の抵抗は続いた。事件発生から二週間後、大田昌秀沖縄県知事が、反戦地主らが所有する土地の強制借用手続きに必要な代理署名を拒否することを表明したのである。この決断には伏線があった。約七カ月前に、極東の米軍駐留一〇万人体制維持を謳った「東アジア戦略報告」が発表された（「69　ナイ・レポート」の項参照）。以来、大田は沖縄の基地固定化が進むことを懸念して代理署名拒否の是非を検討していた。その最中に起きた沖縄少女暴行事件は、大田の署名拒否の決断を促すこととなったのである。日本政府は知事に対し署名を行うよう説得を試みるが失敗し、争いは日本政府が大田知事の提訴に踏み切ることにより、法廷に持ち込まれることとなった。

一一月、日米両政府は沖縄の米軍施設をめぐる諸問題を協議するため「沖縄に関する特別行動委員会（Special Action Committee on Okinawa：SACO）」を立ち上げた。日本にある米軍専用基地・施設の約七五％が沖縄に集中しており、基地の過重負担を軽減することは急務の課題であった。だが、米軍は作戦任務上の理由で基地の整理・縮小には強く反対し、日本の外務省も米政府と困難な交渉をすることに乗り気ではなかった。さらに、返還に伴う代替基地建設の費用負担の問題もあった。したがって、官僚レベルで基地問題を解決することには明らかに限界があった。

翌九六年一月に社会党の村山富市から首相の座を引き継いだ自民党の橋本龍太郎は、基地問題で沖縄県民に納得のいく大胆な譲歩を実現しない限り、基地の継続使用は不可能となるとの危機感を募らせていた。二月下旬に米西海岸のサンタモニカで開かれる予定の日米首脳会談で、橋本はかねてから大田知事が主張していた普天間基地返還をクリントン大統領に打診することを考えていた。だが、相談を受けた外務省の折田正樹北米局長も防衛庁の秋山昌廣防衛局長も、返還の可能性が低いことを理由に会談では「普天間」を持ち出さないよう進言した。

悩んだ末、橋本は首脳会談で普天間に言及した。もっとも、返還をみずから要求することはせず、あくまでも沖縄県民の要望として伝えた上で、自身は日米安保の重要性からその実現は不可能であることを承知していると述べた。こうした曖昧な表現は、米側に橋本の真意についていろいろな憶測を呼んだが、結局、両政府は普天間返還で動き出すことになった。

その背景として、米政府内において、軍人として沖縄に駐留経験のあるウィリアム・ペリー国防長官が事態の深刻さを十分認識していたことがあった。さらにそのペリーには、マイク・マンスフィールド元駐日米大使や共和党のリチャード・アーミテージ元国防次官補などが普天間基地を返還するよう助言していた。

水面下での協議を経て、四月一二日、橋本首相とウォルター・モンデール駐日米大使の共同記者会見の席で、普天間基地の五～七年以内の全面返還が発表された。その条件として、沖縄県内にある既存の米軍基地内での代替ヘリポートの建設、嘉手納や岩国飛行場への一部機能の移転などが挙げられた。そしてこの年一二月には、普天間基地をはじめとする一一の米軍施設の全面的ないし部分的返還を含むＳＡＣＯの最終合意が発表された。これにより、在沖米軍施設全体のおよそ二一％、面積にして約五〇〇二ヘクタールが日本に返還されることとなった。一方で最終合意は、四万七〇〇〇人の在日米軍の削減には言及せず、アジア全体における米軍の駐留規模を維持する方針を確認した。

3　意　義

九五年九月の少女暴行事件に端を発した沖縄基地問題は、その一年三カ月後にまとめられたＳＡＣＯ最終報告で一応の決着がつけられることになった。この間、一九九六年四月にクリントン大統領が訪日し、冷戦後の日米同盟と米軍のアジア駐留継続の重要性を謳った日米安全保障共同宣言が両政府により発表された。また、大田知事による代理署名拒否問題も、国が知事を提訴することで法廷に持ち込まれたが、九六年八月の最高裁判決で知事側の敗訴が確定すると大田は代理署名を受け入れた。さらに政府は以後同様の問題が生じるのを避けるため、土地借用に必要な権限を知事から国へ移管する法案を作成し、翌年四月に衆参両院で可決された。

一方、SACO最終報告で謳われた普天間基地の返還は、今日（二〇一六年）に至っても実現の目処が立たないままでいる。ヘリポートの移設場所として、人口密集度の低い名護市辺野古が決定されたが、建築方法をめぐる県と国の意見の相違や反対派の妨害行動などに加えて、名護市移設が地元自治体・県・国それぞれのレベルで政争の具となったことで、普天間基地返還は解決の糸口が遠のいてしまっているのが現状である。

参考文献

秋山昌廣『日米の戦略対話が始まった――安保再定義の舞台裏』亜紀書房、二〇〇二年。

折田正樹（服部龍二・白鳥潤一郎編）『外交証言録――湾岸戦争・普天間問題・イラク戦争』岩波書店、二〇一三年。

柴田晃芳『冷戦後日本の防衛政策――日米同盟深化の起源』北海道大学出版会、二〇一一年。

外岡秀俊・本田優・三浦俊章『日米同盟半世紀――安保と密約』朝日新聞社、二〇〇一年。

船橋洋一『同盟漂流』岩波書店、一九九七年。

普天間基地移設問題の歩み

1995年９月	米兵による少女暴行事件発生，大田昌秀知事が軍用地利用を代理署名を拒否，SACO 立ち上げ。
1996年４月	日米政府，代替ヘリポートの建設を条件に，普天基地の５～７年以内の返還に合意。
1998年11月	県知事選で15年限定の軍民共用空港案を公約に立候補した稲嶺恵一氏が当選。
1999年11月	沖縄県が移設候補地を名護市辺野古に決定。
1999年12月	岸本名護市市長が条件付き移設受け入れを表明。
2004年８月	沖縄国際大学に米軍ヘリが墜落。
2006年11月	「日米ロードマップ」発表，Ｖ字滑走路案で合意。
2008年７月	沖縄県議会が辺野古移設に反対決議。
2009年９月	民主党政権発足，県外移設を主張。
2010年１月	名護市長選で辺野古移設反対派の稲嶺進氏が当選。
2010年５月	鳩山首相，県内移設回帰を表明。
2013年３月	安倍内閣が沖縄県に辺野古埋立申請。
2013年12月	仲井真沖縄県知事，辺野古移設に向けた公有水面埋立を承認。
2014年11月	沖縄県知事選で辺野古移設反対派の翁長雄志氏が当選。
2015年10月	翁長知事が埋立承認取り消しを沖縄防衛局へ通知。

参考：沖縄県名護市ホームページ。
http://www.city.nago.okinawa.jp/10/9120.html，2016年４月30日アクセス。

73　在ペルー日本大使公邸人質事件（一九九六年）――「人命尊重」vs.「武力突入」

1　背景

一九九六年一二月一七日、ペルーの首都リマにある日本大使公邸に左翼テロ組織「トゥパク・アマル革命運動（MRTA）」の武装グループ一四人が侵入し、人質をとって籠城した。当時、大使公邸では天皇誕生日の祝賀レセプションが開かれており、ペルーをはじめ各国の政府要人や日系企業関係者、大使館職員など六〇〇名以上が人質となった。その後女性や高齢者など多くの人質が漸次解放され、最終的に七二名（ペルー人四七名、日本人二四名、ボリビア人一名）が残された。犯行グループは人質解放の条件として、アルベルト・フジモリ大統領の経済政策の変更や刑務所に収監されているMRTAメンバーの釈放などを要求した。

2　展開

日本政府はペルー政府と緊密に連携を取りながらできる限りの協力を約束したが、両者の間には事件への対応をめぐり温度差があった。日本政府は人命尊重を最優先に掲げ、あくまでも平和的な解決を望んだ。一九七七年に起きたダッカ日航機ハイジャック事件では、当時の福田首相が「人命は地球より重い」と述べて、身代金の支払いと服役中の赤軍メンバーの釈放という「超法規的措置」により人質の解放を達成した（「42　ダッカ日航機ハイジャック事件」の項参照）。今回の場合、日本大使公邸の人質の中には、青木盛久駐ペルー日本大使やペルー政府の閣僚数名が含まれており、武力行使による救出が失敗した場合の政治リスクはきわめて高かった。

他方、ペルー政府は平和的解決を望みながらも、いざという場合の武力行使を否定しなかった。テロや人質事件が多発するペルーにおいて、フジモリは一九九〇年の大統領就任以来、徹底したテロ撲滅対策を進めていた。その結果、国内の主要なゲリラ組織は弱体化し、治安は安定化しつつあった。テロに対して毅然とした態度をとるフジモリの姿勢は、ペルー国民から広い支持を得ていたのである。

事件発生直後、日本の橋本龍太郎首相はフジモリ大統領に電話を入れ人質の安全確保を要請し、事件二日後には池田行彦《ゆきひこ》外務大臣をリマに派遣し「人命尊重」と「平和的解決」を再度要請した。だがフジモリは、交渉や譲歩の姿勢を見せれば相手をつけあがらせるとして、日本も強硬姿勢をとるよう求めた。実際、日本政府より外相派遣の連絡が来た際、フジモリは外相のペルー訪問はテロリストを勢いづかせるだけでなく、ペルー政府が日本政府に信用されていないことを内外に示すことになるとして懸念を示した。

その後、解決の糸口を見出せないまま事件は長期化した。翌年の一九九七年二月一日、カナダのトロントで橋本首相と会談したフジモリ大統領は、事件当初よりも一層武力突入を支持する立場に傾いていた。当時、服役囚の釈放に固執する犯行グループとそれを拒絶するペルー政府の間で交渉が成立する見込みは低かった。その一方で、この年一月より秘密裏に進めていた近隣の家屋から大使公邸地下へ通じる複数のトンネルの掘削作業が完了に近づきつつあった。またこの時までに、国際赤十字が搬入した生活物資に仕掛けられた隠しマイクや人質が密かに所有していたポケットベルなどで、公邸内の会話の盗聴や人質との交信が可能になっていた。

首脳会談後の共同記者発表では、人命尊重や平和的解決など日本側の従来の主張が盛り込まれる一方、「日本政府は、平和的解決に向けての対話の進展のためには、人質の身体的及び精神的健康の維持が不可欠であるとするペルー政府の立場を支持する」との一文が挿入された。これによりフジモリ大統領は、人質の健康維持が不可能と判断される場合は武力行使もあり得るとする暗黙裡の言質を日本政府から引き出すことに成功したのである。

軍事突入の準備が進められる一方で、交渉による解決策も模索された。二月一一日より、保証人委員会（シプリアーニ大司教、ミニグ赤十字国際委員会代表、ヴィンセント駐ペルーカナダ大使、オブザーバーとして寺田輝介駐メキシコ日本大使）を仲裁役として、犯行グループ側とペルー政府側の間で予備的対話が始まった。また、三月下旬には日本政府やペルー政府の要請を受け、キューバのカストロ議長が犯行グループのキューバ受け入れを表明した。だが、結局犯行グループはキューバへの亡命を拒否し、あくまで仲間の釈放を求めて最後まで戦うことを決定した。盗聴マイクを通じて一部始終に耳を傾けていたフジモリ大統領によれば、この決定によって話し合いによる解決は遠のいたのである。

四月二二日午後、一四〇名近いペルー軍の特殊部隊が公邸内に突入した。銃撃戦の末、七二名の人質のうち一名を除く全員が救出された。犠牲となったのはカルロス・ジュスティ・ペルー最高裁判事だった。この他、特殊部隊の隊員二名が殉死した。犯行グループの一四名は爆死ないし射殺により全員が死亡した。救出作戦は約三五分で終了した。

突入の二日前、犯行グループは人質に対する健康診断を一日一回から週一回に制限すると一方的に通告していた。また、焦燥感に駆られた人質の間では公邸からの脱出計画が進行しつつあった。もしこの脱出計画が実行されていたら、より多くの犠牲者が出ていた可能性があった。これらの要因が、フジモリ大統領の武力突入の決断を促した。一二七日間続いた人質事件は、こうして幕を引いたのである。

3　意　義

若干の人命損失はあったものの、ペルー政府による人質救出作戦は国の内外で高く評価された。橋本首相も人質解放後の記者会見で、フジモリ大統領の決断を称えた。だが一方で、大使公邸人質事件は日本政府にいくつかの問題を提起した。第一は、武力突入にせよ地下トンネルの掘削にせよ、ペルー側の軍事行動に関する重要な情報が一切日本側と共有されなかったことである。日本政府は、大使公邸が外交関係に関するウィーン条約で認められた治外法権を有することを盾に、ペルー政府に対して単独行動を慎むよう幾度も釘を刺したが、結果としてそれらは無視される形となった。

第二は、日本政府は一貫して平和的解決を訴えたが、テロリストに屈することなくいかに人命を救うかについての有効な方策を示さなかった（少なくともペルー政府にはそう受け取られた）ことである。したがって、フジモリ大統領が平和的解決の主張を繰り返すだけの日本政府を真剣に相談すべき相手と見なさなかったとしても不思議ではない。先に指摘した情報共有の欠如も、表面上は「情報漏えいの防止」という理由があったにせよ、より本質的な部分ではこうしたペルー側の日本政府に対する不信感が根底にあったのかもしれない。いずれにせよ、ペルー日本大使公邸人質事件は、テロに対して平和的解決を最優先する従来の日本の立場に再考を促す出来事となった。

参考文献

青木盛久『人質――ペルー日本大使公邸の一二六日』クレスト社、一九九七年。

NHKスペシャル「ペルー人質事件」プロジェクト『突入――ペルー人質事件の一二七日間』日本放送出版協会、一九九八年。

小倉英敬『封殺された対話――ペルー日本大使公邸占領事件再考』平凡社、二〇〇〇年。

共同通信社ペルー特別取材班編『ペルー日本大使公邸人質事件』共同通信社、一九九七年。

アルベルト・フジモリ（岸田秀訳）『大統領への道――アルベルト・フジモリ回想録』中央公論新社、二〇〇三年。

村上勇介『フジモリ時代のペルー――救世主を求める人々、制度化しない政治』平凡社、二〇〇四年。

コラム6　武力突入の舞台裏

人質事件が長期化するなか，フジモリ大統領はペルー軍の特殊部隊による武力突入を強行した。じつは，この武力突入には英米の特殊部隊が関与していた可能性が指摘されている。この点について，橋本龍太郎首相（当時）は次のように述懐している。

「これはいずれにしても（強行突入を）やるな，と，そのとき私は覚悟を決めていました……ところが，断片的にしか情報が入らず確認ができなかったこともあり，いまになってペルーの特殊部隊を編成しているという話が入ってきました。それから，イギリスの特殊部隊のSASが指導にあたっているという話も。モサド（イスラエルの諜報機関）じゃないのか，と聞いたら，SASだと言うのですね。……デルタフォース（米陸軍の特殊部隊）からもチラチラと断片的に『ペルーはやるよ。もうそんなに時間はないんだよ』というふうに，片言隻句で入りはじめたのです。ところが，これがまったくチェックできませんでした。

全部終わってからいろいろなものを総合してみますと，モサドを疑った最初の勘は間違ってはいなかったようでした。モサドが，いろいろな条件が違いすぎて「うちではサポートできない」と言ったうえで，SASのある特定の人間について『やれるとすれば，彼だ』というふうに話したらしいのです。そしてペルー当局はそのSASの特定の人間にアプローチをし，通常のルートでは誰も知らないままに，イギリスの本当のトップの一握りが了承して休暇を取らせて……。ところがそいつも一人では自信がない。「砂漠の嵐」「砂漠の楯」の国であるデルタのあいつとあいつ，というふうに二人ほど名前を挙げたようです。そいつらが協力してくれるなら……というので，その三人のチームを作った。アメリカも本当にごくトップの一部だけが知っていたのだろうと思います。

そしてその三人がリマで，先発将校部隊に対する特別訓練をやりました。ところがもう一つ自信がなくて，かれらは当日現場に入っているのですね。ビデオをもう一回見直してみますと，みんな黒く顔を塗っていたでしょう。そのうえで目出し帽をかぶっている奴が，確かに二，三人いる。やりやがったなと思ったのですが，これ以上覚えていません……」

出典：五百旗頭真・宮城大蔵編『橋本龍太郎外交回顧録』岩波書店，2013年。

74　アジア通貨危機（一九九七年）——AMF構想の挫折

1　背景

一九九七年五月、タイの通貨バーツが市場でのヘッジファンドなどによる投機的な売り攻撃に遭い下落を始めた。タイ政府は数十億ドルに及ぶ資金を投入するが持ちこたえられず、七月二日、バーツはドルと為替レートを固定するドルペッグ制から変動するフロート制に移行した。信用を失ったバーツはその後も下落を続け、九七年末までに危機前の約半分にまで減価した。

タイで発生した通貨危機は、瞬く間にフィリピン、マレーシア、インドネシア、韓国など近隣諸国へ飛び火した。それまで高度成長を続けてきたアジア域内から大量の資本が流失し、深刻な経済危機が発生した。それに伴い、インドネシアでは三〇年以上にわたり独裁者として君臨したスハルト大統領が一九九八年五月に退陣に追い込まれ、韓国でも企業の倒産や失業率の上昇などから社会的混乱が広がった。

2　展開

九七年七月二九日、タイ政府は国際通貨基金（IMF）に正式な支援要請を行った。数日後には財政緊縮や金融セクター再建など厳しいコンディショナリティーを受け入れることでタイ政府とIMFが合意に達し、これを受けて、八月一一日にタイ支援国会合が東京で開かれた。ここで日本は主導的な役割を果たすこととなる。支援に必要とされた一四〇億ドルのうち、日本は二国間支援としては最大の四〇億ドルの負担を表明し（IMFも同額の四〇億ドル）、他のアジア諸国にも支援を積極的に働きかけた。その結果、支援総額は当初IMFが試算した必要額を一四〇億ドル上回る一七二億ドルに達したのである。

タイ支援国会合の成功を受けて、大蔵省の榊原英資財務官を中心とするグループは以前から検討を重ねてきたアジア通貨基金（AMF）の設立に向けて本格的に動き出した。その背景には、IMFの融資だけでは十分な資金が得られないという理由があった。金融危機に陥った加盟国がIMFから得られる融資額はその国のクオータ（出資割当額）によって決まるが、アジア諸国のクオータは経済成長以前の低いレベルにとどまっており、その見直し作業に米国は積極的に応じようとしなかった。実際、通貨危機に陥ったタイにIMFから融資された資金は、必要額の三分の一に満たなかった。

くわえて、融資の条件としてIMFが課すコンディショナリティーが過度に厳しく、時として問題の改善ではなく悪化に寄与しているとの認識が大蔵省国際金融局を中心に高まっていた。一九九七年に起きた一連のアジア通貨危機の原因について、縁故資本主義など構造上の問題を指摘し市場の信頼回復に高い優先順位を置くIMF（および米国）と、ヘッジファンドなどによる民間短期資本の移動の不安定性を問題視し、資本規制や流動性支援の必要性を訴える日本政府との間で鋭い意見の対立があったことはよく知られている。

さらに、一九九四年末に発生したメキシコ通貨危機では多額の支援を行った米国が、タイの通貨危機では資金拠出を忌避したことも、米国を排除したアジア通貨基金設立へと大蔵省を駆り立てる一因となった。

日本政府は、インドネシア、オーストラリア、韓国、シンガポール、タイ、中国、フィリピン、香港、マレーシア、日本の一〇カ国を中心に一〇〇〇億ドル規模の基金を作る案を作成し、各国に根回しを始めた。だが、自国が排除されているAMF案に米国は猛烈に反対し、IMFも厳しいコンディショナリティーを課さない融資はモラル・ハザードを引き起こすとして異を唱えた。米国が強い抵抗を示したことで、香港やオーストラリアなど一部の国がAMF構想に慎重な姿勢を示し、日本国内でも外務省や大蔵省の一部に懸念が広がり始めた。結局大蔵省の推進派は説得工作に失敗し、AMF構想は挫折するのである。九七年一一月、AMF構想の中身を一部取り込み、その一〇カ国に米国、カナダ、ニュージーランド、ブルネイを新たに加えてアジア金融市場安定化のための域内協力強化の枠組み（「マニラ・フレームワーク」）の設立が合意された。だが、この枠組みはIMFの優位性を明確に謳っており、IMFからの独立性を想定したAMF構想とはおよそかけ離れたものであった。

こうした中、一九九八年一〇月、ワシントンで開かれた世銀・IMF年次総会において、日本政府は新たな地域金融支援スキーム「アジア通貨危機支援に関する新構想」を発表する。「新宮澤構想」として知られるこの構想は、通貨危機に直面しているアジア諸国を支援し国際金融資本市場の安定化を促進するため、日本政府が短期および中長期それぞれ一五〇億ドル、計三〇〇億ドルの資金を提供する旨が謳われている。「新宮澤構想」は米国を含む関係各国から歓迎され、実際にタイ、マレーシア、インドネシア、フィリピン、韓国はこの支援スキームによって多額の支援を日本から受け取ることになった。

3　意　義

一九九七年の通貨危機当時、アジアは日本の輸出の約四割を占めていた。また、日本は多くのアジア諸国にとって最大の債権国かつ政府開発援助の供与国でもある。したがって、アジア通貨危機が発生した際、その解決のために日本が主導的な役割を果たそうと試みたことは、国益の観点から当然のことであった。ＡＭＦ構想はそうした試みの一つであった。もっとも、ＡＭＦ構想はたんに日本を最大の出資国とする地域金融支援システムの構築を企図しただけのものではなかった。それは、ある意味で新古典経済学に依拠したＩＭＦの正当性に対する知的挑戦でもあった。また、米国を排除した多国間レジームの構築を日本が試みた最初のケースでもあった。その意味で、ＡＭＦ構想は戦後日本外交の基軸路線からの逸脱と言えよう。

　だが、結局のところＡＭＦ構想は米国の強い反対で実現に至らなかった。「新宮澤構想」が成功したのは、それがＩＭＦの正当性を否定せず米国を排除した地域機構の構築を求めなかったからである。ＡＭＦ構想が頓挫した後、日本では山一證券や北海道拓殖銀行の破綻など国内経済の混乱（および大蔵省批判）などもあり、独自路線の追求は影を潜めることとなった。

参考文献

片田さおり「アジア金融危機管理と日米関係――協力と対立の要因」宮下明聡・佐藤洋一郎編『現代日本のアジア外交――対米協調と自主外交のはざまで』ミネルヴァ書房、二〇〇四年。

榊原英資『日本と世界が震えた日――サイバー資本主義の成立』中央公論新社、二〇〇〇年。

Jennifer A. Amyx, "Japan and the Evolution of Regional Financial Arrangements in East Asia," in Ellis S. Krauss and T.J. Pempel, eds., *Beyond Bilateralism: U.S.-Japan Relations in the New Asia-Pacific*, Stanford: Stanford University Press, 2004.

Michael J. Green, *Japan's Reluctant Realism: Foreign Policy Challenges in an Era of Uncertain Power*, New York: Palgrave, 2001.

Juichi Inada, "Responding to the Asian Financial Crisis," in Thomas U. Berger, Mike M. Mochizuki, and Jitsuo Tsuchiyama, eds., *Japan in International Politics: The Foreign Policies of an Adaptive State*, Boulder, CO: Lynne Rienner, 2007.

Yong Wook Lee, "Japan and the Asian Monetary Fund: An Identity-Intention Approach," *International Studies Quarterly*, Vol. 50, No. 2 (June 2006).

新宮澤構想に基づく援助表明額（単位＝億ドル，2000年2月2日現在）

被援助国	金額	主な内訳
インドネシア	29.3	IMF の拡大信用供与措置との並行融資，電力部門改革プログラムローンなど
韓　国	83.5	アンタイドローン，産業銀行向けツーステップローン，短期金融ファシリティーなど
マレーシア	43.5	輸出産業支援ツーステップローン，インフラ開発銀行向けツーステップローン，短期金融ファシリティーなどなど
フィリピン	25.0	電力部門改革プログラムローン，銀行システム改革プロジェクトローンなど
タ　イ	28.7	経済金融構造改革融資，製造業支援ツーステップローンなど

出典：財務省ホームページ。
http://www.mof.go.jp/international_policy/financial_cooperation_in_asia/asian_currency_crisis/new_miyazawa_initiative/1e041a.htm，2016年4月30日アクセス。

75　日米防衛協力のための指針（一九九七年）——安保再定義の集大成

1　背　景

一九九六年四月、ビル・クリントン米大統領が来日し、橋本龍太郎首相との間で日米安全保障共同宣言が合意された。同宣言では、冷戦期において日米同盟がアジア・太平洋の平和と安全に貢献したこと、この同盟関係は二一世紀においても同地域の安全と成長の基礎となること、その重要な手段として米軍のプレゼンスの継続が不可欠であることなどが確認された。その上で、一九七八年作成の「日米防衛協力のための指針（ガイドライン）」を見直すことが明記された。

2　展　開

ガイドライン見直しのための日米交渉は同年六月に開始され、翌九七年九月に最終報告が発表された。九七ガイドラインは、日米協力のケースを⑴平時、⑵日本有事、⑶周辺事態の三つに分け、それぞれについて概説している。

最大の特徴は、九四年の北朝鮮核危機の教訓から整備が急がれた周辺事態における日米協力についてである。九七ガイドラインでは、民間の空港や港湾の使用から米軍艦船や航空機への補給や整備、船舶の検査、公海上の機雷除去に至るまで、支援内容の具体例が四〇項目にわたり例示された。これらは、朝鮮半島有事を想定して米国が日本に求めた支援策であり、当初その数は一〇五九項目にも及んだ。

だが、日本有事ではなく周辺事態のケースにおいて、戦闘中の米軍を日本が後方支援すれば、その行為は集団的自衛権の行使にあたる可能性があった。野党勢力だけではなく、自民党・新党さきがけと連立を組む社民党（村山首相退陣後の一九九六年一月、社会党から社民党に改名）も、この点を厳しく追及した。こうした批判を受け、政府は後方支援の活動範囲を「非戦闘地域」に限定することで、憲法問題の回避を試みた。だが、「非戦闘地域」での後方支援なら集団的自衛権の行使にあたらないのか、また「戦闘地域」と「非戦闘地域」をどう線引きするかといった論点が残った。

九七ガイドラインのもう一つの主要な争点は、「周辺事態」の地理的範囲——とりわけ台湾がこれに含まれるか否か——であった。九五年から九六年にかけての台湾海峡危機（台湾独立を牽制しようと中国が台湾海峡でミサイル演習を行ったことに対して、米国が空母二隻を中心とする機動部隊を同地域に派遣）の余波もあり、中国政府は日本のガイドライン見直しに懸念を表明していた。

日本政府は中国を刺激しないよう、ガイドライン作成の過程から中国政府に説明を重ねた。だが、自民党内でも、加藤《かとう》紘一《こういち》幹事長がガイドラインは台湾を想定していないと発言したのに対し、梶山静六《かじやませいろく》官房長官が加藤発言を批判するなど混乱が生じた。結局、この問題は与党ガイドライン問題協議会で自民党の山崎拓座長が周辺事態を「地理的な概念ではなく、あくまでも事態の性質に着目した概念である」との見解を提示し、これとほぼ同じ表現がガイドライン最終文書にも明記されることになった。それから約一カ月後の九月初旬に橋本首相が訪中し、周辺事態は特定の地域を想定していないことや、台湾問題で武力衝突が発生するとは考えていないことなどを説明した結果、中国政府もようやく態度を軟化させた。

3　意義

周辺事態の定義などについて、自民・さきがけと社民党との合意は不成立に終わった。さらに、社民党とさきがけは九六年一〇月の総選挙での惨敗を受け、連立政権には閣僚を送らず閣外で協力するにとどまった。その結果、ガイドラインは九七年九月二九日に自民党内閣で閣議決定されるのである。そして、ガイドラインで明記された措置を実施する根拠法として、九九年五月には「周辺事態法」が、また二〇〇〇年一一月には「船舶検査活動法」がそれぞれ制定された。

こうして、ナイ・レポートによって始まった一連の日米同盟再定義の作業は、九五防衛大綱、日米安保共同宣言を経て、九七ガイドラインと関連法案の制定で一つの区切りを迎えることとなった。

参考文献

秋山昌廣『日米の戦略対話が始まった——安保再定義の舞台裏』亜紀書房、二〇〇二年。

信田智人『冷戦後の日本外交——安全保障政策の国内政治過程』ミネルヴァ書房、二〇〇六年。

柴田晃芳『冷戦後日本の防衛政策——日米同盟深化の起源』北海道大学出版会、二〇一一年。

外岡秀俊・本田優・三浦俊章『日米同盟半世紀——安保と密約』朝日新聞社、二〇〇一年。

徳地秀士「『日米防衛協力のための指針』からみた同盟関係——『指針』の役割の変化を中心として」『国際安全保障』第四四巻第一号（二〇一六年六月）。

福田毅「日米防衛協力における三つの転機——一九七八年ガイドラインから『日米同盟の変革』までの道程」『レファレンス』第五六巻第七号（二〇〇六年七月）。

76　京都議定書採択（一九九七年）——数値目標導入の政治学

1　背　景

一九九二年六月、ブラジルのリオデジャネイロで「環境と開発に関する国連会議（通称＝地球サミット）」が開かれた。地球サミットは環境問題に対する国際社会の関心を高める引き金となったが、この会議において、地球温暖化を防止するための国際的な枠組みを設定した「気候変動枠組み条約」が採択され、日本を含む一五五カ国が署名した。条約では、二酸化炭素やメタンなどの大気中の温室効果ガスの排出量を各国がそれぞれ二〇〇〇年までに一九九〇年レベルに戻すこと、そのためにとりわけ先進締約国が率先して気候変動対策に取り組むべきことが謳われた。

だが、同条約にはいくつかの問題点があった。温室効果ガスの排出量を二〇〇〇年までに一九九〇年水準に引き戻すだけでは温暖化対策として不十分であることに加え、多くの締約国がその目標ですら達成できない見込みであることや、二〇〇〇年以降の目標が明記されていないことなどであった。このため、一九九五年三月から四月にかけてベルリンで開かれた第一回締約国会議（COP1）では、二年後に開催予定のCOP3において削減目標を定めた法的拘束力のある議定書を作成すること、その一方で途上国には新たな約束を課さないことなどが合意された（ベルリンマンデート）。

2　展　開

COP3は日本政府の積極的な誘致活動の結果、一九九七年一二月に京都で開かれることとなった。京都会議の最大の争点は、先進締約国がコミットする議定書への温室効果ガス削減の数値目標導入と、途上国が自主的な削減目標の設定を行うか否かの二点だった。

数値目標については、積極派のEUがみずから一五％削減という高い数値を示し、他の先進国にも最大限の努力をするよう強く迫った。EUの積極姿勢の背景には、政治的に強力な環境保護勢力の存在や、旧東欧諸国における石炭火力から天然ガスや原子力への移行といったエネルギー政策の転換による温室効果ガス排出量の大幅削減の見通しなどがあった。

対照的に、米国は国内の産業界の猛烈な反対を受け、一九九〇年レベル以上の削減には消極的な姿勢を示した。日本は先進国一律で原則五％の削減案を示したが、同時に⑴GDP

あたりの排出量、(2)人口一人あたりの排出量、(3)人口増加率といった指標を導入することで、実際には五％を下回る（場合によっては一九九〇年レベルで安定化する）削減量を設定することが可能となる案を提示した。日本案は明らかに議長国として何らかの数値目標を設定し、かつ米国の離脱を防ぐという二つの目的を同時に達成するための妥協策という側面が強かった。だが、環境団体などからは「何もしないで、単に対策を一〇年先延ばしするための手段に過ぎない」と批判を浴びた。

結局、数値目標では最後に米国が妥協して合意が成立した。その内容は、ＥＵ＝八％、米国＝七％、日本＝六％というものであった。同時に、米国が強く求めていた排出権取引（排出枠を超過した国や企業と、下回ったそれらが排出権を売買する制度）や共同実施（他国に対する技術や資金支援の結果、削減された排出量を自国の削減量として算出できる制度）など、のちに「京都メカニズム」と呼ばれる柔軟措置も認められることとなった。

他方、もう一つの争点である途上国の自主的削減目標の設定については進展が見られなかった。この問題ではとりわけ米国が、自国産業の競争力維持の観点から中国やインドなどの途上国も応分の義務を負うべきだと主張した。これに対して途上国側は、産業革命以来の歴史的経緯に鑑みて、まずは先進国が率先して削減すべきとの立場に固執した。結局、途上国の目標設定については解決の糸口が見出せないまま、ＣＯＰ４以降の課題として残されることとなった。

こうして、温暖化防止のための京都会議では、二〇〇八年から一二年の五年間で、先進国等の温室効果ガス排出量を一九九〇年比で約五％削減することを義務づけると同時に、森林吸収源の算入や排出権取引、共同実施、クリーン開発メカニズムなどの方策が認められることとなった。京都議定書に署名した国は一九四に上った。

3　意　義

京都議定書は数値目標を明記した点で画期的な取り決めであったが、同時にいくつかの問題を抱えていた。第一に、二〇〇一年三月、米国のブッシュ政権は、京都議定書の批准拒否を表明し、クリントン前政権時代に合意・署名したこの国際協定から離脱した。世界の温室効果ガス排出量の約二割を占める米国の離脱に加え、新興国であり途上国でもあるインドや中国は削減義務の対象とならなかったため、議定書で削減義務を負う国家の温室ガス排出量は地球全体の排出量の二六％程度にとどまった。

第二に、一九九〇年を基準としたことで、それ以前から二度の石油危機を経て省エネ対策に取り組んできた日本は目標達成のハードルが高くなる一方、経済停滞や旧東欧諸国のエネルギー政策の転換などでロシアやＥＵは目標達成が容易となった。第三に、削減義務を負うのは先進締約国のみであり、また義務を果たせなかった場合のペナルティに強制力がなかった。

この結果、京都議定書で謳われた約束期間（二〇〇八～一二年）以降の取り決めを協議したCOP17（二〇一一年の一一月から一二月にかけて、南アフリカのダーバンで開催）において、日本政府は米中を含めたすべての主要排出国が参加し公平で効力のある削減義務を負う新枠組みの策定を主張した。会議では二〇一五年までに新たな枠組みを作り二〇二〇年より施行することが合意された一方、二〇一三年以降の第二約束期間については途上国などが主張する京都議定書の延長が採択された。これを受け、すべての主要排出国を含んだ新枠組み構築を目指す日本は、カナダやロシアとともに京都議定書延長から離脱することとなった。

参考文献

太田宏「気候変動問題の政治的現状分析――京都議定書と日本の立場」『青山学院大学総合研究所国際政治経済研究センター研究叢書』第九巻（二〇〇二年三月）。

高村ゆかり・亀山康子編『京都議定書の国際制度――地球温暖化交渉の到達点』信山社、二〇〇二年。

竹内敬二『地球温暖化の政治学』朝日選書、一九九八年。

竹内恒夫「京都議定書の批准に至る政治過程の検証及び考察」『人間環境学研究』第六巻第二号（二〇〇八年一二月）。

田邊敏明『地球温暖化と環境外交――京都会議の攻防とその後の展開』時事通信社、一九九九年。

鄭方婷『「京都議定書」後の環境外交』三重大学出版会、二〇一三年。

滑志田隆『地球温暖化問題と森林行政の転換』論創社、二〇〇七年。

京都議定書の骨子

概　要	先進国の温室効果ガス排出量について，法的拘束力のある数値目標を各国ごとに設定
対象ガス	二酸化炭素，メタン，一酸化二窒素，代替フロン等３ガス（HFC，PFC，SF6）
基準年	1990年（代替フロン等については1995年とすることも可能）
約束期間	2008年～2012年の5年間
数値目標	先進国で少なくとも5%。日本△6%，米国△7%，EU △8%
吸収源	森林等による二酸化炭素の吸収量を削減目標の達成手段として算入可能
国際協調の仕組み	排出量取引（先進国間での排出枠のやり取り），共同実施（先進国同士の共同プロジェクトで生じた削減量を当事国間でやり取り），クリーン開発メカニズム（先進国と途上国の共同プロジェクトで生じた削減量を当該先進国が取得）
途上国の義務	数値目標などの新たな義務は導入せず

出典：環境省ホームページ。
https://www.env.go.jp/earth/cop6/3-2.htm，2016年４月30日アクセス。

77　橋本・エリツィン川奈会談（一九九八年）——迷走を続ける領土問題

1　背景

「法と正義」に基づく領土問題の解決を謳った一九九三年の東京宣言以降、日ロ関係は停滞期が続いた（「67　エリツィン大統領来日と東京宣言」の項参照）。だが、一九九六年一月に自民党の橋本龍太郎内閣が誕生すると、両国関係は再び動き出した。橋本首相は、従来の日本政府の対ロシア政策が結局のところ四島返還という結果をもたらさなかった点に鑑み、領土問題を前面に出さない多角的関係の構築を目指す「重層的アプローチ」を採用した。これに基づき、海上自衛隊とロシア海軍の艦艇相互訪問、四島交流の拡大、四島周辺水域での日本漁船の安全操業協定締結など両国の関係が進展した。

2　展開

一九九七年七月の橋本首相による経済同友会での演説は、日ロ関係進展の加速を企図したものであった。橋本はこの演説で、日ロ関係を「信頼」「相互利益」「長期的視点」の三原則により構築すること、さらにシベリア・極東地域におけるエネルギー開発協力などについて言及した。この演説の起草には丹波實外務審議官や東郷和彦大臣官房総括審議官らのいわゆるロシア・スクールの外務官僚が深く関与したと言われている。

同年一一月、シベリア中部の都市クラスノヤルスクで開かれた非公式の日ロ首脳会談では、「東京宣言に基づき、二〇〇〇年までに平和条約を締結するよう全力を尽くす」ことが合意された。これはボリス・エリツィン大統領の発案でなされたものであり、ロシア政府内で事前に十分に検討されたものではなかった。同時に、日ロ経済関係を前進させる重要性についても一致し（橋本・エリツィン・プラン）、日本は二〇〇〇年までの二年間に一五億ドルの対ロ融資を約束するなどした。こうした前向きな結果を受けて、日ロ両国のマスコミは同会談をおおむね肯定的に評価した。その後、橋本・エリツィン両首脳の個人的な信頼関係の構築も進み、領土問題解決の機運が次第に高まった。

九八年四月、伊豆の川奈で開かれた二度目の非公式日ロ首脳会談で、橋本首相は領土問題についてある大胆な提案を行った。内容は公表されていないが、報道などによると、ロシア側が日ロ間の国境を北方四島の北側に引くことに同意すれば、実際の日本への引き渡しについては期限を設けず柔軟に対応するというものであった（川奈提案）。これは一九九一年に訪ソした中山太郎外相が行った提案――ソ連が四島の日本主権を認めれば返還の実際の時期や態様については柔軟に対応するという内容――の焼き直しであった。

エリツィン大統領は川奈提案に興味を示し、持ち帰って検討することを約束した。だが、国内の金融危機や自身の健康状態の悪化などにより、エリツィンの政治的求心力は急速に低下していた。一方の橋本首相も、九八年七月の参院選での大敗（前年の消費税率引き上げによる景気の悪化などが原因とされる）を受け辞任に追い込まれた。

ロシア側の正式な回答は、同年一一月、ロシアを訪問した小渕恵三首相に伝えられた。その内容は、二〇〇〇年までにまず両国の間で平和条約を結び、国境の策定は将来別の条約で行うというものであった（モスクワ提案）。つまり、川奈で橋本が提案したものをロシア側は拒否したのである。

こうして、日本政府が四島返還のために切った最大の譲歩とも言える切り札は不発に終わり、二〇〇〇年までに平和条約を締結するという約束も果たされなかったのである。

3　意　義

川奈提案が失敗に終わったのち、日本の外務省内部において「二島先行返還論」が台頭する。これを牽引したのが、東郷和彦欧亜局長、佐藤優《まさる》主任分析官、そして両者の盟友でありスポンサー的存在であった自民党の鈴木宗男衆議院議員である。彼らには、既存の四島一括返還路線では領土問題が解決の方向に進まないという認識があった。二〇〇〇年に脳梗塞で倒れた小渕の後任の森喜朗《もりよしろう》も、歯舞・色丹の二島返還後、残りの国後・択捉両島の返還を協議するという段階的返還論に傾いていた。

ロシア側においても、同年エリツィンの後継者として大統領に就任したウラジミール・プーチンが川奈提案を否定する一方、歯舞群島・色丹島の二島返還を約束した一九五六年の日ソ共同宣言の有効性を表明した。二〇〇一年三月、シベリアのイルクーツクで行われた日ロ首脳会談では、日ソ共同宣言を交渉の出発点とした上で九三年の東京宣言に基づいて四島の帰属問題を協議し速やかに平和条約を締結することが合意された。

だが、歯舞・色丹の二島で手を打とうとするロシア側と、二島返還はあくまで四島返還のための通過点に過ぎないと考える日本側の溝が埋まることはなかった。日本国内では、安全保障問題研究会などの四島一括返還支持派が、鈴木、東郷、佐藤らの推し進める段階的返還路線は二島のみの返還に帰結しかねないとして批判を強めた。

こうした中、二〇〇一年四月に誕生した小泉純一郎政権は、森前政権時の二島先行返還論を否定し四島一括返還へ立ち返る動きを見せる。その後田中真紀子外務大臣と鈴木宗男議員の確執が表面化し、翌二〇〇二年には鈴木議員と佐藤優主任分析官がそれぞれあっせん収賄罪と特別背任罪などの容疑で逮捕され、東郷和彦駐オランダ大使も「外務省内に混乱をもたらし、外務公務員の信用を失墜させた」との理由で大使を免職された。二島先行返還論者たちが日ロ交渉の舞台から消え去った後、領土問題解決の動きは鈍化し、日ロ関係は再び停滞期を迎えることとなった。

参考文献

岩下明裕『北方領土問題――4でも0でも、2でもなく』中公新書、二〇〇五年。

ブラッド・ウィリアムズ「エリツィン政権と日露関係」『成蹊大学法学政治学研究』第二二号（二〇〇〇年六月）。

木村汎『新版　日露国境交渉史――北方領土返還への道』角川選書、二〇〇五年。

佐藤和雄・駒木明義『検証　日露交渉――冷戦後の模索』岩波書店、二〇〇三年。

佐藤優『国家の罠――外務省のラスプーチンと呼ばれて』新潮社、二〇〇五年。

丹波實『日露外交秘話』中央公論新社、二〇〇四年。

東郷和彦『北方領土交渉秘録――失われた五度の機会』新潮社、二〇〇七年。

長谷川毅『北方領土問題と日露関係』筑摩書房、二〇〇〇年。

原貴美恵『サンフランシスコ平和条約の盲点――アジア太平洋地域の冷戦と「戦後未解決の諸問題」』渓水社、二〇〇五年。

若宮啓文『ドキュメント　北方領土問題の内幕――クレムリン・東京・ワシントン』筑摩選書、二〇一六年。

和田春樹『領土問題をどう解決するか――対立から対話へ』平凡社新書、二〇一二年。

冷戦後の主要な日ロ（ソ）首脳会談と領土問題の進展

年月	会談	場所	領土問題に関する提案または合意事項
1991年4月	海部・ゴルバチョフ会談	東京	ソ連，領土問題の存在を公式に認定。
1993年10月	細川・エリツィン会談	東京	法と正義に基づき領土問題を解決することで合意。
1997年11月	橋本・エリツィン会談	クラスノヤルスク（シベリア中部）	2000年までに平和条約を締結するよう全力を尽くすことで合意。
1998年4月	橋本・エリツィン会談	川奈（静岡県伊東市）	日本側提案＝北方領土4島の日本の帰属をロシアが認めれば，返還の時期については柔軟に対応。
1998年11月	小渕・エリツィン会談	モスクワ	ソ連側提案＝2000年までに平和条約を締結し，国境の策定は将来別の条約で行う。
2001年3月	森・プーチン会談	イルクーツク	日ソ共同宣言が日露平和条約交渉の基礎となる法的文書であることを確認。
2005年11月	小泉・プーチン会談	東京	領土問題解決に向けた努力の継続を確認。
2009年2月	麻生・メドヴェージェフ会談	ユジノサハリンスク（サハリン州都）	「新たな，独創的で，型にはまらないアプローチ」で領土問題解決の作業を加速することで一致。

出典：外務省ホームページ。
http://www.mofa.go.jp/mofaj/area/hoppo/hoppo_rekishi.html，2016年4月30日アクセス。

78 テロ対策特措法（二〇〇一年）――官邸主導の意思決定

1 背景

二〇〇一年九月一一日、米国ニューヨークの世界貿易センタービルやワシントンの国防総省などを標的とした航空機ハイジャックによる同時多発テロが発生した。史上最大規模のテロ事件による犠牲者数は三〇二五名（うち邦人二四名）とされる。事件の翌日、日本の小泉純一郎首相は記者会見で「我が国は、米国を強く支持し、必要な援助と協力を惜しまない決意で立ち向かう」と表明した。二カ月半前に行われた日米首脳会談でブッシュ大統領との強い信頼関係を構築した小泉首相にとって、「テロとの戦い」を宣言した米国に日本がどのような支援・協力を行い得るかは、国際テロ撲滅の観点からだけでなく、強固な日米関係を維持する面からも重要な課題となった。

2 展開

対応策の検討にあたっては、意思決定の迅速性を重視した首相官邸が主導権を握った。古川貞二郎《ふるかわていじろう》官房副長官の下、関係省庁から幹部クラスが召集され勉強会を重ねた。この「古川勉強会」のメンバーには、官房副長官補の浦部和好《うらべかずよし》（外務省出身）と大森敬治《おおもりけいじ》（防衛庁出身）のほか、外務省の谷内正太郎《やちしょうたろう》総合外交政策局長と藤崎一郎北米局長、防衛庁の佐藤謙《けん》事務次官と首藤新悟《しゅとうしんご》防衛局長、そして内閣法制局の秋山収《おさむ》次長が名を連ねた。小泉政権内には、一九九一年の湾岸戦争時の轍を踏まないという意識が共有されていた。当時の海部政権は、総額一三〇億ドルもの巨額の支援を行ったにもかかわらず、その貢献が米国を中心とする国際社会から「小切手外交」とか「Too Little, Too Late」などと厳しく批判された。

九月一九日、日本政府は古川勉強会が作成した素案を基に、米軍への医療・輸送・補給等のための自衛隊派遣を中心とする「七項目の措置」を発表した。この「七項目の措置」を手に九月下旬、小泉首相が訪米する。アフガニスタンへの攻撃準備を進めていたブッシュ大統領は、日本政府の迅速な対応に謝意を表明した。

帰国後まもなく、小泉首相は七項目実現のための法案化に動き出した。法案の作成は通常、自民党の政策部会および総務会で審議されたのち与党間で調整が図られる。しかし、迅速性を優先した小泉内閣は自民・公明・保守の与党間合意をまず取り付け、それを自民党の総務会や政策部会で説明・報告するというスタイルをとった。こうした異例のやり方に党内から反発が強まったが、世論の圧倒的な支持を背景に首相は批判を押し切って法案作成を実行した。実際に『日本経済新聞』の世論調査では、回答者の七〇％が米軍支援を支持しており、小泉内閣支持率も七月の六九％から九月には七九％へ上昇した（二〇〇一年九月二五日付）。

一〇月五日、政府は「テロ対策特別措置法案」（以下「テロ対策特措法」）を閣議決定し、国会へ提出した。国会審議の争点は、集団的自衛権の問題や国会の事前承認、自衛隊による武器使用の範囲などであった。政府・与党は、自衛隊の活動を非戦闘地域における医療・輸送活動等に限定し、武器の使用も自衛隊員やその保護下にある者の身体防御のための必要最小限のレベルに制限し、法律の有効期限を二年（延長可）とした。法案は若干の修正を経て、一〇月二九日に成立した。テロ事件発生からわずか一カ月半のことであった。

その後、テロ対策特措法は二〇〇三年に二年間、二〇〇五年と二〇〇六年にそれぞれ一年間延長された。この間、海上自衛隊はインド洋において米英など一一カ国の艦船に計七九四回（量にして約四九万キロリットル）の給油支援を実施し、航空自衛隊についても米軍への輸送支援活動を行った。

3　意　義

テロ対策特措法に基づいて行われた給油が、その適用範囲である対アフガニスタン「不朽の自由作戦」とは別に、イラク戦争にも流用された疑惑が持ち上がった。これに対し政府は、給油はテロ対策特措法に基づいて行われることを相手国も承知した上で実施されていること、また補給後の燃料の使われ方については作戦上の機密情報でもあり日本政府として確認することはしないと説明した。この問題はマスコミや国会でも取り上げられたが、真相は不明のまま二〇一〇年一月、補給支援特措法失効に伴い日本の補給活動は終了を迎えた。

参考文献

笹本浩「インド洋における補給活動の再開——補給支援活動特措法案・テロ根絶法案の国会論議」『立法と調査』（国立国会図書館）第二七八号（二〇〇八年二月）。
信田智人『冷戦後の日本外交——安全保障政策の国内政治過程』ミネルヴァ書房、二〇〇六年。
鈴木滋・福田毅・松葉真美「テロ特措法の期限延長をめぐる論点——第一六八回臨時国会の審議のために」『調査と情報』（国立国会図書館）第五九四号（二〇〇七年九月）。
武蔵勝宏『冷戦後日本のシビリアン・コントロールの研究』成文堂、二〇〇九年。

79 日朝首脳会談（二〇〇二年）——小泉訪朝がもたらしたもの

1 背景

戦前、日本の植民地支配下にあった朝鮮半島は、一九四五年八月の日本降伏後、北緯三八度線を境に南北に分断された。日本は一九六五年に韓国との間で国交を樹立するが、北朝鮮との国交回復は二一世紀を迎えてもなお未解決の戦後処理問題として残されたままであった。

冷戦終結による国際環境の変化、とりわけ韓ソ国交回復やソ連からの援助停止などは、北朝鮮の孤立と経済苦境を促進させた。こうした状況を打開するため、北朝鮮は大規模な経済援助が見込まれる日本との国交正常化交渉を模索し始めた。

2 展開

二〇〇一年初旬、平壌から日本政府に対し、国交正常化に向けた首脳会談開催が密かに打診された。この背景には、米国で同年一月に誕生した共和党のジョージ・W・ブッシュ政権が六月に「北朝鮮政策の包括的見直し」を発表し、査察の前倒しや検証体制の強化などクリントン前政権より強硬な姿勢を打ち出したことがあったと言われる。

日朝間における秘密裏の交渉は、この年九月に外務官僚の田中均がアジア大洋州局長に就任後、加速された。田中は小泉首相の同意を得ると、北朝鮮のカウンターパートでありのちに日本のマスコミで「ミスターX」と呼ばれる人物と三〇回以上にわたる会合をもち、小泉訪朝を準備した。

翌年六月、小泉首相は訪朝を決意する。だが訪朝には大きなリスクが伴った。北朝鮮側は日本の関心事である拉致問題について、その詳細については首相訪朝時に説明するとして、事前に内容を一切明かそうとしなかったのである。日本政府はジレンマに直面した。どんな結果が出てくるか予測できない不安はあったが、訪朝しなければ何も出てこないことは明らかだった。小泉はリスクを受け入れることを決心した。

二〇〇二年九月一七日、小泉は日本の総理大臣として初めて北朝鮮を訪れ、金正日国防委員長と会談した。だが、首脳会談に先立って迎賓館別棟で行われた田中局長と北朝鮮外務省アジア局長の会合では、「拉致被害者五人生存、八人死亡」という衝撃的な「事実」が日本側に伝えられた。死亡したとされる八人の中には、拉致被害の象徴的人物も複数含まれていたのである。

同行した安倍晋三官房副長官は、首脳会談休憩時の控室で、北朝鮮による盗聴を織り込み済みの上で、拉致に対する謝罪がない限り共同宣言に署名すべきではないと小泉に進言した。午後に再開された首脳会談の冒頭で、金正日みずからが日本人拉致について自国の特殊機関の一部が妄動主義、英雄主義に走って犯したものであったとして謝罪した。

これを受けて、小泉は国交正常化交渉再開などを謳った平壌宣言に署名した。しかし、宣言に「拉致」の文言がないことや「死亡した」とされる八人の死因や調査方法、証拠などに大きな疑念が生じたため、拉致被害者の家族や保守派の論客などから小泉訪朝に対する批判が高まった。首脳会談をお膳立てした田中均は、マスコミから「国賊」「亡国の外交官」と糾弾され、自宅には右翼団体から爆発物が仕掛けられるなどの嫌がらせを受けた。

首脳会談から約一カ月後、五人の生存者が日本への帰国を果たした。だが、「一時帰国」との約束を日本側が反故にしたため北朝鮮が反発し、残された五人の家族（子供や配偶者）を日本へ帰国させることに難色を示した。結局、二〇〇四年五月、小泉首相が再び訪朝し、日朝平壌宣言の重要性の再確認や二五万トンの食糧支援などを約束することで、家族も日本に帰国することとなった。

3　意　義

国交正常化に道筋をつけるための小泉首相の訪朝は、皮肉にも結果としてそれを遠ざけることとなった。なぜなら、首脳会談で明らかにされた拉致被害の実態があまりにも悲惨であったため、日本の世論が硬化し国交正常化を外交日程に上げることが国内政治上きわめて困難になったからである。

さらに、二〇〇二年に浮上した北朝鮮のウラン濃縮による核開発疑惑を契機として、朝鮮半島の第二次核危機が発生した。こうした状況で日朝国交正常化交渉を進めれば、国際社会、とりわけ米国の反発を買うことは必至だった。

いずれにせよ、日朝国交正常化は過去の植民地支配に対する謝罪と補償といった「戦後処理」の側面のみでなく、拉致や核、ミサイルなど今日の諸問題と密接に関連し、また米朝関係や南北朝鮮関係の推移とも連動している。それらが両国の交渉を一層困難なものにしているのである。

参考文献

小此木政夫「日朝国交交渉と日本の役割」小此木政夫編『ポスト冷戦の朝鮮半島』日本国際問題研究所、一九九四年。
高崎宗司『検証日朝交渉』平凡社新書、二〇〇四年。
田中均・田原総一朗『国家と外交』講談社、二〇〇五年。
船橋洋一『ザ・ペニンシュラ・クエスチョン——朝鮮半島第二次核危機』朝日新聞社、二〇〇六年。

80　第二次朝鮮半島核危機（二〇〇二年）——六者協議はなぜ失敗したか

1　背景

一九九四年の米朝枠組み合意を受けて、朝鮮半島の核危機は回避されたかに見えた。だが、二〇〇二年夏以降、米政府は北朝鮮が核兵器製造に繋がるウラン濃縮計画を秘密裏に進めている可能性を察知し懸念を深めた。同年一〇月初旬、ジェームズ・ケリー米国務次官補が訪朝してウラン濃縮計画の存在を問い質すと、姜錫柱《カンソクジュ》北朝鮮第一外務次官はそれを認めたとされる（この点については、姜が「肯定」とも「否定」とも取れる曖昧な態度を示したなど諸説ある）。後日、米政府は北朝鮮がウラン濃縮計画を認めたと発表し、一九九四年の枠組み合意の無効を明言した。一一月、朝鮮半島エネルギー開発機構理事会が米国の対北朝鮮重油供給停止を発表すると、反発した北朝鮮は、凍結していた核施設の再稼動やIAEA査察官の追放などの報復措置を相次いで発表し、翌二〇〇三年一月にはNPTからの脱退を宣言した。

2　展開

米国のジョージ・W・ブッシュ政権内では、北朝鮮政策に関し穏健派と強硬派が対立していた。パウエル国務長官を中心とする穏健派は、「対話」と「圧力」を織り交ぜた関与政策を支持した。他方、チェイニー副大統領やラムズフェルド国防長官などいわゆるネオコンと呼ばれる強硬派は、北朝鮮の内部崩壊を含む敵視政策を主張した。強硬派は、クリントン前政権時の「枠組み合意」には査察体制の不備や過去に抽出したプルトニウムの存在を不問に付した点など深刻な欠陥があり、結果として北朝鮮の核放棄に失敗したと考えていた。

ブッシュ政権は、北朝鮮の核問題を米朝中韓日ロの六カ国からなる多国間協議の場で扱うこととした。そこには周辺諸国を関与させることで対北朝鮮包囲網を形成しつつ、同時に合意達成のための政治的・経済的コストを各国に分散させたいという思惑があった。米政府は北朝鮮と太いパイプを持つ中国が多国間協議の場で主導的役割を果たすことを期待した。当初そうすることに否定的だった中国も、米国のイラク攻撃以後北朝鮮が第二のイラクとなることを恐れ、積極的に仲介役に乗り出すようになった。

二〇〇三年八月、北京で第一回目の六者協議が開催された。二〇〇五年九月の第四回協議では、核放棄への道筋を示した初めての「共同声明」が六カ国の間で採択されるに至った。だがこの直後、米国が北朝鮮と関係の深いマカオのバンコ・デルタ・アジア（ＢＤＡ）に対し資金洗浄の疑いで事実上の金融制裁を発動すると、北朝鮮は同年一一月に開かれた第五回協議を最後に六者協議への参加を拒否した。さらに、弾道ミサイルの発射や初の地下核実験などの報復行動に出た。

その後ブッシュ政権は、イラク戦争の行き詰まりや中間選挙での敗北を受けて態度を軟化させ、米朝二者協議やＢＤＡ制裁解除に応じた。一方、北朝鮮も六者協議への復帰や寧辺の核施設の活動停止などに応じた。さらに二〇〇八年一〇月、北朝鮮が申請済み核施設の査察受け入れなどに合意すると、米国は北朝鮮が望んでいた「テロ支援国家」の指定解除に踏み切った。だが、懸案であった未申請施設の査察について、北朝鮮は最後まで拒否の姿勢を貫いた。その結果、同年一二月の第六回協議を最後に六者協議は中断され、再開の目途は立っていない。

3　意義

第二次核危機の原因については、経済援助や体制保証を求めて北朝鮮が意図的に作り出したとする「北朝鮮起因説」と、第一期米ブッシュ政権の対北強硬策が危機のスパイラルを引き起こしたとする「米国起因説」がある。いずれにせよ、六者協議は北朝鮮の核開発阻止に失敗し、他方北朝鮮も大規模経済支援の獲得や米国との不可侵条約締結を果たせないまま、両者の間で膠着状態が続いている。

日本は二〇〇二年九月の小泉首相訪朝を機に国交正常化を試みるが、拉致問題をめぐる北朝鮮側の説明に国内世論が反発し、以後関係が冷え込んだ。その結果、日本外交は国内の対北強硬世論と第二期ブッシュ政権以後の米国の対北朝鮮柔軟政策のはざまでしばしばジレンマに陥ることになった。

参考文献

倉田秀也「六者会談の成立過程と米中関係——『非核化』と『安保上の懸念』をめぐる相互作用」高木誠一郎編『米中関係——冷戦後の構造と展開』日本国際問題研究所、二〇〇七年。

崔正勲「なぜ第二次朝鮮半島核危機は生じたのか（二〇〇〇—二〇〇三）——ディフェンシブ・リアリズムの観点から」『立命館国際地域研究』第三七号（二〇一三年三月）。

平岩俊司「北朝鮮核問題と六者協議」『アジア研究』第五三巻第三号（二〇〇七年七月）。

船橋洋一『ザ・ペニンシュラ・クエスチョン——朝鮮半島第二次核危機』朝日新聞社、二〇〇六年。

道下徳成『北朝鮮　瀬戸際外交の歴史——一九六六〜二〇一二年』ミネルヴァ書房、二〇一三年。

81　イラク特措法（二〇〇三年）――対米協調の試金石

1　背景

二〇〇三年三月二〇日、大量破壊兵器保有の疑惑などを理由に米国を中心とする有志連合がイラクへの攻撃を開始した。日本の小泉首相は開戦直後に記者会見を開き、米国の武力行使に理解と支持を表明した上で、日本は武力行使や戦闘行為への参加はできないとしながらも、国際社会の一員として終戦後のイラク復興支援に協力する用意がある旨発表した。イラク攻撃をめぐっては、ロシア、中国、フランス、ドイツなどが反対したため国際社会のコンセンサスを欠いた不当な戦争という批判もあったが、小泉首相は日米同盟の重要性を訴えながら国民に理解を求めた。

2　展開

日本政府内では、イラク戦争開始前から自衛隊の派遣を含む復興支援の内容ついて議論が始まっていた。二〇〇一年のテロ対策特措法と同様に、ここでも主導権を握ったのは官邸だった。内閣官房の大森敬治副長官補（防衛庁出身）を中心に、正木靖内閣参事官（外務省出身）や増田好平内閣審議官（防衛庁出身）らをメンバーとする極秘のイラク新法検討チームが結成され、法案が検討された。

イラク攻撃の可能性については、開戦の一年以上前にブッシュ大統領から小泉首相へ直接話が伝えられていた。以来、小泉は米国への支持を約束すると同時に、公的に武力行使を容認する国連安保理決議の採択をブッシュに求めた。開戦前の世論調査では過半数の日本国民がイラク戦争不支持を表明していた。また、イラク新法検討の過程で内閣法制局は、自衛隊派遣のためには国連安保理決議が必要と強く主張していた。

だが、二〇〇三年三月の開戦から二カ月経たないうちにフセイン政権は崩壊し、五月一日にブッシュは大規模戦闘の終結を宣言した。そして同月末には、国連安保理において、イラク復興への協力（人道支援や治安回復など）を加盟国に求める国連安保理決議一四八三号が全会一致で採択されたのである。この結果、自衛隊のイラク派遣は「国連による要請」という大義名分が付与されることになり、法案策定のプロセスは一気に加速した。

六月、内閣官房のイラク新法検討チームは自衛隊派遣に関して三つの原則を確認した——⑴一連の国連決議を法的根拠とする、⑵活動地域を非戦闘地域に限定する、⑶武器使用基準はテロ対策特措法時のもの（自己または自己の保護下にあるものの身体防御に限定）を踏襲し見直しは行わない。この原則の下、自衛隊の活動は医療や給水、施設の復旧などの人道支援活動と、米英等の多国籍軍を後方から支援する安全確保支援活動の二分野で行われることを旨とする法案が作成された。

　小泉政権はまず法案を連立与党を組む公明党と保守新党に説明し、両党から合意を取り付けた上で自民党に諮る手順を踏んだ。これは、テロ対策特措法の時と同様のやり方である。この手順は国会での法案通過をスムーズにする反面、一部の自民党議員からはしばしば党内手続き軽視と批判された。実際、反小泉勢力である橋本派の有力議員などから執行部批判が上がると同時に、法案にある「非戦闘地域」の曖昧な定義や見つかってもいない大量破壊兵器の処理業務を自衛隊の任務として明記することへの抵抗があった。この結果、小泉は大量破壊兵器の処理業務を法案から削除し、また「非戦闘地域」は法案で明記せず、首相が国会に報告する「基本計画」の中で具体的な派遣地域を定めることでようやく党内合意を取り付けた。

　国会審議では、野党から法案に対する批判の声が上がった。共産党や社民党は自衛隊派遣を憲法違反と糾弾し、自由党は自衛隊派遣が国連決議に基づいていないと主張した。最大野党の民主党は復興支援そのものには賛成するものの、「自衛隊でなければ果たせない緊急ニーズはない」として、文民の派遣を提唱した。テロ対策特措法時の世論調査では国民の六割超が自衛隊派遣に賛成していたのに対し、今回のイラク法案では賛成（四三％）と反対（四一％）が拮抗していた（『日本経済新聞』二〇〇三年六月二三日付）。

　当初自民党は、民主党の賛成も得て圧倒的多数で法案を通すことを目指していた。そのため民主党の主張を一部（自衛隊活動の国会承認を「事後」ではなく「事前」とすることや、法律の有効期限を四年から二年に短縮するなど）受け入れることを決めていた。だが、核心の自衛隊派遣について民主党が反対を取り下げなかったため、両党による修正協議は行われないまま採決となった。

　こうして「イラクにおける人道復興支援活動及び安全確保支援活動の実施に関する特別措置法（「イラク特措法」）」は、四年間の時限立法として、与党三党による賛成多数で七月二六日に成立した。

3　意　義

　法案成立を受けて、二〇〇三年一二月より航空自衛隊がクウェートを拠点として国連や多国籍軍の人員や物資の輸送を開始し、翌二〇〇四年一月から陸上自衛隊もイラク南部のサマワに六〇〇名程度の隊員を派遣し、医療や給水などの人道復興支援に携わった。さらに、同年二月には海上自衛隊の輸送部隊が活動を始めた。イラク特措法は二〇〇七年に二年間の延長が閣議決定されたが、二〇〇九年七月に期限切れで失効した。

テロ対策特措法に続き、イラク特措法が成立したことにより、自衛隊はインド洋を越えて中東のイラクにまで派遣されることになった。しかしこれらの法律は、特定の事案に対し有効期限を定めて適用される特別措置法だった。そのため事案ごとに国会審議を要し、迅速な派遣が求められる場合に対処することができないという難点があった。二〇一二年一二月に発足した第二次安倍晋三内閣では、米軍や多国籍軍の後方支援のための自衛隊の海外派遣を随時可能にする恒久立法が模索された。その試みは、二〇一五年九月のいわゆる安保法制の成立により結実することになった。この法制の核心は、歴代の内閣が違憲としてきた集団的自衛権の行使を合憲とする解釈を採用することで、同盟国に対する後方支援や国連の下での国際平和活動への協力を可能にすることであった。日本国内では賛否が分かれたが、日本の同盟国である米国からは高く評価された。

参考文献

大石裕「世論調査と市民意識——イラク戦争と自衛隊派遣（二〇〇三～二〇〇四年）を一事例として」『メディア・コミュニケーション』（慶應義塾大学メディア・コミュニケーション研究所）第五五号（二〇〇五年三月）。

信田智人『冷戦後の日本外交——安全保障政策の国内政治過程』ミネルヴァ書房、二〇〇六年。

瀬戸山順一「イラク人道復興支援特措法案をめぐる国会論議」『立法と調査』（参議院事務局企画調整室）第二三九号（二〇〇四年一月）。

武蔵勝宏『冷戦後日本のシビリアン・コントロールの研究』成文堂、二〇〇九年。

読売新聞政治部『法律はこうして生まれた——ドキュメント立法国家』中央公論新社、二〇〇三年。

海上自衛隊の補給活動

外国艦艇に給油する海上自衛隊補給艦「とだわ」（右）と護衛艦（後方）（インド洋）（朝雲新聞／時事通信フォト）

82　密約問題（二〇一〇年）――日米同盟の虚像と実像

1　背景

日米両政府の間には、米核兵器の日本への持ち込みや日米安保条約に基づく事前協議などをめぐり「密約」が存在する――こうした指摘が長年、日米交渉の現場に携わった元外交官や公開された米公文書を調査した学者・ジャーナリストらによりなされてきた。歴代の自民党政権は密約の存在を否定してきたが、二〇〇九年に民主党政権が誕生すると、岡田克也外相の指示により外務省内に調査チーム（ヘッド＝北野充大臣官房審議官）と外部専門家による有識者委員会（座長＝北岡伸一東京大学教授）が立ち上がり、密約の存否と内容の検証作業が開始された。

2　展開

調査の対象となったのは以下の四つの「密約」疑惑であった――(1)一九六〇年の安保改定時、米軍の日本への核持ち込み（introduction）は事前協議の対象となることが確認されたが、核兵器搭載艦船による日本の領海通過や港湾への一時寄港（transit）は事前協議の対象外とする合意。(2)同じく安保改定時の交渉で在日米軍の出動は事前協議の対象となることが確認されたが、朝鮮半島への出動については事実上事前協議の対象外とする合意。(3)沖縄返還にあたり、米軍は核兵器を沖縄から撤去するが、有事の際の核兵器再持ち込みを日本政府は承認するという返還交渉時の合意。(4)同じく沖縄返還交渉時、返還された土地の原状回復を補償するための費用を日本政府が米国に代わって負担するという合意。

外務省の調査チームは以上四つの密約疑惑のうち、(2)の朝鮮半島有事の合意のみを密約と断定し、残り三つは密約に当たらないとした。朝鮮半島有事に関しては、当時の藤山愛一郎外相とマッカーサー駐日米大使の間でそうした合意がなされたことを示す文書（非公開の朝鮮半島有事に関する議事録）が発見されたからである。

一方、有識者委員会の最終報告（二〇一〇年三月九日公表）はさらに踏み込んで、(1)と(4)についても「広義」の密約であったと認定した。同委員会は、密約を明確な合意文書の存在を前提とする「狭義の密約」とそうした文書は存在しないが暗黙の合意や了解に基づく「広義の密約」に分けた上で、(1)の核搭載艦船の一時寄港については、日米の間で「持ち込み」の解釈が異なっていたが（米側は一時寄港は持ち込みに当たらないとし、日本側は持ち込みに含まれるとした）、両国ともあえてこの解釈の違いを埋めようとしなかったと結論づけた。

この背景には、非核三原則を国是とする以上核持ち込みを打診されたら断らざるを得ないという日本側の事情と、航空機や艦船に核兵器を搭載しているかについては肯定も否定もしない（Neither Confirm Nor Deny）という政策を採用する手前、日本に対して事前協議を申し込めないという米側の事情があった。

(4)については、米側が自主的に支払うべき原状回復費（四〇〇万ドル）を事実上日本政府が肩代わりするという合意が存在した。だが、そうした合意を担保した一九七一年六月一二日付の「議論の要約」（吉野文六外務省アメリカ局長とリチャード・スナイダー駐日米公使のイニシャルが付された）は、琉球電力公社や那覇空港など米軍政下で設置された資産の承継代金や核兵器撤去費などとして日本政府が米側に支払う特別支出金三億二〇〇〇万ドルのうち四〇〇万ドルを米政府は原状回復費にあてがうことを日本政府が了解していると謳っているに過ぎない。有識者報告書は、この文書自体は日米両政府を縛るものではなかったとの理由から「狭義」ではなく「広義」の密約と結論づけた。

有識者委員会が唯一、「狭義」であれ「広義」であれ密約と認めなかったものが、(3)の有事における沖縄への核再持ち込みである。これについて、有識者委員会は、有事の際の核再持ち込みを日本が保証する「合意議事録」（佐藤首相とニクソン大統領が署名）が存在することを認めつつも、この文書が、(1)日本では佐藤以降の内閣で引き継がれていないこと、(2)事前協議における米国の立場を尊重する旨を表明した一九六九年一一月二一日の日米共同声明第八項の内容を大きく逸脱するものではなかったという理由などから、密約と認定しなかった。

3　意　義

有識者委員会の報告書については、密約の定義や史実・史料の解釈などをめぐって一部のジャーナリストや学者から批判や疑問が寄せられている。また、この報告書をもって密約疑惑のすべてが解決したわけではない。一方で、歴代の内閣がその存在の一切を否定し続けてきた核や事前協議などの密約の存否や実態を明らかにした点で、報告書の果たした役割は大きい。さらに、有識者委員会により、存在すべき外務省の重要文書が消失していた事実が判明し、それまで非公開だった外交文書が公開され、さらに文書公開のルール作りに関して様々な提言がなされたことは、高く評価されてよい。

密約の存在は、政府が国民を欺いていた事実を示すことに他ならない。実際、密約問題はそうした道義的観点から議論されることが多い。だが、密約なくして安保改定や沖縄返還はありえたのか。さらに言えば、日米安保条約は存続しえたのか。有識者委員会の報告書は、密約問題を議論する上でわれわれはこうした問題を避けて通れないことを示唆している。

参考文献

太田昌克『日米「核密約」の全貌』筑摩書房、二〇一一年。

外務省調査チーム「いわゆる『密約』問題に関する調査報告書」二〇一〇年三月五日（http://www.mofa.go.jp/mofaj/gaiko/mitsuyaku/pdfs/hokoku_naibu.pdf）、二〇一六年四月一五日アクセス。

外務省有識者委員会「いわゆる『密約』問題に関する有識者委員会報告書」二〇一〇年三月九日（http://www.mofa.go.jp/mofaj/gaiko/mitsuyaku/pdfs/hokoku_yushiki.pdf）、二〇一六年四月一五日アクセス。

栗山尚一「『密約』問題（一）～（四）」霞関会『論壇』二〇一一年一月（http://www.kasumigasekikai.or.jp/cn3/rondan2.html）、二〇一六年四月一五日アクセス。

信夫隆司『若泉敬と日米密約――沖縄返還と繊維交渉をめぐる密使外交』日本評論社、二〇一二年。

波多野澄雄『歴史としての日米安保条約――機密外交記録が明かす「密約」の虚実』岩波書店、二〇一〇年。

あとがき

「戦後日本外交の事例集を執筆しませんか」

ミネルヴァ書房編集部の田引勝二氏からこう誘われたのは、もうかなり前のことである。たしかに、日本外交の通史や個別テーマを扱った専門書は数多く出版されていたが、主要な事件や出来事を年代別に整理してその因果関係や意味を概説した入門書は数えるほどしかなかった。日本外交を専門とする学部生や院生が、論文執筆にあたりみずからの仮説を構築したり構築した仮説の妥当性を検証したりする際に参照できるような参考書の必要性を日頃から感じていた筆者にとって、この誘いは願ってもないチャンスだった。

ただ、この仕事をお引き受けするにあたり、一つだけわがままを聞いてもらうことにした。それは、本書を単独で執筆することだった。ふつう、この手の本は専門性や効率性の観点から複数の研究者による分担執筆が慣例となっている。だが一方で、個々の執筆者の個性が強すぎると、一冊の本としてのまとまりに欠けたり、完成を待たずに途中で空中分解したりする危険性もある。田引氏はそうした懸念を十分理解され、筆者のわがままを快く聞き入れてくださった。

こうして、このプロジェクトをめぐる筆者の「一人旅」が始まった。道のりは長く、途中何度も挫折しかけたが、多くの方々のご協力やご支援のおかげでようやく終着点に辿り着くことができた。ここにそうした方々のお名前を記して感謝の気持ちを表したいと思う。

まず、東京国際大学名誉教授の原彬久先生には、筆者が学部生時代に日本外交史や国際政治学の手ほどきを受けて以来、つねに親身にご指導いただいている。先生に出会わなければ、カーやモーゲンソーといった国際政治学の巨匠たちには巡り会わなかったであろうし、オーラル・ヒストリーを通じて聞こえてくる政治家たちの「息づかい」の重要性を実感することもなかったであろう。先生から受けた学恩は計り知れない。こうしてみずからの著作を発表することで、いくばくかの恩返しができればと願うのみである。

数年前に遡るが、気心知れた研究仲間が集まり、国際政治の理論や歴史に関する研究会を立ち上げた。研究会といっても、月に一度集まって欧米などで近年発表された国際政治に関する論文や著書を読んだり、互いの研究の途中経過を報告して批評し合ったりする程度のものである。だが、研究会では斬新なアイデアや核心を突いたコメントが飛び交い、議論は常に刺激に満ちている。筆者はこのグループから毎回多くのことを学ばせていただいている。研究会のメンバーである泉川泰博（中央大学）、小野直樹（東京都市大学）、今野茂充（東洋英和女学院大学）、野口和彦（群馬県立女子大学）、宮岡勲（慶應義塾大学）、湯澤武（法政大学）の各氏に、この場を借りて感謝の意を表したい。

東京国際大学大学院生の秋元美紀さんには、本書の原稿を微細に読んでいただき、実に多くの有益なコメントをいただいた。そのおかげで数知れぬ誤記が訂正され、不明瞭な表現が修正され、文章は草稿の時と比べて格段に読みやすくなった。論文執筆で自身が多忙を極めた時も、つねに笑顔でこちらの依頼に迅速に対応してくださった。心から感謝したい。

ミネルヴァ書房の田引氏は、筆者の無理なお願いを聞き入れてくださり、完成まで辛抱強くお待ちいただいた。もはやお礼の言葉もない。

最後に、いつも笑いと忍耐の大切さを気づかせてくれる妻と子供たちに、感謝の気持ちを込めて本書を捧げる。

二〇一六年九月

宮下明聡

戦後日本外交史年表

年	首相	外相	日本の動き	世界の動き
一九四五 （昭和二〇）	鈴木貫太郎 （4・7） 東久邇稔彦 （8・17） 幣原喜重郎 （10・9）	鈴木貫太郎 （4・7） 東郷茂徳 （4・9） 重光葵 （8・17） 吉田茂 （9・17）	**8月**ポツダム宣言受諾、降伏。**9月**ミズーリ号上で降伏文書に調印。第一回天皇・マッカーサー会談。**10月**幣原・マッカーサー会談。**11月**「平和条約問題研究幹事会」を外務省内に設置。	**5月**ドイツ降伏。**7月**米英ソ、ポツダム会談。**10月**国際連合発足。**12月**ブレトン・ウッズ協定発効。米英ソ・モスクワ外相会議、極東委員会・対日理事会設置。
一九四六 （昭和二一）	吉田茂① （5・22）		**1月**天皇、人間宣言。**5月**極東国際軍事裁判（東京裁判）開始。**11月**日本国憲法公布。	**3月**チャーチル英首相「鉄のカーテン」演説。
一九四七 （昭和二二）	片山哲 （5・24）	片山哲 （5・24） 芦田均 （6・1）	**3月**マッカーサー、早期講和を提唱。**5月**日本国憲法施行。**9月**芦田外相、アイケルバーガー第八軍司令官に日米安保協定案を提示。	**3月**トルーマン米大統領、議会演説でギリシア・トルコへの支援発表（「トルーマン・ドクトリン」）。**6月**米、欧州復興援助計画（マーシャル・プラン）発表。
一九四八 （昭和二三）	芦田均 （3・10） 吉田茂② （10・15）	吉田茂 （10・15）	**1月**ロイヤル米陸軍長官、GHQの占領政策を批判。**3月**ケナン国務省PPS室長来日、占領政策の転換を提唱。**10月**米政府、対日政策の転換を承認（NSC13/2）。**12月**GHQ、経済安定九原則を発表。	**6月**ベルリン封鎖。**8月**大韓民国成立。**9月**朝鮮民主主義人民共和国成立。
一九四九 （昭和二四）	吉田茂③ （2・16）		**3月**ドッジ公使、経済安定策（ドッジライン）発表。**4月**一ドル三六〇円の為替レート設定。	**4月**北大西洋条約（NATO）調印。**10月**中華人民共和国成立。
一九五〇			**4月**池田蔵相、吉田首相の特使として訪米、講和	**2月**中ソ友好同盟相互援助条約調印。**6**

（昭和二五）			後の米軍駐留を示唆。**8月**警察予備隊令公布、施行。**9月**米政府、ＮＳＣ60／1を承認。	**月**朝鮮戦争勃発。**10月**中国、朝鮮戦争に参戦。
一九五一（昭和二六）			**9月**対日講和条約、日米安全保障条約締結。**12月**吉田首相、ダレス宛に台湾との講和を確約する書簡を送付。	**4月**トルーマン大統領、マッカーサー最高司令官を解任。**7月**朝鮮戦争休戦会談開始。
一九五二（昭和二七）	吉田茂④（10・30）	岡崎勝男（4・30）	**2月**日米行政協定調印。**4月**対日講和条約、日米安全保障条約発効。日華平和条約締結。**8月**日本、国際通貨基金（ＩＭＦ）・国際復興開発銀行（ＩＢＲＤ）に加盟。	**1月**韓国、李承晩ラインを宣言。
一九五三（昭和二八）	吉田茂⑤（5・21）		**10月**池田・ロバートソン会談。**12月**奄美諸島復帰。	**7月**朝鮮戦争休戦協定調印。
一九五四（昭和二九）	鳩山一郎①（12・10）	重光葵（12・10）	**3月**ビキニ環礁で米が水爆実験、第五福竜丸が被曝。日米相互防衛援助（ＭＳＡ）協定調印。**6月**自衛隊発足。**9月**ビルマと平和条約および賠償協定締結。	**7月**ジュネーブ協定調印、インドシナ休戦。**9月**中国、金門・馬祖両島への砲撃開始。
一九五五（昭和三〇）	鳩山一郎②（3・19） 鳩山一郎③（11・22）		**5月**砂川事件（立川基地拡張反対運動）。**5月**ＧＡＴＴ加盟調印（九月発効）。**8月**重光外相訪米、ダレス国務長官に安保改定打診。**10月**社会党の左派と右派が統一。**11月**保守合同、自由民主党結成。	**4月**インドネシアのバンドンでアジア・アフリカ会議。**5月**ソ連と東欧八カ国、ワルシャワ条約調印。
一九五六（昭和三一）	石橋湛山（12・23）	石橋湛山（12・23） 岸信介（12・23）	**5月**フィリピンと賠償協定締結。**5月**日ソ漁業条約調印。**6月**沖縄米軍用地接収問題に関するプライス勧告。**10月**日ソ共同宣言調印。**12月**国連加盟。	**2月**フルシチョフ、スターリン批判演説。
一九五七（昭和三二）	岸信介①（2・25）	藤山愛一郎	**1月**ジラード事件。**5月**東南アジア開発基金構想。	**3月**欧州経済共同市場条約（ＥＥＣ）調印。**10月**ソ連、世界初の人工衛星スプー

		（7・10）		トニク打ち上げ成功。
一九五八（昭和三三）	岸信介②（6・12）		**1月**インドネシアと賠償協定締結。**5月**長崎国旗事件。	**8月**中国、金門島砲撃開始。
一九五九（昭和三四）			**3月**浅沼稲次郎・社会党書記長訪中。**5月**南ベトナムとの賠償協定締結。	**9月**フルシチョフ、キャンプ・デービッドでアイゼンハワーと会談。
一九六〇（昭和三五）	池田勇人①（7・19） 池田勇人②（12・8）	小坂善太郎（7・19）	**1月**安保改定（新日米安全保障条約調印）。**5月**政府自民党、新日米安保条約を強行採決。**12月**池田内閣、「所得倍増計画」を決定。	**5月**ソ連、米偵察機U2を撃墜。
一九六一（昭和三六）			**4月**ライシャワー駐日米大使着任。**11月**池田首相、東南アジア四カ国歴訪。	**8月**東独政府、西ベルリンを包囲する壁を建設。
一九六二（昭和三七）		大平正芳（7・18）	**11月**日中総合貿易に関する覚書調印。日英通商航海条約調印。	**10月**キューバ・ミサイル危機。
一九六三（昭和三八）	池田勇人③（12・9）		**2月**日本、GATT一一条国に移行。	**8月**米英ソ、部分的核実験停止条約調印。**11月**ケネディ大統領暗殺。
一九六四（昭和三九）	佐藤栄作①（11・9）	椎名悦三郎（7・18）	**4月**日本、OECD加盟。**10月**東京オリンピック開催。	**10月**中国、原爆実験に成功。
一九六五（昭和四〇）			**6月**日韓基本条約締結。**8月**佐藤首相、戦後首相として初の沖縄訪問。	**2月**米軍、北ベトナムへの爆撃開始。
一九六六（昭和四一）		三木武夫（12・3）	**4月**東南アジア開発閣僚会議。	**8月**文化大革命、中国全土に拡大。**11月**アジア開発銀行設立。
一九六七（昭和四二）	佐藤栄作②（2・17）		**4月**日本政府、武器輸出三原則を公約化。**12月**佐藤首相、非核三原則を表明。	**5月**GATTケネディ・ラウンド妥結（六月調印）。**8月**ASEAN結成。
一九六八		佐藤栄作	**6月**小笠原諸島復帰。	**7月**核拡散防止条約（NPT）調印。**8**

（昭和四三）		（10・29） 愛知揆一 （11・30）		**月**ソ連・東欧軍、チェコに侵入（チェコ事件）。
一九六九 （昭和四四）			**11月**佐藤・ニクソン共同声明、沖縄返還合意。	**3月**中ソ武力衝突（ダマンスキー島事件）。**7月**ニクソン米大統領、「グアム・ドクトリン」を発表。
一九七〇 （昭和四五）	佐藤栄作③ （1・14）		**3月**大阪万国博覧会開催。よど号ハイジャック事件。**6月**日米繊維交渉決裂。	
一九七一 （昭和四六）		福田赳夫 （7・5）	**6月**沖縄返還協定調印。**7月**ニクソン大統領、翌年の中国訪問を発表（第一次ニクソン・ショック）。**8月**ニクソン大統領、ドル切り下げ発表（第二次ニクソン・ショック）。	**10月**中国が国連に加盟、台湾脱退。**12月**スミソニアン体制発足。
一九七二 （昭和四七）	田中角栄① （7・7） 田中角栄② （12・22）	大平正芳 （7・7）	**1月**日米繊維協定締結。**5月**沖縄返還。**9月**日中共同声明調印。	**1月**英国、EC加盟条約に調印。**2月**ニクソン大統領、中国訪問。**5月**米ソ、SALT-I条約に調印。**6月**ウォーターゲート事件発覚。
一九七三 （昭和四八）			**2月**円、変動相場制に移行。**8月**金大中氏拉致事件。**9月**日越国交正常化。**12月**三木武夫副総理、中東八カ国訪問。	**1月**ベトナム和平協定調印。**9月**GATT東京ラウンド開始。**10月**第四次中東戦争勃発、第一次石油危機。
一九七四 （昭和四九）	三木武夫 （12・9）	木村俊夫 （7・16） 宮澤喜一 （12・9）	**1月**田中首相東南アジア歴訪、ジャカルタとバンコクで反日暴動。**4月**日中航空協定調印。	**2月**ワシントンで石油消費国会議開催。**8月**朴正熙韓国大統領、暗殺。
一九七五 （昭和五〇）			**8月**日中漁業協定調印。	**4月**サイゴン陥落、ベトナム戦争終結。**11月**第一回先進国首脳サミット（於仏・

				ランブイエ）。
一九七六（昭和五一）	福田赳夫（12・24）	小坂善太郎（9・15） 鳩山威一郎（12・24）	**7月**ロッキード事件発覚、田中前首相逮捕。**9月**ソ連のミグ25戦闘機、函館空港に強制着陸。**10月**三木内閣、「防衛計画の大綱」決定。**11月**防衛費対GNP一％枠、閣議決定。	**2月**ASEAN五カ国首脳会議開催。
一九七七（昭和五二）		園田直（11・28）	**8月**福田首相、マニラで東南アジア外交三原則（福田ドクトリン）発表。**9月**ダッカ日航機ハイジャック事件。	**5月**ロンドン・サミット。
一九七八（昭和五三）	大平正芳①（12・7）		**5月**金丸防衛庁長官「思いやり予算」表明。**8月**日中平和友好条約締結。**11月**日米防衛協力のための指針（七八ガイドライン）、閣議決定。	**7月**ボン・サミットで日独機関車論（世界経済牽引役の期待）。**12月**ベトナム、カンボジア侵攻。
一九七九（昭和五四）	大平正芳②（11・9）	大来佐武郎（11・9）	**6月**東京サミット開催。**12月**大平首相訪中、第一次円借款（五〇〇億円）供与を約束。	**1月**米中国交回復。**2月**イラン革命、第二次石油危機。中国軍がベトナム侵攻、中越戦争勃発。**6月**米ソ、SALT-Ⅱ条約に調印。**11月**イランで米大使館占拠事件。**12月**ソ連アフガニスタンに侵攻。
一九八〇（昭和五五）	伊東正義（6・12） 鈴木善幸（7・17）	伊東正義（7・17）	**1月**大平首相オセアニア歴訪、「環太平洋構想」発表。**2月**海上自衛隊、環太平洋合同演習（リムパック八〇）に参加。**7月**大平首相の総合安全保障研究グループ、報告書を提出。	**7月**モスクワ五輪開催、西側諸国など約五〇カ国がボイコット。**9月**イラン・イラク戦争勃発。PECC創設。
一九八一（昭和五六）		園田直（5・18） 桜内義雄（11・30）	**4月**自動車輸出自主規制。**5月**鈴木首相のシーレーン防衛発言。	
一九八二	中曽根康弘	安倍晋太郎	**6月**第一次教科書問題。	

（昭和五七）	①（11・27）	（11・27）		
一九八三（昭和五八）	中曽根康弘②（12・17）		**1月**中曽根首相訪米、「不沈空母」発言。**9月**大韓航空機撃墜事件。	**3月**レーガン政権、戦略防衛構想（ＳＤＩ）発表。**9月**ソ連戦闘機、サハリン沖で大韓航空機撃墜。
一九八四（昭和五九）			**4月**日米牛肉・オレンジ交渉妥結。**9月**全斗煥韓国大統領訪日、晩餐会で天皇、不幸な過去に「遺憾」表明。	
一九八五（昭和六〇）			**8月**中曽根首相の靖国神社公式参拝。	**3月**ソ連でゴルバチョフ共産党書記長誕生。**9月**プラザ合意。
一九八六（昭和六一）	中曽根康弘③（7・22）	倉成正（7・22）	**4月**「前川レポート」発表。**5月**第二次教科書問題。**9月**日米半導体協定。	**2月**ＥＣ九カ国、単一欧州議定書調印。**4月**ソ連チェルノブイリで原発事故。**10月**レイキャビクで米ソ首脳会談。
一九八七（昭和六二）	竹下登（11・6）	宇野宗佑（11・6）	**1月**防衛費対ＧＮＰ一％枠撤廃を決定。**2月**光華寮問題。**3月**東芝機械ココム違反事件。	**10月**ニューヨーク株式市場大暴落（ブラック・マンデー）。**12月**米ソ、ＩＮＦ全廃条約に調印。
一九八八（昭和六三）			**6月**日米牛肉・オレンジ交渉（第三次交渉）合意。	**5月**ソ連、アフガニスタンから撤退開始。**8月**イラン・イラク停戦。
一九八九（昭和六四・平成元）	宇野宗佑（6・3） 海部俊樹①（8・10）	三塚博（6・3） 中山太郎（8・10）	**1月**昭和天皇崩御。**4月**ＦＳＸ問題最終合意。**11月**ＡＰＥＣ誕生。	**6月**天安門（六四）事件。**12月**ブッシュ・ゴルバチョフ会談（於マルタ島）で冷戦終結の表明。
一九九〇（平成二）	海部俊樹②（2・28） 宮澤喜一（11・5）	渡辺美智雄（11・5）	**6月**日米構造協議最終報告。カンボジア和平東京会議。**9月**金丸信（自民党）・田辺誠（社会党）が訪朝。	**8月**イラクがクウェートに侵攻、湾岸危機発生。**9月**ソ連と韓国が国交樹立。**10月**東西ドイツ統一。

一九九一（平成三）			**1月**日本政府、多国籍軍に九〇億ドルの追加支援決定（総額一三〇億ドル）。**4月**海上自衛隊掃海部隊をペルシャ湾へ派遣。	**1月**湾岸戦争。**4月**湾岸戦争終結。**10月**カンボジア和平協定締結。**12月**独立国家共同体（CIS）創設。ソ連消滅。
一九九二（平成四）			**6月**PKO協力法成立。ODA大綱、閣議決定。	**2月**欧州連合の創設を定めたマーストリヒト条約調印。**8月**中韓国交樹立。**9月**米、フィリピンのクラーク、スービック両基地を返還。**10月**北米自由貿易協定（NAFTA）調印。
一九九三（平成五）	細川護熙（8・9）	武藤嘉文（4・7） 羽田孜（8・9）	**8月**細川内閣（非自民連立内閣）誕生。**10月**エリツィン大統領訪日、東京宣言発表。	**1月**EC統合市場発足。**3月**北朝鮮、NPT脱退表明（第一次朝鮮半島核危機）。**11月**米議会、北米自由貿易協定（NAFTA）を承認。
一九九四（平成六）	羽田孜（4・28） 村山富市（6・30）	柿沢弘治（4・28） 河野洋平（6・30）	**2月**細川・クリントン会談、包括協議で決裂。**6月**自社さ連立内閣誕生、村山社会党委員長を首相に選出。**8月**防衛問題懇談会が報告書提出（樋口レポート）。	**6月**北朝鮮、IAEA脱退を表明。**6月**カーター米元大統領訪朝。**10月**米朝「枠組み合意」調印。
一九九五（平成七）			**1月**阪神・淡路大震災。**6月**日米包括経済協議最終合意。**8月**日本政府中国の核実験に抗議、無償援助凍結。**9月**沖縄で米兵による少女暴行事件。**11月**九五防衛大綱、村山内閣で閣議決定。	**1月**世界貿易機関（WTO）発足。**2月**米国防総省、「東アジア戦略報告」（ナイ・レポート）を発表。**6月**李登輝台湾総統、訪米。**7～8月**中国、台湾周辺海域でミサイル演習。
一九九六（平成八）	橋本龍太郎 ①（1・11） 橋本龍太郎 ②（11・7）	池田行彦 （1・11）	**2月**普天間基地移設合意。**4月**橋本・クリントン会談、「日米安全保障共同宣言」発表。**12月**在ペルー日本大使公邸人質事件。	**3月**中国、台湾周辺海域でミサイル演習、米政府第七艦隊を派遣。アジア欧州会合（ASEM）発足。
一九九七		小渕恵三	**9月**日米防衛協力のための指針（97ガイドライ	**6月**ロシアが正式参加したG8サミット、

（平成九）		（9・11）	ン）、橋本内閣で閣議決定。**12月**京都議定書採択。	デンバーで開催。**7月**英国、香港を中国へ返還。アジア通貨危機。
一九九八（平成一〇）	小渕恵三（7・30）	高村正彦（7・30）	**4月**橋本・エリツィン川奈会談。**5月**印パ核実験、日本は経済制裁実施。**10月**アジア経済支援策「新宮澤構想」発表。	**8月**北朝鮮、長距離ミサイル・テポドンの発射実験。
一九九九（平成一一）		河野洋平（10・5）	**3月**日本海に不審船、停船命令に応じず逃走。**5月**九七ガイドライン関連法成立。	**1月**EUで単一通貨「ユーロ」導入。**3月**ハンガリー・ポーランド・チェコ、NATO加盟。NATO、ユーゴへの空爆開始。
二〇〇〇（平成一二）	森喜朗①（4・5） 森喜朗②（7・4）		**7月**沖縄サミット。	**3月**台湾総統選挙で野党の陳水扁が当選。**6月**金大中韓国大統領訪朝、金正日総書記と史上初の首脳会談。
二〇〇一（平成一三）	小泉純一郎①（4・26）	田中真紀子（4・26）	**8月**小泉首相、靖国神社を参拝。**10月**テロ対策特措法制定。**11月**海上自衛隊、米英軍支援のためインド洋へ派遣。	**3月**米、京都議定書からの離脱を表明。**9月**米で同時多発テロ事件発生。**10月**米、アフガニスタン攻撃を開始。**12月**アフガニスタンのタリバン政権崩壊。中国、WTOに正式加盟。
二〇〇二（平成一四）		小泉純一郎（1・30） 川口順子（2・1）	**1月**アフガニスタン復興支援国際会議を東京で開催。**5月**サッカー・ワールドカップ、日韓が共催。**9月**日朝首脳会談。**11月**第二次朝鮮半島核危機。	**1月**ブッシュ米大統領、イラク・イラン・北朝鮮を「悪の枢軸」と名指し非難。**5月**ロシア、NATOの準加盟国に。**6月**米、ABM制限条約から脱退。
二〇〇三（平成一五）	小泉純一郎②（11・19）		**6月**有事法制関連三法成立。**7月**イラク特措法制定。	**1月**北朝鮮、NPT脱退を表明。**3月**イラク戦争勃発。**5月**ブッシュ大統領、イラク戦闘終結を宣言。

二〇〇四（平成一六）		町村信孝（9・27）	**3月**中国の活動家、尖閣諸島に上陸。**5月**小泉首相第二次訪朝、拉致被害者家族五名が帰国。**6月**有事関連七法案が成立。**8月**沖縄国際大学に米海兵隊のヘリが墜落。**11月**中国の原子力潜水艦が沖縄先島諸島の領海内を潜行。**12月**政府、新「防衛計画の大綱」を閣議決定。	**5月**中東欧一〇カ国がＥＵに加盟。米政府、イラク人捕虜虐待問題で謝罪。**6月**イラク暫定政府発足。ＥＵ首脳会議、欧州憲法条約を採択。**8月**米政府、米軍再編の基本方針を表明。**10月**米韓、在韓米軍の三分の一に相当する一万二五〇〇人を二〇〇八年までに削減することで合意。
二〇〇五（平成一七）	小泉純一郎③（9・21）	麻生太郎（10・31）	**1月**二〇〇四年の貿易速報で、日本の対中年間貿易額が二二・二兆円を記録、戦後初めて日米貿易額を超える。**2月**日米安全保障協議委員会（２＋２）開催。**3月**島根県議会、二月二二日を「竹島の日」とする条例案を可決。**4月**日本・メキシコ経済連携協定発効。**10月**テロ対策特措法改正案が成立、一年間の期限延長。	**2月**京都議定書発効。**4月**北京や上海で大規模な反日デモ。**5月**仏で欧州憲法条約批准を問う国民投票実施、反対派過半数で否決。**6月**オランダで欧州憲法条約批准を問う国民投票実施、反対派過半数で否決。**8月**アチェ州独立をめぐり、インドネシア政府と独立武装組織が包括和平に合意。
二〇〇六（平成一八）	安倍晋三①（9・26）		**2月**日朝包括並行協議開催。**7月**陸上自衛隊、サマーワでの活動を終了し撤退。**9月**日本・フィリピン経済連携協定署名。**10月**テロ対策特別措置法の改正案が成立。	**4月**イラン、低濃縮ウランの製造に成功したと発表。**10月**北朝鮮、核実験実施。
二〇〇七（平成一九）	福田康夫（9・26）	町村信孝（8・27） 高村正彦（9・26）	**1月**防衛庁が省へ移行、自衛隊の国際協力業務が「本来任務」に格上げ。**3月**第一回日朝国交正常化のための作業部会開催。**4月**日本・タイ経済連携協定署名。**6月**航空自衛隊のイラク派遣を二年間延長する改正イラク復興支援特別措置法成立。**8月**日本・インドネシア経済連携協定調印。	**1月**ブルガリアとルーマニアがＥＵ加盟。**2月**ＩＡＥＡ、イランがウラン濃縮活動停止を命じた国連安保理決議に違反したと指摘。**3月**ロシア外務省が「対外政策の概観」で「強いロシア復活」と「米国一国支配」是正に言及。**7月**米下院、慰安婦問題で日本に公式謝罪を求める決議案を可決。

二〇〇八（平成二〇）	麻生太郎（9・24）	中曽根弘文（9・24）	**1月**補給支援特別措置法が成立。**4月**ＯＥＣＤの開発援助委員会、二〇〇七年のＯＤＡ実績で日本は世界第五位と報告。**6月**日中、東シナ海ガス田共同開発で合意。**7月**日本・インドネシア経済連携協定（ＥＰＡ）発効。**10月**麻生内閣、国連スーダン・ミッション司令部への自衛隊員派遣閣議決定。**12月**日本・フィリピン経済連携協定（ＥＰＡ）発効。補給支援特別措置法の改正法が成立、一年間の延長決定。日本・ベトナム経済連携協定（ＥＰＡ）に署名。	**1月**キプロスとマルタでユーロ導入。**5月**「クラスター弾に関する条約」、参加一一カ国の全会一致で採択。**7月**ミサイル防衛施設をチェコ国内に設置することで米とチェコ政府が合意。中ロが東部国境線で合意、両国の国境線が画定。**8月**南オセチアでグルジア軍と南オセチア軍が戦闘状態。ミサイル防衛施設をポーランド国内に設置することで米とポーランド政府が合意。**9月**証券大手リーマン・ブラザーズが経営破綻（リーマン・ショック）。**10月**米、北朝鮮に対するテロ支援国家指定を解除。**12月**ＣＯＰ14開催。
二〇〇九（平成二一）	鳩山由紀夫（9・16）	岡田克也（9・16）	**3月**ソマリア沖海賊対策における海上警備行動発令、護衛艦二隻が活動開始。**6月**「海賊対処法」成立。**8月**衆院選で民主党が圧勝。	**4月**クロアチア・アルバニアがＮＡＴＯ正式加盟。オバマ米大統領、プラハで「核兵器のない世界」演説。**12月**ＣＯＰ15開催。
二〇一〇（平成二二）	菅直人（6・8）	前原誠司（9・17）	**1月**補給支援特別措置法失効。海上自衛隊、給油活動を停止しインド洋から撤退。**3月**密約に関する有識者委員会報告書の提出。「第2期日韓歴史共同研究」委員会が報告書を公開。**7月**日本、インドと外務・防衛次官級定期会議（2＋2）開催。**7月**海賊対処行動の一年延長を閣議決定。**9月**尖閣諸島近海で中国漁船と海上保安庁巡視船が衝突。	**3月**韓国海軍哨戒艦「天安」号が黄海・白翎島近海で沈没。**4月**ロシア艦隊のウクライナ駐留期限を二五年間延長することで両国合意。ギリシア政府、ＥＵのユーロ圏諸国とＩＭＦに対し財政支援を要請。**5月**ユーロ圏一六カ国、ギリシアに対し一一〇〇億ユーロの緊急支援決定。**7月**米国政府の機密文書九万点以上をウィキリークスが公表。**8月**オバマ米大統領、イラク駐留米軍の戦闘任務終了を宣

				言。**11月**北朝鮮、韓国の延坪島に向けて砲撃。軍民四名が死亡。ＣＯＰ16開催。
二〇一一（平成二三）	野田佳彦（9・2）	松本剛明（3・9） 玄葉光一郎（9・2）	**2月**日印、「包括的経済連携協定」署名。**3月**東日本大震災発生。**6月**ワシントンで日米安全保障協議委員会（2+2）開催。**7月**海賊対処行動の一年間延期を閣議決定。**12月**南スーダンへの施設部隊派遣を閣議決定。	**2月**新戦略兵器削減条約（新ＳＴＡＲＴ）発効、戦略核弾頭数を一五五〇に制限。ムバラク・エジプト大統領辞任。**5月**米特殊部隊、アルカイダの指導者オサマ・ビン・ラディンを殺害。ＰＬＯ主流派ファタハとイスラム原理主義組織ハマスが和解に合意。**7月**ＧＡＴＴパネル、中国の原料輸出制限を協定違反と認定。ＩＭＦ、財政危機に陥ったギリシアに三二億ユーロ拠出決定。**8月**リビアのカダフィ政権崩壊（一〇月カダフィ死亡）。**12月**北朝鮮指導者の金正日死亡、後継者に金正恩氏。
二〇一二（平成二四）	安倍晋三②（12・26）	岸田文雄（12・26）	**7月**メドヴェージェフ・ロシア首相が国後島訪問。**8月**李明博韓国大統領、竹島に上陸。日本政府、竹島問題を国際司法裁判所に合意付託する旨を提案、韓国応じず。尖閣諸島に香港の活動家ら一四人が上陸。**9月**日本政府、尖閣三島を取得・保有（所有者移転登記）する決定。	**1月**米国防省、「国防戦略方針」発表、アジア太平洋重視を明示。**2月**ユーロ圏蔵相会議、ギリシアに対し一三〇〇億ユーロの追加支援を決定。**3月**米韓ＦＴＡ発効。**8月**ロシアがＷＴＯに正式加盟。**9月**中国各地で反日デモ発生、過去最大規模。**11月**ＣＯＰ18開催。
二〇一三（平成二五）			**1月**中国軍艦船、自衛隊の護衛艦に火器管制レーダーを照射。**7月**日本、ＴＰＰ協定交渉正式参加。**11月**日本、ロシアと初の外務・防衛閣僚協議（2+2）開催。**12月**国家安全保障会議（日本版ＮＳＣ）設置。	**1月**アルジェリアでイスラム過激派が外国人を拘束、日本人一〇名を含む四八名が犠牲。**2月**北朝鮮、三度目の核実験。**7月**クロアチアがＥＵに加盟。**8月**ロシア、スノーデン元ＣＩＡ職員の亡命を認

				める。
二〇一四（平成二六）	安倍晋三③（12・24）		**4月**安倍内閣、「防衛装備移転計画三原則」を閣議決定。**5月**日朝政府間協議開催、北朝鮮、拉致問題の全面的調査実施を約束。**10月**ソウル中央地裁、朴槿恵大統領への名誉棄損で産経新聞ソウル支局長を在宅起訴。	**1月**ラトビアがユーロ導入。**3月**G7、ウクライナの主権侵害でロシアを非難。クリミアの住民投票結果を受け、ロシア、クリミアを自国へ編入。**4月**ウクライナ東部ドネツクで分離派が「ドネツク人民共和国」独立宣言。ナイジェリアでイスラム過激派ボコ・ハラムが二七六人の女子生徒誘拐。

《著者紹介》

宮下明聡（みやした・あきとし）

1964年　神奈川県生まれ。

1997年　コロンビア大学大学院博士課程修了。

現　在　東京国際大学国際関係学部教授。Ph.D.（政治学）。

著　作　*Limits to Power: Asymmetric Dependence and Japanese Foreign Aid*, Lanham, MD: Lexington Books, 2003.

『現代日本のアジア外交――対米協調と自主外交のはざまで』共編，ミネルヴァ書房，2004年。

Norms, Interests, and Power in Japanese Foreign Policy, New York, NY: Palgrave-Macmillan, 2008（共著）.

Foreign Policy in Comparative Perspective: Domestic and International Influences on State Behavior, Thousand Oaks, CA: CQ Press, 2013（共著），ほか。

Minerva KEYWORDS ③

ハンドブック戦後日本外交史

――対日講和から密約問題まで――

2017年 3 月20日　初版第 1 刷発行　〈検印省略〉

定価はカバーに
表示しています

著　者　宮　下　明　聡

発行者　杉　田　啓　三

印刷者　中　村　勝　弘

発行所　株式会社　ミネルヴァ書房

607-8494　京都市山科区日ノ岡堤谷町 1

電話代表　(075)581-5191

振替口座　01020-0-8076

中村印刷・清水製本

ISBN978-4-623-07861-5

Printed in Japan

人名索引

あ　行

か　行

さ　行

た　行

な　行

は　行

ま　行

や　行

ら　行

わ　行

事項索引

さ　行

た 行

な　行

は　行

ま　行

や　行